Tom Crockett

Kreativität neu entdeckt

Tom Crockett

Kreativität neu entdeckt

Auf den Spuren Ihres inneren Künstlers

Verlag Hermann Bauer
Freiburg im Breisgau

Die Deutsche Bibliothek – CIP-Einheitsaufnahme

Ein Titeldatensatz für diese Publikation ist bei
Der Deutschen Bibliothek erhältlich

Die amerikanische Originalausgabe erschien 2000 bei
Broadway Books/Random House, Inc.,
1540 Broadway, New York, NY 10036, USA,
unter dem Titel *The Artist Inside.*
A Spiritual Guide To Cultivating Your Creative Self
© 2000 by Tom Crockett

Aus dem Amerikanischen von Helga Schenk
Lektorat: Dr. Sonja Klug

1. Auflage 2001
ISBN 3-7626-0819-9
© für die deutsche Ausgabe 2001 by
Verlag Hermann Bauer GmbH & Co. KG, Freiburg i. Br.
www.hermann-bauer.de
Umschlag: Marketing Design Service GmbH, Hamburg
Satz: CSF · ComputerSatz GmbH, Freiburg i. Br.
Druck und Bindung: Freiburger Graphische Betriebe, Freiburg i. Br.
Printed in Germany

Für Meredith,
ohne deren Freundschaft und Liebe
ich meinen Weg vielleicht nie gefunden hätte

Inhalt

ANRUFUNG

Mögen wir im Traum
tief in die Wahrheit reisen.

Möge unsere Reise von Heilkraft und Mut,
Weisheit und Zauber erfüllt sein.

Mögen die Geister uns auf unserem Wege leiten und
für eine sichere Rückkehr sorgen.

Einleitung

Ist Kunst wichtig?

Einzelne Kunstwerke können wertvoll sein. Kunst kann unterhaltend sein, der Dekoration dienen und Freude bereiten. Sie kann das Leben widerspiegeln oder kommentieren. Manche behaupten, Kunst könne inspirieren, erbauen oder sogar verwandeln. Aber ist Kunst wirklich wichtig?

Das ist keineswegs eine sinnlose Frage. Ich nehme sie sehr ernst. Als gelernter Künstler, Kunsterzieher und darüber hinaus als Ausbilder von Kunsterziehern schlage ich mich seit nahezu zwei Jahrzehnten mit dieser Frage herum. Ich habe darüber mit den Menschen diskutiert, die die finanziellen Mittel für den Kunstunterricht in den Schulen kürzen wollten. Ich habe mit Künstlern darüber gesprochen, für die schon allein die Idee, Kunst in Frage zu stellen, undenkbar ist. Ich habe diese Frage bei Eröffnungen von Kunstausstellungen und Einweihungen von Kunstwerken im Kreise von wohlhabenden Kunstmäzenen und bedeutenden Persönlichkeiten des öffentlichen Lebens aufgeworfen. Ich habe sie Erwachsenen gestellt, die vorsichtig mit Kunst herumzuexperimentieren begannen und sich zum ersten Mal erlaubten, ihre Kreativität zum Ausdruck zu bringen.

Und die Antwort lautet:

Nein. Kunst ist nicht wichtig.

Jedenfalls nicht so wichtig, wie sie meiner Ansicht nach sein sollte.

> Für mich ist Kunst eine spirituelle Arbeit. Für unsere Vorfahren, die in Stammesverbänden lebten, war sie eine spirituelle Arbeit. Für große Teile der Welt der Eingeborenenkulturen ist Kunst immer noch eine spirituelle Arbeit. Das Kunstschaffen wurde und wird von vielen als eine Aktivität angesehen, die uns mit dem Göttlichen in Verbindung bringt.

Ich spreche hier nicht über religiöse Kunst, obwohl diese aus einer spirituellen Handlung heraus entstehen kann. Kunst als Weg zum Geist ist eine Tradition, die bis zu den ersten Anfängen der Religion zurückreicht, als das direkte, unmittelbare Erfahren der Welt der Geister noch jedem offen stand. Manche Gelehrten glauben, das Wort »Religion« gehe auf *religare* zurück, was so viel wie »zurückverbinden, wiederverbinden« bedeutet, d. h. eine Wiederherstellung unserer Verbindung zu einer heiligen Wirklichkeit. Wenn die Kunst im Leben des Einzelnen oder der Gemeinschaft diesem Zweck dient, ist sie sehr wohl wichtig. Wenn dem nicht so ist, schrumpft die Kunst in sich zusammen und entzieht sich unseren Alltagserfahrungen.

Im praktischen Leben sollte der künstlerische Ausdruck etwas sein, zu dem jeder von uns Zugang hat. Denn wenn das Kunstschaffen nur wenigen Auserwählten vorbehalten bleibt, entsteht eine weitere Schranke zwischen uns und unserem ureigensten Recht auf Zugang zu transzendenten spirituellen Erfahrungen. Wenn keine Verbindung zwischen der Kunst und dem Geist besteht, wird sie zu einem reinen Gebrauchsgegenstand. Wir können sie nur kaufen oder verkaufen, anbeten oder uns vor ihr verbeugen, sie rationalisieren oder intellektualisieren.

Bisweilen gelingt es Künstlern, für uns zum göttlichen Bewusstsein vorzudringen. Sie begeben sich auf eine gefährliche Reise in die finstere Unterwelt oder zum leuchtenden Firmament empor und kehren mit Bildern und Gegenständen zurück, die noch weiß glühend sind und die die Möglichkeit zur Transformation in sich tragen. Wir können in ihnen etwas entdecken, das uns tief bewegt. Doch wenn wir nur Konsumenten statt Schöpfer sind, lassen wir letztendlich zu, dass andere unser spirituelles Leben für uns führen.

Kunst sollte wichtig sein.

Am Ende jedes Tages sollte jeder von uns sagen können, dass er zumindest kurz mit der göttlichen und alles verbindenden Seite der Welt in Berührung gekommen ist. Es gibt viele Möglichkeiten, diesen Aspekt des Heiligen zu erleben. Wir können alles mit einer Grundhaltung der Ehrfurcht angehen, unsere Arbeit, unsere Beziehungen, unseren Umgang mit unserem Körper, Intellekt und Geist. Wir können meditieren, Körperübungen machen, anderen dienen, jemand lieben, singen, tanzen und sogar atmen auf eine Art und Weise, die uns in Kontakt mit etwas bringt, das größer ist als wir selbst. Und genau das ist es, dieses »etwas, das größer ist als wir selbst«, was ich im Allgemeinen als Geist definiere. Wir alle nehmen den Geist auf unterschiedliche Weise wahr. Für Sie mag der Geist beispielsweise in einer bestimmten Gottheit oder von einem bestimmten Symbol verkörpert, an einen bestimmten Ort gebunden oder mit einer religiösen Tradition verbunden sein. Doch wenn wir uns darauf einigen können, dass der Geist etwas Heiliges, Göttliches ist und größer als wir selbst, haben wir bereits eine gemeinsame Basis gefunden, auf der wir weitermachen können. Kunst ist ein Weg, der uns zum Geist hinführen kann.

Das Verstehen oder Wiederaufnehmen des Kontaktes zu Ihrer eigenen schöpferischen Energie bringt Sie nicht nur dem Geist näher, sondern macht Sie auch selbstbewusster und innerlich ruhiger. Normalerweise gestehen wir Künstlern zu, ein bisschen verrückt zu sein – ein natürlicher Nebeneffekt, wenn man Zugang bekommt zu der mächtigen Schöpfungsenergie –, damit wir uns da heraushalten können. Aber was verpassen wir dadurch, dass wir uns nie erlauben, die Grenzen zu überschreiten, unsere eigenen Zusammenbrüche und Wiedergeburten zu erleben? Künstler kennen sich in ihrem eigenen Seelenleben aus. Sie bringen ihre Seelenklänge durch die Kunst, die sie schaffen, zum Ausdruck.

Den Künstler in sich zu entdecken bedeutet, den Traumkünstler in sich zu finden. Ich verwende den Begriff »Traumkünstler«, um eine Unterscheidung zu treffen zwischen der traditionelleren Definition des Künstlers im Verständnis vieler Menschen und meiner Definition des Künstlers als jemand, der mit Geist in materieller Form arbeitet. Der Weg des Traumkünstlers ist der Weg zum Geist über die Kunst.

In diesem Buch geht es nicht einfach darum, kreativer zu werden, obwohl das sicher der Fall sein wird, wenn Sie Ihr gottgegebenes Recht, etwas zu erschaffen, ausüben. Sobald Sie den Traumkünstler in sich entdecken, werden Sie merken, dass Sie schon immer schöpferische Fähigkeiten besessen haben. Ich kann Ihnen zwar keinen Preis in der nächsten Kunstausstellung, bei der Sie mitmachen, versprechen, doch was Sie über sich selbst herausfinden werden, kann sehr viel wertvoller sein als jeder Preis. Wenn Sie den Weg des Traumkünstlers beschreiten, werden Sie eine ganz neue Achtung und Wertschätzung für die spirituelle Seite der Dinge entwickeln. Sie werden sich darum bemühen, dass die materiellen Gegenstände und Bilder um Sie herum von der Energie des Geistes erfüllt sind. Ihre heilige Schöpfungskraft – das Suchen, Anordnen, Verändern und Erschaffen – wird Ihr Leben und Ihre Umwelt langsam verändern.

Den Traumkünstler in sich zu finden ist, als fände man seinen Atem. Unser Atem ist wie unsere Kreativität unser ständiger Begleiter, doch am bewusstesten erleben wir ihn, wenn wir Schwierigkeiten damit haben. Um unsere schöpferische Seele zu finden, müssen wir unserer kreativen Seite genauso viel Aufmerksamkeit schenken, wie ein Schauspieler, Sänger oder Meditierender auf seinen Atem verwendet. Der Traumkünstler in uns versteht, dass der heilige Schöpfungszyklus – wie der Atem (Einatmen und Ausatmen) – aus zwei gleich wichtigen Phasen besteht:

Inspiration und Ausdruck.

Die Inspiration ist unser Kontakt mit dem Göttlichen, unsere Fähigkeit, Zugang zu bekommen zu der alles verbindenden und energetischen Natur des Lebens. Der Ausdruck ist unser Wunsch, unserer Erfahrung des Göttlichen eine Form zu geben. Wenn der Inspiration nicht genügend Aufmerksamkeit geschenkt wird, entsteht daraus Kunst, die hohl und belanglos wirkt. Wenn dem Ausdruck nicht genügend Aufmerksamkeit geschenkt wird, sind die Folgen Frustration und unverwirklichte Träume. Die Künstler erleben das als Schaffenskrise, da der Fluss ihrer Kreativität blockiert ist, während Nichtkünstler ein Gefühl von kreativer Impotenz überfällt. Künstler sind blockiert, wenn sie den Kontakt zur göttlichen Inspiration verlieren. Nichtkünstler verschließen sich gegenüber jeglichen kreativen Unternehmungen, da sie an ihren Ausdrucksfähigkeiten zweifeln oder sie gar völlig verleugnen.

Das vorliegende Buch *Kreativität neu entdeckt. Auf den Spuren Ihres inneren Künstlers* ist das Ergebnis der Arbeit, mit der ich mich in den letzten 15 Jahren beschäftigt habe, nämlich Menschen zu helfen, wieder mit ihrer schöpferischen Seele in Kontakt zu kommen. Es handelt sich dabei um einen Prozess, der aus zwei Phasen besteht und den heiligen Schöpfungszyklus von Einatmen und Ausatmen – Inspiration und Ausdruck – widerspiegelt. Mit Hilfe der Übungen in diesem Buch werden Sie Ihre eigenen Quellen der Inspiration entdecken. Sie werden drei Methoden lernen, sich in nicht alltägliche Bewusstseinszustände zu versetzen:

- Wechseln der Wahrnehmungsebene
- Traumarbeit
- Schamanische Reisen oder selbst induzierte Trancezustände

Unter Wechseln der Wahrnehmungsebene verstehe ich das Umschalten auf eine energetische Form des Sehens, die Sie zu jedem Zeitpunkt einsetzen können, um sich Ihrer intuitiven Fähigkeiten zu bedienen und mit einer ganz neuen Klarheit zu sehen. Unter Traumarbeit verstehe ich die zielgerichtete Erforschung nächtlicher Träume auf der Suche nach Bildern, mit denen Sie Ihrer Seele Ausdruck verleihen. Trancezustände, die durch geführte Visualisierungen, Zeremonien oder rhythmische Stimulation durch eine Schamanentrommel oder -rassel herbeigeführt werden, führen Sie auf Reisen tief in das Reich der Vorstellungskraft und erlauben Ihnen, sich dort künstlerischen und kreativen Rat zu holen und die Landschaft der geistigen Welt zu erforschen. In diesen nicht alltäglichen Bewusstseinszuständen werden

Sie Ihre Inspiration finden. Durch den Übergang in diese Zustände wird der Kontakt zwischen Ihnen und der göttlichen, alles verbindenden Natur des Universums hergestellt.

Die zweite Phase des heiligen Schöpfungszyklus besteht aus dem Ausdruck. Meine Erfahrung als Lehrer hat mir gezeigt, dass es manchen Leuten leicht fällt, einen neuen kreativen Prozess anzugehen. Sie sind in der Lage, den schöpferischen Akt selbst als Weg zum Geist zu nutzen. Wenn Sie zu diesen Menschen gehören, werden Ihnen ganz automatisch viele Ideen kommen, wie Sie sich künstlerisch betätigen können, um mit dem Geist in Kontakt zu treten. Die meisten meiner Schüler gehörten jedoch eher der anderen Gruppe an, die sich am besten durch den Kommentar meiner Freundin Kelly beschreiben lässt:

»Weißt du Tom, ich *möchte* mir gerne vorstellen, dass ich ein Kunstwerk schaffen kann, aber der bloße Gedanke daran macht mich körperlich krank.« Für Kelly und all die anderen, die sich für unfähig halten, etwas Kreatives zu erschaffen, habe ich eine Methode entwickelt, wie sie sich schrittweise von einer Ausgangssituation, in der sie sich wohl fühlen und zuversichtlich sind, auf neues, unbekanntes Gelände vorwagen können. Die Schritte sind so einfach und viel sagend, wie sie klingen: Suchen, Anordnen, Verändern und Erschaffen.

Diese Schritte haben sich beim Versuch, anderen Menschen zu helfen, den Traumkünstler in sich zu finden, arbeitsmethodisch für mich und andere als äußerst nützlich erwiesen. Während es manche Neulinge auf dem Pfad des Traumkünstlers gibt, die ganz begierig darauf sind, sich gleich auf das Material zu stürzen und mit Malen oder Bildhauern zu beginnen, sind die meisten ganz glücklich damit, zunächst mit gefunden Objekten herumzuspielen, sie neu zu ordnen und zu verändern. Für die meisten Erwachsenen ist die Vorstellung, dass man schon allein dadurch ein Traumkünstler sein kann, dass man dem Pfad des Suchens und Sammelns folgt, ein äußerst befreiender Gedanke.

Als Suchender gleicht der Traumkünstler einem Jäger. Mut, Geduld und Beharrlichkeit zeichnen Jäger aus. Sie achten auf ihre Umwelt. Stellen Sie sich vor, wie Sie sich mit Ihrem Tagebuch in der Hand leise und federnd durch den Dschungel des nächsten Flohmarkts bewegen. Immer wenn ich einen oder mehrere intensive und klare Träume hintereinander von einem Gegenstand, einem Tier, einer Figur oder einem Ort hatte, zeigte mir meine Erfahrung, dass der Gegenstand des Traums kurz danach in meinem wachen Leben auftaucht. Es mag sich dabei nur um ein Bild dessen handeln, was ich geträumt habe, oder einen verbalen Bezug darauf, doch häufig manifestiert sich der tatsächliche Gegenstand meines Traums. Das ist so oft passiert, dass ich, wenn es nicht eintritt, davon ausgehe, es sei meine Schuld – weil ich wahrscheinlich meiner Umgebung nicht genügend Beachtung geschenkt habe. Meine Aufgabe als Suchender besteht darin, offen zu bleiben für die Möglichkeit, dass ich meine Träume bereits in physischer Form in der wachen Welt finden kann. Ich kann ihnen mit meiner Kamera, meinem Skizzenblock oder meinem Sammelbeutel nachjagen, doch zumindest weiß ich, dass sie da draußen zu finden sind.

Menschen, die Dinge ordnen und anordnen, sind Altarbauer. Wahrscheinlich nennen sie ihre Arrangements nicht Altäre oder Schreine, doch sie erschaffen trotzdem einen heiligen oder magischen Raum. Ein Altar kann aus nur drei sorgsam auf einem Regal angeordneten Kieselsteinen bestehen oder aber so komplex sein wie eine Zimmerecke, die mit Fotos, Stoffen, Gefäßen, Fundgegenständen, Puppen, Geschenken und religiösen Ikonen ausgestattet ist. Die meisten von uns schaffen sich die ganze Zeit über Altäre, ohne es zu merken, doch der bewusste Akt des Errichtens eines Altars steigert noch die Kraft des Altars, den wir uns bauen. Stellen Sie sich beim Schaffen eines Altars vor, Sie seien ein Lehrer. Mir ist im Laufe der Jahre klar geworden, dass eine der wichtigsten Rollen eines Lehrers oder einer Lehrerin darin besteht, einen Raum zu schaffen, in dem Lernen und der Austausch von Information oder Energie stattfinden kann. Ein »Arrangeur« ist ein Raumkünstler. Stellen Sie sich vor, Ihr Zuhause bestehe aus lauter besonderen Orten – Tischplatten, Regalen und Kommoden – für Ihre Sammlungen. Stellen Sie sich vor, wie Sie Ihre Altäre reinigen, verschieben und die Dinge darauf wieder neu ordnen – und sie so als Spiegel für Ihre Reisen in die Traumwelt benutzen.

Wenn Sie als Traumkünstler arbeiten wollen, der verändert oder verwandelt, müssen Sie sich einfach vorstellen, Sie seien ein Heiler, der das, was sich ihm darbietet, so nimmt, wie es ist, und dessen Energie verwandelt. Es handelt sich dabei um einen feinstofflichen Vorgang. Sie müssen sich zuerst in den gefundenen Gegenstand hineinversetzen, mit ihm verschmelzen, das fühlen, was der Gegenstand fühlt, und wahrnehmen, was er wahrnimmt. Sie müssen einfühlsam, aber unbeteiligt zuhören. Wenn Sie verstehen, was die Energie dieses Gegenstands erwecken und verstärken kann, müssen Sie in diese Richtung aktiv werden. Sie können zum Beispiel zwei Gegenstände vorsichtig und sorgfältig miteinander verbinden wie ein Doktor, der einen gebrochenen Knochen einrichtet, oder ein Chirurg, der Haut verpflanzt. Sie können einen Stein oder eine Muschel mit Farbe, Tinte oder Metallfolie verzieren. Sie können ein Muster in ein Stück feuchten Lehm drücken oder Sie können ein Blatt um einen Knochen wickeln und mit geflochtenen Grasfasern festbinden. Jede Handlung, jede Veränderung verstärkt, verwandelt oder schafft eine neue energetische Verbindung. Das ist magische Arbeit.

Alle, die sich für das Herstellen von Bildern, Skulpturen oder anderen Kunstgegenständen entscheiden, sind die Magier auf dem Pfad des Traumkünstlers. Können Sie sich vorstellen, wie Sie einen magischen Kreis auf Leinwand oder ein Brett aufzeichnen? Können Sie sich vorstellen, wie Sie ein Gemälde mit den Farben fertig malen, die Sie aus Ihrem Traum mit herüber gerettet haben? Können Sie sich vorstellen, wie Sie einer kleinen Keramikfigur Leben einhauchen, wie Sie eine Altardecke weben oder sticken, die von Ihren Reisen erzählt, oder wie Sie auf einer Töpferscheibe Gefäße entstehen lassen, die von Ihrem Geist erfüllt sind? Vielleicht nicht, aber möglicherweise können Sie es, sobald Sie Ihren inneren Künstler zu vollem Bewusstsein erweckt haben.

Sich durch das Wechseln der Wahrnehmungsebene, durch Träumen und Reisen in Trancezuständen auf der Suche nach Inspiration Zugang zu seinen Träumen zu verschaffen und dann diesen Erfahrungen in der materiellen Welt durch Suchen, Anordnen, Verändern und Erschaffen Ausdruck zu verleihen und sie zu manifestieren – das ist schamanische Arbeit. Damit ist ein Traumkünstler auch eine Art Schamane.

Während die Bezeichnung »Schamane« möglicherweise der einfachere Begriff ist, ist »Traumkünstler« spezifischer und beschreibt jemanden, der die Arbeit eines Schamanen durch die Kunst vollbringt. Die Bezeichnung »Schamane« mag zunächst ungewohnt und fremd klingen, doch ein Schamane ist einfach jemand, der Zugang hat zur geistigen Welt oder zum göttlichen Energiemuster, das hinter dem Leben steckt, um dort Veränderungen vorzunehmen, ein Gleichgewicht herzustellen oder mit dem Geist zu kommunizieren und die Schöpfung zu ehren. Wenn Sie den Weg des Suchens, Anordnens, Veränderns und Erschaffens wählen, werden Sie lernen, dieselben Aufgaben zu erfüllen. Bisweilen üben Menschen diese Tätigkeit zu ihrem persönlichen Vorteil aus. Häufiger jedoch werden diese Aufgaben zum Wohle anderer vollbracht. Die Arbeit eines Schamanen besteht aus Heilen, Erfüllen mit neuer Kraft, Erleuchten und Verzaubern. Der Schamane als Künstler oder Traumkünstler vollbringt dieselbe Arbeit durch Bilder und Kunstgegenstände. Das ist der gemeinsame Nenner der Tätigkeit eines Traumkünstlers. Wenn Sie den Geist in materieller Form manifestieren, schaffen Sie dadurch eine engere Verbindung innerhalb Ihrer Gemeinschaft und verbinden sich unauflöslich mit ihr.

Traumkünstler sorgen dafür, dass durch ihre Arbeit mit Traumbildern und Traumprodukten Zauber und Magie in ihr Leben und das Leben der Menschen um sie herum kommen. Sie füllen die Welt mit den Kunstwerken ihres Traumlebens. Ihre Kunst gleicht der der Stammeskulturen, in denen es kein Wort für Kunst gibt, obwohl ihre Arbeit nicht primitiv wirkt oder so aussieht, als wäre sie den Traditionen einer anderen Kultur entlehnt. Traumkunst ist keine Kunst des äußeren Scheins, sondern eine Kunst, die wirklich von Kraft erfüllt ist. Ihre Quelle ist das Träumen. Und da jeder von uns träumt, steht es auch jedem von uns offen, ein Traumkünstler zu werden.

Ich bin der festen Überzeugung, dass Kunst als Weg zum Geist wichtig ist, doch *ich selbst* habe ein halbes Leben gebraucht, um im vollen Umfang zu begreifen, was es heißt, an die Wirklichkeit der Traumwelt zu glauben, d.h. in jeder Hinsicht als Traumkünstler zu leben. Bei Ihnen braucht es nicht so lange zu dauern. Das vorliegende Buch ist als Einladung an Sie gedacht, dem schamanischen Weg der Verzauberung und des seelenvollen Ausdrucks des Geistes durch die Kunst zu folgen. Es ist eine Anleitung zum Einsatz von Kunst als spirituelle Technik.

Lassen Sie mich kurz ausführen, wie ich dazu gekommen bin, ein Traumkünstler zu werden. Ich hatte das Glück, eine magische Kindheit mit einer lebhaften Beziehung zu meiner Traumwelt erleben zu dürfen. Und ich durfte diese Beziehung stets durch kreative Unternehmungen aller Art pflegen, denn ich hatte eine Familie, die all meine exzentrischen Seiten unterstützte. Als junger Erwachsener entdeckte ich dann den Geist in einer anderen, gemeinschaftlicheren Berufung: der Kunst.

Zunächst verliebte ich mich ins Theater, insbesondere in das rudimentäre, ritualisierte Theater der 60er und 70er Jahre, das mir einen transzendentalen Weg zu eröffnen schien. Ich spielte, schrieb und leitete die Aufführung von Stücken für das experimentelle Theater. Später im College hatte ich eine Reihe von begabten Lehrern, die mich in die Welt der schönen Künste einführten. Ich verlor mich daraufhin in der bewusstseinserweiternden Freiheit der Fakultät für Kunst einer Universität und erwarb nebenbei den Grad eines »Bachelors of Fine Arts« mit Auszeichnung. Die Welt der Kunst zog mich fast genauso stark an wie meine Traumwelt.

Nach dem Abschluss des ersten Teils meiner Universitätsausbildung wechselte ich an die Kunstakademie des *Art Institute of Chicago* über, um dort meinen Magister der Schönen Künste zu machen. Dort lernte ich, immer häufiger in meine Kunstwerke Bilder aus meinen Träumen einfließen zu lassen. Als ich schließlich meine offizielle Ausbildung als Künstler abgeschlossen hatte, wurde mir allerdings klar, dass ich am liebsten ein primitiver Künstler werden wollte, ein naiver, visionärer Volkskünstler. Ich wollte Magie, wirkliche Kraft und Verzauberung spüren. Deshalb machte ich mich daran, mich näher mit der prähistorischen Kunst und der Kunst der in Stammesverbänden lebenden Ureinwohner zu beschäftigen. Ich war fasziniert von der engen Beziehung zwischen ihren Geschichten und den Gegenständen, die sie herstellten. Ich sah mir Fetische, magische Gegenstände und Zeremonialgeräte sowie Karten und Abbildungen ihrer Kosmologien an. Ich wollte magische, heilige Kunstgegenstände schaffen. Ich wollte einer von vielen in einer langen Tradition von »Schamanen-Künstlern« sein, die durch ihre Kultur Zugang zu einer tiefen Quelle hatten, aus der sie Ideen schöpfen konnten. Doch gleichzeitig wollte ich nicht einfach die kulturellen Symbole, Bilder und Muster von verschiedenen Eingeborenen- und Stammesvölkern übernehmen. Also tat ich das Nächstliegende: Ich machte mich auf eine Reise nach innen und erforschte meine eigene Traumlandschaft. Von den Geistführern, die mir dort begegneten, lernte ich, und aus der Quelle der Weisheit der nicht alltäglichen Wirklichkeit schöpfte ich. Ich fing an, von meinen Reisen in die Traumwelt mit Geschichten ganzer Kulturen zurückzukehren. Ich bildete ihre Kunstgegenstände nach, schrieb ihre Mythen und Legenden auf und dokumentierte sie, als sei ich ein Anthropologe.

Tatsächlich sehe ich mich inzwischen immer mehr als eine Art Archäologe alternativer Wirklichkeiten. Wie die Archäologen der wachen Welt durch den physischen Raum und durch die chronologische Zeit in die Vergangenheit reisen, um die Artefakte alter Kulturen und Zivilisationen auszugraben, kann ich mit der Essenz der Produkte meiner Träume von meinen Reisen zurückkehren. Und durch das Erschaffen, durch die Manifestation dieser Gegenstände in der wachen Welt, nehme ich wieder etwas mehr an dem heiligen Schöpfungszyklus teil. Durch das Mitbringen von Information über Gegenstände, die mir in meinen nächtlichen Träumen und auf meinen schamanischen Reisen begegnen, komme ich dem Geist näher. Diese Information aus meinen Traumerfahrungen ermutigt mich ständig, die spirituelle Essenz der Welt nicht nur zu beobachten und mich auf sie zu berufen, sondern ein aktiver Teilnehmer an ihr zu werden.

Als Kunstlehrer hatte ich stets großes Interesse, Amateuren zu helfen – Menschen, die sich aus der Liebe zur Kunst künstlerisch betätigen. Schon immer war es eine Leidenschaft von mir, das Leben von Menschen, denen man immer weisgemacht hat, Kunst sei nur etwas für die Begnadeten (die von den Göttern der Kunst Gesegneten), mit der Freude und Erfüllung des kreativen Ausdrucks zu bereichern. Auf der Grundlage dieser Erfahrung und dieser Perspektive ist das vorliegende Buch entstanden.

Mit diesem Buch sollen Ihnen keine Vorschriften gemacht werden, wie Ihre Kunst auszusehen hat. Es enthält jedoch viele Vorschläge und Übungen, wie Sie Ihr Leben über die Kunst mit Geist erfüllen können. Ich hoffe, Sie zu einer Reise in eine neue Welt motivieren zu können, indem ich Ihnen die nötigen Anleitungen und Instrumente an die Hand gebe, um Ihre innere Seelenlandschaft zu erforschen.

Da dies eine Reise sein wird, die wir über die Magie des geschriebenen Wortes antreten werden, ist es für Sie vielleicht hilfreich, eine gewisse Vorstellung von dem Gebiet zu bekommen, mit dem wir uns befassen wollen. Auf dem ersten Teil der Reise wird es darum gehen, Ihre inneren Quellen zu entdecken. Im ersten Kapitel mit dem Titel »Kunst als heilige Technik: Auf der Suche nach der verlorenen kreativen Seele« werden Sie lernen, einen Teil des Ballasts über Bord zu werfen, der Sie daran hindert, Ihr kreatives Erbe einzufordern und nach einem neuen Lebensmodell für ein kreativeres Leben Ausschau zu halten. Im zweiten Kapitel geht es dann tiefer nach innen, und Sie werden die Kraft der kreativen Trance entdecken und anfangen, Ihrem inneren Künstler zu begegnen und auf seinen Rat zu hören. Im dritten, vierten und fünften Kapitel werden gezielte Anleitungen gegeben, wie man sich in veränderte Bewusstseinszustände versetzen und sich durch Wechseln der Wahrnehmungsebene, Traumarbeit und schamanische Reisen eine neue Art des Sehens aneignen kann. Im sechsten Kapitel werden Ihnen Tipps gegeben, wie Sie sich Ihren eigenen heiligen Raum – Ihr Atelier – für Ihre Arbeit als Traumkünstler entwerfen und gestalten können. Im siebten und achten Kapitel bekommen Sie nähere Anleitungen zu den vier Techniken des Suchens, Anordnens, Veränderns und Erschaffens. In Kapitel 9 geht es um Ihre Rückkehr in die Gemeinschaft mit Ihren neu erworbenen Gaben. Es enthält Anregungen, wie Sie die Kunst an andere weitergeben und in Zeremonien verwenden können. Und im letzten Kapitel werden Sie schließlich dazu aufgefordert, Ihre Technik des Traumkünstlerdaseins auf alle anderen Lebensbereiche auszudehnen.

Jedes Kapitel enthält einige Hintergrundinformationen, durch die die schamanische Tradition eng mit der »Arbeit« des Traumkünstlers verwoben wird. Es wird auch die Rede sein von der richtigen Ausrüstung – den Gegenständen, dem Material und bestimmten Techniken, die Sie auf Ihrer Reise benötigen werden. Darüber hinaus enthält jedes Kapitel Übungen und Vorschläge, die Ihnen dabei helfen sollen, den Traumkünstler in sich zu entdecken und für sich selbst eine äußerst spirituelle, kreative Technik zu entwickeln. Jede Übung in diesem Buch beginnt mit einem kurzen Hinweis, weshalb ich sie empfehle und was Sie daraus lernen können. Durch das ganze Buch ziehen sich meine persönlichen Erfahrungen und die Erfahrungen anderer Traumkünstler, die so nett waren, mich an ihren Geschichten teilhaben zu lassen.

Ich habe entdeckt, dass der Weg des Traumkünstlers jedem offen steht, der den Wunsch hat, Neues zu entdecken, und genügend Disziplin zum Üben besitzt. Meine Hauptaufgabe besteht darin, Sie mit Informationen und Techniken auszustatten, die Sie auf Ihrer Suche nach Ihrem inneren Traumkünstler anwenden können. Aber ich möchte Ihnen auch helfen, sich selbst als Traumkünstler vorzustellen, denn wenn Sie es sich vorstellen können, können Sie es auch leben.

Ihre Arbeit als Traumkünstler hat etwas mit Alchemie zu tun. Es geht dabei um Übersetzung und Verwandlung, Manifestation und Verwirklichung. Die Aufgabe, die ein Traumkünstler in Angriff nimmt, ist so einfach wie das Verwandeln von Blei in Gold und so komplex wie das Aufheben eines Kieselsteins. Als Traumkünstler werden Sie die Bilder, Gegenstände, Ereignisse und Personen Ihrer Bewusstseinszustände der Traumwelt in eine andere Sprache übersetzen: in die Sprache der physischen Materialien. Immaterielles wird in Materielles verwandelt. Diese Technik wird Ihnen helfen, zu einem Meister der Manifestation der Wirklichkeit zu werden.

Sie werden die Gegenstände, mit denen Sie arbeiten, ganz anders sehen, energetischer und lebendiger. Möglicherweise werden Sie die oberflächlichen Eigenschaften, die formalen Elemente der Struktur und der Komposition immer noch schätzen, doch wahrscheinlich werden Sie sich mehr von der verborgenen energetischen Kraft des Gegenstandes oder Bildes angezogen fühlen. Die Quelle Ihrer schöpferischen Energie wird die Traumwelt sein. Sie können verschiedene Wege wählen, um sich in diesen Bewusstseinszustand zu versetzen, doch Sie werden immer an diesen magischen Ort zurückkehren und von dort aus arbeiten. Vielleicht werden Sie sich nicht als Künstler im herkömmlichen Sinne sehen. Vielleicht werden Sie sich entscheiden, dem Geist durch eine Sammlung von Gegenständen Ausdruck zu verleihen oder durch Abhalten eines Rituals, bei dem es auf Anordnung, Ausgewogenheit und Kombination ankommt. Vielleicht werden Sie suchen und verändern oder tatsächlich Bilder und Gegenstände aus Farbe, Ton, Kohle, Holz und Stein erschaffen. Doch ganz egal, wie sich Ihre Technik entwickeln wird, es wird die Technik eines Traumkünstlers sein. Können Sie sich das vorstellen?

Wenn Sie nun also bereit sind, möchte ich Sie gerne auf eine Reise einladen, die in der Steinzeit beginnt und sich bis in unser neues Jahrtausend erstreckt – die Reise auf dem Weg des Traumkünstlers.

Das Geschenk dieses ersten Kapitels
ist ein *neues Bewusstsein*.
Wenn Sie diese Übungen duchführen, werden Sie
ein neues Verständnis davon bekommen, was Ihrem
kreativen Ausdruck im Wege steht. Außerdem
werden Sie das Gefühl bekommen, einen Teil der
damit verbundenen Ängste und Hindernisse hinter
sich gelassen zu haben.
Ihr schöpferischer Geist wird sich leichter anfühlen
und gleichzeitig stärker darauf drängen, in Ihrem
Leben eine Rolle zu spielen.

Kapitel 1

Kunst als *heilige Technik*: Auf der Suche nach der verlorenen *kreativen Seele*

Wie die Künstler schon seit jeher behaupten, waren in der Vergangenheit Künstler und Schamanen wahrscheinlich ein und dasselbe. Durch ihre magische Fähigkeit, Tiere an den Wänden der Höhlen, die als Tempel dienten, neu zu erschaffen, stellten sie – die Künstler-Schamanen – eine Verbindung zwischen dem Stamm und der Lebensquelle her, die Mensch und Tier gleichermaßen mit Leben erfüllte. Sie wurden dadurch selbst zu Vehikeln dieser Quelle, zu Schöpfern der lebendigen Form, wie die Quelle selbst.

ANNE BARING UND JULES CASHFORD

The Myth of the Goddess: Evolution of an Image

Wann haben Sie zum letzten Mal Musik gemacht? Wann haben Sie zum letzten Mal getanzt? Wann haben Sie zum letzten Mal eine Geschichte erzählt? Wann haben Sie sich zum letzten Mal künstlerisch betätigt?

Das sind typische Fragen, die Ihnen ein Schamane oder Heiler eines Eingeborenenstamms stellen würde, wenn Sie ihn um Hilfe oder Rat bitten würden. Ob Ihre Beschwerden körperlicher, emotionaler oder geistiger Natur sind, würde dabei keine Rolle spielen. Die Antworten auf diese Fragen wären in jedem Fall von höchstem Interesse. Wenn Ihre Antwort auf irgendeine dieser Fragen lautet: »nicht in den letzten sechs Monaten«, würde Ihnen möglicherweise geraten werden, nach Hause zu gehen und zu singen, zu tanzen, Theater zu spielen oder Ihrem kreativen Geist auf andere Weise Ausdruck zu verleihen. Schon allein dieser Ratschlag wird häufig als ausreichend angesehen, um eine Krankheit zu heilen. Sollte dennoch ein neuerlicher Besuch beim Heiler erforderlich sein, ist dieser erste Schritt des Aufnehmens einer Verbindung mit der geistigen Welt über den kreativen Ausdruck von entscheidender Bedeutung.

Zwischen künstlerischem Ausdruck und Geist besteht eine Verbindung, die tief in unserem Urgedächtnis verwurzelt ist. Die Ureinwohner und Eingeborenenkulturen, von denen wir alle abstammen, verstehen diese Verbindung. Nur unsere westliche Kunstauffassung spielt die Verbindung zwischen der materiellen und der geistigen Welt herunter. In seinem Buch *The Strong Eye of Shamanism: A Journey Into the Caves of Consciousness* (Deutsch: *Das mächtige Auge des Schamanismus: Eine Reise in die Höhlen des Bewusstseins*) beschreibt Robert E. Ryan, dass ein bekannter australischer Aborigine, ein »schamanischer ekstatischer Traumkünstler« namens Allan Balbungu, in der Lage war, seine Seele vom Körper zu lösen und mit der Hilfe seiner Geisthelfer in die Anderswelt der Ahnen zu reisen, um dort Lieder und Tänze für seinen Stamm zu finden. Laut Ryan überträgt Allan seine visionäre Erfahrung auf den Corroberee-Tanzplatz. Der Poet taucht tief in die Schöpfungsquelle, die geistige Welt, ein und dringt bis zu ihrem tiefsten Ursprung vor. Diese Art Kunst verkörpert damit Ryan zufolge nicht nur das Empfangen von Liedern und Tänzen, die ihm in der Anderswelt geschenkt wurden, sondern vor allem auch die Struktur der schöpferischen visionären Erfahrung selbst.

Für Stammeskulturen ist das »Kunstschaffen« gleichbedeutend mit der Manifestation des Geistes in materieller Form. Ein Mensch, der einem Stamm angehört und sich daran macht, etwas Künstlerisches herzustellen, begibt sich zunächst auf die Suche nach dem, was wir Inspiration oder göttliche Eingebung nennen könnten, in das Reich des Geistes. Die göttliche Eingebung wird dann in Form von Worten, Bildern, Musik, Tänzen oder Kunstgegenständen in materielle Form umgesetzt. Zum Abschluss des Zyklus wird durch ein Ritual die Verbindung zu dem jetzt in materieller Form manifestierten Geist bekräftigt. Dieses Ritual setzt den Geist frei und lässt eine heilige Kommunion zwischen dem Künstler und seiner Gemeinschaft mit dem Göttlichen entstehen. Das ist der heilige Schöpfungszyklus. Es handelt sich dabei um einen Zyklus der Transformation. In seinem Buch *Am Anfang war der Traum. Die Kulturgeschichte der Aborigines* schreibt Robert Lawlor: »Sakrale Kunst schließt immer eine Verwandlung ein: die Ver-

wandlung von reiner Energie in Gestalt, die Verwandlung von Ahnen-
kräften in Tiere, von Tieren in Menschen, von Menschen – mittels
ritueller Kleidung und Körperbemalung – in Ahnenwesen und deren
tierische Kräfte.« Wenn in der Kunst die Verwandlung im Mittelpunkt
steht, ist sie eine heilige Technik.

Wir müssen gar nicht weit gehen, um Beispiele von Künstlern zu
finden, die diesem heiligen Schöpfungszyklus folgen. Wenn der
Traumkünstler Dan Raven einen Stein findet, untersucht er ihn durch
Wechsel der Wahrnehmungsebene zunächst energetisch, um zu sehen
und zu verstehen, was ihm der Stein mitzuteilen hat. Er schlüpft einen
Moment lang in den göttlichen Raum, um den Geist des Tieres zu
erspüren, der nur darauf wartet, dem Stein entlockt zu werden. Beim
Bearbeiten des Steins geht er ganz vorsichtig vor. Er verändert nur so
viel an der Form, dass das Tier gerade sichtbar wird. Nur das ist
notwendig, um den Geist in die Welt zu entlassen. Mit allem, was
darüber hinausginge, würde er dem Stein eher eine Form aufdrängen
als sie enthüllen. Im Anschluss werden seine Steinarbeiten zu rituellen
Opfergaben an die Elemente und zu Kraftverbindungen zwischen den
Menschen, die sie kaufen, und dem ursprünglichen Geist. Dan ist
dieser Arbeit nicht sein ganzes Leben lang nachgegangen. Er ist einfach an einen Punkt gekommen, an dem es nicht mehr möglich war,
diese Arbeit »nicht zu tun«.

Warum ist das wichtig? Die meisten von uns sehen sich nicht als
Künstler. Auch wenn es uns insgeheim Freude bereitet, uns schöpferisch zu betätigen, haben wir häufig Hemmungen, uns öffentlich als
Künstler auszugeben. Es könnte anmaßend klingen, uns als Künstler zu
bezeichnen, und könnte bedeuten, uns dem Urteil anderer auszuset-
zen. Wir alle erinnern uns, wie viel Konkurrenz beim Kunstunterricht
in der Schule im Spiel war. Immer gab es jemand, dessen Arbeit besser
war als unsere eigene. Wer braucht schon diesen Druck?

Der Punkt ist, dass es unser angestammtes Recht ist, ein Künstler
zu sein und uns künstlerisch auszudrücken. Das hat nichts mit
einer beruflichen Karriere zu tun. Es ist Teil dessen, was uns ganz
und erfüllt macht. Es ist eine der besten Möglichkeiten, in unserem Leben eine Verbindung zum Geist herzustellen.

Die häufigsten Beschwerden der Menschen in den westlichen, materialistischen Kulturen sind ihrer eigenen Aussage zufolge ein undefinierbares Gefühl von Unbehagen und Unsicherheit, tiefe Einsamkeit oder Leere und trotz materiellen Überflusses und Wohlstand ein Gefühl des Unerfülltseins. Bisweilen manifestieren sich unsere emotionalen und geistigen Zustände des Unbehagens in physischer Form in unserem Körper. Doch zunächst hindert uns unsere emotionale und spirituelle Not daran, unser Leben in vollen Zügen zu genießen. Ein Schamane oder Heiler einer Eingeborenenkultur würde unseren Zustand als Folge einer mangelnden Verbindung zur Gemeinschaft und zum Geist definieren.

Jeder von uns kann wieder in Kontakt zum Geist kommen und einen Platz in einer größeren Gemeinschaft finden, indem er sich dem seelenvollen Ausdruck des Geistes durch die Kunst widmet. Auch die etablierten Religionen können uns eine Verbindung zu einer Gemeinschaft und zum Geist bieten, doch viele von uns sind in ihrer Entwicklung über das Bedürfnis nach Institutionen und Autoritätsfiguren, die das Göttliche für sie interpretieren, hinausgewachsen. Wir wollen die direkte Erfahrung. Wir wollen nicht länger an etwas glauben, wir wollen es wissen.

Im selben Maße, wie wir uns auf Gurus, spirituelle Führer und Kirchen verließen, die das Göttliche für uns erfahren sollten, haben wir auf unser Recht verzichtet, selbst Kunst zu schaffen. Wir erlauben Künstlern, unsere Kunst für uns zu machen, als ob es nichts anderes wäre als ein Handwerk oder ein Beruf – eine Ware, die mit möglichst effizienten Mitteln hergestellt werden soll. Eine solche Einstellung ist genauso tödlich für unsere schöpferische Seele wie unsere Abhängigkeit von einer organisierten Religion für unseren Geist. Das soll nicht heißen, dass ausdrucksstarke Künstler, die einen Großteil ihrer Energie auf die Manifestation des Geistes in materieller Form verwenden, nicht in der Lage wären, uns durch ihre Arbeit wichtige Visionen zu vermitteln. In einer kleinen Idealgesellschaft wäre es denkbar, dass wir regelmäßig engen Kontakt zu mehreren Menschen haben, die im Namen ihrer Gemeinschaft künstlerisch tätig sind. Wir würden von einer solchen Situation ungeheuer viel profitieren, doch unsere Rolle bestünde in diesem Fall darin, über diese Vision in unserem Leben nachzudenken, den Gedanken auszudrücken und in eigene schöpferische Prozesse umzusetzen. Wir kommen nicht um unsere persönliche Verpflichtung und Verantwortung herum, dem Geist durch unseren schöpferischen Ausdruck zu huldigen.

Das ist in meinen Augen die Arbeit eines Traumkünstlers. Es ist eine Technik, die so alt ist wie die Felszeichnungen in den Höhlen von Lascaux und Altamira. Inspiriert wird sie durch den Gedanken, dass der erste Künstler, der erste Heiler und der erste spirituelle Seelsorger durch eine einzige Figur, den Schamanen, verkörpert wurde.

Künstlerische Betätigung als Schamane bedeutet, die Welt als zusammenhängendes Ganzes zu sehen, das vom lebendigen Geist erfüllt ist. Auf unserer Reise nach innen auf der Suche nach unserem eigenen Traumkünstler machen wir eine Art Initiation und Lehre durch, die uns für die schöpferische Welt des Geistes öffnet. Ich kann etwas Navigationshilfe leisten und Ihnen ein paar Instrumente für Ihre persönliche Entdeckungsreise an die Hand geben, aber es ist der Weg Ihres Herzens, dem Sie folgen. Letztendlich wird es Ihre Suche sein, Ihre Manifestation der Schönheit und der Wahrheit, wie Sie sie wahrnehmen.

Ausrüstung:
Das Tagebuch des Traumkünstlers

Wie auf jeder Reise sollten Sie auch auf dieser verschiedene Werkzeuge und Materialien immer griffbereit haben. Das Allerwichtigste dieser Werkzeuge ist ein Tagebuch. Am Ende wird Ihr Tagebuch für Sie ein besserer Ratgeber auf dem Weg des Traumkünstlers sein als alles, was ich je schreiben könnte. Sie sind dabei, ein schamanischer Künstler zu werden, und wie bei allen Schamanen wird Ihre Ausbildung sowohl von außen als auch von innen kommen. Die äußeren Anleitungen werden Ihnen durch dieses Buch gegeben, die innere Führung wird sich auf den Seiten Ihres Tagebuchs widerspiegeln. Meine Hoffnung geht dahin, Ihnen vor allem einen Weg zu weisen, Sie aber nicht mit einer detaillierten Wegbeschreibung auszustatten. Ich werde Sie dazu mit bestimmten Erfahrungen konfrontieren, die Sie testen, herausfordern und erleuchten sollen. Ich werde Sie immer wieder darum bitten, Ihre

Erfahrungen in Ihrem Tagebuch festzuhalten. Lassen Sie diesen Schritt nicht aus. Ihr Tagebuch kann für Sie zu einer der tiefsten und verlässlichsten Quellen werden.

Besorgen Sie sich also, bevor Sie weitermachen, ein schönes Tagebuch. Nehmen Sie sich Zeit für die Suche nach einem Tagebuch, das Ihnen ästhetisch gut gefällt und zu dem Sie sich hingezogen fühlen. Ich mag beispielsweise besonders Skizzenblöcke für Künstler, die von einer Spirale zusammengehalten werden, aber ich verwende auch wissenschaftliche Labor-Notizbücher mit ihren Gittermustern auf jeder Seite. Alternativ dazu können Sie sich auch selbst ein Tagebuch herstellen, indem Sie interessante Seiten auf dem Computer entwerfen und sie dann in einem Copy-Shop binden lassen oder einfach interessantes, exotisches Papier in der Mitte zusammennähen. In Geschenkläden gibt es außerdem oft wunderschöne handgemachte Tagebücher, die äußerst anregend sein können. Größere Tagebücher oder Hefte sind besser als kleine, aber wenn Sie sich auf Reisen befinden oder das Tagebuch tagsüber mitnehmen wollen, suchen Sie sich eines aus, das sich leicht transportieren lässt.

Was für Seiten sollte Ihr Tagebuch haben? Mögen Sie gern liniertes Papier? Sie werden viel schreiben, aber möglicherweise auch Zeichnungen machen und irgendwelche ausgeschnittenen Bilder einkleben. Achten Sie auf die Qualität des Papiers. Ist es fest genug? Hat es eine angenehme Struktur? Schreiben Sie lieber auf weißes oder buntes Papier? Und wie sieht es mit dem Umschlag des Tagebuchs aus? Ist er steif genug, dass Sie auf dem Schoß schreiben können, falls Sie unterwegs irgendeine Idee bekommen? Probieren Sie einfach aus, ob es sich darin leicht schreiben und zeichnen lässt. Ist es anstrengend, beim Schreiben die Seiten offen zu halten? Steht der Umschlag in irgendeinem Zusammenhang zu dem, was auf den Seiten geschrieben steht? Inspiriert er Sie oder ziehen Sie etwas Neutrales vor, um die magische Arbeit, die darin enthalten ist, geheim zu halten? Das Wichtigste ist, dass Sie sich ein Tagebuch besorgen, das Sie auf jeden Fall benutzen. Lassen Sie die vordere Umschlagseite und die erste Seite für die im zweiten Kapitel beschriebenen Übungen frei.

Suchen Sie sich einen Stift oder verschiedene bunte Marker aus (schwarz, blau, rot und grün sind gut). Bewahren Sie diese Gegenstände stets zusammen auf, und gewöhnen Sie sich an, sie immer mitzunehmen. In einem separaten Beutel können Sie außerdem einen Bleistift, Spitzer, eine Schere oder einen Cutter zum Ausschneiden von Bildern aus Zeitschriften mit sich führen. Darüber hinaus ist es praktisch, einen Klebestift griffbereit zu haben, um Bilder oder Fundgegenstände bei Bedarf in Ihr Tagebuch einkleben zu können.

Außer für die Übungen, die ich Sie explizit bitten werde, in Ihrem Tagebuch festzuhalten oder zu kommentieren, können Sie es zu verschiedenen anderen Zwecken benutzen:

1. Zum Skizzieren von Gegenständen oder Mustern
2. Zum Dokumentieren dessen, was Sie sehen, wenn Sie die Wahrnehmungsebene wechseln
3. Zum Aufschreiben Ihrer Träume
4. Zum Festhalten Ihrer schamanischen Reisen
5. Zum Dokumentieren von Bildern, die in Ihrem Leben auftauchen
6. Zum Skizzieren und Entwerfen eines Glücksbringers, Talismans oder Amuletts
7. Zur Planung von Zeremonien und Ritualen

Das Herumtragen eines Tagebuchs oder Skizzenblocks wird Ihnen auch mehr das Gefühl geben, ein Künstler zu sein. Es wird Ihre Kreativität tatsächlich anregen. Ein Tagebuch oder Skizzenblock ist eines jener Symbole, an denen wir schöpferische Menschen erkennen. Hätte der Blech-Holzfäller sich im *Zauberer von Oos* gewünscht, ein Künstler zu sein statt eine Person mit Herz, hätte ihm der Zauberer vielleicht einen Skizzenblock geschenkt.

Für die Übungen in diesem Kapitel brauchen Sie außerdem eine Reihe von Zeremonialgegenständen. Verschwenden Sie nicht zu viel Zeit auf dieses Thema. Sie werden noch viel Zeit haben, die Gegenstände, die Sie im Moment benutzen, zu einem späteren Zeitpunkt durch ästhetisch oder spirituell ansprechendere Dinge zu ersetzen. Momentan reicht es aus, einen faustgroßen Stein zu finden, sowie eine Wasserschale, eine Kerze und einen Ständer zum Verbrennen von natürlichem Räucherwerk. Diese vier Gegenstände stehen für die vier Elemente – Erde, Wasser, Feuer und Luft. Sie können als Unterlage für den Altar auch eine Altardecke benutzen. Außerdem ist es nützlich, immer Streichhölzer oder ein Feuerzeug bei der Hand zu haben.

Zur Einweihung Ihrer Zeremonialgegenstände und Ihres neuen Tagebuchs legen oder stellen Sie den Stein, die Wasserschale, die Kerze und das Räuchergefäß auf einen Tisch oder an einen anderen, leicht zugänglichen Ort. Zünden Sie die Kerze und das Räucherwerk an. Füllen Sie die Schale mit Wasser. Setzen Sie sich dann in einer bequemen Stellung davor hin und atmen Sie tief aus dem Bauch heraus. Würdigen Sie jedes der Elemente durch Berühren der Symbole vor Ihnen mit Ihrem Tagebuch. Bewegen Sie das Tagebuch durch den Rauch des Räucherwerks, der die Luft symbolisiert. Bewegen Sie es über die Kerzenflammen. Beträufeln Sie den Deckel des Tagebuchs mit einem Tropfen Wasser und drücken Sie es gegen den Stein. Bedanken Sie sich bei den Elementen der Erde, die uns mit Rohstoffen wie Pigment, Stein und Baumwolle versorgen, aus denen unser Stoff gewoben ist. Bedanken Sie sich beim Feuer für dessen transformatorische Kraft, für das Licht, das es uns schenkt, um zu sehen, und die Hitze, um unsere Werkzeuge zu schmieden und Ton zu härten. Sprechen Sie dem Geist des Wassers, der unsere Flusssteine rund abschleift und uns Farben und Tinte schenkt, Ihren Dank aus. Bedanken Sie sich bei dem Element Luft dafür, dass es trocknet, härtet und Töne übermittelt. Erfinden Sie Ihre eigene Widmung oder übernehmen Sie die folgende:

Wenn ich diese Seiten aufschlage, rufe ich meinen eigenen
Traumkünstler auf hervorzutreten.
Lass mich erfüllt sein von der Kraft der Schöpfung.

Nachdem Sie nun Ihr erstes und wichtigstes Werkzeug, Ihr Traumkünstler-Tagebuch, eingeweiht haben, ist es an der Zeit, uns auf die Reise zu machen – die Reise, in deren Verlauf wir lernen werden, eine ganz persönliche spirituelle Technik im Umgang mit Kunst zu entwickeln.

In manchen Kulturen entscheiden sich die Schamanen selbst für ihre Ausbildung bei einem Ältesten, die aus Lernen und praktischen Übungen besteht. In anderen Kulturen sucht sich der ältere Schamane seine Lehrlinge aus. Doch eine der häufigsten Formen der Berufung für den Pfad des Schamanen erfolgt über eine Nahtoderfahrung. Die schamanischen Geschichten über Nahtoderlebnisse haben einen mythischen Unterton. Sie symbolisieren das Ablegen von alten, unproduktiven Denkweisen, um Platz zu machen für neue Möglichkeiten.

Nun will ich Sie damit nicht zu risikoreichem Verhalten oder zur Suche nach einer Nahtoderfahrung auffordern, doch meiner Ansicht nach ist es auf jeden Fall von Vorteil, uns von einigen unserer alten Verhaltensweisen zu verabschieden. Die meisten von uns haben ein gestörtes Verhältnis zu ihrer Kreativität und zu dem, was sie sich unter kreativem Ausdruck vorstellen. Diese Störung kann sich in Blockade oder völliger Abwendung ausdrücken. Der Künstler in uns kann entweder völlig verschüttet oder aber unter einer Unmenge von Schichten vergraben sein, die wir im Laufe der Jahre unbewusst darüber gehäuft haben. Bevor wir also eine gesunde Beziehung zu unserer kreativen Seele herstellen können, müssen wir sie erst einmal ausgraben.

Die Suche nach der verlorenen kreativen Seele

>>*Kreativität ist eine Gabe. Manche haben sie und manche nicht.*<<

Ist das Ihre Ansicht über Kreativität? Dann sind Sie nicht alleine. Und Sie sind auch nicht ignorant oder rückständig in Ihrem Denken. Ich habe sogar Universitätsprofessoren von höchstem Rang und berühmte Künstler diese Meinung äußern hören.

Aber Sie haben *nicht* Recht.

Wenn ich Erwachsene unterrichte oder vor ihnen Vorträge halte, ermutige ich sie oft dazu, ihre eigene Kreativität zu erforschen. Fast immer gibt es dann eine kleine Gruppe, die sich zu Wort meldet und darauf besteht, keinerlei Kreativität zu besitzen. Ich vermute, dass diese kleine Minderheit in Wirklichkeit für eine weitaus größere Gruppe innerhalb jeder Menschenansammlung spricht – nämlich für alle diejenigen, die sich nicht kreativ fühlen und zu schüchtern sind, es zuzugeben. Wenn ich eine solche Äußerung höre, versuche ich sie nicht als albern abzutun, sondern wie ein Schamane zu denken. Und als Schamane habe ich gelernt, dass Kreativität letztendlich eine Form von Energie ist, zu der wir alle Zugang haben. Sie ist Teil unserer Seele, die vorhanden sein muss, damit sich jeder von uns ganz fühlen kann. Wenn also Leute behaupten, sie seien nicht kreativ, sagen sie mir auf ihre Weise die Wahrheit. Kreativität ist eine Energie, zu der sie, aus welchem Grund auch immer, ihrem Gefühl nach keinen Zugang haben. Aber das kann sich ändern, wenn sie lernen, ein Traumkünstler zu werden.

Im traditionellen Sinne ist ein Schamane ein Heiler, der sich in die nichtalltägliche Wirklichkeit hineinbegibt und dort mit Geisthelfern und Führern zusammenarbeitet, um diejenige Energie herauszufinden, die nicht in das Energiefeld eines Menschen passt (ungewollt ist) oder dem Energiefeld völlig fehlt oder erschöpft ist (verloren, gestohlen, geopfert). Die Diagnose fremder, nicht zum Energiefeld passender Energie hat im Allgemeinen einen Extraktionsprozess zur Folge: das Entfernen der ungewollten Energie. Die Diagnose fehlender oder erschöpfter Energie heißt nichts anderes, als dass sie wiedergefunden oder wiederhergestellt werden muss. (An diesem Punkt spielt es keine Rolle, ob Sie diese Dinge glauben oder akzeptieren. Auch wenn sie nur eine Metapher für die Wirklichkeit wären, eignen sie sich trotzdem bestens, um die Beziehung einer Person zu ihrer eigenen Kreativität zu veranschaulichen.)

Wenn ein Schamane sagt, er versuche, eine verlorene Seele wiederzufinden, können Sie sich dies als Bauen einer neuen Brücke vorstellen. Es ist die Wiederherstellung einer Verbindung zu einer Energie, zu der ein Mensch den Kontakt verloren hat oder zu der er keinen Zugang mehr hatte. Bei einem Workshop oder in einer Klasse ist es demnach meine Aufgabe als Künstler/Lehrer, der schamanisch arbeitet, so vielen Leuten wie möglich zu helfen, ihre abgebrochenen Verbindungen zu ihrer eigenen schöpferischen Energie wiederherzustellen.

> Der schöpferischen Seele die Rückkehr zu erleichtern ist eines der erbaulichsten Dinge, die Sie für sich selbst tun können.

Der erste Schritt bei diesem Wiederfindungsprozess der verlorenen kreativen Seele ist manchmal der schwerste. Es ist für mich immer wieder erstaunlich, wie viele Menschen in unserer Kultur sich mit keinem ihrer Talente oder ihren besonderen Fähigkeiten identifizieren können oder wollen. Wir scheinen sogar vor einer ehrlichen Einschätzung unserer Begabungen zurückzuschrecken, als würde uns das an den Rand eines Abgrunds krankhafter Selbstsucht bringen. Eine positive Äußerung zu unseren Gunsten, und schon fürchten wir, Hals über Kopf in einen Zustand hochnäsiger, angeberischer, ichsüchtiger Verrücktheit zu verfallen.

Gehen Sie einmal in eine Vorschule und fragen Sie Kinder, was ihre Begabungen sind. Sie werden Ihnen völlig unerschrocken erzählen, sie seien Tänzer, Sänger, Künstler und Sportler. Besuchen Sie dieselbe Gruppe von Kindern drei oder vier Jahre später noch einmal. Das Spektrum der Talente wird dann schon deutlich geschrumpft sein. Was ist passiert? Haben diese Kinder plötzlich ihre Gaben verloren, oder haben wir sie auf irgendeine Weise davon überzeugt, dass es sich nicht schickt, Begabungen zu haben? Meiner Ansicht nach geben wir als Erwachsene unseren Kindern und Schülern unklare Signale. Wir ermutigen sie im Glauben, sie seien begabt und talentiert, während wir gleichzeitig im gesellschaftlichen Leben unsere eigene Begabung verleugnen. Da Kinder vor allem durch das vorgelebte Beispiel lernen, ist es nicht überraschend, dass die Verhaltensweisen, die wir ihnen vormachen, einen stärkeren Einfluss auf sie haben als die, die wir ihnen durch Worte vermitteln wollen. In Stammeskulturen wie den Dagara in Burkina Faso an der afrikanischen Westküste ist das gesamte Dorf dafür verantwortlich, die besondere Begabung eines jungen Heranwachsenden zu erkennen und ans Licht zu bringen. Wir Westler haben hingegen eine äußerst zwiespältige Einstellung zum Talent, zur Genialität und zur natürlichen Begabung. Viele von uns haben daher nie formell eine Anerkennung ihrer Begabung durch einen Mentor oder durch ihre Gemeinschaft erfahren.

Im Folgenden wollen wir das Thema Ihres eigenen Verhältnisses zu Ihrer Veranlagung angehen. Versuchen Sie Ihre eigenen Talente herauszufinden und fertigen Sie dazu, einer schamanischen Technik folgend, eine Liste davon an. Diese Liste wird als systematischer Katalog Ihrer Meinung über sich selbst und Ihrer Weltanschauung dienen.

❦

LISTE DER TALENTE

Durch das Zugeben und Würdigen Ihrer Gaben und Talente
wird Ihnen diese Übung helfen, ein ausgewogeneres
Selbstwertgefühl und eine bessere Einschätzung Ihres Potenzials
zu entwickeln.

Nehmen Sie Ihr Tagebuch zur Hand und fertigen Sie eine Liste von sieben Dingen an, in denen Sie gut sind. Machen Sie sich dabei nicht zu viele Gedanken darüber, was »gut sein« bedeutet. Sie brauchen keine Preise gewonnen zu haben, um anzugeben, dass Sie ein guter Gärtner oder eine gute Gärtnerin sind. Seien Sie nicht überrascht, wenn diese Übung zunächst schwierig erscheint. Wir werden im Allgemeinen nicht dazu ermutigt, über unsere Begabungen nachzudenken oder sie offen zuzugeben. Wir stehen häufig unter einem immensen sozialen Druck, nur ja nicht aufzufallen oder uns auf keinen Fall von der Gruppe abzuheben. Ohne groß nachzudenken, haben die meisten von uns diese Zwänge verinnerlicht. Das geht sogar so weit, dass wir uns selbst häufig weitaus wirksamer daran hindern, unsere Talente zuzugeben, als kritische Stimmen von außen je dazu in der Lage wären.

Bei den Begabungen, die Sie aufzählen, sollte es sich um solche handeln, auf die Sie stolz sind und die Ihnen ein gutes Gefühl vermitteln. Manche können große Gaben oder Talente sein, während andere auf Ihrer Liste weniger bedeutungsvoll erscheinen mögen. Beurteilen oder bewerten Sie Ihre Begabungen nicht. Bekennen Sie sich nur einfach dazu. Wenn Ihnen weniger als sieben Begabungen einfallen, denken Sie an Ihre Kindheit zurück. Erinnern Sie sich, worin Sie früher gut waren und worauf Sie stolz waren. Versuchen Sie sich zu erinnern, ob irgendjemand etwas Positives über irgendeine Ihrer Fähigkeiten gesagt hat. Befassen Sie sich so lange damit, bis Ihnen mindestens sieben Dinge einfallen. Wenn Ihnen auf Anhieb mehr als sieben in den Sinn kommen, können Sie dieses Kapitel auch überspringen, wenn Sie wollen. Sie haben offensichtlich bereits ein gesundes Verhältnis zu Ihren Begabungen.

Beschreiben Sie nun für jede Gabe, die Sie aufgelistet haben, den Grund, weshalb Sie diese Sache Ihrer Meinung nach gut können. Führen Sie die Einzelheiten so genau wie möglich aus. Manche geben beispielsweise an, gute Köche zu sein, weil Sie Anleitungen gut folgen können. Andere halten sich für gute Köche, weil sie ein intuitives Gespür für die Kombination von Zutaten haben. Und wieder andere führen es darauf zurück, dass sie Speisen auf einer Platte oder einem Tisch besonders schön und kunstvoll anrichten können – wie ein Künstler, der die Komposition eines Ölgemäldes entwirft. Stellen Sie sich einfach vor, Sie sprächen mit einem jüngeren Menschen, der zu Ihnen aufschaut. Was würden Sie antworten, wenn ein junger Mensch von Ihnen ehrlich wissen wollte, was genau der Grund ist, weshalb Sie in dieser Sache gut sind?

Der nächste Schritt besteht darin, jeder Begabung, zu der Sie sich bekannt haben, einen Namen zu geben. Versehen Sie jede Gabe mit einem Titel, als handelte es sich dabei um eine Art Energie, die Sie in Situationen einbringen können. Wenn Sie z.B. angegeben haben, dass Sie gut mit Menschen umgehen können, weil Sie anderen gut zuhören können, könnten Sie Ihre Gabe als »die Energie der Aufmerksamkeit« oder »die Gabe des aufmerksamen Zuhörens« betiteln.

Schreiben Sie nun die Liste Ihrer Talente noch einmal neu mit ihren Titeln in Ihr Tagebuch. Es sollten sieben Titel sein. Suchen Sie sich jetzt für jede der sieben Gaben einen kleinen Gegenstand, der sie verkörpert. Es können einfache Gegenstände, wie eine Muschel als Symbol für das Zuhören, oder etwas Kunstvolleres sein – wie eine kleine Buddhastatue als Sinnbild für die Fähigkeit, ruhig zu bleiben.

Nehmen Sie sich Zeit, um mit diesen Gegenständen eine kleine Zeremonie abzuhalten. Außer diesen Dingen brauchen Sie noch: eine Kerze, einen Stein, eine Schale mit Wasser und etwas Räucherwerk in einem Gefäß als Symbole für die vier Elemente Feuer, Erde, Wasser und Luft. Legen oder stellen Sie diese Gegenstände zusammen auf einen Tisch oder ein Regalbrett und setzen Sie sich in einer bequemen Position davor. Zünden Sie die Kerze und das Räucherwerk an. Atmen Sie sieben Mal ganz langsam tief und lange durch. Lassen Sie jedes Mal, wenn Sie ausatmen, Selbstkritik und Selbsturteil mit herausfließen. Stellen Sie sich bei jedem Einatmen vor, Sie würden mit Geist angefüllt. Entspannen Sie sich. Nehmen Sie nun langsam und bewusst die

Gegenstände, die Ihre Begabungen symbolisieren, einen nach dem anderen in die Hand und führen Sie ihn über die Kerzenflamme und durch den Rauch. Berühren Sie ihn mit dem Stein und beträufeln Sie ihn mit einem Tropfen Wasser aus der Schale. Sagen Sie bei jedem Gegenstand laut, für welche Ihrer Begabungen er steht. Erinnern Sie sich daran, dass das Talent in Ihnen steckt und nicht in dem Gegenstand. Nachdem Sie erklärt haben, was der Gegenstand verkörpert, atmen Sie tief ein und halten den Atem an, bis Sie auf drei gezählt haben. Führen Sie nun den Gegenstand an Ihre Lippen und hauchen Sie ihn sanft an. Sie übertragen damit Ihre Absicht, der Gegenstand möge die Kraft Ihrer Begabung in sich bergen.

Jetzt sind die Gegenstände von dem Geist Ihrer einzelnen Begabungen erfüllt. Wenn Sie vergessen, worin Sie gut sind, oder einmal daran erinnert werden müssen, können Sie einfach durch In-die-Hand-Nehmen der Gegenstände den Geist der jeweiligen Gabe wieder zu sich zurückfließen lassen. Nehmen Sie jeden der Gegenstände in regelmäßigen Abständen immer wieder in die Hand und befühlen Sie ihn. Erinnern Sie sich daran, wofür er steht. Lassen Sie sich von der Kraft, die ihm innewohnt, wieder aufladen.

Zur weiteren Vertiefung Ihres Verhältnisses zu Ihren Talenten im Laufe der nächsten sieben Monate können Sie jeden Monat eine Begabung auswählen und durch Feiern würdigen. Teilen Sie Ihre Gabe auf alle möglichen Arten mit anderen und machen Sie dabei so viel Theater, wie Sie brauchen, um ihr öffentlich zur Ehre zu gereichen. Flechten Sie diese Gabe so in Gespräche mit ein, dass Sie zu ihr stehen können. Nehmen Sie sich jeden Monat Zeit, um ein Talent zu feiern und zu ehren, indem Sie es nutzen. Vernachlässigen Sie den Aspekt der öffentlichen Zurschaustellung Ihrer Begabung nicht. Wer weiß? Vielleicht ermutigen Sie damit ja andere, ebenfalls zu ihren Talenten zu stehen.

Stolz auf das zu sein, was wir können, heißt nicht unbedingt, dass unser Leben von unserem Ego bestimmt sein muss. Doch genau die Angst davor wird oft von anderen benutzt, um unsere Kreativität zu hemmen oder zu unterdrücken. Wir alle kennen die Geschichten und zeitgenössischen Mythen über das überhöhte Selbstwertgefühl von Künstlern, doch ein gesundes Verhältnis zu seinen Begabungen zu haben, ist etwas äußerst Positives. Allzu oft sind unsere Talente aufgrund der vielen Schichten gesellschaftlicher Kontrolle, die sie verdecken, verborgen oder unzugänglich.

In der Welt des Schamanen gibt es eine Parallele zu diesem Prozess des Herausfindens unserer Begabungen und Fähigkeiten. Es ist die Initiationsreise. Auf dieser Reise oder bei dieser Erfahrung kommt es häufig zu irgendeiner Form von symbolischer oder tatsächlicher Verwundung oder einem Nahtoderlebnis, aber gleichzeitig entdeckt der Reisende auch eine schamanische Medizin oder Kraft. In vielen Mythen über die Reise von Helden müssen diese ein äußeres Ziel erreichen, einen Schatz finden oder wiederfinden, doch das ist im Allgemeinen nur ein Symbol für das Erlangen einer gewissen spirituellen Erleuchtung oder das Aktivieren einer inneren Gabe des Helden, die bis dahin in ihm geschlummert hat. Sogar Kindern ist klar, dass im *Zauberer von Oos* die Vogelscheuche schon vom Anfang der Suche an schlau ist, der Blech-Holzfäller leidenschaftlich, der Löwe mutig und Dorothee ihren Herzenswunsch schon die ganze Zeit über hätte verwirklichen können. Doch bei ihrer Suche ging es genau darum: um das Erkennen ihrer Begabungen, das Stehen zu ihnen und das Anwenden im Leben.

Vielen anthropologischen Forschern in früherer Zeit erschienen die Schamanen in allen möglichen Kulturen als extravagant und egozentrisch, wie sie so stolz ihre Symbole der Macht und die Zeugnisse ihrer Erfolge zur Schau stellten, auch wenn die Kultur insgesamt eher ein zurückhaltenderes Verhalten an den Tag legte. Diese aggressive Selbstbeweihräucherung wurde bisweilen als eine Art steinzeitliche Marketing-Kampagne abgetan, dazu gedacht, die Werbetrommel für größeren Zulauf zu rühren. Doch diese einfache Erklärung lässt zwei entscheidende Punkte unberücksichtigt.

Zum einen besteht für den Schamanen zwischen allen Handlungen ein enger Bezug. Zwischen dem Heiler/Lehrer/Künstler und dem Patienten/Schüler/Publikum findet immer eine Zusammenarbeit statt. Neuere Lernstudien haben gezeigt, dass wir mehr und besser von Leuten lernen, die wir für qualifiziert halten. Oder anders ausgedrückt, wir sind bereit zu lernen, wenn wir von den fachlichen Fähigkeiten des Lehrers überzeugt sind. Meiner Meinung nach verhält es sich mit unserer Bereitschaft zum Heilen und Gesundwerden ganz ähnlich: Sie hängt von unserem Vertrauen in den Arzt ab. Ein junger Arzt, der gerade frisch von der Universität kommt, hat möglicherweise bessere Informationen und ein umfassenderes Wissen über fortschrittliche Techniken und Methoden, doch die Patienten wollen immer lieber einen älteren Doktor. Wir wollen die Symbole des fachmännischen Könnens und des Status unseres Arztes sehen. Wir wollen den weißen Kittel und das Stethoskop. Genauso glauben wir an die Arbeit eines Künstlers oder einer Künstlerin, wenn er oder sie das Verhalten und die ganzen Eigentümlichkeiten eines Künstlers an den Tag legt. Dasselbe kann sogar auf Kreativität ganz allgemein übertragen werden, z.B. wenn eine Firma den kreativen Vorschlag eines Beraters annimmt, der extra dafür angeheuert wurde, kreativ zu sein, während sie dieselbe Idee wahrscheinlich ablehnen würde, würde sie aus den Reihen ihrer eigenen Mitarbeiter kommen.

Zum anderen hat das öffentliche Bekenntnis zu seiner Macht, seiner Medizin, seinen Gaben oder Fähigkeiten für den Schamanen wie für alle anderen den Vorteil, dass das Selbstvertrauen wächst. Das hat zur Folge, dass die innere Energie ansteigt und klarer ausgerichtet werden kann. Wenn ich mir meine Diplome an die Wand hänge oder mich mit den Symbolen meiner Erfolge umgebe, rufe ich mir damit eher selbst meine Fähigkeiten ins Gedächtnis als andere damit beeindrucken zu wollen. Wenn ich Empfindsamkeit mit Selbstvertrauen kombiniere, kann ich entschlossen handeln, wenn es nötig ist, und die Ablenkung durch Selbstzweifel ausschalten. Ein Traumkünstler geht genauso ernst mit Energie um wie jeder Heiler. Wenn ich geplagt von Selbstzweifeln vor einer leeren Leinwand stehe, wird mein Gemälde, falls ich es überhaupt fertig bekomme, zaghaft wirken und keine klaren Linien erkennen lassen.

Der selbstbewusste Umgang mit meinen schöpferischen Gaben und Fähigkeiten garantiert mir nicht, dass ich ein großartiges Gemälde schaffen werde, noch schließt es aus, dass ich mich selbst ernsthaft auf die Probe stellen oder näher unter die Lupe nehmen muss. Er bedeutet nur, dass ich mich gut vorbereitet auf die Reise mache, um die Arbeit zu tun, zu der ich mich berufen fühle.

Die Fähigkeit, sich Zugang zu förderlichen Energien zu verschaffen, ist ein wichtiger erster Schritt auf dem Weg zur Wiedererlangung unserer schöpferischen Seele, doch manchmal stoßen wir auf harten Widerstand, der uns hindern will, in der Welt schöpferisch tätig zu werden und die Musik unserer Seele zum Klingen zu bringen. Ich stelle mir diesen Widerstand wie einen Fluch vor und meine Erfahrung hat gezeigt, dass er sich bei den meisten Menschen auf Ereignisse und Einflüsse in ihrem Leben zurückführen lässt, die tatsächlich große Ähnlichkeit mit einem Fluch hatten.

EINEN »KREATIVITÄTS-FLUCH« AUFHEBEN

Diese Übung wird Ihnen helfen, die Überzeugungen
anzugehen, die den Traumkünstler in Ihnen unterdrücken und
Sie daran hindern, Ihr volles kreatives Potenzial auszuleben.

Nehmen Sie wieder Ihr Tagebuch zur Hand. Wir wollen eine neue Liste aufstellen. Dieses Mal möchte ich, dass Sie alle schöpferischen Dinge auflisten, die Sie *nicht können*. Ich rede nicht von schöpferischen Tätigkeiten, die Sie noch nie ausprobiert haben, sondern von solchen, für die Sie Ihrer Ansicht nach kein Talent haben oder in denen Sie sich besonders ungeschickt anstellen. Lassen Sie neben oder unter jedem Begriff etwas Platz für zusätzliche Anmerkungen. Wenn Ihnen nicht viele schöpferische Tätigkeiten einfallen, vergleichen Sie einfach Ihre Vorstellung von Ihren kreativen Fähigkeiten mit der folgenden Liste:

- Zeichnen
- Malen
- Bildhauern
- Modellieren mit Ton
- Fotografieren
- Singen
- Tanzen
- Ein Musikinstrument spielen

- Geschichten erzählen
- Theater spielen
- Witze erzählen
- Ordnen
- Sich handwerklich betätigen
- Entwerfen
- Planen
- Organisieren
- Schreiben
- Bauen

Erklären Sie neben jedem Begriff Ihrer Liste, weshalb Sie glauben, kein Talent dafür zu haben. Seien Sie so präzise wie möglich und gehen Sie so weit wie nötig in Ihre Vergangenheit zurück. Finden Sie heraus, welche Reaktion, Äußerung oder Meinung Sie davon überzeugt hat, dass Sie auf diesem Gebiet unbegabt sind. Vielleicht hat ein Freund, Lehrer oder Familienmitglied mit Absicht eine gemeine oder verletzende Bemerkung darüber geäußert, wie beispielsweise im Falle meines Freundes Mark, dessen Familie sich über seine ersten Tanzversuche lustig gemacht hatte. Bis heute hat Mark eine steife Körperhaltung. Es kann eine zufällige Bemerkung gewesen sein, die vielleicht nicht verletzend gemeint war, Sie aber trotzdem traf, wie etwa im Falle meiner Frau Meredith, die äußerst große Schwierigkeiten hat, laut zu singen. Als Kind hatte der Chorleiter bei einer Chorprobe zu ihr gesagt, sie solle nur die Lippen bewegen und keinen Ton herauslassen. Eine andere Ursache können Erwartungen sein, die Sie an sich selbst gestellt haben und nicht erfüllen konnten. Manchmal können wir selbst unsere härtesten Richter sein. Als junger Mann stellte ich mich auf die Probe, um herauszufinden, ob ich auf bestimmten Gebieten begabt sei. Wenn ich keinen Preis gewann oder irgendeine Art äußerer Bestätigung bekam, beschloss ich, dass ich auf diesem Gebiet nicht talentiert sei. Bisweilen haben unsere Flüche jedoch nichts mit dem Gefühl zu tun, begabt zu sein oder nicht, sondern mit der Einschätzung unserer Ausdrucksfähigkeit. Ich habe beispielsweise Leute gehört, die sagten: »Auch wenn ich in der Lage wäre, mich auszudrücken, hätte ich nichts zu sagen.« All das sind Flüche.

Ein Fluch ist meiner Ansicht nach eine Überzeugung, die uns davon abhält, unser volles Lebenspotenzial zu entfalten.

Wir können ebenso leicht von uns selbst mit einem Fluch belegt werden wie von anderen. Die Menschen, die uns am nächsten stehen, haben die größte Fähigkeit, uns mit einem Fluch zu belasten, aber bisweilen können Fremde einen längst vergessenen Fluch verstärken oder wieder aufleben lassen. Der erste Schritt zur Aufhebung eines Fluchs besteht in seiner Anerkennung. Wir müssen umkehren und uns dem Fluch und dem Ursprung des Fluchs stellen. Häufig bedeutet das, uns mit den Erfahrungen unserer frühesten Kindheit auseinander zu setzen.

Als Nächstes möchte ich, dass Sie jeden Fluch einzeln auf ein kleines buntes Blatt Papier schreiben. Besorgen Sie sich eine feuerfeste Schüssel oder ein anderes feuerfestes Gefäß (eine Schüssel aus Jenaer Glas oder einen Blumentopf aus Ton mit etwas Sand darin) sowie eine Kerze. Nehmen Sie sich etwas Zeit für eine kleine Befreiungszeremonie. Legen Sie eine melancholische Entspannungsmusik auf und setzen Sie sich bequem vor die Kerze und das Gefäß hin. Zünden Sie die Kerze an und atmen Sie tief durch, bis Sie ganz entspannt sind. Lesen Sie nun Ihre Flüche einen nach dem anderen folgendermaßen laut vor:

> *Ich dachte immer, . . . (fügen Sie Ihren Fluch ein) . . ., doch jetzt bin ich davon überzeugt, . . . (machen Sie Ihren Fluch rückgängig, indem Sie das Gegenteil behaupten).*

Zünden Sie anschließend das jeweilige Blatt an und halten Sie es solange wie möglich in der Hand, ohne sich zu verbrennen. Lassen Sie es dann in das Gefäß fallen und beobachten Sie den aufsteigenden Rauch, der Ihren Fluch mit sich davonträgt. Spüren Sie, wie sich Ihr Körper mit der Aufhebung jedes Fluches leichter anfühlt. Machen Sie, auch wenn Sie nichts spüren, eine Anstrengung, aufrechter zu sitzen und sich vorzustellen, wie Sie leichter werden. Vergewissern Sie sich, sobald Sie fertig sind, dass die Asche ganz aus ist. Vermischen Sie sie mit Sand und tragen Sie das Gefäß irgendwo ins Freie hinaus, wo Sie die Reste verstreuen können. Lassen Sie die Überreste der Flüche, die

Ihre Kreativität belastet haben, vom Wind oder von einem Wasserlauf davontragen oder von der Erde aufnehmen.

Das waren Ihre wichtigsten Flüche, in denen sich Ihre Überzeugungen über Ihre Begabung auf verschiedenen Gebieten widerspiegeln. Sie sollten sich jetzt schon etwas leichter und energetisch offener fühlen.

Zum Abschluss der Auflösung und Reinigung sollten Sie jedoch auch noch einige zweitrangige Flüche angehen, die möglicherweise in Ihrem Verstand herumspuken. Es handelt sich dabei um Ihre Einstellung zu Kreativität, Kunst und Ausdruck im Allgemeinen. Nehmen Sie Ihr Tagebuch zur Hand und ergänzen Sie die folgenden Sätze:

- Um ein Künstler zu sein, müsste ich Folgendes aufgeben: ...
- Alle Künstler sind gleich, sie sind ...
- Ich kann nicht kreativ sein, bevor ich nicht ...
- Wenn ich wirklich meine Seelenregungen ausdrücken wollte, ...
- Kreative Menschen sind nie besonders gut im ...
- Ich hatte einen Freund/eine Freundin, der/die wirklich künstlerisch begabt war, und jetzt ist er/sie ...

Lassen die Sätze, die Sie ergänzt haben, irgendwelche negativen Einstellungen oder Ängste in Bezug auf das Künstlerdasein erkennen? Klingen die Sätze für Sie idiotisch, wenn Sie sie ergänzen, oder kommen sie Ihnen wie ganz normale Aussagen vor? Versuchen Sie, wenn sie negative Einstellungen erkennen lassen und ganz normal klingen, herauszufinden, weshalb Sie so denken. Waren Sie jemals neidisch auf die künstlerische Ausdrucksfähigkeit einer anderen Person, oder haben Sie sich durch sie entblößt gefühlt?

Das sind die Meinungen, die wir in der Gesellschaft, Gemeinschaft oder Familie über den jeweiligen Wert von kreativen und ausdrucksstarken Menschen vertreten. Im Folgenden noch eine weitere Liste von Allgemeinplätzen:

- Künstler sind gefühlsbetont.
- Künstler sind unrealistisch.
- Künstler sind nichts anderes als Kinder, die nicht erwachsen werden wollen.

- Künstler sind Egozentriker.
- Künstler neigen zum Drogen- und Alkoholmissbrauch.
- Es ist schwer, mit Künstlern zusammenzuleben.
- Künstler müssen für ihre Kunst am Hungertuch nagen.
- Künstler müssen leiden, um zum Erfolg zu kommen.

Versuchen Sie wieder, den Ursprung dieser Einstellungen aufzudecken. Von wem haben Sie solche Äußerungen zuerst gehört? Manchmal gehen solche Überzeugungen auf die Familie zurück, manchmal sind sie gesellschaftlich bedingt. Untersuchen Sie all Ihre Flüche, nachdem Sie sich eingehend mit ihnen auseinander gesetzt haben, noch einmal aus dem Blickwinkel der Vernunft. Gibt es Ausnahmen von diesen pauschalen Aussagen? Wenn ja, schreiben Sie diese Ausnahmen auf. Kehren Sie diese beschränkenden Einstellungen einfach um. Schreiben Sie sie noch einmal neu in positiverer Form nieder.

- Künstler haben häufig einen besseren Kontakt zu ihren Gefühlen.
- Künstler akzeptieren manchmal die »reale« Welt nicht so, wie sie ist.
- Künstler sind in der Lage, die Welt mit kindlichem Staunen zu erleben.
- Ein gesundes, ausgeprägtes Selbstwertgefühl ist für einen Künstler von Vorteil.

Die zweitrangigen Flüche lassen sich leichter auflösen, da sie zum gegenwärtigen Zeitpunkt keinen direkten Bezug zu Ihrem Selbstwertgefühl haben. Oft reicht es schon aus, sich mit ihnen auseinander zu setzen, sie anzuerkennen und in einen neuen Rahmen zu stellen.

Die Suche nach der verlorenen kreativen Seele ist nie wirklich abgeschlossen. Die Übungen, die ich Ihnen hier gezeigt habe, sind eine Möglichkeit, um das Tor zum ersten Schritt des Wiederfindungsprozesses der kreativen Seele zu öffnen. Doch Ihre schöpferische Seele wird erst dann wirklich zurückkehren, wenn Sie anfangen, kreativ aktiv zu werden.

In einem Workshop, den ich vor längerer Zeit abhielt, habe ich mit Sofortbildkameras gearbeitet, um den Teilnehmern den Zugang zu ihrer Kreativität zu erleichtern. Eine ältere Frau war mit ihrer Tochter mitgekommen und stellte von Anfang an klar, dass sie eigentlich nicht bei diesem Kurs dabei sein sollte, weil sie keinerlei schöpferische Begabung habe. Nach verschiedenen Vorbereitungen schickte ich die Teilnehmer mit dem Auftrag los, Gegenstände zu fotografieren, die als Metaphern oder Symbole für sie selbst stehen könnten. Ich war nicht so sehr daran interessiert, was sie absichtlich fotografieren wollten, sondern vielmehr was letztendlich auf ihren Fotos eingefangen wurde. Denn ich habe die Erfahrung gemacht, dass dabei stets eine faszinierende Zweiteilung zum Vorschein kommt, die aus dem Konflikt zwischen dem Bewusstseinszustand des Wachens und dem des Träumens (oder zwischen Bewusstem und Unterbewusstem) herrührt.

Zurück von ihrem Ausflug knallte die skeptische Frau ihren ersten Stoß Fotos herausfordernd vor mich hin. Meine Aufmerksamkeit wurde auf ein Bild mit einer dicken, knorrigen Glyzine gelenkt, die sich an einer Gartenmauer aus Ziegelsteinen hinaufrankte. »Das bin ich«, sagte sie, »alt und gebeugt.« Ich versuchte, sie auf das Licht aufmerksam zu machen, das am Rande des Bildes durch das offene Gartentor strömte. »Das wollte ich nicht mit darauf haben«, erwiderte sie mir.

»Aber Sie haben es mit aufgenommen«, erklärte ich weiter. »Was sagt dieser Teil des Bildes über Sie aus?«

Sie dachte einen Augenblick nach und bemerkte dann, dass die Glyzine ja eigentlich die Wand entlang ins Licht wuchs. Dann musste sie gegen ihren Willen lächeln und ihr ganzes Verhalten veränderte sich mit einem Schlag. Ihr Körper richtete sich auf und ihre Augen fingen zu leuchten an.

»Vielleicht gibt es für mich doch noch Hoffnung«, lachte sie.

Ich habe diese Frau seit dem Workshop damals nicht wieder gesehen und hatte keine Möglichkeit herauszufinden, wie anhaltend ihre Erfahrung war, doch in jenem Moment hatte sie Zugang zu etwas, das sie schon lange verloren hatte. Ein Tor öffnete sich vor ihr – genau wie das Tor, das sie unbewusst fotografiert hatte, und durch dieses Tor erhaschte sie einen Blick auf ihre kreative Seele.

Nun, da wir die Möglichkeit eingeräumt haben, dass Sie eine kreative Seele besitzen, ist es an der Zeit, diese künstlerische Ader in uns näher kennen zu lernen. Mit Hilfe einer Reihe von inneren und äußeren geführten Übungen werden Sie im nächsten Kapitel lernen, den Traumkünstler, der in Ihnen steckt, ans Licht zu bringen. Aber bevor wir dieses Kapitel hinter uns lassen, wollen wir noch einmal auf die Fragen zurückkommen, die ich Ihnen zu Anfang gestellt habe. Schreiben Sie die Antworten auf diese Fragen in Ihr Tagebuch.

1. Wann haben Sie zum letzten Mal Musik gemacht?
2. Wann haben Sie zum letzten Mal getanzt?
3. Was war die letzte Geschichte, die Sie erzählt haben?
4. Wann haben Sie sich zum letzten Mal künstlerisch betätigt?

Denken Sie über das letzte Mal nach, als Sie diesen Aktivitäten nachgegangen sind, und schreiben Sie, wenn Sie wollen, in Ihr Tagebuch, wie Sie sich dabei gefühlt haben und warum Sie in letzter Zeit nicht mehr dazu gekommen sind.

Das Geschenk des zweiten Kapitels ist *Vertrauen* –
das Vertrauen, das auf einer Einführung beruht –
einem formalen Treffen mit Ihrem eigenen
Traumkünstler.
Die Übungen in diesem Kapitel werden Ihnen helfen,
sich ein Bild von dem Potenzial und den
Möglichkeiten Ihres schöpferischen Geistes zu
machen. Darüber hinaus werden Sie in verschiedene
innere und äußere Methoden eingeführt, die der
Traumkünstler anwendet, um Kunst zu einer
spirituellen Technik zu machen.

Kapitel 2

Die Begegnung
mit dem *Künstler in uns*:
Die kreative *Trance*

Als Mittler zwischen dem Sakralen und Profanen können die Schamanen auch zu »Bildermachern« werden. Das muss nicht unbedingt bedeuten, dass sie Bilder von Geistern und Gottheiten produzieren. Denn Bilder an sich sind unwirksam, wenn sie nicht durch ein Ritual aktiviert werden. Da heilige Botschaften im Allgemeinen formlos und unaussprechlich sind, müssen die Schamanen in der materiellen Welt symbolische Darstellungen für das Heilige finden. Das erreichen sie z.B. auf nichtverbale Weise durch ihre Rituale sowie durch die Ausrüstung und Gegenstände, die sie bei ihren Zeremonien verwenden.

RUTH-INGE HEINZE

Shamans of the 20th Century

Wissen Sie, was Sie in Trance versetzt? Welche Art von Stimulation Sie so tief entspannt, dass sich Ihr Kopf mit Bildern, Klängen und Gefühlen füllt? Was Sie veranlasst, Ihren Körper zu verlassen? Sind es Bilder – ein buntes Mandala, ein schöner Sonnenuntergang, ein Gemälde, ein kompliziertes Muster, die sinnlichen Kurven eines Körpers in Ruhe? Sind es Klänge – ein gleichmäßiges Hintergrundgeräusch wie das Rauschen von Wellen, Wind oder Wasser, eine Symphonie, ätherische New Age-Kompositionen, rhythmisches Trommeln oder die menschliche Stimme? Sind es Muskel- oder Bewegungserfahrungen – wie das Verharren in einer Yoga-Stellung, Laufen, Sich-auf-dem-Wasser-treiben-lassen, Tanzen, Lieben, Massieren oder Massiertwerden?

Ein Schamane kennt sich bei all diesen Dingen bestens aus. Der

Anthropologe Mircea Eliade beschreibt die Schamanen als »Ekstase-techniker«. Als Traumkünstler werden Sie sich Ihrer eigenen Auslöse-faktoren bewusst sein müssen – den Dingen, die es Ihnen ermöglichen, in einen nichtalltäglichen Bewusstseinszustand hinüberzugleiten. In diesem traumähnlichen Zustand werden Sie zum ersten Mal Ihrem inneren Künstler begegnen, und an diesen Ort werden Sie immer wieder zurückkehren, um sich Zugang zu der Vision zu verschaffen, die Ihre schöpferische Arbeit inspirieren wird.

Ein regelmäßiger Kontakt mit unseren Traumbewusstseinszu-ständen ist wichtig. Ohne diesen Kontakt können wir kein Muster, keinen Bezug und auch unsere tiefe Verbundenheit mit der Welt nicht erkennen.

Wir werden taub für die Stimme unserer Seele. Wären wir vom Dorf- und Stammesleben geprägt, so hätten wir regelmäßigen Kontakt zu einem Schamanen gehabt – einem Menschen, der die Sprache der Traumwelt fließend beherrscht und einen direkten Zugang zu ihr hat. Heutzutage erleichtert uns niemand unsere Traumarbeit, wenn wir nicht ganz bewusst einen Therapeuten oder Berater einer bestimmten geistigen Richtung aufsuchen. Niemand hilft, uns die Welt mit ande-ren Bildern neu vorzustellen.

Die meisten von uns leben abgeschnitten von der Weisheit der Traumwelt und der Freude des kreativen Ausdrucks. Auch wenn wir uns dazu hingezogen fühlen, gibt es nur wenige Schamanen-Künstler, bei denen wir Information und Inspiration suchen könnten. Uns bleibt daher nichts anderes übrig als Rat bei Künstlern zu suchen, die uns Techniken über die Verwendung von unterschiedlichen Materialien beibringen, ohne den Geist miteinzubeziehen. Oder wir wenden uns an spirituelle Berater, die bisweilen selbst zu ihren schöpferischen Energien ein zwiespältiges Verhältnis haben oder, noch schlimmer, alles, was auf der materiellen Ebene existiert, für unwichtig halten. In Wirklichkeit brauchen Sie keinen Spezialisten zu Rate zu ziehen.

Der Zugang zur Traumwelt ist ein naturgegebenes Recht jedes Menschen. Wir wurden geboren, um der Welt der Träume Besuche abzustatten.

Die Begegnung mit Ihrem Traumkünstler ist ein Prozess, bei dem Sie sich nach innen wenden. Wie diese Reise am besten anzutreten ist, hängt ganz davon ab, welche Methode Sie zum Wechseln der Bewusstseinsebene bevorzugen. Vielleicht wissen Sie bereits, wie Sie am besten in Trance kommen, oder vielleicht entdecken Sie es ja durch die Übungen in diesem Kapitel. Manche ziehen es vor, ihre Reise nach innen in einem offeneren, empfänglicheren Zustand anzutreten, der möglicherweise durch eine innere Visualisierung oder äußere Klänge herbeigeführt wurde. Der tatsächliche Ausdruck kommt dann erst später, wenn sie inspiriert sind und arbeitsbereit zurückkehren. Für andere Menschen reicht hingegen bereits der konzentrierte Akt des Zeichnens, Malens oder Arbeitens mit den Händen aus, um sie in einen anderen Bewusstseinszustand zu versetzen. Sie gehen mit dem Fluss der Arbeit mit und setzen ihre visionären Bilder im selben Moment in die Manifestation dieser Vision um. Und für manche ist die Unterscheidung verschwommen, und sie wechseln ständig zwischen passiven, rezeptiven Trancezuständen und aktiven Ausdruckszuständen hin und her.

Diese Idee kann jedoch durch noch so viele Beschreibungen nie so effektiv vermittelt werden wie durch eigene Erfahrung. Das ist die schamanische Art des Lernens: praktische Anwendung. Sie werden Gelegenheit haben, eine Methode zu üben, die von innen nach außen geht, eine, die von außen nach innen geht, und ein dritte, die eine Mischung von beiden ist. Am wichtigsten ist jedoch, dass Sie den Weg für sich finden, der für Sie am angenehmsten ist.

Ausrüstung:
Geführte Visualisierung

Ihr wichtigstes Werkzeug für dieses Kapitel haben Sie bereits: Ihr Traumkünstlertagebuch. Für die Übungen in diesem Kapitel brauchen Sie außerdem eine Schachtel Buntstifte (oder Kohlestifte), einen feinen Pinsel, etwas schwarze Tinte (auf Wasserbasis reicht aus) und einen billigen Papierblock. Auch billiges unliniertes Computerpapier ist geeignet. Sie brauchen keine große Schachtel Buntstifte, und es müssen auch keine neuen Buntstifte sein (obwohl ich zugeben muss, dass ich verrückt nach neuen Buntstiftpackungen bin). Wenn Sie noch keinen Klebestift und keine Schere haben, sollten Sie sich das besorgen. Außerdem brauchen Sie noch ein paar alte Zeitschriften und Illustrierte zum Ausschneiden von Bildern.

Obwohl sie eigentlich nicht direkt zur Ausrüstung gehört, möchte ich Sie hier in eine Technik einführen, die wir in diesem Kapitel verwenden werden und die Sie vielleicht noch nicht kennen: die geführte Visualisierung.

> Eine geführte Visualisierung ist eine Art Reise nach innen. Sie gleicht einer Geschichte, in der Sie die Hauptrolle spielen. Sie werden auf eine halbstrukturierte Reise geführt, deren Leerräume Sie mit Ihrer eigenen Phantasie ausfüllen.

Eine gute geführte Visualisierung kann so intensiv wie ein nächtlicher Traum sein. Geführte Visualisierungen sind nicht nur nützliche Erfahrungen an sich, sondern auch eine gute Vorbereitung für die freiere Form der Technik der schamanischen Reise, die wir in Kapitel 7 üben werden.

Für die in diesem Buch vorgeschlagenen geführten Visualisierungen lassen Sie sich am besten den Text von jemand anderem laut vorlesen, oder Sie sprechen den Text selbst auf Band. Denken Sie daran, wenn Sie Ihre eigene Stimme aufnehmen, leise und sanft, aber gleichzeitig langsam und klar zu sprechen. Machen Sie beim Sprechen Pausen, wenn im Text das Zeichen >> auftaucht. Das Symbol >> steht für eine kurze Pause, während >>>> eine längere Pause bedeutet. Eine andere Möglichkeit ist, sich den Text der geführten Visualisierung mehrmals aufmerksam durchzulesen, bis Sie das Gefühl haben, genau verstanden zu haben, was Sie visualisieren sollen, und sich dann auf Ihr Gedächtnis und Ihre Phantasie zu verlassen.

Sprechen Sie zur Vorbereitung auf die geführte Visualisierung den Text entweder auf Band, oder lesen Sie ihn mehrmals durch. Nehmen Sie sich 20 Minuten Zeit, in denen Sie ungestört sind. Stellen Sie dazu das Telefon aus dem Zimmer, und sorgen Sie dafür, dass Sie möglichst durch nichts abgelenkt werden. Es empfiehlt sich nicht, diese Übung zu machen, wenn Sie sowieso schon müde sind. Sie eignet sich zwar auch ausgezeichnet zur Tiefenentspannung und zum Einschlafen am Abend, aber es geht hier eigentlich gerade darum, nicht einzuschlafen. Sorgen Sie dafür, dass die Raumtemperatur angenehm ist, und legen Sie eine Decke bereit. Wenn Sie sich entspannen, sinkt Ihre Körpertemperatur normalerweise ab, und es kann Ihnen dann leicht etwas kühl werden. Das Zimmer muss nicht dunkel sein, aber bei gedämpftem Licht arbeitet es sich besser. Eine Augenbinde oder ein Schal zum Bedecken der Augen kann hilfreich sein, um sich weniger durch das Licht ablenken zu lassen.

Sie können geführte Visualisierungen bequem auf dem Boden sitzend oder auf einem Stuhl machen, aber am Anfang ist es am besten, wenn Sie dazu auf dem Rücken liegen. Das einzige Problem dabei ist, dass dies auch die Position ist, in der man am leichtesten einschläft. Legen Sie sich, wenn Sie auf dem Rücken liegen, zur Entlastung des unteren Rückenbereichs ein Kissen unter die Knie.

Suchen Sie sich entspannende Musik aus und lassen Sie sie im Hintergrund spielen. Am besten eignet sich verträumte Musik mit Sphärenklängen. Im Quellenteil am Ende des Buches finden Sie einige Empfehlungen für geeignete Musik. Sie können sich natürlich auch in Ihrem Musikladen vor Ort eine Auswahl verschiedener New Age-CDs besorgen. Die Musik sollte keinen Text und keine bekannten Melodien enthalten. Suchen Sie sich etwas aus, das Ihnen gut gefällt, und arbeiten Sie häufig mit demselben Stück. Mit der Zeit werden Sie merken, dass Sie bereits in einen veränderten Bewusstseinszustand geraten, sobald Sie die Musik hören.

Als Nächstes machen Sie ein paar Entspannungsübungen. Hier sind zwei Vorschläge, die ich äußerst hilfreich finde:

1. Wenn Sie ein sehr körperlicher Mensch und/oder sehr angespannt sind, versuchen Sie Ihren Körper systematisch von den Zehen her zu entspannen. Spannen Sie dazu zunächst Ihre Füße an, indem Sie die Zehen fächerförmig von sich strecken und das Fußgewölbe beugen. Zählen Sie dabei auf drei und entspannen Sie dann Ihre Füße wieder. Dieselbe Abfolge von Anspannung und Entspannung führen Sie durch den ganzen Körper fort: Waden, Oberschenkel, Pobacken, Beckenmuskeln, Bauch, Brust, Finger, Hände, Unterarme, Oberarme, Schultern, Nacken und Gesicht.

2. Eine andere Technik geht folgendermaßen: Stellen Sie sich eine goldene Welle von entspannender Energie vor, die jedes Mal, wenn Sie ausatmen, über Sie hinwegspült. Lenken Sie sie beim ersten Ausatmen zu Ihren Füßen hinunter. Spüren Sie, wie sie kribbeln und sich entspannen. Wiederholen Sie diesen Vorgang mit Ihren Beinen, Ihrem Oberkörper, Ihren Armen, Ihrem Nacken und Ihrem Kopf.

Nachdem Sie sich entspannt haben, fangen Sie mit der geführten Visualisierung an. 10 bis 15 Minuten sind auf jeden Fall ausreichend dafür. Nach 20 Minuten besteht die Gefahr, dass Sie einschlafen, und Sie merken vielleicht, dass sich dieselben Bilder ständig wiederholen.

Lassen Sie sich am Ende der Übung genügend Zeit, um langsam zurückzukommen. Lassen Sie das, was Sie während der Visualisierung erlebt haben, zunächst ein- oder zweimal in Gedanken Revue passieren, ohne sich dabei viel zu bewegen, damit Sie sich später an alle Einzelheiten erinnern können. Drehen Sie sich dann auf die andere Seite oder setzen Sie sich auf und schreiben Sie alles, woran Sie sich erinnern, in Ihr Traumkünstlertagebuch.

DAS INNERE NACH AUSSEN KEHREN: SICH EIN BILD VON UNSEREM INNEREN TRAUMKÜNSTLER MACHEN

Bei dieser Übung werden Sie die eben geübte Technik der geführten Visualisierung verwenden, um zu lernen, einen Zugang zu Ihrem tief im Unterbewusstsein vorhandenen Potenzial des Bildererschaffens zu bekommen und das dort Erlebte durch Suchen, Ordnen und erneutes Zusammensetzen bereits vorhandener Bilder in die wache Welt zu übertragen.

Der heilige Schöpfungszyklus besteht aus einem absteigenden und einem aufsteigenden Schwingungsbogen. Der absteigende Bogen ist äußerlich. Er stellt die Arbeit unserer Hände beim Manifestieren des Geistes in materieller Form dar. Der aufsteigende Bogen ist innerlich. Er besteht aus der Reise nach innen auf der Suche nach Inspiration und direktem Kontakt mit dem Geist. Beide sind nötig, und beide können uns zur Kunst als spirituellen Technik hinführen.

Die Menschen neigen im Allgemeinen dazu, sich dem heiligen Schöpfungszyklus entweder über den absteigenden oder den aufsteigenden Bogen zu nähern. Diese erste Übung ist dazu gedacht, Sie zunächst auf eine Reise nach innen zu führen. Als Ausgangspunkt dient die Technik der geführten Visualisierung. Lesen Sie sich die Anleitung weiter oben noch einmal durch. Machen Sie die Entspannungsübungen und lassen Sie im Hintergrund sanfte Musik spielen. Beginnen Sie nun mit Ihrer Visualisierung.

Lassen Sie Ihr Bewusstsein ganz langsam und sachte nach innen sinken. Richten Sie Ihre Aufmerksamkeit nach innen. Spüren Sie, wie Sie sanft an einen Ort gleiten, an dem Sie sich schon früher ganz entspannt und ruhig gefühlt haben. Das kann ein Ort sein, an dem Sie tatsächlich schon einmal waren oder der nur in Ihrer Vorstellung existiert. Erleben Sie diesen Ort so intensiv und mit so vielen Einzelheiten, wie Ihnen Ihre Phantasie erlaubt. Erspüren Sie die Temperatur und die Umgebung. >> Riechen Sie, wonach es dort riecht. >> Spüren Sie, wie die Luft dort ist. >> Hören Sie auf Geräusche, die für diesen Ort typisch sind. >> Schauen Sie sich die Farben, Formen und Muster um sich herum an. >> Bewegen Sie sich in diesem Ambiente. Spüren Sie, wie sich Ihr Körper an diesem Ort herumbewegt. Merken Sie, wie anmutig und mühelos Sie sich bewegen, ohne jegliche Schmerzen oder Unbeholfenheit. Erleben Sie Ihre eigene Leichtigkeit.

Schauen Sie sich nun an Ihrem heiligen und geheimen Ort um. Suchen Sie nach einer Tür, einer Höhle, einem Tor, einem Laubengang, irgendeinem schmalen Durchgang zwischen Bäumen oder einer sonstigen Öffnung. Lassen Sie sich von einem leisen Geräusch oder einem Lichtreflex dort hinlocken. Lassen Sie sich von ihm anziehen.>>>>

Bewegen Sie sich nun auf diese Öffnung zu, und bleiben Sie davor stehen. Beobachten Sie den flimmernden Lichtvorhang, der zwischen dem Innen und dem Außen vibriert. Hören Sie die Musik, die von der anderen Seite herüberklingt. Riechen Sie die wunderbaren Düfte. Hinter dieser Öffnung ist der Ort, an dem Ihr Traumkünstler lebt. Erinnern Sie sich daran, dass Sie ihn früher gut kannten. Sie treffen ihn nicht zum ersten Mal, es ist ein Wiedersehen. Seien Sie sich klar, dass Sie eingeladen wurden, die Schwelle zu überschreiten. Sie werden bereitwillig aufgenommen und willkommen geheißen werden.

Wenn Sie das Gefühl haben, dass der richtige Augenblick gekommen ist, gehen Sie durch die Öffnung. Sie können ganz leicht durch den flimmernden Lichtvorhang hindurchgehen. Spüren Sie, wie er sich beim Berühren Ihrer Haut anfühlt. Vor Ihnen steht nun Ihr Traumkünstler, Ihr Zwilling. Er/sie sieht wie Sie oder wie die Person aus, die Sie gerne wären. Ihr Traumkünstler ist eine Art Seelenspiegel für Sie. Schauen Sie, was an Ihnen gleich und was verschieden ist. >> Achten Sie darauf, wie Ihr Traumkünstler gekleidet ist. >> Betrachten Sie seinen Schmuck, seine Frisur und seine sonstige Aufmachung. >> Schauen Sie sich das Gesicht Ihres Traumkünstlers ganz genau an. Prägen Sie sich seinen Ausdruck ein.

Begrüßen Sie Ihren Traumkünstler und nehmen Sie seinen Gruß entgegen. Sprechen Sie mit Ihrem Traumkünstler. Hören Sie zu, was er

*oder sie Ihnen zu sagen hat. >>>> Lassen Sie sich von ihm herumfüh-
ren. Beobachten Sie, wovon Ihr Traumkünstler umgeben ist. >>>>
Erleben Sie den Raum, in dem sich Ihr Traumkünstler am wohlsten
fühlt. Fragen Sie ihn, wie Sie ihn am besten in die materielle Welt
mitnehmen könnten. >>>>*

*(Machen Sie hier eine Pause, um sich Zeit für die Erfahrung zu
lassen.)*

*Jetzt ist es Zeit, in die Wachwelt zurückzukehren. Danken Sie
Ihrem Traumkünstler, dass er auf Sie gewartet hat. Fragen Sie ihn, ob
Sie ihn wieder besuchen dürfen. Umarmen Sie Ihren Traumkünstler
und spüren Sie, wie eine Welle von kreativer Energie in Ihren Körper
überfließt. >>>> Schauen Sie sich noch ein letztes Mal um. Treten Sie
wieder durch den flimmernden Lichtvorhang hindurch. Sie sind nun
wieder an Ihrem ganz besonderen Ort angelangt.*

*Dehnen Sie Ihr Bewusstsein langsam aus und lassen Sie es an die
Oberfläche zurückkehren. >> Füllen Sie den Raum Ihres Körpers mit
Ihrem eigenen Bewusstsein aus. >> Spüren Sie beim Zuückkommen,
wie die kreative Energie und das entspannte, friedliche Gefühl Sie
weiterhin erfüllen. Bringen Sie dieses Gefühl mit sich zurück in Ihren
Körper. >>>> Bewegen Sie nun Ihre Finger und Zehen. Spüren Sie, wie
Ihre Gegenwärtigkeit in Ihren gesamten Körper zurückkehrt. Versuchen Sie, so viel wie möglich von dem Erlebten im Gedächtnis zu
behalten.*

*Wenn Sie so weit sind, machen Sie die Augen auf. Strecken Sie sich,
aber bewegen Sie sich dabei nicht zu viel. Schreiben oder malen Sie das,
was Sie erlebt haben, in Ihr Traumkünstlertagebuch.*

Als Nächstes fertigen Sie ein Collage-Bild Ihres Traumkünstlers auf
der Innenseite des vorderen Einbanddeckels und der ersten Seite Ihrcs
Tagebuchs an. Legen Sie eine Schere, einen Gegenstand mit einer
geraden Metallkante und einen Klebestift oder Klebstoff parat. Verwenden Sie zum Ausschneiden von Bildern irgendwelche Zeitschriften
oder Illustrierten. Sie können mit einem Foto von sich beginnen, das
Sie vergrößert und verziert haben, oder aber mit einem Bild, das
stellvertretend für Ihre Gefühle und Wünsche in Bezug auf das Wie-
derauflebenlassen Ihrer schöpferischen Seele und Ihr Leben als
Traumkünstler steht. Denken Sie daran, dass Ihr Traumkünstler wie

Sie aussehen kann oder so, wie Sie gerne aussehen würden. Lassen Sie Ihrer Phantasie freien Lauf! Seien Sie so bunt und extravagant wie Sie wollen. Spielen Sie herum. Lassen Sie etwas Magisches auf dieser Seite entstehen. Vergessen Sie nicht, Ihren Traumkünstler auch mit Schmuck, Kleidern, Accessoires, Mustern, Zeichen, Instrumenten und allem anderen auszustatten, was Sie bei Ihrer Visualisierung an oder um ihn herum gesehen haben. Suchen Sie nicht wie besessen weiter, wenn Sie nicht genau das Bild finden, das Ihnen vorschwebt. Arbeiten Sie mit dem, was Sie finden. Vergnügen Sie sich.

Hat Ihr Traumkünstler Ihnen irgendwelche Gedanken oder Worte mitgeteilt, so versuchen Sie, auch diese in das Bild miteinzubeziehen. Sie können handschriftliche Kommentare hinzufügen oder ausgeschnittene Worte oder Sätze einkleben. Haben Sie besondere Anweisungen oder Ratschläge bekommen? Fügen Sie auch diese ein. Wie sah der Hintergrund aus? Können Sie irgendwelche Bilder finden, die ihm gleichen?

Seien Sie bei der Arbeit offen für intuitive Eingebungen. Wenn Sie ein Bild finden, das Sie anspricht – auch wenn es Sie nicht direkt an etwas erinnert, das Sie bei Ihrer Visualisierung erlebt haben –, trauen Sie Ihrem Gespür und stellen Sie sich vor, es sei die Stimme Ihres Traumkünstlers, die zu Ihnen spricht. Verwenden Sie das Bild. Kleben Sie die Bilder teilweise übereinander, oder schneiden Sie sie so zurecht, dass sie sich auf interessante Weise gegenseitig durchdringen. Überlegen Sie sich auch, ob Sie vielleicht Acrylfarben verwenden wollen, um leere Stellen zwischen den Bildern auszufüllen. Streuen Sie Glitzersternchen oder Ähnliches auf die noch nasse Farbe. Verwenden Sie Gold- oder Silberfolie, malen Sie bestimmte Bereiche aus oder heben Sie sie durch Marker hervor.

> Durch die Gestaltung dieses Bildes geben Sie der Essenz Ihres Traumkünstlers einen Ort zum Leben in der materiellen Welt. Sie geben einem wichtigen Teil von sich ein Zuhause. Außerdem drücken Sie damit Ihre Absicht aus, kreativ zu leben.

Sie werden diese erste Seite häufiger als jede andere Seite in Ihrem Tagebuch anschauen. Jedes Mal, wenn Sie das Tagebuch aufschlagen und Ihr Blick auf dieses Bild fällt, werden Sie Ihre Absicht neu bekräftigen und Ihr Schicksal manifestieren.

Sobald Sie das Bild von Ihrem Traumkünstler fertig haben, wird es viel einfacher werden, sich mit ihm zu unterhalten. Allein schon durch das Aufschlagen Ihres Tagebuchs wird Sie das Bild in Kontakt zu Ihrem Traumkünstler als Quelle für Ihre Führung bringen.

Seien Sie nicht überrascht, wenn sich während der Suche nach den Bildern für Ihre Collage bestimmte synchrone Ereignisse zuzutragen scheinen. Beispielsweise war Lisa, eine meiner Kursteilnehmerinnen, nach ihrer geführten Visualisierung sowohl begeistert als auch frustriert. Ihr Traumkünstler war ihr als ihr eigenes Spiegelbild erschienen, allerdings mit den unglaublichsten und außergewöhnlichsten Flügeln. Sie beschrieb sie als keine wirklichen Vogelflügel, sondern irgendeine seltsame Kombination. Sie spürte intuitiv, dass es wichtig war, die Flügel richtig hinzukriegen, aber sie wusste nicht, wie das gehen sollte. Wir nahmen als Ausgangspunkt ein Foto von Lisa. Unter den Zeitschriften zum Ausschneiden waren auch einige Ausgaben des *National Geographic* und andere wissenschaftliche Magazine. In der ersten Zeitschrift, die Lisa in die Hand nahm, fand sie das Bild einer Möwe mit ausgebreiteten Flügeln. In der zweiten fand sie die winzigen Flügel einer Hummel, deren Bewegung in einer Zeitrafferaufnahme festgehalten worden war. In der dritten fand sie Schmetterlingsflügel. Als sie die Elemente der drei Bilder kombinierte, blieb ihr vor Staunen der Mund offen, wie nah sie ihrer Vision gekommen war.

Die Wahl der Flügel half ihr auch, die Bedeutung der Erscheinung in der geführten Visualisierung besser zu verstehen. »Als Traumkünstlerin«, erklärte sie, »werde ich die starken Flügel einer Möwe brauchen, um die langen Strecken zu bewältigen, die ich auf meinen Reisen zurücklegen muss. Außerdem werde ich die zarten, akrobatischen Flügel der Hummel brauchen, um auf der Stelle schweben zu können und auf ein Ziel konzentriert zu bleiben. Und schließlich werde ich Schmetterlingsflügel brauchen, um mich mit dem Fluss zu bewegen und die feinsten Luftströmungen zu spüren.«

Seien Sie nicht überrascht, wenn Sie in dem Bild, das Sie von Ihrem Traumkünstler geschaffen haben, noch lange nach seiner Fertigstellung immer wieder neue Bedeutungen und wichtige Aspekte entdecken. Bis heute passiert es mir, dass ich plötzlich Dinge sehe, die ich meiner Erinnerung zufolge meinem Traumkünstlerbild nicht bewusst hinzugefügt habe.

❀

DAS ÄUSSERE NACH INNEN KEHREN: ENERGETISCHES ZEICHNEN

Bei dieser Übung lernen Sie, in einen leichten Trancezustand zu fallen, in dem Sie Kontakt zu Ihrem Traumkünstler aufnehmen und gleichzeitig die Verbindung zu ihm durch nichtfigürliches Zeichnen ausdrücken können. Man könnte es auch »Kritzeln als spirituelle Übung« nennen.

Bei dieser nächsten Übung werden wir uns näher damit beschäftigen, wie der physische Akt des Zeichnens Sie in einen Trancezustand versetzen und Ihnen helfen kann, Zugang zu Ihrer intuitiven Führung zu bekommen.

Wenn sich ein Aborigine-Maler hinsetzt, um die Tausende von winzigen Farbpunkten auf die Leinwand zu malen, die zu seinem Traum werden, ist das eine Form von Meditation. Dasselbe gilt für die Mönche des tibetischen Buddhismus, die die kunstvollsten Mandalas aus buntem Sand herstellen. Die Kombination von vollkommener Präsenz und dem In-Kontakt-Sein mit dem Augenblick sowie dem Wiederholungscharakter der Tätigkeit versetzt die meditierende Person in eine leichte Trance.

Um herauszufinden, ob diese Art von Aktivität mit immer denselben Bewegungen und gerichteter Aufmerksamkeit ein guter Auslöser für Sie sein könnte, um die Bewusstseinsebene zu wechseln, brauchen Sie folgende Gegenstände: einen billigen Malblock (auch die Rückseite von bereits bedrucktem Computerpapier ist geeignet) und eine Schachtel Buntstifte oder weiche Kohlestifte. Verwenden Sie für diese Übung billiges Material, damit Sie sich keine Gedanken machen müssen, wie viel Sie davon verbrauchen. Wenn Sie große Blätter benutzen,

wird Ihr Oberkörper stärker an dem Zeichenvorgang beteiligt. Bei
kleineren Blättern konzentriert sich der Ausdruck mehr auf die Hand
und das Handgelenk.

Legen Sie irgendeine Musik auf, die etwa 20 bis 40 Minuten läuft. Es
sollte Musik ohne Text sein, die allerdings in diesem Fall gefühlvoller
sein kann als bei der geführten Visualisierung. Die Musik wird Ihnen
als zeitlicher Rahmen dienen, so dass Sie nicht auf die Uhr sehen
müssen, wie lange Sie schon bei der Arbeit sind. Setzen Sie sich an
einen Tisch oder Schreibtisch, auf dem viel Platz ist. Ihr Stuhl sollte
Ihrem Rücken einen guten Halt bieten, da Sie aufrecht sitzen sollten.
Legen Sie Ihren Papiervorrat seitlich vor sich hin und ein Blatt direkt
vor sich. Suchen Sie sich einen Farb- oder Kohlestift aus.

Schließen Sie nun einen Augenblick lang die Augen, und atmen Sie
zehn Mal langsam und tief durch. Spüren Sie, wie sich Schultern,
Nacken und Arme entspannen. Fordern Sie Ihren Traumkünstler auf,
durch Sie zu arbeiten. Denken Sie immer daran: Ihr Traumkünstler ist
wirklich ein Teil von Ihnen, es hat also nichts mit Channeling oder
Besessenheit zu tun. Sie geben die Kontrolle nicht ab.

Legen Sie die Spitze Ihres Bunt- oder Kohlestifts locker auf das
Blatt. Lassen Sie Ihren Blick weicher werden und langsam verschwim-
men. Folgen Sie Ihrem Atem. Atmen Sie ein und ziehen Sie mit jedem
Atemzug Energie in sich hinein. Atmen Sie aus und lassen Sie dabei die
Energie durch Ihren Arm in die Hand hineinfließen. Fangen Sie zu
zeichnen an, indem Sie Ihren Stift fließende Formen auf das Blatt
malen lassen. Versuchen Sie nicht zu kontrollieren, was Sie da zu
Papier bringen. Lassen Sie es einfach geschehen. Lassen Sie sich von
der Musik mitreißen, folgen Sie Ihren Stimmungen, Bildern, die Ihnen
in den Sinn kommen, oder dem Energiefluss selbst, den Sie spüren.
Versuchen Sie nicht, wirklichkeitsgetreu zu zeichnen. Halten Sie sich
an Formen, Linien und Muster.

Hören Sie auf Ihre innere Stimme, die Ihnen sagt, wann sich das
Blatt voll anfühlt. Wenn Sie diese Stimme vernehmen, nehmen Sie ein
neues Blatt zur Hand und zeichnen Sie weiter. Fühlen Sie sich nicht
verpflichtet, ein Blatt ganz voll zu malen, bevor Sie sich ein neues
vornehmen. Sie können Linien und Formen übereinander wiederholen und sie so ausdehnen und verstärken. Spüren Sie die Energie, die
Sie hier zeichnen. Denken Sie stets daran, dass Sie eigentlich gar nichts

tun müssen. Der schöpferische Moment ergibt sich zwischen den Augenblicken, in denen Sie darüber nachdenken. Wenn Ihre Gedanken abzuschweifen drohen, lenken Sie sie sanft wieder auf das Blatt Papier vor Ihnen zurück. Bewerten Sie nicht, was Sie machen. Ein Kommentar wie »Ah, das sieht aber gut aus«, kann Ihre schöpferische Trance ebenso ernsthaft stören wie ein »Oh, das sieht aber schrecklich aus.«

Wie wissen Sie, dass Sie bei dieser Tätigkeit in einen veränderten Bewusstseinszustand geraten sind? Fragen Sie sich, ob folgende Erfahrungen oder Empfindungen auf Sie zutreffen:

- Die Zeit ist schneller vergangen, als Sie dachten.
- Die Zeit vergeht viel langsamer, als Sie es empfinden.
- Sie können nicht mehr klar unterscheiden, wo Ihre Hand oder Ihr Stift aufhört und die Linie, die Sie zeichnen, anfängt.
- Es fühlt sich so an, als würden Ihre Hände von äußeren Kräften gezogen.
- Sie werden von einem tiefen Gefühl des Friedens erfüllt.
- In Ihrer Vorstellung tauchen Bilder auf, die Ihnen ungewöhnlich vorkommen.
- Sie hören Obertöne, Harmonien oder Rhythmen, die nichts mit der Musik zu tun haben, die im Hintergrund läuft.
- Sie empfinden Temperaturveränderungen oder seltsame Körperempfindungen.
- Sie hören singende oder sprechende Stimmen.

Wenn die Musik aufhört, hören Sie auf zu zeichnen. Breiten Sie Ihre Zeichnungen auf dem Boden aus, so dass Sie alle oder zumindest einen Großteil davon auf einen Blick überschauen können. Achten Sie auf Muster, die sich wiederholen oder die Ihre Aufmerksamkeit erregen. Greifen Sie diejenigen heraus, die Ihnen bedeutungsvoll vorkommen. Sie brauchen nicht alle Zeichnungen einer Serie aufzuheben, aber behandeln Sie alle respektvoll. Auch wenn Sie sich entscheiden, einige davon wegzuwerfen, tun Sie es mit dem Gefühl, Platz für neue Energie zu schaffen. Ungeachtet dessen, was Ihr wacher Verstand über Ihre Zeichnungen denkt, sind sie ein Beweis Ihres energetischen Bewusstseins. In den Momenten, in denen es Ihnen gelingt, die Kontrolle Ihres Wachzustands aufzugeben und in den Trancezustand hinüberzuwechseln, spiegeln Ihre Zeichnungen den direkten Ausdruck Ihres Traumkünstlers wider.

Lassen Sie uns noch einen Schritt weitergehen: Denken Sie an ein Schlüsselthema oder ein Kernproblem, mit dem Sie sich gerade auseinander setzen. Schauen Sie sich nun die Bilder an, die Ihre Aufmerksamkeit erregt haben. Stellen Sie sich vor, sie stellten verschlüsselte oder symbolische Antworten auf die Frage dar, mit der Sie sich in Gedanken herumschlagen. Was würde Ihnen beispielsweise eine Form sagen, die einem davonfliegenden Vogel gleicht? Was würde Ihnen ein Fluss, eine Schlange oder ein Baum als Antwort auf Ihre Frage sagen? Wenn Ihnen eine Ihrer Zeichnungen eine Antwort zu liefern scheint, heben Sie sie auf und stellen Sie sie eine Weile an einem Ort auf, an dem Sie sie anschauen können. Wenn Sie sich mit anderen Kunstformen beschäftigen, fragen Sie sich, wie manche der gezeichneten Grundformen in Ihre anderen Projekte Eingang finden könnten.

Als Michael, ein Mann Mitte 30, diese Übung machte und darum bat, mit der intuitiven Führung seines Traumkünstlers in Kontakt zu kommen, fiel ihm auf, dass er häufig kreisförmige Figuren zeichnete. Als er sich eingestand, dass sein dringendstes Problem in letzter Zeit die Frage war, wie es mit seiner Karriere weitergehen sollte, hakte ich nach und erfuhr von ihm, dass er den Beruf, in dem er sich auskannte und den er liebte, aufgegeben hatte, um in Bereichen zu arbeiten, die immer weniger mit seiner ursprünglichen Spezialisierung zu tun hatten, ihn aber aufgrund der höheren Gehälter lockten. Doch er war unglücklich und versuchte zu entscheiden, wie der nächste Schritt in seiner Karriere aussehen sollte. Keine der Alternativen, die er aufzählte, schien besonders aufregend zu sein. Wir sahen uns nochmals seine Zeichnungen an. Ich fragte ihn, was sie gemein hätten. Er erwiderte, manche seien oval, manche eher wie vollkommene Kreise, doch all seine Zeichnungen begännen und endeten im selben Punkt. Ich brauchte gar nichts darauf zu sagen, denn er war betroffen von der Weisheit dieser Beobachtung. »Ich muss wieder auf das zurückkommen, was ich gerne mache«, sagte er. »Das Geld ist nicht so wichtig, wie ich früher einmal dachte.«

Wenn Sie sich entspannen und durch innere oder äußere Techniken für die Möglichkeit öffnen, werden Sie Ihren Traumkünstler auch finden. Höchstwahrscheinlich werden Sie dabei allerdings auch entdecken, dass die beste Vorgehensweise aus irgendeiner dynamischen Kombination von inneren und äußeren Techniken besteht.

❋

Von innen nach aussen und wieder nach innen: Das Kraftlied des Traumkünstlers

Mit dieser Übung werden Sie lernen, sich bei Ihrer Arbeit auf verschiedene Ebenen der kreativen Trance zu begeben. Folgen Sie bei der Arbeit der Stimme Ihrer Intuition. Lernen Sie, die Kraft der dynamischen Umsetzung in der Kunst zu verstehen.

Diese Übung führt uns zunächst in unser Inneres, dann wieder hinaus in die materielle Welt und zuletzt wieder nach innen, wie das Muster eines keltischen Knotens. In der keltischen Tradition sangen die Barden und Mystiker Lieder, bei denen sie nicht nur mit den Geistern und Energien der Welt der Natur verschmolzen, sondern sich auch mit den Kräften dieser Geister identifizierten. Bei dieser Übung bekommen Sie die Chance, ständig zwischen äußeren und inneren Methoden des Kennenlernens Ihres Traumkünstlers hin- und herzuwechseln. Dabei können wir außerdem die dynamische Umsetzung üben – die Vorstellung, dass wir diese Idee umso tiefer und vollständiger verstanden haben, je größer die Vielfalt der Möglichkeiten ist, wie wir eine Idee ausdrücken.

Sie brauchen dazu Ihr Traumkünstlertagebuch, einen Stift, ein paar große Blätter Papier, Buntstifte, bunte Kreide oder Kohlestifte sowie einen feinen Pinsel und etwas Acrylfarbe oder Tinte. Am besten führen Sie diese ganze Übung am Stück durch. Sie brauchen dazu einen

Schreibtisch oder eine Schreiboberfläche und etwas Platz, um sich bewegen zu können. Legen Sie irgendeine Instrumentalmusik auf, die Ihnen gefällt.

Beginnen Sie diese Übung damit, dass Sie Ihr eigenes Kraftlied schreiben. Nummerieren Sie die Linien auf einer Seite Ihres Tagebuchs von 1 bis 24 durch. Beantworten Sie folgende Fragen schnell, ohne allzu lange über jede Antwort nachzudenken. Geben Sie sich drei Minuten, um die folgende Liste zu ergänzen.

1. Wenn ich eine Jahreszeit wäre, wäre ich _____
2. Wenn ich ein Edelstein wäre, wäre ich _____
3. Wenn ich ein Gefühl wäre, wäre ich _____
4. Wenn ich ein Musikinstrument wäre, wäre ich _____
5. Wenn ich ein Tier wäre, wäre ich _____
6. Wenn ich eine Märchengestalt wäre, wäre ich _____
7. Wenn ich eine historische Epoche wäre, wäre ich _____
8. Wenn ich ein Gewässer wäre, wäre ich _____
9. Wenn ich eine Farbe wäre, wäre ich _____
10. Wenn ich eine Tageszeit wäre, wäre ich _____
11. Wenn ich ein Wetterphänomen wäre, wäre ich _____
12. Wenn ich ein Sport oder Spiel wäre, wäre ich _____
13. Wenn ich ein Kleidungsstück wäre, wäre ich _____
14. Wenn ich ein mythisches Wesen wäre, wäre ich _____
15. Wenn ich ein Werkzeug wäre, wäre ich _____
16. Wenn ich ein Körpergefühl wäre, wäre ich _____
17. Wenn ich ein Baum wäre, wäre ich _____
18. Wenn ich ein Duft wäre, wäre ich _____
19. Wenn ich eine geographische Besonderheit wäre, wäre ich _____
20. Wenn ich eine Fortbewegungsart wäre, wäre ich _____
21. Wenn ich ein Möbelstück wäre, wäre ich _____
22. Wenn ich eine Kunstform wäre, wäre ich _____
23. Wenn ich ein Körperteil wäre, wäre ich _____
24. Wenn ich ein Geschmack wäre, wäre ich _____

Greifen Sie nun elf der Antworten auf diese Fragen heraus, und fügen Sie sie zu einem Gedicht oder einer kurzen Geschichte zusammen, die mit »Ich bin« anfängt. Sie können verbindende, erweiternde und be-

schreibende Worte hinzufügen. Wenn Sie wollen, können Sie auch
mehr als elf Antworten benutzen. Lange Sätze sind ebenfalls erlaubt.
Manche Menschen schreiben ihr Kraftlied in Form eines einzigen
langen Satzes. Wenn Sie neue Sätze beginnen oder hintereinander eine
Reihe von kurzen Sätzen schreiben, sollten Sie immer wieder den
Bezug zu sich selbst herstellen, indem Sie jeden Satz mit »Ich bin«
beginnen. Es folgen zwei Beispiele:

> *Ich bin eine Insel aus zitternden Gardenien, auf der eine*
> *Prinzessin ihre Seidenstrümpfe herunterrollt, um sich*
> *Vanille in die Kniekehlen zu reiben, während die Sonne*
> *zwischen Frühling und Sommer untergeht und die Prinzessin*
> *inständig darum bittet, sorglos in die obsidianschwarze Nacht*
> *hineinzutanzen.*

Oder:

> *Ich bin eine starke Eiche, die jedem Sturme trotzt.*
> *Ich bin das Regenwasser, das von den Blättern am Stamm*
> *entlang in die Wurzeln fließt.*
> *Ich bin die Herbstsonne, die alles in Rot taucht,*
> *was einst grün war.*
> *Ich bin der flötengleiche Wind, der durch das Gewirr*
> *von Zweigen streicht.*
> *Ich bin der Berghang, eingehüllt in einen Mantel aus*
> *bittersüßen Farben, die nicht von Dauer sein können.*
> *Ich bin die Hand des kleinen Jungen, der die raue Rinde*
> *des Baumes liebkost.*

Das ist eine Beschreibung Ihres Traumkünstlers. Das ist ein Kraftlied,
mit dem Sie den Traumkünstler anrufen können. Der nächste Schritt
besteht darin, den Text, den Sie aufgeschrieben haben, so oft zu wiederholen, bis Sie ihn auswendig aufsagen können. Wenn Ihnen das keine
Schwierigkeiten mehr bereitet, sagen Sie den Text mehrmals hintereinander laut her. Stellen Sie sich dabei aufrecht hin und bewegen Sie den
Körper zum Rhythmus Ihrer Stimme. Die Bewegungen können abstrakt sein oder eine Pantomime der verschiedenen Textelemente dar-

stellen. Wiederholen Sie diese Bewegungen, und passen Sie sie zeitlich an die im Hintergrund spielende Musik an. Machen Sie solange weiter, bis Ihre Bewegungen tänzerisch werden. Sie können aufhören, den Text laut zu rezitieren, wenn Sie das Gefühl haben, dass Sie die Worte nicht mehr laut zu hören brauchen, um die Bewegungen zu steuern. Wenn Sie kleine Gesten verwendet haben, lassen Sie sie langsam größer werden. Setzen Sie Ihren ganzen Körper ein. Lassen Sie die Bewegungen fließend ineinander übergehen. Wenn sich aus Ihren ursprünglichen Bewegungen neue entwickeln oder ergeben, fügen Sie sie hinzu. Sie können sich das Ganze wie einen Tanz vorstellen, mit dem Sie Ihren Traumkünstler herbeitanzen oder sein Kraftlied tanzen. Dieser Vorgang wird sich langsam verinnerlichen und das, was Sie geschrieben haben, verwandeln. Ihr Körper versteht das, was Sie geschrieben haben, auf eine neue Art und Weise. Oft werden die Bewegungen meditative Qualitäten haben. Werden sie schnell ausgeführt, gleichen sie möglicherweise dem ehrfürchtigen Tanz der Sufis und Derwische. Langsam ausgeführt können sie sich wie Tai Chi oder das Sonnengebet des Hatha-Yoga anfühlen. Erleben Sie jeden Teil der Bewegungen ganz bewusst.

Wählen Sie sich als Nächstes drei einzelne Bewegungen aus Ihrem Krafttanz aus. Wenden Sie sich wieder Ihren großen Malblättern zu. Sie können die Blätter auf den Tisch oder Boden legen, auf eine Staffelei stellen oder an der Wand festmachen. Übertragen Sie nun die erste der drei Bewegungen in großzügige Hand- und Armgesten. Zeichnen Sie diese Geste mit Kohlestiften, bunter Kreide oder Buntstiften mehrmals hintereinander auf das Papier. Nutzen Sie das ganze Blatt aus. Zeichnen Sie möglichst unter Einbeziehung Ihres gesamten Körpers. Wiederholen Sie einfach die gleiche Geste immer wieder. Versuchen Sie, Ihren Verstand auszuschalten. Denken Sie nicht darüber nach, wie es aussieht. Bewerten Sie nichts. Zeichnen Sie einfach drauf los. Wenn Sie das Gefühl haben, dass es reicht, nehmen Sie sich ein neues Blatt vor, und wiederholen Sie den Vorgang mit der nächsten der drei Bewegungen, die Sie sich ausgesucht haben. Bringen Sie die Übung zum Abschluss, indem Sie auch eine Zeichnung der dritten Bewegung anfertigen.

Diese Form des Zeichnens befindet sich jetzt in einer Art Urzustand. Beim Übergang von den Bewegungen im Stehen zum Zeichnen sollten

Sie Ihren Trancezustand beibehalten. Während Sie der Energie der dritten Bewegung erlauben, sich auf dem Papier auszubreiten, werden auch Sie langsamer. Hören Sie zu zeichnen auf und kommen Sie zur Ruhe. Schließen Sie die Augen und bitten Sie Ihren Traumkünstler, zu Ihnen zu kommen. Fragen Sie ihn, wie Sie die drei Bewegungen möglichst in einem einzigen Symbol ausdrücken könnten. Halten Sie nach Bildern Ausschau, die vor Ihrem inneren Auge auftauchen, oder lauschen Sie auf inneren Rat. Wenn Sie irgendwelche speziellen Anweisungen erhalten, machen Sie die Augen auf, und malen Sie das Symbol mit Pinsel und schwarzer Tinte in Ihr Tagebuch. Wenn Sie keinen konkreten Hinweis erhalten, denken Sie immer daran, dass Ihr Traumkünstler in Ihnen lebt und durch Sie handelt. Beginnen Sie, mit verschiedenen Möglichkeiten herumzuspielen. Probieren Sie verschiedene Symbole aus, in denen die Zeichnungen von Ihren Bewegungen und Gesten kombiniert sind. Fühlen Sie sich auf jeden Fall völlig frei, spontanen intuitiven Eingebungen und Gefühlen zu folgen und Veränderungen vorzunehmen.

Wenn Sie ein Symbol gefunden haben, in dem die Energie der drei Bewegungen zum Ausdruck kommt, setzen Sie sich eine Weile ruhig davor. Dieses Symbol ist eine Essenz, eine verfeinerte Form der Energie Ihres Traumkünstlers. Malen Sie eine endgültige Version davon. Das ist jetzt Ihr ganz spezielles Symbol. Fügen Sie es zu dem Collage-Bild von Ihrem Traumkünstler auf der ersten Seite Ihres Tagebuchs hinzu.

Es kann sein, dass Sie sich dabei ertappen, wie Sie dieses Symbol vor sich hinzeichnen, ohne sich dessen bewusst zu sein. Oder Sie können, wie im Falle einiger meiner Freunde und Traumkünstler, die Dinge um sich herum mit dem Symbol kennzeichnen und diese Gegenstände damit formell als wichtig markieren und auf diese Weise ihre Bedeutung würdigen.

In jedem von uns steckt die Fähigkeit zum kreativen Ausdruck. Manchen fällt es leichter, andere müssen erst etwas üben. Die meisten Übungen, die Sie bis jetzt gemacht haben, wären für jeden Künstler nützlich, doch die Entwicklung der spirituellen Technik eines Traumkünstlers setzt darüber hinaus eine Verschiebung des Blickwinkels voraus.

Je länger ich meinen Weg verfolgt und meine Methode im Laufe der Jahre entwickelt habe, desto mehr ist in mir die Überzeugung herangereift, dass es letztendlich vier Grundvoraussetzungen gibt, die die Arbeit und Weltanschauung eines Traumkünstlers charakterisieren:

1. Gegenständen kann ein Geist innewohnen, und das Arbeiten mit diesem Geist ist eine heilige Technik.
2. Das Arbeiten mit dem Geist oder dem energetischen Aspekt von Gegenständen und Bildern setzt voraus, dass wir Zugang zu unserer Traumwelt haben. Dieser Traumbewusstseinszustand ist die wahre Quelle heiliger Kreativität.
3. Spirituell oder energetisch bewusstes künstlerisches Arbeiten kann seinerseits Auswirkungen auf den Menschen haben, der sich auf diese Weise kreativ betätigt.
4. Die Kunstgegenstände und Bilder, die aus diesem Prozess entstehen, können andere beeinflussen.

Praktisch bedeutet dies, dass Sie anfangen müssen, den Geist in der Materie zu sehen, um ein Traumkünstler zu werden. Sie müssen lernen, mit diesem Geist an seinem Ursprung in der Traumwelt in Kontakt zu kommen. Sie müssen verstehen, dass der Prozess der Manifestation von Traumbildern und -objekten in der materiellen Welt auf den Menschen, der so künstlerisch tätig wird, eine heilende, lehrreiche, erfüllende und verzaubernde Wirkung hat. Und zuletzt müssen Sie noch verstehen, dass die so entstandenen Bilder und Kunstgegenstände selbst eine Wirkung auf andere Menschen haben.

Als logische Folge aus der Anerkennung dieser Grundvoraussetzungen scheint sich nicht nur zu ergeben, dass ein Traumkünstler etwas ganz anderes ist als das, was wir traditionell »Künstler« nennen, sondern auch, dass Traumkunst etwas grundsätzlich anderes ist. In welcher Hinsicht unterscheidet sich nun die schamanische Kunst eines Traumkünstlers von dem, was wir normalerweise für Kunst halten?

Als ich einmal in Minneapolis (Minnesota) war, um einen Workshop abzuhalten, dachte ich über genau diese Frage nach. Ich überlegte mir, wie ich wohl am besten den Unterschied zwischen dem westlichen

Kunstbegriff und der eher stammeskulturbedingten, schamanischen Vorstellung von Kunst klar machen könnte.

Mehrere Tage spielte ich den Gedanken bereits im Kopf durch und hatte auch viele Ideen, konnte jedoch keine so ausdrücken, dass sie es auf den Punkt brachte. Also beschloss ich, diese Frage meinem Traumbewusstsein zu stellen. Dazu stellte ich mir die Frage vor dem Schlafengehen. Diesen Prozess, den man auch »Trauminkubation« nennt, werden Sie im vierten Kapitel noch näher kennen lernen. Das sah so aus, dass ich die Frage ganz oben auf die nächste leere Seite meines Traumkünstlertagebuchs schrieb. Ich bereitete mich voll darauf vor, eine Antwort zu bekommen. Beim Einschlafen wiederholte ich die Frage noch mehrmals im Stillen. Ich hatte die Absicht, eine Antwort darauf zu träumen.

Am nächsten Morgen wachte ich auf, ohne mich an einen einzigen Traum zu erinnern. Das war überraschend.

Ich erinnere mich immer mindestens an einen Traum, doch an jenem Morgen war völlige Funkstille. Vielleicht lag es daran, dass ich an einem fremden Ort geschlafen hatte, sagte ich mir, oder es lag an der Tatsache, dass es eines jener Hotels war, in denen man die Fenster nicht öffnen kann (manchmal habe ich das Gefühl, dass zumindest irgendeine Verbindung zur Welt der Natur – auch wenn es nur frische Luft ist – nötig ist, damit ich träumen kann). Was auch immer der Grund war, ich ließ mir auf jeden Fall noch etwas Zeit an jenem Morgen. Ich hatte nichts, was ich in mein Traumtagebuch hätte schreiben können. So setzte ich mich denn hin und blätterte einen jener typischen Stadtführer durch, die immer in den Hotelzimmern in größeren Städten ausliegen. Beim Durchsehen wurde meine Aufmerksamkeit von einer wunderschönen afrikanischen Skulptur eines schwarzen Panthers angezogen. Es handelte sich um eine Anzeige, mit der Werbung für eine Ausstellung über afrikanische Kunst gemacht wurde, die demnächst im Minneapolis Art Center stattfinden sollte. Und hier war die Antwort, die ich in meinem Traum gesucht hatte. Hier stand sie in dicken, fetten Lettern:

»Der Unterschied zwischen westlicher Kunst und afrikanischer Kunst besteht darin, dass westliche Künstler sich keine Sorgen darüber machen müssen, von ihren Modellen aufgefressen zu werden.«

Der Traumkünstler und der Eingeborenen-Künstler sehen die Welt und ihre Kunst auf ganz ähnliche Weise. Malidoma Patrice Somé beschreibt diese Sichtweise in seinem Buch *The Healing Wisdom of Africa: Finding Life Purpose Through Nature, Ritual, and Community* (Deutsch: *Die heilende Weisheit Afrikas: Den Lebenssinn durch Natur, Ritual und Gemeinschaft finden*) folgendermaßen: »In manchen Läden und Museen werden wir häufig mit dem erschreckenden Anblick lebendiger Ahnenmasken konfrontiert, die dort ausgestellt sind, als ob ihr Zweck und ihre Funktion darin bestünde, angeschaut zu werden. Von diesen Gegenständen gehen kraftvolle Energien aus, denn sie sind lebendig. Westliche Menschen merken nicht, dass sie von der Energie, die von diesen lebendigen heiligen Gegenständen ausgeht, beeinflusst werden. In Afrika würde eine Person, die die Dynamik zwischen Kunst und Kultur kennt und versteht, davonrennen, wenn sie mit lebendigen, ausgestellten Masken konfrontiert würde.« Und Somé fügt weiter hinzu: »Aus der Sicht eines Eingeborenen ist die Maske eines Ahnen kein Symbol des Ahnen, sondern der Ahne *selbst*.«

Für einen Traumkünstler ist der Vorgang und das Produkt seines künstlerischen Schaffens genauso real, genauso lebendig und genauso wichtig.

Lassen Sie uns noch einmal auf die erste Voraussetzung zurückkommen, die ich weiter oben postuliert habe. Es gibt keine Möglichkeit, Sie logisch oder rational davon zu überzeugen, dass Gegenstände einen Geist oder ein energetisches Bewusstsein haben. Ich kann Ihnen jedoch im Laufe Ihres Lernprozesses, wie man aus Kunst eine spirituelle Technik macht, eine energetische Form der Wahrnehmung der Welt beibringen. Ich bin davon überzeugt, dass Sie durch die Technik des Wechselns der Wahrnehmungsebene mit der Zeit meine Meinung teilen und davon überzeugt sein werden, dass Gegenständen tatsächlich ein Geist innewohnen kann.

D as Geschenk dieses Kapitels ist *Offenheit*.
Um eine spirituelle Technik aus der Arbeit zu
machen, die Sie in der materiellen Welt verrichten,
müssen Sie im Geiste in der materiellen Welt zu
energetischem Bewusstsein finden.
Die Übungen in diesem Kapitel werden Ihnen
helfen, sich für das Sehen und Erspüren der
unsichtbaren Welt zu öffnen und eine Form zu
finden, diese Wahrnehmung auszudrücken.

Kapitel 3

Die Wahrnehmungsebene wechseln: *Energetisches* Bewusstsein entwickeln

Bezeichnenderweise pflegt ein Schamane ein Objekt zu finden, das ihm früher unbekannt war und das haargenau einem im Traum erblickten gleicht. Vielleicht fällt ihm ein Lied oder ein Gedicht aus einem vergessenen Traum wieder ein, wenn er dieses Objekt zärtlich in Händen hält. Angeblich sprechen diese Objekte, denn sie sind es, durch die die Schamanen sich die besondere, geheimnisvolle Sprache ihrer Kraft in den Träumen merken. Solche gefundenen Objekte werden zum Thron oder Klienten für den Geist des Betreffenden. Seine Kraft hätte dann einen echten, körperlichen Platz, um sich hinzusetzen, wie die Tzutujil sagen.

MARTIN PRECHTEL

Die Geheimnisse des Jaguars.
Eine Entdeckungsreise in die Welt der Maya

Was spricht Sie an? Wenn ich einen Gegenstand in der Hand halte, sehe ich Bilder und höre Geschichten. Ein Stein wird so zu einem Roman, eine Feder zu einer Fotografie und der Ast eines Baumes zu einem Kunstwerk. Das ist etwas, was ich schon immer konnte, obwohl sich diese Gabe, je mehr ich sie anwende und mich darin übe, immer mehr verstärkt.

Materiellen Dingen wohnt eine Energie oder ein Geist inne – sie besitzen eine Art Bewusstsein. Zwar variiert die Menge und Qualität dieses Bewusstseins, doch immer findet irgendeine Form von Austausch bewusster Energie zwischen zwei Dingen statt. Sich dieses Austausches bewusst zu sein, ist im Prinzip das, worum es bei dem Wechseln der Wahrnehmungsebene geht.

Die Wahrnehmungsebene wechseln zu lernen ist deshalb so wichtig, weil ein Traumkünstler immer ein Traumkünstler ist – 24 Stunden rund um die Uhr. Vielleicht ordnen, verändern oder schaffen wir nicht die ganze Zeit etwas, doch immer sind wir auf der Suche – in Kontakt mit dem Geist und der göttlichen Inspiration. Wir müssen uns nicht extra Zeit nehmen, um zu schlafen und zu träumen, aber wir müssen uns Zeit nehmen, um unsere Traumbilder zu verarbeiten. Wir müssen uns organisieren, um uns einen geschützten, heiligen Zeitraum für rituelle Reisen in die geistigen Welten zu schaffen und uns selbst das Geschenk der Zeit zu geben, um unsere Visionen durch kreative Arbeit zum Ausdruck zu bringen. Durch Wechseln der Wahrnehmungsebene lernen wir, gleichzeitig in zwei Welten zu wandeln.

Wir alle besitzen die Fähigkeit, unsere Form der Wahrnehmung auf ein energetischeres Niveau zu bringen. Auch wenn ich den Begriff »Wechseln der Wahrnehmungsebene« dafür verwende, muss sie sich nicht unbedingt über das Sehen manifestieren. Manche Menschen sehen die energetische Wirklichkeit als Aura, andere hören sie als ein vibrierendes Summen. Zu mir spricht der Geist sowohl in Bildern als auch in Geschichten. Obwohl ich mir dessen nicht immer bewusst war, glaube ich, dass ich genau zu dem Zweck ein Künstler wurde: um Gegenstände und Bilder zu schaffen, denen dieser Geist innewohnt. Ich fing an zu schreiben, um die Geschichten zu erzählen, die ich hörte, wenn ich etwas berührte. Ich stolperte praktisch zufällig über meine Fähigkeit, die Wahrnehmungsebene zu wechseln, und verfeinerte sie dann durch Übung, doch jeder kann das lernen. Wenn Sie sich mit einer Person oder einem Gegenstand beschäftigen (wirklich hinsehen und hinhören), sich dafür öffnen und dabei ein gewisses Selbstbewusstsein beibehalten können, können Sie auch auf eine andere Wahrnehmungsebene wechseln.

Bei den Schamanen ist im Allgemeinen von drei Welten die Rede: der Unterwelt, der mittleren Welt und der Oberwelt. Während wir das obere und untere Reich des Geistes am besten in unseren nächtlichen Träumen und auf schamanischen Reisen erforschen können, ist das Wechseln der Wahrnehmungsebene die beste Methode zur Erkundung der mittleren Welt. Während in der Unter- und Oberwelt oft mythische Landschaften oder Urlandschaften und phantastische Gebäude auftauchen, sieht die mittlere Welt wie die alltägliche Welt aus energetischer Sicht aus. Ein Bewusstsein von der mittleren Welt zu haben bedeutet, nicht nur die Schatten zu sehen (die physische Form aller Dinge), sondern auch die Muster, die die Schatten werfen. Manche Menschen können diese Muster sehen, andere können sie hören. Sie können auch das Gefühl haben, sie in den Dingen zu spüren oder ganz genau zu wissen, wie diese geistigen Muster aussehen.

Das Üben dieser Fähigkeit des Umschaltens auf eine Form energetischen Sehens verlangt von uns zunächst, dass wir lernen, auf die Welt um uns herum aufmerksam zu achten und sie nicht nur als die materielle Welt zu sehen, sondern als eine magische mittlere Welt.

Danach können wir unsere Intuition einschalten, um das Muster und den Austausch an geistiger Energie zu verstehen. Und zuletzt richten wir unsere Intuition darauf aus, das zu sehen, was wir sehen müssen.

Ausrüstung: Zeremonien und regelmäßiges Üben

Für die Übungen in diesem Kapitel brauchen Sie wieder Ihr Traumkünstlertagebuch. Darüber hinaus benötigen sie noch Papier, obwohl Sie auch alle Übungen in Ihrem Tagebuch ausführen können, wenn Sie wollen. Des Weiteren brauchen Sie einen Bleistift und einen Füller; vielleicht lohnt es sich ebenfalls, etwas Geld in Buntstifte zu investieren. Wenn Sie nicht viel ausgeben wollen, nehmen Sie lieber eine kleine Schachtel Buntstifte bester Qualität als eine große Schachtel billiger Stifte. Mit besseren Buntstiften lässt es sich auf dem Papier leichter malen, und die Farben sind intensiver. Ihr Traumkünstler wird das schätzen. Außerdem brauchen Sie noch den Pinsel und die Tinte, die Sie schon für die Übung im letzten Kapitel verwendet haben.

Die bisher beschriebenen Übungen können Sie einzeln als einmalige Experimente durchführen. Zwar hat auch diese Form der Anwendung ihre Vorteile, doch sind die Übungen weitaus wirksamer, wenn sie Teil einer regelmäßigen Gewohnheit werden. Nun, da Sie bereits Gelegenheit hatten, Ihrem Traumkünstler zu begegnen, sollten Sie diese Energie regelmäßig einladen, an Ihrem Leben teilzunehmen. Zeremonien und regelmäßiges Üben eignen sich dazu am besten.

Ich möchte Sie dazu ermutigen, sich jeden Tag etwas Zeit zu nehmen, um zu einer bestimmten Zeit und an einem bestimmten Ort formell mit Ihrem Traumkünstler zu arbeiten. Später werden wir uns noch näher über das Schaffen eines heiligen Arbeitsraumes unterhalten, doch im Moment brauchen Sie dazu nichts weiter als Ihre Symbole für die vier Elemente: eine Kerze für das Feuer, einen Stein für die Erde, eine Wasserschüssel für das Wasser, etwas Räucherwerk oder Salbeiblätter und ein Räuchergefäß für die Luft. (Wenn Sie kein Räucherwerk verbrennen wollen, können Sie auch eine Feder als Symbol für das Element Luft verwenden.) Stellen Sie diese Gegenstände an einem Ort auf, an dem Sie sie gut beobachten und leicht erreichen können, wenn Sie vor ihnen sitzen. Legen Sie Ihr Traumkünstlertagebuch griffbereit neben sich. Besorgen Sie sich außerdem die anderen Dinge, die Sie für diese Übung brauchen. Bevor Sie mit irgendeiner der bereits genannten oder folgenden Übungen beginnen, können Sie zunächst eine kleine Eingangszeremonie abhalten. Sie können sich diese Zeremonie aber auch einfach zur Gewohnheit machen, wenn Sie jeden Tag in Ihr Tagebuch schreiben oder malen.

1. Waschen Sie sich die Hände und trocknen Sie sie ab. Lassen Sie beim Händewaschen das Wasser über die Hände laufen und alle schwere Energie aus ihnen herausziehen.
2. Legen Sie irgendeine beruhigende Instrumentalmusik auf, die geeignet ist, Sie in einen meditativen Zustand zu versetzen.
3. Nehmen Sie sich einen Moment Zeit, um sich zu zentrieren. Schlie-

ßen Sie die Augen. Atmen Sie tief durch und konzentrieren Sie Ihre Aufmerksamkeit auf das Loslassen der Spannungen in Ihnen oder das Auflösen negativer Einflüsse um Sie herum.

4. Zünden Sie die Kerze an und sprechen Sie: *Danke für das Licht, das mir das Sehen ermöglicht, und für die Klarheit, mit der ich arbeite.*
5. Fassen Sie den Stein an und sprechen Sie: *Danke, dass du mir hilfst, geerdet, stark und mit dem Boden in Kontakt zu bleiben.*
6. Tauchen Sie einen Finger ins Wasser, berühren Sie damit Ihr Herz und Ihr drittes Auge (den Mittelpunkt zwischen den Augenbrauen) und sagen Sie: *Danke für die Führung, die mir mein höheres Herz zuteil werden lässt, und für die Vision meines inneren Geistes.*
7. Berühren Sie die Feder oder bewegen Sie Ihre Hand über die Kerze und sprechen Sie: *Danke für die Inspiration, die du mir mit jedem Atemzug zukommen lässt.*
8. Schlagen Sie nun Ihr Traumkünstlertagebuch auf der ersten Seite auf, wo sich das Bild des Geistes Ihres Traumkünstlers befindet, und sprechen Sie: *Danke, dass du bei mir bist. Ich heiße dich in meinem Leben willkommen.*

Es steht Ihnen natürlich frei, diese Gedanken in Ihre Worte zu fassen. Sie brauchen sich also nicht unbedingt genau an diesen Text zu halten. Mit der Zeit finden Sie möglicherweise eine einfachere und schnellere zeremonielle Einleitung, die genauso effektiv einen heiligen Raum für Ihre Arbeit erzeugen kann, doch zum jetzigen Zeitpunkt sollten Sie die hier vorgeschlagene Zeremonie üben, die als Einladung an den Geist dient, bei Ihren schöpferischen Prozessen dabei zu sein. Gewöhnen Sie sich zumindest an, eine Kerze anzuzünden, bevor Sie mit der Arbeit beginnen. Diese einfache, körperliche, zeremonielle Handlung macht Ihre Absicht klar und definiert die Art und Weise, wie Sie arbeiten wollen: sicher mit der Erde verbunden und doch offen für den Geist.

Überlegen Sie sich, ob Sie sich folgende Übungen zum Wechseln der Wahrnehmungsebene im Rahmen einer Zeremonie morgens oder abends zur Gewohnheit machen wollen. Wenn Sie damit fertig sind, blasen Sie die Kerze vorsichtig und respektvoll aus, berühren Sie jedes der Elementesymbole und danken Sie Ihnen noch einmal für Ihre Hilfe. Bedanken Sie sich außerdem bei dem Geist Ihres Traumkünstlers.

Die Seele eines Steins

Der erste und schwierigste Übergang für die meisten Menschen ist der anfängliche Schritt zum Sehen und Erspüren des Geistes und der Energie der Gegenstände um sie herum. Vielleicht haben Sie selbst damit keine großen Schwierigkeiten, aber auch wenn es Ihnen zunächst schwer fällt, tun Sie einfach so, als ob es ganz leicht wäre. Es ist weitaus nützlicher, sich auf Erfolg vorzubereiten als auf Misserfolg. Dieser Schritt ist in Wirklichkeit ein Prozess, der in zwei Etappen vor sich geht. Zunächst muss ein philosophisch/intellektueller Sprung gemacht werden – indem man einräumt, dass es möglich sein könnte –, und darauf folgt eine Sensibilisierung, die es Ihnen ermöglicht, es am eigenen Leibe zu erfahren.

> In Wirklichkeit ist die Vorstellung, die Gegenstände um uns herum besäßen einen Geist, weitaus älter und hat unser Denken viel länger bestimmt als die Vorstellung, es handle sich dabei ausschließlich um unbeseeltes, lebloses Zeug.

Unserer ganzen Rationalität und Wissenschaftlichkeit zum Trotz tragen wir in uns noch eine Erinnerung daran. Wir beschimpfen unseren Computer, wenn er zusammenbricht, und reden beruhigend auf ihn ein, um ihn wieder zum Funktionieren zu bringen. Wir verfluchen das Möbelstück, an dem wir uns die Zehe oder den Kopf anschlagen. Wir geben unseren Booten und anderen wichtigen Gegenständen in unserem Leben Namen. Wir verzweifeln über den Verlust eines besonderen Rings oder Glücksbringers, mag der Geldwert dieser Gegenstände auch unbedeutend sein. Wir machen Pilgerreisen, um Relikte, Mauern und heilige Orte zu sehen und zu berühren.

Wenn ein Traumkünstler einen Kunstgegenstand herstellt oder ein Bild malt, schafft er damit vor allem einen lebendigen Gegenstand, der nichts mit Geist zu tun hat, sondern selbst Geist ist. Vielleicht stellt der Gegenstand eine Szene oder ein Ereignis dar, doch auch wenn es eine Darstellung ist, ist sie deshalb nicht weniger real. Ein Traumkünstler erwartet sozusagen, dass er in der materiellen Welt durch die Darstellung eines Ereignisses aus einem Traum eine Veränderung bewirkt. Ein geschnitzter Knochen kann tatsächlich eine Seele in sich tragen. Ein zum Kreis gebogener Zweig, der mit einem Netz aus Sehnen und Federn verwoben wird, hat tatsächlich die Macht, Träume einzufangen. Eine Fetischpuppe kann töten oder heilen. Das gemalte, geometrische Muster an der Wand einer Aborigine-Höhle ist keine Darstellung von Kraft – es *ist* Kraft. Ein Beutel voller Fundobjekte kann seinem Besitzer Kraft verleihen.

Schamanische Kunst ist gleichzeitig Material und Energie. Die Fähigkeit, Gegenstände als materielle Dinge und gleichzeitig als Verkörperung von Geist und Energie zu sehen, ist ein Aspekt der schamanischen Weltanschauung.

Es ist leicht, diese Weltanschauung als Aberglauben abzutun. Für die meisten Menschen unserer heutigen westlichen Kultur steht diese Bewusstseinsverschiebung in einem offenen Widerspruch zu unserer gesamten kulturellen Konditionierung. Unsere rationale und als aufgeklärt geltende Weltanschauung geht davon aus, dass ein Gegenstand ein Gegenstand ist und nichts weiter. Diese wissenschaftliche und materialistische Sichtweise hat uns unglaubliche Fortschritte in Wissenschaft und Technik eingebracht. Sie hat es auch möglich gemacht, dass wir in phänomenaler Schnelligkeit konsumieren und unsere Umwelt zerstören, dass wir andere Lebewesen – Pflanzen, Tiere und Menschen – behandeln, als besäßen sie keine Seele oder keinen Geist, dass wir Leben führen, in denen kein Raum mehr für Magie, Wunder und Verzauberung ist. Auch wenn ich meine These von dem spirituellen Leben oder Seelenleben von Gegenständen nicht beweisen kann, lohnt sich die Vorstellung, wie anders die Welt wäre, wenn wir uns verhielten, als sei dieses Bild wahr. Es könnte bedeuten, dass wir freundlicher mit unserer Umwelt umgehen. Es könnte bedeuten, dass wir vorsichtiger und empfindsamer mit den Gegenständen umgehen, die wir um uns herum haben wollen. Es könnte bedeuten, dass wir nicht erst in zweiter Linie auf Schönheit und Muster achten, sondern sie zu einem wesentlichen Element in unserem Leben machen. Es könnte sein, dass wir ein einfacheres Leben führen, mehr im Gleichgewicht. Überlegen Sie sich, wie anders Ihr Tag aussehen würde, wenn Sie den Geist oder die bewusste Energie der Gegenstände berücksichtigen würden, die Ihnen täglich unterkommen.

Die beste Art, Ihr Bewusstsein auf den spirituellen Aspekt von materiellen Dingen zu lenken, besteht im tatsächlichen Erleben dieser Bewusstseinsverschiebung. Als Lehrer gibt es für mich fast nichts Aufregenderes oder Befriedigenderes als dabei sein zu dürfen, wenn ein Mensch zum ersten Mal mit seinem Bewusstsein gewollt auf die energetische Ebene überwechselt. Eine der faszinierendsten Seiten der Arbeit mit Heranwachsenden ist, dass sie neuen Erfahrungen gegenüber oft so aufgeschlossen sind. Ich betreute einmal eine Gruppe von High-School-Studenten im Rahmen eines Kunstkurses und ließ sie eine Reihe von Übungen machen, auf die wir später noch näher eingehen wollen. Wir öffneten uns mit Hilfe einer Reihe von Zeichen- und Schreibübungen allmählich für die energetische Eigenschaft eines einfachen Steins. Was mich am meisten überraschte, war, wie nüchtern sie die wunderbaren Enthüllungen, die sie erlebten und einander mitteilten, kommentierten. Fast jedem Studenten schien sich auf irgendeiner Ebene eine völlig neue Welt in dem Stein zu offenbaren, und trotzdem redeten sie außergewöhnlich ruhig über ihre Beobachtungen. Nicht, dass ich dramatischere Äußerungen gebraucht hätte. Nur war ich von meiner Arbeit mit Erwachsenen gewohnt, zumindest ein paar Kommentare von der Art zu hören: »Ach, du lieber Gott! Um Sie herum schweben lauter bunte Lichter!« oder »Alle Gegenstände scheinen zu glänzen!« oder »Wenn ich mir den Stein ans Ohr halte, höre ich Musik.« Mit den High-School-Studenten war es hingegen so, als sähen sie die veränderte Wahrnehmung als etwas völlig Normales an. Erst später fiel mir ein, wie wichtig es für Heranwachsende ist, möglichst »cool« zu erscheinen – einfach so zu tun, als könne sie nichts überraschen oder umhauen.

Erst nach dem Unterricht fingen sie an, einzeln zu mir zu kommen. Ein erstaunter Jugendlicher sagte: »Ich fing an, Bilder von einem Krieg mit Kavallerie und Schwertern zu sehen. Zuerst dachte ich, ich würde mir das alles nur einbilden, aber dann versuchte ich, das Ganze zu unterbrechen, und sah trotzdem weiterhin die Kriegsszenen. Ich habe das Gefühl, so viele Einzelheiten zu wissen, dass ich glatt einen Bericht darüber schreiben könnte. Ich glaube nicht, dass ich mir das alles nur eingebildet habe. Irgendetwas hat sich verändert. Was, glauben Sie, habe ich gesehen?«

Eine andere Schülerin erzählte mir, sie habe alle Gegenstände immer von Farben umgeben gesehen, als sie noch jünger war. Sie erinnerte sich, dass sie bei einem Gespräch mit ihrer Mutter über dieses Phänomen merkte, dass dies etwas war, was ihre Mutter nicht sehen konnte. Mit der Zeit hörte sie auch auf, diese Farben zu sehen. Das Wiederentdecken ihrer Fähigkeit des energetischen Sehens war für sie wie eine Wiedervereinigung mit einem längst verloren geglaubten Freund.

Mit Hilfe der folgenden Serie von Übungen werden Sie lernen, sich für die energetische Qualität von Gegenständen zu öffnen. Ich habe mich immer besonders von Steinen angezogen gefühlt, deshalb wollen wir diese ersten Übungen mit einem Stein machen. Steine besitzen besondere Eigenschaften, die für die Entwicklung energetischen Bewusstseins nützlich sind. Sie haben bestimmte Energiemuster, die man auch »Erinnerungen« nennen könnte, die sie über lange Zeit in sich tragen und mit denen es sich besonders leicht arbeiten lässt.

DAS MÄCHTIGE AUGE UND GRENZARBEIT: SEHEN WIE EIN TRAUMKÜNSTLER

Bei dieser Übung werden Sie lernen, die Dinge auf eine andere Art und Weise zu sehen und sich für mehr Information zu öffnen, als die physische Struktur des Auge-Gehirn-Komplexes normalerweise zulässt.

In den 70er Jahren berichtete der Anthropologe Stanley Diamond über Studien bei Beduinenstämmen in der Wüste, die eine erstaunliche Weitsichtigkeit besaßen. Lange bevor irgendjemand anderer in der Gruppe eine Figur oder Erscheinung in der Landschaft überhaupt nur erkennen konnte, waren die arabischen Beduinen bereits in der Lage, sie zu beschreiben. Zuerst dachten die Forscher, es handle sich um irgendeine physiologische Verbesserung der Sehfähigkeit des Auges, doch Tests ergaben, dass die tatsächliche Funktionsfähigkeit des Auges sich nicht von der anderer Menschen unterschied. Als sich die Forscher schließlich entschlossen, die Sprecher der Stämme zu fragen, warum sie ihrer Ansicht nach so weit sehen konnten, war deren Antwort darauf verblüffend einfach: »Von frühester Kindheit an *erwarten* wir, etwas in weiter Entfernung zu sehen«, lautete die Erklärung.

Die Aborigines reden in diesem Zusammenhang über eine Art des Sehens, die sie »das mächtige Auge« nennen. Gemeint ist damit eine Art Röntgenblick, mit dem der Schamane in die Dinge hineinschauen kann, um Krankheiten oder die Ursache für Störungen zu diagnostizieren. Darüber hinaus schließt es eine besondere Technik ein, mit der energetische Merkmale gesehen werden können. Diese Technik ist dem, was ich »Wechseln der Wahrnehmungsebene« nenne, sehr ähnlich.

Gehen Sie zum Üben der Wahrnehmungsverschiebung mit der Technik des »mächtigen Auges« ins Freie hinaus. Nehmen Sie Ihr Traumkünstlertagebuch mit und setzen oder stellen Sie sich entspannt hin. Schauen Sie auf den Horizont und kneifen Sie die Augen zusammen. Verengen Sie Ihren Fokus, als würden Sie bei einer Kamera von Normaleinstellung auf Weitwinkel schalten. Stellen Sie sich vor, Ihr Blick ginge ganz in die Breite und könnte alles diffus wahrnehmen. Kneifen Sie Ihre Augen nicht zu sehr zusammen. Versuchen Sie, die Muskeln um Ihre Augen zu entspannen, während Sie weiterhin das verengte Gesichtsfeld beibehalten. Konzentrieren Sie den Blick nicht auf einen Punkt am Horizont oder im Vordergrund. Versuchen Sie alles mit einzubeziehen. Wenn Sie merken, dass Sie auf einen bestimmten Gegenstand blicken, lenken Sie Ihren Blick davon weg und gehen Sie wieder zu Ihrem alles umfassenden weichen Blick zurück. Wenn Sie diese Art des Sehens jedes Mal mehrere Minuten beibehalten, werden Sie anfangen, Bewegungen oder aufglühendes Licht oder Blitze wahrzunehmen, die Ihre Aufmerksamkeit erregen. Doch immer wenn Sie genau hinsehen wollen, ist da nichts mehr. Es verhält sich meiner Meinung nach ganz ähnlich, als ob wir an einem Teich nach springenden Fischen Ausschau halten. Sie sehen aus dem Augenwinkel irgendwo einen Fisch springen, aber bis Sie hinschauen, ist er schon wieder verschwunden. Wenn Sie dann die Stelle zu erraten versuchen, wo der Fisch wohl das nächste Mal springt, liegen Sie immer daneben. Aber wenn Sie Ihren Blick ganz entspannt werden lassen und Ihr Blickfeld ausweiten, werden Sie den Fisch springen sehen.

Sie können sich dieses Entspannen des Blicks als die Art von Sehen vorstellen, die der impressionistische Maler Monet angewandt haben muss, als er das Licht sah, wie es über die Heuhaufen fiel oder auf seinem Wassergarten in Giverny glitzerte und tanzte. Verwenden Sie Ihr Traumtagebuch, um die energetischen Spuren festzuhalten, die Sie sehen. Sie müssen sich keine Gedanken darüber machen, ob das, was Sie zeichnen, realistisch ist. Zeichnen Sie einfache Linien und Strichmännchen. Diese Technik eröffnet Ihnen nicht nur eine ganz neue Perspektive, von der Sie sich inspirieren lassen können, sondern eignet sich auch gut, um verlorene Gegenstände wieder zu finden oder um auf der Suche nach einem Gegenstand Ihre Sinne für genau den richtigen Gegenstand zu öffnen.

Die zweite Technik des Wechselns der Wahrnehmungsebene geht auf die keltische Tradition des Ehrens des »Dazwischen« zurück. Ich nenne diese Methode »Grenzarbeit«.

Wenn ich das Wechseln der Wahrnehmungsebene praktiziere, finde ich mich oft in einem Moment noch in der normalen Welt und im nächsten schon in der Traumwelt. Es ist ein Gefühl des Zwischen-den-Welten-Schwebens. Mit Hilfe von Grenzarbeit die Wahrnehmungsebene zu wechseln, ist eine Technik, die sich ausgezeichnet eignet, um mitten an einem hektischen Tag eine Idee davon zu bekommen, wo es lang geht, oder aber um ein Kunstwerk, an dem Sie gerade arbeiten, mit neuen Augen zu sehen. Es kann Ihnen helfen, in Sekundenschnelle die Intuition Ihres Traumbewusstseins zu Rate zu ziehen.

Häufig wechseln wir die Wahrnehmungsebene, ohne es groß beabsichtigt zu haben, doch wir können diesen Übergang auch bewusster herbeiführen. Durch das Praktizieren von Grenzarbeit verändern wir nicht nur unsere Sichtweise, sondern auch unsere Seinsweise.

Die hier beschriebene Technik funktioniert am besten, wenn wir uns irgendwelche Begrenzungspunkte suchen – Punkte, die einen energetischen Übergang markieren, wie etwa die Grenzlinie zwischen Wasser und Land oder zwischen Himmel und Erde. Wenn Sie erst einmal Übung darin haben, werden Sie überall um sich herum Begrenzungspunkte entdecken. Suchen Sie sich einen bequemen Platz, an dem Sie eine Weile sitzen und Ihre Aufmerksamkeit auf einen Punkt zwischen zwei Dingen richten können. Bei einem Baum könnte das beispielsweise der Übergang zwischen den Wurzeln und der Erde oder zwischen den Blättern und dem Himmel sein. Am Strand kann es die Linie zwischen den Wellen und dem Sand oder zwischen der Gischt des Ozeans und dem Himmel sein. Versuchen Sie, sich nicht auf eines der beiden Elemente zu konzentrieren, sondern auf die Punkte oder die Linie dazwischen.

Diese Übung hat etwas Zenhaftes an sich. Es ist das Geräusch der einen klatschenden Hand oder des Baumes, der in den Wald fällt. Bleiben Sie dabei. Stellen Sie sich selbst in diesem Zwischenzustand vor. Verbringen Sie so viel Zeit wie möglich in dieser Zwischenwelt, bevor Sie zulassen, dass Ablenkungen Sie wieder da herausholen.

Wenn Sie nicht den Luxus haben, Zeit in der Natur verbringen zu können, können Sie diese Grenzmomente auch in Ihrem eigenen Atem finden. Setzen Sie sich ruhig hin und achten Sie auf Ihren Atem. Konzentrieren Sie sich nicht auf das Einatmen oder das Ausatmen, sondern auf die Momente dazwischen. Halten Sie dabei den Atem nicht an, richten Sie nur Ihre Aufmerksamkeit auf die Pausen zwischen Ihren Atemzügen.

Ob Sie nun die Technik des »mächtigen Auges« benutzen oder die Methode der Grenzarbeit, es wird einen Moment geben, an dem Sie eine Bewusstseinsveränderung bemerken. Plötzlich werden die Dinge klarer, lebendiger und intensiver. Am Anfang hält dieser Moment wahrscheinlich nicht lange an, doch mit etwas Übung werden Sie lernen, sich nach Belieben in diese *zeitlosen* Räume fallen zu lassen.

AUF STEINSUCHE:
FINDEN WIE EIN TRAUMKÜNSTLER

*Bei dieser Übung werden Sie lernen, was es bedeutet, die
intuitiven Eingebungen momentaner Übergänge in
Trancezustände in Ihr Wachleben einzubauen.*

Machen Sie jetzt eine Pause und gehen Sie auf Steinsuche. Wonach
Sie Ausschau halten sollten, ist ein Stein, den Sie leicht in der Hand
halten können. Er sollte nicht viel größer als ein Golfball sein, kann
aber auch die Größe einer Murmel haben. Er kann rund oder flach
sein, glatt und abgeschliffen oder rau und kantig. Vielleicht haben Sie
schon Steine um sich herum, aber es wäre trotzdem nützlich, wenn Sie
einen Spaziergang machen und einen neuen Stein suchen würden. Es
ist egal, ob Sie auf dem Land oder in der Stadt wohnen. Solange Sie
hinausgehen können, werden Sie auch einen Stein finden.

Sobald Sie im Freien sind, atmen Sie ein paar Mal tief durch. Schal-
ten Sie Ihre Sinne auf Empfang. Schließen Sie die Augen. Was hören
Sie: Vögel, Wind, Wellen, Verkehr, Musik, Gespräche? Was riechen
Sie: Tannenduft, Salzwasser, Abgase, Essensgerüche, Zigarettenqualm,
Blumen oder das Parfüm von Menschen, die an Ihnen vorbeigehen? Ist
es kalt, warm, feucht oder trocken? Aus welcher Richtung scheint die
Sonne oder bläst der Wind? Beurteilen oder bewerten Sie diese Wahr-
nehmungen nicht, erleben Sie sie im Moment einfach nur.

Beginnen Sie nun Ihren Spaziergang. Gehen Sie nicht zu schnell. Sie
haben kein bestimmtes Ziel. Aber Sie brauchen auch nicht extrem
langsam zu gehen. Halten Sie den Blick beim Gehen auf den Boden vor
Ihnen gerichtet. Lassen Sie Ihren Blick entspannter werden. Es ist
schwer zu beschreiben, wie das genau geht. Versuchen Sie einfach, Ihre
Augen etwas zusammenzukneifen und Ihren Blick etwas verschwom-
mener werden zu lassen. Versuchen Sie sich des ganzen Blickfeldes
bewusst zu sein und nicht zu sehr auf einzelne Dinge zu schauen.
Wenden Sie die weiter oben beschriebene Technik des »mächtigen
Auges« an. Das mag sich am Anfang seltsam anfühlen, als ob Sie in

etwas hineinlaufen würden. Doch wenn Sie sich erst noch mehr dabei entspannen, werden Sie bald merken, dass Sie sich in Wirklichkeit der Dinge, die um Sie herum passieren, bewusster sind, als wenn Sie sich intensiv darauf konzentrieren, etwas Bestimmtes zu sehen. Es wird zunächst auch schwierig sein, weil verschiedene Dinge Sie ablenken und in den Zustand des konzentrierten Sehens zurückversetzen werden. Das ist gut so. Denn das ist eigentlich das, worauf Sie hoffen. Kämpfen Sie nicht dagegen an. Wenn das, was Sie abgelenkt hat, kein Stein oder Hinweis auf einen Stein ist, lassen Sie Ihren Blick einfach wieder weicher werden, und machen Sie weiter wie zuvor.

Wenn das, was Sie aus dem Zustand des entspannten Sehens herausgerissen hat, ein Stein ist, halten Sie einen Moment an. Falls Sie mitten in der Stadt eine Straße hinunter laufen, werden Sie sich auf der Suche nach einem einzelnen Stein ziemlich unter Druck fühlen. Sehen Sie einen, scheint er Sie möglicherweise zu sich hin zu rufen, um ihn aufzuheben. Wenn Sie an einem Kieselstrand entlang schlendern oder an einem Bachbett entlang durch den Wald laufen, wird es hingegen nicht schwierig sein, *einen* Stein zu finden. Was Sie jedoch ansprechen wird, ist *der* Stein.

Beobachten Sie, bevor Sie den Stein aufheben, wo er liegt. Ist er Teil eines erkennbaren Musters? Weist er in eine bestimmte Richtung? Steckt ein Teil von ihm in der Erde oder ist er teilweise zugedeckt? Liegt er flach auf dem Boden oder auf der Kante? Ist er feucht oder trocken, sauber oder von Erde bedeckt?

Lassen Sie den Stein immer noch liegen, und versuchen Sie herauszufinden, was an dem Stein Ihre Aufmerksamkeit erregt hat. War es ein besonderes Muster des Steins oder eine Kerbe in ihm? Oder war es die Position des Steins innerhalb eines größeren Musters? War es das Glitzern irgendeines Quarzeinschlusses oder einer Metallader, die sich wie ein Band durch den Stein zieht? War es die Form des Steins an sich? Vielleicht wissen Sie es nicht genau, und das ist auch o.k. Es reicht, wenn Sie sich diese Fragen stellen. Die Information ist auf jeden Fall nützlich für das Verständnis Ihres Steins und für das Erzählen seiner Geschichte.

Jetzt können Sie Ihren Stein endlich aufheben. Wenn Sie in einer Stadt leben, werden Sie sich inzwischen vielleicht sehr auffällig vorkommen. Sie haben schließlich die letzten ein bis zwei Minuten gespannt auf einen Stein auf dem Gehweg oder neben dem Bordstein gestarrt. Machen Sie es sich leicht und heben Sie den Stein rasch auf. Behalten Sie ihn in der Hand oder stecken Sie ihn in die Tasche und gehen Sie weiter. Wenn Sie sich allein in einer natürlicheren Umgebung befinden, brauchen Sie nicht so schnell weiterzugehen.

Bevor Sie wieder heimgehen, wollen Sie sich vielleicht Ihren Stein noch einmal genauer ansehen. Wenn er schmutzig ist, versuchen Sie ihn etwas zu säubern. Falls es irgendwo in der Nähe fließendes Wasser gibt, können Sie ihn abwaschen. Halten Sie ihn in der Hand, spüren Sie sein Gewicht und seine Form. Schmiegt er sich angenehm in Ihre Hand? Gefällt Ihnen seine Form und fühlt er sich gut an? Fühlt er sich gleich oder anders an, wenn Sie ihn in die andere Hand nehmen?

Schließen Sie einen Moment lang die Augen und halten Sie den Stein fest in der Hand. Stellen Sie nun folgende Frage (entweder laut oder, wenn Sie sich unter Leuten befinden, im Stillen): *Ist das der richtige Stein oder soll ich noch weitersuchen?* Machen Sie es sich nicht zu schwer, und halten Sie sich mit dieser Frage nicht allzu lange auf. Akzeptieren Sie die erstbeste Antwort, die Ihnen in den Sinn kommt. Stellen Sie sich vor, es sei die Stimme des Steins oder die Stimme Ihrer eigenen Intuition. Beides ist in Ordnung. Vertrauen Sie der ersten Stimme. Versuchen Sie, sich keine andere Antwort einzureden.

Wenn die Antwort lautete: *Ja, das ist der richtige Stein*, knien Sie sich hin, als würden Sie etwas aufheben, und berühren Sie mit den Fingerspitzen kurz den Boden. Bedanken Sie sich bei der Erde, dass sie Ihre Aufmerksamkeit auf den Stein gelenkt hat. (Es ist immer schön, wenn Sie dabei wirklich die Erde berühren können, aber Ihre Intention des Dankes wird notfalls auch Zement und Asphalt durchdringen.) Wir werden später noch näher auf formellere Dankesopfer und Gaben für den Stein eingehen. An dieser Stelle soll es genügen, die Erde mit einem einfachen Dankeschön zu ehren.

Wenn Sie Ihren Stein gefunden und Ihren Dank ausgedrückt haben, ist es Zeit, nach Hause zurückzukehren. Lautete die Antwort hingegen: *Nein, such weiter*, gehen Sie nach derselben Methode weiter und behalten den Stein, den Sie gefunden haben, bei sich, bis Sie sich von einem anderen angezogen fühlen. Wenn Sie den neuen Stein aufheben, legen Sie den alten an seiner Stelle hin. Werfen Sie nie einen Stein einfach nur so weg. Legen Sie ihn sanft auf den Boden zurück. Denken Sie daran, dass er Sie gerufen hat. Auch wenn es für Sie im Moment nicht der richtige Stein war, kann er dennoch für jemand anderen magisch sein. Suchen Sie so lange weiter, bis Sie den Stein gefunden haben, bei dem Sie die Antwort erhalten: *Ja, das ist der richtige Stein.* Bedanken Sie sich wie oben beschrieben bei der Erde und machen Sie sich auf den Heimweg.

Vielleicht finden Sie den richtigen Stein ja sofort oder auch erst nach einiger Zeit. Das hat nichts damit zu tun, ob Sie eine besondere Fähigkeit im Umgang mit Steinen oder einen besonderen Bezug zu Stein an sich haben. Das schnelle Finden eines Steins ist kein Hinweis auf hoch entwickelte Fähigkeiten der Aufmerksamkeit und der Intuition. Manchmal verlangt der richtige Stein einfach, dass Sie ein bisschen etwas dafür tun, ihn zu finden.

Zu Hause angekommen waschen und trocknen Sie Ihren Stein vorsichtig ab. Tragen Sie ihn dann mindestens ein paar Tage mit sich herum. Wenn Sie Ihren eigenen Arbeitsplatz haben, können Sie den Stein herausholen und neben sich legen, so dass Sie ihn anschauen können. Und legen Sie ihn beim Schlafen neben sich auf den Nachttisch. Denken Sie an ihn, wenn Sie über Methoden lesen, wie man mit Steinen arbeiten kann. Sie können ihn auch durch irgendeinen künstlerischen Prozess oder das Einordnen in eine Sammlung ehren. Oder Sie können durch Traumarbeit oder schamanische Reisen inniger und tiefer mit ihm arbeiten. Er kann zu einem Glücksbringer werden, den Sie mit sich herumtragen, oder zu einem Geschenk für eine andere Person. Er kann sogar als Opfergabe wieder an die Erde zurückgegeben werden. Wichtig ist dabei, dass Sie sich dafür geöffnet haben, den Stein auf heilige und aufmerksame Weise zu suchen.

WAHRES SEHEN:
EINEN KLAREN BLICK BEKOMMEN

Diese Übung wird Sie lehren, die Fähigkeit zu entwickeln,
über Ihre vorgefasste Meinung von Dingen hinauszusehen und
ins Staunen zu geraten.

Jetzt haben Sie also einen Stein, den Sie in der Hand halten können. Besorgen Sie sich dazu noch eine Uhr, mit der Sie die Zeit stoppen können, in diesem Fall drei Minuten. Sie können diese Übung mit jedem kleinen Gegenstand machen, wenn es zu schwierig ist, einen Stein zu finden. Halten Sie sich mit der Suche nach einem Gegenstand nicht zu lange auf.

Zwingen Sie sich nun, Ihren Stein ganze drei Minuten lang zu beobachten. Legen Sie ihn vor sich auf eine glatte Oberfläche und vor einen Hintergrund, der wenig Ablenkung bietet. Schalten Sie den Fernseher und das Radio aus. Untersuchen Sie die Oberfläche des Steins. Sie können ihn in die Hand nehmen und unter Drehen und Wenden von allen Seiten anschauen. Nehmen Sie ihn ganz genau unter die Lupe. Wenn Ihre Gedanken abdriften, lenken Sie Ihre Aufmerksamkeit einfach wieder sanft auf das Beobachten Ihres Steins zurück. Die Übung funkioniert häufig am besten, wenn Sie ein bisschen müde sind. Was Sie in diesen drei Minuten intensiver Beobachtung versuchen, ist, Ihren rationalen Verstand zu langweilen und auszutricksen, so dass er sich einen Moment lang abschaltet.

Der rationale Verstand sieht nicht wirklich. Für ihn ist wirkliches Achten auf Details reine Zeitverschwendung. Seine Funktion besteht darin, lange genug hinzusehen, um etwas identifizieren und klassifizieren zu können. Dann kann er sich bereits dem nächsten Gegenstand zuwenden. In seiner Vorstellung ist anstelle des Gegenstands ein visuelles Klischee entstanden.

Das ist eine äußerst nützliche Fähigkeit. Sie ermöglicht es uns, komplexe Aufgaben rasch zu erledigen, aber sie hält uns auch davon ab, die Dinge, die wir ansehen, wirklich zu sehen.

Die Form des wahren Sehens, die wir hier zu entwickeln versuchen, ähnelt in vieler Hinsicht dem, was die Leute, die sich mit Yoga und manchen Formen des Buddhismus beschäftigen, das »Sehen mit dem dritten Auge« nennen. Dazu muss zunächst das dritte Auge geöffnet werden (dessen Sitz im Allgemeinen auf der Stirn zwischen den Augenbrauen angenommen wird). Bei diesen Übungen ist es das dritte Auge, das wirklich sieht, was da vor ihm liegt – und die durch den rationalen Verstand geschaffene Illusion zerstört.

Sie werden merken, wann Sie bei der Aufgabe des Öffnens für eine andere Art des Sehens erfolgreich sind, weil der Gegenstand, den Sie beobachten, sich in Ihrer Hand plötzlich verändert. Diese Veränderung kann sich wie eine Bewegung anfühlen oder aber wie eine Art Intensivierung. Das Gefühl lässt sich schwer mit Worten beschreiben, da wir keine sprachlichen Ausdrucksweisen für diese Art von Erfahrungen haben. Es ist, als ob der Gegenstand mehr er selbst wird als noch einen Moment zuvor. Wenn Sie einen Stein beobachten, wird er in gewisser Weise seinen Charakter deutlicher offenbaren. Sie werden plötzlich Muster und Strukturen bemerken, die Sie vorher nicht gesehen haben. Manche Leute erzählen, dass ihre Gegenstände plötzlich viel schöner und faszinierender werden. Manchmal geht diese Veränderung plötzlich vonstatten, manchmal eher schrittweise. Machen Sie diese Übung auf jeden Fall mindestens drei Minuten lang. Auch wenn die Veränderung nicht besonders stark ist, werden Sie an Ihrem Gegenstand neue Dinge feststellen. Je mehr Sie üben, desto leichter wird es werden, sich in diesen Zustand des wahren Sehens zu versetzen.

❀

Hinterfragen:
Sehen wie ein Traumkünstler

*Bei dieser Übung werden Sie lernen, das, was Sie sehen, zu
untermauern, indem Sie grundsätzliche Fragen stellen und
dann wirklich hinhören, was für Antworten kommen.*

Für diese Übung brauchen Sie ein paar Blätter Zeichenpapier und
einen Bleistift. Sie können auch Ihr Traumkünstlertagebuch dafür benutzen. Außerdem benötigen Sie einen Stein oder einen kleinen
Gegenstand. Das kann derselbe sein, mit dem Sie bereits vorher gearbeitet haben, oder aber ein neuer. Skizzieren Sie zunächst in der Mitte
des Papiers die Umrisse Ihres Steins, und lassen Sie genug Platz, um
später außen herum etwas hinschreiben zu können. Machen Sie sich
keine Gedanken, wie gut oder wirklichkeitsgetreu Ihre Zeichnung ist.
Sie können auch die Form des Steins nachzeichnen, wenn Sie wollen.
Wichtig ist, dass die Form in groben Zügen an die Form des Steins
erinnert. Nehmen Sie nun den Stein in die Hand. Fragen Sie sich, was
Ihnen Ihre Sinne über den Stein sagen.

1. *Wie schwer ist er?*
   Anstatt diese Frage mit einem geschätzten Gewicht zu beantworten,
   können Sie ihn mit anderen Dingen vergleichen. Sie können beispielsweise sagen, der Stein, den ich in der Hand halte, wiegt etwas
   weniger als ein Hühnerei und ein bisschen mehr als eine Votivkerze.
   Wenn Ihnen nichts einfällt, gehen Sie zum Kühlschrank oder zum
   nächsten Altar, um etwas für diesen Vergleich zu finden. Ein Ei und
   eine Kerze sind zwei Dinge, mit denen ich vertraut bin. Außerdem
   rufen Sie Vorstellungen wach und dehnen damit das Netz von
   Beziehungen aus, das ich herzustellen versuche. Schreiben Sie die
   Gewichtsvergleiche, die Ihnen einfallen, den Umrisslinien Ihrer
   Zeichnung entlang auf das Blatt. Eine andere Methode wäre, die
   Vergleichsgegenstände neben die Zeichnung des Steins zu malen.
   Dabei ist es egal, wie gut oder schlecht Ihre Zeichnung gelingt.

2. *Wie dicht ist er?*

Das ist natürlich eine subjektive Frage. Wie beim Gewicht sollen Sie auch hier nicht seine tatsächliche Dichte berechnen. Wonach Sie suchen, ist ein Gefühl für die Dichte des Gegenstands. Wie dicht sind die Moleküle aneinander gefügt? Manche Steine, wie etwa Bimsstein aus Lava, sind porös und leicht. Andere Steine fühlen sich dagegen ziemlich kompakt und dicht an. Wie würde es sich wohl anfühlen, sich durch einen Stein hindurchzubewegen? Wäre es eher wie eine Exkursion in ein verbundenes Höhlensystem oder müssten Sie einer winzigen Spalte durch den Stein folgen? Wie klein müssten Sie sein, um hindurchzukommen? Ist Ihr Stein so dicht, so kompakt, dass Sie zur Größe eines Moleküls zusammenschrumpfen müssten, um hindurchzupassen? Fügen Sie die hier gewonnenen Eindrücke Ihrer Zeichnung hinzu.

3. *Welche Form hat er?*

Schauen Sie sich Ihren Stein und die Zeichnung an, die Sie davon gemacht haben. Erinnert Sie seine Form an irgendetwas? Bei all diesen Fragen soll der Stein Ausgangspunkt für Assoziationen und nicht für Maße sein. Spielen Sie in Gedanken mit der Form des Steins. Drehen Sie ihn in der Hand in alle Richtungen, und sehen Sie ihn aus neuen Blickwinkeln an. Sehen Sie irgendetwas an seiner Form, das Sie an andere Dinge erinnert? Listen Sie diese Dinge auf Ihrem Blatt auf oder zeichnen Sie sie.

4. *Wie fühlt er sich an?*

Schließen Sie die Augen und streichen Sie mit den Fingerspitzen ganz leicht über die Oberfläche des Steins. Halten Sie ihn sich an die Wange oder führen Sie ihn an Ihre Lippen. Wie fühlt er sich an? Ist er glatt oder rau, ganz glatt poliert oder eher porös, kühl oder warm, rund oder kantig? Welche anderen Dinge haben eine ähnliche Oberfläche oder Beschaffenheit? Wenn Sie diesen Stein jemandem beschreiben müssten, der ihn nicht sehen oder berühren kann, welche Worte, welche Analogien würden Sie dazu benutzen? Fügen Sie diese Worte zu der immer länger werdenden Liste auf Ihrem Blatt hinzu.

5. *Welche Farbe hat er?*

Wie viele verschiedene Farben können Sie in Ihrem Stein entdecken? Manche Steine bestehen aus lauter verschiedenfarbigen Schichten, die meist Adern aus Quarz oder Metallerz sind. Andere Steine werden von Bändern aus verschiedenen Grau- oder Brauntönen durchzogen. Wieder andere sind gescheckt oder mit bunten Punkten oder Flecken bedeckt. Beschreiben Sie so viele Farben oder Schattierungen wie möglich. Sie können beispielsweise einen nassen Schieferstein als grau wie der frühe Morgennebel beschreiben – ein Grau, das von einem hafergelben Band durchzogen wird, durch das wie ein Faden eine rostrote Ader verläuft. Drücken Sie Ihre Vergleiche phantasievoll und spielerisch aus. Es können auch persönliche Vergleiche sein, in einer Sprache, die nur Sie verstehen. Wenn ich sagen würde, ein Stein habe die Farbe von Nataschas Pfoten, würde es Ihnen nichts sagen, aber in meiner Vorstellung riefe es unmittelbar ein schmutziges Weiß vermischt mit Braun hervor. Natascha ist eine meiner Katzen, und deshalb stellt dieser Vergleich für mich eine starke Assoziation her. Was sind Ihre Assoziationen? Zählen Sie die Farben auf Ihrem Zeichenblatt auf.

6. *Was für Muster hat Ihr Stein?*

Bisher haben wir uns das Gewicht, die Dichte, die Form, die Beschaffenheit und die Farbe angeschaut. Sehen Sie sich nun Ihren Stein auf eventuelle Muster an. Lassen sich irgendwelche Muster oder Zeichnungen auf der Oberfläche Ihres Steins erkennen? Anstatt sie mit Worten zu beschreiben, können Sie sie dieses Mal direkt in Ihre Steinskizze einzeichnen. Wenn Sie sich nicht sicher sind, dass Sie das Muster gleich am Anfang so hinbekommen, wie Sie wollen, zeichnen Sie es zunächst ganz fein, damit Sie es bei Bedarf wieder ausradieren können. Denken Sie immer daran, dass Sie keine wirklichkeitsgetreue Darstellung Ihres Steins anfertigen müssen. Stellen Sie sich lieber vor, Sie seien ein Wissenschaftler, der sich zu den Mustern, die er beobachtet, Notizen macht. Drehen Sie den Stein dazu nötigenfalls in alle Richtungen. Die Muster können sich auch überlappen, oder Sie können den Stein noch einmal aus einer anderen Perspektive zeichnen. Mit der flach aufgelegten Bleistiftspitze können Sie das Muster auch hineinschraffieren. Manche

Steine haben z.B. wellenähnliche Muster, die durch das Zusammen-
pressen der Gesteinsschichten entstanden sind. Andere sind durchzogen von Streifen und Bändern aus verschiedenem Material, unter
anderem Quarz. Bisweilen finden sich auch Einschlüsse einer anderen Gesteinsart oder Versteinerungen von Fossilien in einem Stein.
Vielleicht kommt Ihnen ein Muster in den Sinn, das der Form oder
Beschaffenheit Ihres Steins gleicht.

❧

Erspüren mit den Händen: Energetisches Sehen

*Bei dieser Übung werden Sie lernen, Ihr eigenes Energiefeld als
Wahrnehmungsinstrument einzusetzen.*

Bis jetzt haben wir unsere traditionellen und allgemein anerkannten
Sinne benutzt, um den Stein näher zu erforschen. Sehen, Berühren,
intuitives Spüren und aktives Vorstellen waren unsere Techniken. Jetzt
wollen wir uns für eine energetischere Form des Spürens öffnen. Wir
bringen den Stein bewusst und absichtlich in unser Energiefeld.

Waschen Sie sich zunächst die Hände und trocknen Sie sie ab. Dieser
Schritt ist zwar nicht unbedingt nötig, stellt aber eine Art Ritual dar,
durch das Ihre Aufmerksamkeit auf das gelenkt wird, was nun kommt.
Als Nächstes müssen Sie nämlich Ihre Hände sensibilisieren. Es gibt
verschiedene Methoden dafür. Manche Leute klatschen dazu ein oder
mehrere Male in die Hände. Andere schütteln Ihre Hände locker aus,
bis sich Ihre Finger wie leblose Anhängsel anfühlen. Meine Methode
geht folgendermaßen: Ich reibe die Handflächen in einer kreisförmigen Bewegung so lange gegeneinander, bis ich merke, dass sich zwischen ihnen Hitze oder Reibung entwickelt. Das Wichtigste ist, dass
Sie für sich eine Methode finden, die bei Ihnen wirkt.

Wenn sich Ihre Hände richtig anfühlen (verlassen Sie sich auf Ihre
Intuition), halten Sie sie mit der Handfläche nach innen etwa 20–30 cm
auseinander, als ob Sie eine Melone halten würden. Spüren Sie die
Energie zwischen Ihren Händen. Manche empfinden sie als Kribbeln

in den Handflächen, andere spüren sie in den Fingerspitzen. Die Empfindung kann in der einen Hand stärker sein als in der anderen. Es kann sich auch wie ein Jucken anfühlen oder wie ein Gummiband, das Ihre Handfläche oder Ihre Fingerspitzen miteinander verbindet.

Bewegen Sie Ihre Hände leicht aufeinander zu und wieder auseinander. Versuchen Sie, die Energie zwischen Ihren Händen zusammenzudrücken und auseinanderzuziehen. Wie weit können Sie sie voneinander entfernen, bevor sich das Bewusstsein von der Energie verliert? Wenn Sie abgelenkt werden oder den Kontakt zu dem Gefühl verlieren, fangen Sie noch einmal von vorne an. Versuchen Sie, die Energie zwischen Ihren Händen zu sehen. Wenn Sie sie nicht mit offenen Augen sehen können, machen Sie die Augen zu, und stellen Sie sich den Energieball vor, den Sie mit Ihren Händen umfassen.

Manchen Menschen fällt es leichter, diese Art von Energiefeld zu spüren, als anderen, aber jeder ist im Prinzip dazu in der Lage. Wenn Sie diese Übung oft genug praktizieren, müssen Sie Ihre Hände vorher meist nicht mehr auf irgendeine Weise vorbereiten, sondern können gleich damit beginnen, das Energiefeld zu spüren.

Sobald Ihnen dieses Gefühl vertraut geworden ist, können Sie dieselbe Übung mit einem Stein machen. Legen Sie einen Stein in bequemer Reichweite auf ein Tuch vor sich hin. Sensibilisieren Sie Ihre Hände und fangen Sie an, die Energie zwischen ihnen pulsieren zu spüren. Ziehen Sie nun die Hände langsam auseinander und drehen Sie die Handflächen nach außen zu dem Stein hin. Bewegen Sie Ihre Hände in einer Entfernung von mehreren Zentimetern leicht über dem Stein hin und her, und versuchen Sie zu erspüren, ob irgendwelche Empfindungen von ihm ausgehen. Vielleicht sind Sie sich ja mehr des Gefühls in Ihren Fingerspitzen bewusst, oder vielleicht sind Ihre Handflächen am empfindsamsten, aber geben Sie sich eine Chance. Ab und zu können Sie, wenn Sie wollen, die Handflächen wieder in die Ausgangsposition bringen und aufeinander zu bewegen, um wieder den Kontakt zu Ihrem eigenen Energiefeld herzustellen.

Was für ein Gefühl sollten Sie erwarten? Wenn das eine neue Erfahrung für Sie ist, kann es zunächst sein, dass Sie sich etwas albern vorkommen. Wenn Sie nicht sofort etwas Unmittelbares und Außergewöhnliches spüren, sind Sie möglicherweise versucht, das ganze Experiment abzubrechen oder den Schluss zu ziehen, Sie hätten kein Talent dafür. Machen Sie die Übung einfach noch eine Weile länger. Achten Sie auf eine Art Kribbeln in Ihren Handflächen oder Fingerspitzen. Seien Sie sich irgendwelcher Temperaturveränderungen bewusst. Fühlt sich eine Stelle kälter oder wärmer an als andere? Können Sie in der Nähe des Steins irgendeinen Unterschied in der Luftdichte spüren? All das sind Formen der Wahrnehmung von Energiefeldern.

Worauf Sie noch achten sollten, ist die Frage, ob Sie mit einer Hand das Energiefeld die ganze Zeit viel deutlicher spüren als mit der anderen. Die meisten Menschen machen die Erfahrung, dass sie in der einen Hand eine größere Sensibilität für das Empfangen von Energie und in der anderen eine größere Fähigkeit zum Aussenden oder Lenken von Energie haben. Aber machen Sie sich keine Sorgen, wenn Sie keinen Unterschied spüren.

Achten Sie beim Konzentrieren auf das Gefühl in Ihren Händen auch auf Gedanken, Bilder oder Eindrücke, die Ihnen in den Sinn kommen. Tauchen vor Ihrem inneren Auge plötzlich eindrucksvolle Bilder auf? Sind es Bilder, die Sie bereits aus Ihrem Leben kennen, oder sind sie neu? Öffnen Sie sich für diese Bilder, aber halten Sie sich nicht zu lange mit ihnen auf. In einem späteren Kapitel werden wir diese Bilder noch näher erforschen. Zum jetzigen Zeitpunkt mag es genügen, die Bilder, die der Stein auslöst, zu beachten.

Sorgen Sie dafür, dass Ihr Traumkünstlertagebuch beim energetischen Erspüren eines Steins immer griffbereit neben Ihnen liegt. Schreiben Sie zunächst Datum und Zeit oben auf die Seite. Skizzieren Sie den Stein, mit dem Sie arbeiten, oder zeichnen Sie seine Umrisse. Schreiben Sie ein bisschen etwas darüber, was Sie über den Stein wissen, wie etwa:

- Wo haben Sie den Stein gefunden?
- Wie groß ist er?
- Welche Farbe hat er?
- Wie ist er beschaffen?
- Welche Muster sind darauf zu erkennen?

Schreiben Sie alle starken Ideen oder Bilder auf, die Ihnen beim Erspüren der Energie des Steins in den Sinn kommen, oder malen Sie sie. Versuchen Sie, sie nicht zu interpretieren. Halten Sie sie einfach fest.

Wenn Sie Worte, Geräusche oder Klänge hören, notieren oder zeichnen Sie auch diese. Das Aufschreiben Ihrer Eindrücke verstärkt Ihre Fähigkeit, Ideen und Bilder zu empfangen.

Vielleicht wollen Sie ja auch weitergehen und das Bild- und Informationsmaterial, das Sie von Ihrem Stein empfangen haben, weiterverarbeiten – ein Gedicht, eine Geschichte oder aber ein Gemälde daraus machen. Doch bevor Sie weitermachen, sollten Sie dem Stein oder Gegenstand, mit dem Sie gearbeitet haben, auf der Basis Ihrer Eindrücke einen Namen geben. Dingen einen Namen zu geben hilft ihnen, vollständig zum Leben erweckt zu werden. Wenn ich mir die Steine ansehe, die ich gesammelt habe, sehe ich den Fetten Regenstein, Monddonner und den wie ein Eisbär auftauchenden Stein.

Hören Sie genau hin, was Ihnen Ihre Gegenstände zu erzählen haben, und sie werden Ihnen auch ihre Namen verraten.

LESEN MIT DEM INNEREN AUGE: DIE GESCHICHTEN HÖREN, DIE UNS GEGENSTÄNDE ZU ERZÄHLEN HABEN

Diese Übung wird Ihnen helfen, Ihre Offenheit für das Bewusstsein von Gegenständen durch Interaktion mit ihrem Energiefeld stärker auszubilden.

Durch das einfache energetische Erspüren mit den Händen haben Sie Ihr eigenes Energiefeld und dasjenige Ihres Steins näher kennen gelernt. Beim energetischen Lesen gehen Sie noch einen Schritt weiter und konzentrieren Ihre Intention auf tiefer liegende Dinge. Sensibilisieren Sie Ihre Hände zunächst wie beim einfachen Erspüren. Legen Sie dann den Stein auf eine Ihrer Handflächen und bedecken Sie ihn mit der gewölbten anderen Hand.

Achten Sie auf das Gefühl in Ihren Händen. Manchmal fühlen sich Steine wärmer an, als Sie vielleicht zunächst erwarten. Manchmal sind sie auch kühler. Wie fühlen sich Ihre Handflächen an? Jucken sie oder kribbelt es in ihnen? Lenken Sie nun Ihre Aufmerksamkeit auf Ihren

Bauch, besonders auf den Bereich, der kurz unterhalb des Solarplexus beginnt und bis wenige Zentimeter unter Ihren Nabel reicht.

Viele Menschen, die ihre psychometrischen Fähigkeiten entwickeln, spüren in diesem Bereich eine energetische Reaktion. Diese Reaktion kann sich in verschiedener Form äußern: knurrender Magen, Zusammenziehen der Muskeln, komisches Kribbeln, Gefühl von Wärme oder Kälte oder seltsame Empfindlichkeit. Mit der Zeit werden Sie verstehen lernen, was das jeweils ganz speziell für Sie bedeutet. Menschen mit einer ausgeprägten psychometrischen Fähigkeit assoziieren mit den Signalen, die sie empfangen, jeweils unterschiedliche Botschaften. Es kann aber auch sein, dass Sie in diesem Körperbereich nichts spüren. Machen Sie sich deswegen keine Sorgen, sondern gehen Sie einfach zum nächsten Schritt über. Stellen Sie sich folgende Fragen:

- Was ist mein erster Eindruck von diesem Stein?
- Wo ist dieser Stein gewesen?
- Wer hat diesen Stein vor mir in der Hand gehalten?
- Weshalb ist dieser Stein zu mir gekommen?

Schreiben Sie die Antworten auf diese Fragen in Ihr Traumkünstlertagebuch. Zensieren Sie sich nicht selbst. Trauen Sie Ihren ersten Eindrücken. Wenn Sie einen Dialog hören, schreiben Sie ihn auf. Wenn alles zu schnell passiert oder zu lange geht, versuchen Sie, den Dialog zunächst auf Band zu sprechen und ihn dann später aufzuschreiben.

Tiefer in die Traumwelt eintauchen

Das Wechseln der Wahrnehmungsebene ist die erste Ihrer Reisen in einen veränderten Bewusstseinszustand. Lesen Sie das, was Sie in Ihr Tagebuch geschrieben und gemalt haben, noch einmal durch. Manches wird Ihnen ziemlich normal vorkommen, aber manches wird Sie auch überraschen. Vielleicht kommt es Ihnen so vor, als hätten Sie sich manche der Bilder, Gefühle oder Empfindungen, die Sie empfangen haben, nur eingebildet. Das ist ganz in Ordnung so. Wenn Sie nichts weiter getan haben, als Ihre Vorstellungskräfte ein bisschen aufzulockern, erlauben Sie Ihrem Traumkünstler bereits, an Ihren praktischen

Übungen teilzunehmen. Wenn Sie die ganzen vier Übungen mit einem Stein oder einem Gegenstand gemacht haben, fragen Sie sich, was für ein Gefühl Sie jetzt gegenüber dem Stein oder dem Gegenstand haben. Schätzen Sie ihn jetzt auf eine neue Art? Haben Sie eine neue oder andere Verbindung zu ihm? Diese Übungen können sogar die größten Skeptiker in die Welt der Träume befördern. Je mehr Sie diese Übungen praktizieren, desto flexibler werden Sie in Ihrer Denkweise werden. Sie werden auch merken, dass Sie dem Geist in materiellen Gegenständen gegenüber aufgeschlossener sind.

Nun, da Sie begonnen haben, über die materiellen Schatten Zugang zur Traumwelt zu bekommen, müssen Sie Ihre neue Fähigkeit üben. Warten Sie nicht auf einen besonderen Anlass. Nehmen Sie einfach tagsüber, wenn Sie irgendwo Schlange stehen oder in einem Wartezimmer warten müssen, einen Gegenstand in die Hand. Machen Sie den ganzen Vorgang durch. Achten Sie zunächst auf die materielle Form des Gegenstands, und nutzen Sie dann Ihre intuitiven Fähigkeiten, um sich für seine Energie oder die Seele zu öffnen. Tragen Sie immer einen Stein mit sich herum, mit dem Sie üben können. Machen Sie langsame, kurze Spaziergänge, bei denen Sie sich erlauben, die energetische Welt um sich herum zu sehen. Halten Sie Ihre Erfahrungen in Worten, Farben, einfachen Diagrammen und Zeichnungen in Ihrem Traumkünstlertagebuch fest. Es ist jedoch wichtig, daran zu erinnern, dass ein Traumkünstler, so interessant diese Erfahrungen auch sein mögen, nicht einfach ein Tourist in dieser Welt ist.

Alle Gegenstände werden zu Ihnen sprechen, wenn Sie Ihre Fähigkeit entwickeln, ihnen zuzuhören, doch nicht alle Gegenstände werden Ihnen bedeutende Dinge zu sagen haben.

Ihre Intentionen, das heißt Ihre Fragen und Bitten, die Sie ins Universum hinausschicken, werden entscheidende Gegenstände und Bilder in Ihr Bewusstseinsfeld rücken. Wenn Sie diesen Gegenständen mit Ihrer Intention im Hinterkopf begegnen, werden sie Bilder, Worte, Lieder und Szenen hervorbringen. Behalten Sie diese Dinge im Gedächtnis. Schreiben Sie sie auf. Sie sind das, wonach Sie suchen. Sie sind das Rohmaterial, mit dem Sie arbeiten werden.

Das Geschenk dieses Kapitels ist das *Erwachen*.
Jede Nacht begeben wir uns in das Reich der Träume –
in den schamanischen Bewusstseinszustand. Uns für
dieses Reich mit seiner Bilderwelt und deren
Bedeutung zu öffnen, kann unsere spirituelle Arbeit
als Traumkünstler bereichern.
Die Übungen dieses Kapitels werden Ihnen helfen,
sich an Ihre Träume zu erinnern,
sie zu verstehen und mit ihnen als Quelle
und reichem Schatz zu arbeiten.

Kapitel 4

Traumarbeit: *Nächtliche Träume* als Quelle und *Schatz*

Wenn »jeder, der träumt, ein kleiner Schamane ist«,
wie die Kagwahiv sagen, dann könnte man jede Form von Traumarbeit,
die Träume als etwas ehrt, dass einer Quelle jenseits des Egos entspringt,
als »schamanisch« betrachten.

ROBERT MOSS

Conscious Dreaming: A Spiritual Path for Everyday Life

Träumen Sie? Viele Menschen behaupten, nicht zu träumen, auch wenn Sie in Wirklichkeit sagen wollen, dass sie sich nicht an ihre Träume *erinnern*. Es gibt viele Vorstellungen davon, was Träume sind. Sie reichen von der abschätzigen modernen Haltung, Träume seien nichts anderes als neurologische Umstrukturierungsprozesse, die im Schlaf stattfinden, bis hin zu dem Glauben der Stammeskulturen, dass Träume ein Tor jenseits von Zeit und Raum zu einer anderen Wirklichkeit seien. Manche geistigen Schulen legen besonders großen Wert auf das Verstehen oder Interpretieren der einzigen wahren Bedeutung eines Traumes.

Für einen Traumkünstler ist es wichtiger, seine Träume im vollen Umfang zu erleben, um dann über sie nachzudenken, sie zu ehren und als Quelle göttlicher Inspiration zu nutzen. Wir gehen Träume nicht an wie ein Problem, das gelöst werden muss – wir spielen mit ihnen.

Jeden Dienstagnachmittag veranstaltet meine Freundin und Traum-
künstlergefährtin Victoria Rabinowe ein Gruppentreffen zum Spielen
mit Träumen. Für jede Session wählt Victoria eine andere Metapher
aus und führt die Träumer durch eine Reihe von spielerischen Übungen, die dazu gedacht sind, neue Sichtweisen des Traummaterials zu
provozieren und zu stimulieren. Zum Beispiel fragt sie: »Und wenn
nun dein Traum in Wirklichkeit ein Tor wäre?« Sie ermutigt die
Gruppenteilnehmer, bevor sie ihre Träume analysieren und zu deuten
versuchen, nach Gegenständen zu suchen, die Elemente ihrer Träume
verkörpern. Danach baut die Gruppe dann Torschreine – physische
Manifestationen ihrer Träume. Diese Schreine werden mit Kerzen,
Blumen und Fundgegenständen geschmückt und gewürdigt. Andere
gefundene, veränderte oder neu geschaffene Objekte stellen die verschiedenen Traumelemente dar. Victoria regt ihre Träumer auch dazu
an, sich in die Rolle verschiedener Traumelemente zu versetzen und mit
ihrer Stimme zu sprechen. Manche stellen sich selbst als Torwächter vor,
andere als die Person, die darauf hofft, das Tor zu durchschreiten. Es
wird kein Versuch unternommen, den Traum auf rationale, logische
Weise zu erklären oder zu deuten. Es wird eher mit dem Traum gespielt,
wie ein Kind mit einem Spielzeug spielt. Verschiedene Stimmen und
Rollen werden ausprobiert. Der Blickwinkel wird gewechselt. Wenn
sich die Bedeutung offenbart – und das tut sie meist im Laufe dieses
Prozesses – wird sie sehr tief gehend empfunden, das heißt auf Seelen-
ebene verstanden. Doch der Prozess endet hier nicht, die Torschreine
werden verwendet, um die Themen des Traumes durch Trauminkubation und weitere rituelle Verarbeitung noch genauer zu erforschen.

Nachtträume sind ein wichtiger Teil im Leben eines Traumkünstlers. Wenn Ihnen das Wechseln der Wahrnehmungsebene als zu flüch-
tig erscheint und schamanische Reisen zu viel Engagement erfordern,
haben Sie immer noch Ihre nächtlichen Träume, die Sie erforschen
können. Unsere Nachtträume bieten uns einen reichen Schatz an
Bildern, aus dem wir auswählen können. Auf der Grundlage von Träumen und Traumbildern Kunst zu schaffen, ist eine der gängigsten
Techniken unter Künstlern. Ein Großteil der Gemälde und Kunstwerke, die in den Museen ausgestellt sind, wurden von den Träumen
des Künstlers beeinflusst, wenn nicht gar inspiriert, auch wenn dies im
Titel nicht immer zum Ausdruck kommt. Der Traumkünstler unter-

scheidet sich vom normalen Künstler nur durch die Tiefe, mit der er die Bilder seines Traumbewusstseins erforscht.

Es gibt viele gute Bücher, in denen beschrieben wird, wie wir mit unseren Träumen arbeiten können (siehe Literaturverzeichnis), doch ein Traumkünstler muss vor allem wissen, wie er sich an seine Träume erinnern, mit Träumen durch ihr Wiedererleben und Trauminkubation arbeiten sowie die symbolische Sprache der Träume in Bilder und Kunstgegenstände umsetzen kann. Als Traumkünstler brauchen wir keine treffenden Erklärungen für unsere Träume. Wir brauchen das Rohmaterial, mit dem wir spielen und Neues erschaffen, unsere Lebenserfahrungen im Wachzustand befruchten und auf dessen Grundlage wir uns ausdehnen können. Unsere Träume, die angenehmen wie die Angst machenden, stellen ein Meer von Erfahrungen dar, in das wir freudig und furchtlos eintauchen.

Ausrüstung: Das Traumtagebuch

Sie haben bereits Ihr Traumkünstlertagebuch. Vielleicht wollen Sie ja auch Ihre nächtlichen Träume darin festhalten und verarbeiten. Aber wenn Sie wirklich ernsthaft mit Ihren Träumen arbeiten und sie aufschreiben wollen, sollten Sie sich doch noch ein anderes Buch zulegen, das ausschließlich diesem Zweck dient.

Ein Traumtagebuch kann liniert oder unliniert sein. Manche Läden für Zeichenbedarf bieten Bücher an, die schon von vornherein auf derselben Seite linierte Bereiche und andere zum Malen haben. Fragen Sie sich, ob Sie Ihre Träume lieber aufschreiben, zeichnen, diagrammartig festhalten oder alles kombinieren wollen. Auf dem Markt werden bereits fertige Traumtagebücher angeboten, die sehr schön und äußerst ansprechend sind. Manche dieser Traumtagebücher regen Sie mit speziellen Fragen an oder lassen bestimmte Stellen frei, die ausgefüllt werden sollen. Wenn Sie so etwas inspiriert oder motiviert, Ihre Träume festzuhalten, dann sollten Sie auf jeden Fall in so ein Traumtagebuch investieren. Ich kenne jedoch auch Traumkünstler, die einfach ein billiges Spiralheft benutzen. Wichtig ist, dass Sie sich von den

Kosten oder der Suche nach dem perfekten Traumtagebuch nicht davon abhalten lassen, mit Ihrer Traumarbeit zu beginnen.

Wählen Sie ein Traumtagebuch, das klein genug ist, um es auf den Nachttisch zu legen, aber nicht zu klein, um bequem darin zu schreiben. Es sollte auch praktisch sein. Wenn der Einband zu steif ist und Sie es beim Schreiben nur unter Schwierigkeiten offen halten können, wollen Sie vielleicht schnell fertig werden und lassen dabei wichtige Details aus. Denken Sie auch daran, dass Sie Ihr Traumtagebuch vielleicht tagsüber mitnehmen wollen. Ist es leicht einzustecken?

Jeder entwickelt seinen ganz persönlichen Stil, wie er seine Träume in seinem Traumtagebuch am liebsten festhält. Ich will Ihnen dennoch hier einige Techniken nennen, mit denen Sie das Notieren Ihrer Träume bunter und interessanter gestalten können:

1. Fertigen Sie eine Wort- oder Bildkarte von Ihrem Traum an. Anstatt oben auf der Seite zu beginnen und nach unten zu schreiben, fangen Sie in der Mitte oder in einer Ecke der Seite an. Zeichnen Sie Ihren Traum geographisch auf.

2. Halten Sie Ihren Traum mit Ihren eigenen Hieroglyphen fest. Denken Sie sich einen Schlüssel für die Bedeutung jedes Symbols aus, und erzählen Sie den Traum nur mit Hilfe von Symbolen.

3. Zeichnen Sie nur ein Bild, um den Sinn des Traums einzufangen.

4. Beschreiben Sie die Seite in allen möglichen Richtungen. Schreiben Sie in langen Schlangenlinien im Kreis um die Seite herum.

5. Bemühen Sie sich nicht, vollständige Sätze oder lange Schachtelsätze niederzuschreiben. Drücken Sie sich in Worten oder kurzen Sätzen aus.

6. Schreiben Sie mit verschiedenfarbiger Tinte, um die Stimmungen in Ihrem Traum auszudrücken. Verwenden Sie verschiedene Farben, um Veränderungen in Ihrem Traum zu kennzeichnen, bei denen dieser sich mit einem anderen Traum vermischt hat.

7. Nummerieren Sie die wichtigsten Elemente und Ereignisse in Ihrem Traum durch.

8. Heben Sie mit einem Textmarker oder durch Unterstreichen Traumelemente hervor, die immer wiederkehren.

Im ersten Kapitel haben Sie nachgelesen, wie Sie Ihr Traumkünstlertagebuch mit einer einfachen Zeremonie einem heiligen Zweck weihen können. Sie können eine ähnliche Zeremonie abhalten, um auch Ihr Traumtagebuch einzuweihen (einem heiligen Zweck zu weihen).

Außer dem Traumtagebuch sollten Sie stets einen Stift neben dem Bett bereitlegen. Manche Stifte haben Leuchtspitzen, damit man auch im Dunkeln mit ihnen schreiben kann. Wenn Sie keinen dieser Stifte bekommen und glauben, dass das Anknipsen des Lichtes mitten in der Nacht zum Aufzeichnen Ihres Traums andere stören könnte, können Sie sich auch eine kleine Taschenlampe oder eine jener kleinen Leselampen für das Lesen im Bett besorgen.

Manchen Leuten fällt es leichter, ihre Träume zunächst durch Sprechen auf ein Tonband aufzunehmen und erst später in ihr Traumtagebuch zu übertragen. Wenn diese Methode Ihnen einfacher erscheint, besorgen Sie sich einen Minikassettenrekorder oder ein digitales Diktiergerät. Wenn Sie sich für einen Minikassettenrekorder entscheiden, können Sie einen bekommen, der durch die Stimme eingeschaltet wird. Das erspart Ihnen zwar das Gefummele mit dem Kassettenrekorder im Dunkeln, doch werden möglicherweise auch andere Dinge, wie Schnarchen und sonstige peinliche Geräusche, dokumentiert. Sie können den Kassettenrekorder auch schon auf Aufnahme stellen und die Pausentaste drücken. Das erleichtert Ihnen das Einschalten im Dunkeln.

Vielleicht wollen Sie sich weiterhin einen Anfängerkasten mit Acrylfarben besorgen. Alles andere, was Sie für dieses Kapitel brauchen, haben Sie bereits.

Obwohl wir es als etwas ganz Normales ansehen, ist das Sich-Hineinbegeben in die Welt der Nachtträume genauso eine Reise wie jede Expedition in der Welt des Wachbewusstseins.

Traumkünstler erforschen ihre Träume auf der Suche nach Bildern. Für manche Menschen mag es ganz einfach sein, und sie brauchen nur zu sagen: »Auf die Plätze, fertig, los! Jetzt wird geschlafen!« Doch den meisten von uns fällt es irgendwann in ihrem Leben schwer, Zugang zu ihren Träumen zu finden. Um das Rohmaterial unserer Traumbilder verwenden zu können, müssen wir zunächst lernen, uns an sie zu erinnern.

❀

TRAUMGEDÄCHTNIS:
DIE KUNST,
UNS AN UNSERE TRÄUME ZU ERINNERN

Diese Übung wird Sie lehren, wie Sie Ihren kreativen und intuitiven Schatz erweitern können, der Ihnen jederzeit zur Lösung oder Klärung von Problemen zur Verfügung steht.

Wir alle träumen. Wir erinnern uns zwar nicht alle an unsere Träume, aber wir träumen. Die Fähigkeit, sich an Träume zu erinnern, ist etwas, das man lernen, verbessern und üben kann. Ich habe Ihnen eine Liste von praktischen Tipps zusammengestellt (siehe unten), die Ihnen helfen können, sich an Ihre Träume zu erinnern – aber der erste Schritt ist die Entscheidung, dass Sie sich tatsächlich an sie erinnern *wollen*. Wenn Sie sich ohnehin leicht an Ihre Träume erinnern, brauchen Sie diesen Rat vielleicht nicht, aber es kann für Sie aus zwei Gründen nützlich sein, sich die Liste näher anzuschauen. Zum einen fragen Sie vielleicht andere, wie sie lernen können, sich besser an ihre Träume zu erinnern. Wenn für Sie die Erinnerung an Ihre Träume immer etwas ganz Natürliches war, wissen Sie vielleicht nicht, welchen praktischen Ratschlag Sie ihnen geben sollen. Zum anderen haben Sie vielleicht selbst zu bestimmten Zeiten Schwierigkeiten, sich an Ihre Träume zu erinnern. Auch in einer Gruppe von Personen, die sich mit ihren Träumen beschäftigen – die sich also treffen, um sich gegenseitig von ihren Träumen zu erzählen und bei deren Deutung zu helfen –, kommt es manchmal vor, dass manche eine lange Periode durchmachen, in der sie sich an keinen Traum erinnern können. Meiner Meinung nach ist das ein natürlicher Abwehrmechanismus. Wenn Sie erst einmal akzeptiert oder erfahren haben, dass Ihre Träume die tiefsten Ängste und Sorgen Ihrer Seele aufdecken, kann es in Ihrer Psyche zu einer Gegenreaktion kommen. Ihre Psyche sagt dann: »Nein! So weit lassen wir es nicht kommen.« Wochenlang kann dann ein Teil von uns unser Erinnerungsvermögen für Träume blockieren. Das kann sehr frustrierend sein, aber es ist immer nur etwas Vorübergehendes und kann durch Rückkehr zu verschiedenen der im Folgenden aufgeführten Grundschritte wieder überwunden werden:

1. *Nehmen Sie sich bewusst vor, sich an einen Traum zu erinnern.*
   Das ist das Allerwichtigste, was Sie machen können, um Ihr Erinnerungsvermögen für Ihre Träume zu verbessern. Wiederholen Sie für sich beim Einschlafen so oft wie möglich, dass Sie sich am nächsten Morgen an einen Traum erinnern werden. Es hilft auch, ein kleines Ritual daraus zu machen. Zünden Sie eine Kerze an. Bitten Sie Ihren Traumkünstler um Hilfe, sich an einen Traum zu erinnern. Schreiben Sie das Datum des nächsten Tages schon in Ihr Traumtagebuch. Legen Sie Ihr Traumtagebuch, einen Stift und eventuell eine Taschenlampe griffbereit neben das Bett. Blasen Sie die Kerze kurz vor dem Einschlafen aus.

2. *Legen Sie ein Traumtagebuch oder einen Kassettenrekorder neben Ihrem Bett bereit.*
   Wie bereits erwähnt, können Sie Ihr Traumkünstlertagebuch benutzen oder sich extra ein Traumtagebuch kaufen. Auf jeden Fall müssen Sie Ihre Träume jeden Morgen aufschreiben. Auch wenn Sie Ihre Träume zunächst auf Band aufnehmen (eine meiner Freundinnen hat ihr eigenes Mail-System, das über die Stimme eingeschaltet wird und mit dem sie über ein Schnellwahlverfahren mitten in der Nacht ihre Träume aufnehmen kann), brauchen Sie Zeit, um den Traum anschließend so detailgetreu wie möglich aufzuschreiben. Sorgen Sie dafür, dass Sie die nötigen Instrumente in Reichweite neben Ihrem Bett haben.

3. Bleiben Sie nach dem Aufwachen noch eine Weile ruhig liegen.

Die Ursache dafür, dass wir unsere Träume als so lebensecht empfinden, ohne uns in Wirklichkeit zu bewegen, ist eine chemische Substanz, die unseren Körper im Schlaf überschwemmt und jede größere Muskelreaktion verhindert. Auf diese Art und Weise können wir ein Traumerlebnis haben, das uns so wirklich vorkommt, dass unser Puls, unsere Herzfrequenz und unser Atemrhythmus ansteigen, ohne sie tatsächlich zum Rasen zu bringen.

> Die Erinnerung an einen Traum ist gekoppelt an die Körperhaltung, die wir zum Zeitpunkt des Traumes gerade eingenommen hatten. Versuchen Sie deshalb, beim Aufwachen am Morgen möglichst keine größeren Bewegungen zu machen.

Wenn Sie sich dabei ertappen, dass Sie sich auf die andere Seite gedreht haben, rollen Sie einfach wieder in die Ausgangsposition zurück, und machen Sie mit dem nächsten Schritt weiter.

4. Lassen Sie den Traum mehrmals im Geist Revue passieren, bevor Sie sich bewegen.

Bevor Sie sich strecken, umdrehen, aus dem Bett steigen oder irgendwelche anderen körperlichen Aktivitäten in Angriff nehmen, spielen Sie den Traum nochmals durch. Lassen Sie ihn vor Ihrem geistigen Auge Revue passieren, und versuchen Sie, sich an so viele Einzelheiten wie möglich zu erinnern. Verfolgen Sie die Kette der Ereignisse des Traums so weit zurück, wie Sie sich entsinnen können. Wiederholen Sie diesen Vorgang mehrere Male, als wollten Sie sich die Handlung eines guten Films zurückrufen, aber passen Sie auf, dass Sie nicht wieder einschlafen. Gehen Sie erst zum nächsten Schritt über, wenn Sie glauben, alles Material, an das Sie sich erinnern, zusammengetragen zu haben.

5. Halten Sie Ihren Traum in Worten und Bildern fest.

Benutzen Sie für das Aufzeichnen Ihrer Träume die Methode und die Instrumente, die für Sie am besten funktionieren. Wenn Sie Ihren Traum zuerst lieber auf einen Kassettenrekorder aufnehmen, ist das in Ordnung, doch später am Tag sollten Sie ihn dann in Ihr

Traumtagebuch übertragen. Wenn Sie ein Traumtagebuch führen, überlegen Sie sich, ob Sie eine Kombination aus Text und Zeichnungen benutzen wollen. In meinem Falle fand ich es nützlich, meine Aufzeichnungen in der ersten Person, in der Gegenwart und einem dem Bewusstseinsstrom folgenden Erzählstil zu halten. Das scheint die Eigenschaft des Gefühls, sich tatsächlich im Traum zu befinden, zu verstärken. Wenn ich mir den Traum ins Gedächtnis rufe, erlebe ich ihn noch einmal. Ich finde es außerdem sehr nützlich, dem Text kleine Bilder, Karten oder Diagramme hinzuzufügen.

Beginnen Sie mit den objektiven Einzelheiten Ihres Traums. Schreiben Sie so viel wie möglich von dem auf, woran Sie sich erinnern, und gehen Sie dabei so weit wie möglich in Ihrer Erinnerung zurück. Die Geschichte ist wichtig, aber die Bilder und Details des Traums sind sogar noch wichtiger. Versuchen Sie beim Aufschreiben, keine Bedeutungen in irgendwelche Dinge hineinzulesen – schreiben Sie einfach nur. Wenn Sie sich lediglich an ein einziges Bild erinnern, versuchen Sie, sich so viele Einzelheiten wie möglich zurückzurufen.

Und wenn Sie sich an nichts erinnern können? Dann schreiben Sie die ersten Dinge auf, die Ihnen in den Sinn kommen.

> Schreiben Sie alle spontanen Bilder oder Gedanken auf, die Ihnen einfallen. Manchmal kann das ein Auslöser für das Erinnern an einen Traum sein. Es schafft außerdem ein Verhaltensmuster für das Erinnern. Es unterrichtet Ihre Psyche davon, dass eine Weigerung sich an Träume zu erinnern, Sie nicht von dieser Aufgabe entbindet, selbst wenn Sie die Aufschreiberei nicht leiden können.

Außerdem habe ich die Erfahrung gemacht, dass das, was ich aufschrieb, wenn ich mich nicht an einen Traum erinnerte, genauso interessant und wichtig war wie manche meiner tatsächlichen Träume.

Sobald Sie die objektiven Einzelheiten Ihres Traums festgehalten haben, gehen Sie dazu über, Ihre subjektiven Reaktionen aufzuschreiben. Wie haben Sie sich in Bezug auf bestimmte Ereignisse in Ihrem Traum gefühlt? Wie haben Sie sich beim Aufwachen gefühlt? Haben irgendwelche Gefühle oder Erfahrungen aus Ihrem Traum angehalten? Geben Sie nun zuletzt Ihrem Traum einen Titel, fassen Sie ihn in einem kleinen Satz zusammen.

6. *Verändern Sie Ihre Schlafgewohnheiten.*
Wenn Sie immer noch Schwierigkeiten haben, sich an Ihre Träume zu erinnern, sehen Sie sich Ihre Schlafgewohnheiten an. Bekommen Sie genug Schlaf? Fahren Sie, wenn der Wecker klingelt, sofort hoch und sind hellwach? Nehmen Sie sich für ein Wochenende oder in den Ferien – wenn Sie Zeit haben, lange auszuschlafen und langsam aufzuwachen – vor, sich an einen Traum zu erinnern. Und versuchen Sie umgekehrt, wenn Sie immer lange ausschlafen und langsam aufwachen, sich den Wecker auf die frühen Morgenstunden zu stellen, um zu sehen, ob Sie sich dann besser erinnern.

7. *Seien Sie hartnäckig, aber verurteilen Sie sich nicht.*
Geben Sie nicht auf. Wenn Sie nicht gewöhnt sind, sich an Träume zu erinnern oder sie sich ins Gedächtnis zu rufen, fühlen Sie sich am Anfang vielleicht ungeschickt oder unproduktiv. Bleiben Sie am Ball. Sie sind dabei, eine neue Gewohnheit anzunehmen. Machen Sie sich keine Sorgen, wenn Sie sich nicht gleich an ganze Traumepen erinnern können. Die nützlichsten Träume sind häufig Fragmente oder einzelne Bilder. Seien Sie weder Ihrem eigenen Erinnerungsvermögen noch den Träumen selbst gegenüber kritisch. Wenn Sie Alpträume oder Träume haben, in denen Sie gesellschaftliche Tabus oder persönliche Verhaltenskodizes verletzen, bedeutet das nicht, dass Sie insgeheim genau das tun wollen. Die Moral ist in der Welt der Träume subjektiv.

Die geistige oder energetische Welt benutzt manchmal unsere eigenen Ängste und starke emotionale Erfahrungen aus unserer Vergangenheit, um uns wichtige Informationen mitzuteilen.

8. *Nehmen Sie an einer Traumgruppe teil oder gründen Sie eine.*
Die Teilnehmer an Traumgruppen treffen sich, um sich gegenseitig ihre Träume zu erzählen und bei ihrer Aufschlüsselung zu helfen. Solche Gruppen verstärken tatsächlich unsere Fähigkeit, uns an unsere Träume zu erinnern. Wenn Sie Zweifel haben, ob Träume überhaupt eine Bedeutung haben, setzen Sie sich einmal als Zuhörer in eine dieser Traumgruppen. Es ist schwer, von der reichen Vielfalt und der Relevanz der Information, die durch Traumgruppenarbeit zu Tage gefördert wird, nicht verblüfft zu sein. Wenn Sie sich in der Gruppe wohl fühlen, fragen Sie, ob Sie weiterhin kommen können. Wenn nicht, probieren Sie eine andere Gruppe aus. Nicht alle Traumgruppen sind gleich aufgebaut.

Was ist los, wenn die Träume plötzlich aufhören?
Auch wenn wir in der Kunst geübt sind, uns an unsere Träume zu erinnern, kommt es manchmal vor, dass der Fluss der Träume eine Zeit lang unterbrochen zu sein scheint. Wenn das der Fall ist, ziehen Sie eine der folgenden Möglichkeiten in Betracht:

1. *Wir wollen im Grunde den Rat nicht, den wir erhalten.*
Manchmal versucht unser Geist, uns über unsere Träume zu Veränderungen im Leben zu bewegen, die uns zu radikal, zu unbequem oder zu schwierig erscheinen. Diese Einstellung kann uns taub für den Rat unseres Geistes durch unsere Träume machen. Das kann auch zu schrecklichen angstbesetzten Alpträumen ausarten, da der Geist die schlimmsten Ängste unserer Seele benutzt, um uns zu erreichen.

2. *Wir würdigen unsere Träume nicht genug.*
Wenn wir ständig im Traum von unserem Geist Ratschläge und Hinweise bekommen, die wir nicht beachten, dann erschöpft sich irgendwann einmal diese Quelle der Orientierungshilfe. Der Geist, die Seele oder das Unterbewusstsein – was immer Sie Ihrer Meinung nach über Ihre Träume beeinflusst – möchte durch Rituale geehrt werden. Versuchen Sie, Ihren Traum zu malen oder einen Gegenstand zu finden, der ihn auf Ihrem persönlichen Altar verkörpern kann. Bringen Sie in der Natur eine Opfergabe zum Dank für

die Führung dar, die Sie im Traum erfahren, auch wenn Sie gerade nicht in der Lage sind, dem Rat zu folgen.

3. Wir stehen unter dem Einfluss von starken Emotionen.
Wenn unsere Tage geprägt sind von einem Trauma, von Sorgen, Trauer, Wut, Furcht oder auch intensiver Liebe und erotischer Leidenschaft kann es geschehen, dass wir uns eine Weile für den Empfang von Hinweisen im Traum verschließen. Es scheint fast, als brauchten wir die Pause in diesen Fällen dringender als die Führung.

4. Unser Schlafzyklus ist gestört worden.
Vieles kann unser Traumleben stören, sei es Krankheit, Medikamente, Veränderung des Lebensrhythmus, die Geburt eines Babys oder das Einbrechen oder Abbrechen einer neuen Energie in einem Haushalt.

Wichtig wäre hier noch anzumerken: In jedem der genannten Fälle ist ein Übermaß an Träumen oder eine Fülle von höchst bedeutsamen Träumen genauso wahrscheinlich wie die Unterbrechung des Erinnerungsvermögens an Träume. Was immer der Grund für diese Unterbrechung ist, die Verbindung zu Ihrer geistigen Führung durch Träume kann wiederhergestellt werden, und zwar durch Befolgen der verschiedenen Schritte, die im Abschnitt zuvor als Tipps zur Erinnerung an Ihre Träume aufgelistet wurden.

Wenn Sie so weit sind, dass Sie sich an Ihre Träume erinnern und sie aufzeichnen, gibt es noch zwei weitere Techniken, die Ihnen helfen können, die Bedeutung Ihrer Träume tief greifender zu erforschen und Ihr eigenes Traumbewusstsein wirksamer zu nutzen. Diese Techniken sind das Wiedererleben eines Traums und die Trauminkubation. Wie Sie am nächsten Beispiel sehen werden, können sie dem Traumkünstler auf verschiedenste Weise bei seiner Arbeit helfen.

Michael träumt, er müsse in einer Kunstgalerie durch eine Reihe von Räumen hindurchgehen, um zu dem Raum zu kommen, von dem er glaubt, dass dort seine eigenen Werke ausgestellt werden. Michael ist ein Mann Mitte 40, der erst vor kurzem seinem lebenslangen Wunsch zu

malen nachgegeben hat. Er ist deshalb sehr aufgeregt und möchte unbe-
dingt in den Raum kommen, in dem seine Gemälde sind. Vor jeder
Verbindungstür zwischen zwei Räumen in der Galerie steht eine Person,
die ihn anhält und um etwas bittet. Erst dann darf er ins nächste
Zimmer weitergehen. Bevor er die Tür zu seinem eigenen Ausstellungs-
raum erreicht, hat er schon alles weggegeben, was er in den Taschen
hatte, und bekommt jetzt Angst, weil er nichts mehr zum Verschenken
hat. Eine Person verwehrt ihm den Zutritt zum letzten Zimmer, und
Michael versucht, um den Wächter herumzuspähen und zu sehen, wie
seine Kunstwerke aussehen. In dem Moment wacht er auf.

Michael war natürlich verstört und beunruhigt von seinem Traum. Ihm
fielen gleich mehrere Deutungsmöglichkeiten dafür ein, aber keine
davon fühlte sich hundertprozentig passend an. Ich schlug vor, Michael
solle sich erst einmal in einen entspannten, meditativen Zustand versetzen und dann in den Traum zurückkehren. Dieses Mal solle er jeden
der Torwächter bewusst fragen, warum er dort stehe und was er von
ihm erwarte. Er solle auch versuchen, den Ausgang des Traumes zu
ändern, und in das letzte Ausstellungszimmer hineingehen. Diese
Technik baut auf einer Übung auf, die C.G. Jung »aktive Imagination«
nannte. Oft wird sie von Beobachtern als Wunschdenken und Phantasie abgetan. Meine Erfahrung hat jedoch gezeigt, dass sie in den
meisten Fällen dem ursprünglichen Traum neue Einsichten und
Zusammenhänge hinzufügt.

In Michaels Fall ergab die spontane Konversation, die sich zwischen
ihm und seinen Traumwächtern entwickelte (und natürlich beides innere Stimmen von ihm selbst waren), dass er zu leichtfertig alles, was er
hatte, aufgegeben hatte, um sein Ziel zu erreichen. Er fing daraufhin
an, die Gegenstände, die er den Wächtern gegeben hatte, noch einmal
genauer unter die Lupe zu nehmen und sich zu überlegen, was sie für
ihn bedeuteten. Er hatte das Kleingeld hergegeben, das in seiner Tasche war, seine Brieftasche, seine Armbanduhr und schließlich seinen
Ehering. Erst dann merkte er, dass er nichts mehr zum Verschenken
hatte.

Anstatt diese Symbole direkt zu deuten, suchte sich Michael Gegenstände, die sie verkörperten, und legte sie auf einen kleinen Traum-
schrein. Anschließend veränderte er ihre Anordnung, spielte mit ihnen

herum und setzte sich mit seinen festen Überzeugungen davon auseinander, was es heißt, ein Künstler zu sein. Er stellte fest, dass er davon überzeugt war, Künstler müssten arm sein, ihre traditionellen Vorstellungen im Hinblick auf gesellschaftlichen Status aufgeben, ihre gesamte Zeit der Kunst widmen und dürften nie feste Beziehungen haben. Durch die Verwendung eines Schreins fing er an, den Wert der Dinge zu erkennen, die er geglaubt hatte, aufgeben zu müssen, und zu sehen, wie sie in Wirklichkeit zu seinem Leben als Künstler *beitragen* konnten. Die Vision von seiner Zukunft als Künstler erfuhr dadurch eine Entwicklung. Die Alles-oder-nichts-Haltung konnte langsam einer ausgeglicheneren Einstellung Platz machen.

❀

WIEDERERLEBEN VON TRÄUMEN: WIE SIE IHREN WEG ZURÜCK FINDEN

Diese Übung wird Ihnen zeigen, wie Sie Traumszenarios durch Imagination und Intention verändern können. Diese Technik kann sowohl auf Nachtträume als auch auf Tagträume angewandt werden.

Die Technik, die Michael im vorigen Beispiel angewandt hat, wird allgemein als »Wiedererleben von Träumen« bezeichnet. Das heißt nichts anderes, als dass wir unsere Vorstellungskraft dazu benutzen, um in die Landschaft eines ganz bestimmten Traums zurückzukehren. Diese Methode eignet sich besonders, um unaufgelöste Konflikte aus dem Traum aufzulösen, alptraumartige Herausforderungen anzugehen oder einfach angenehme Traumszenarios weiterzuspinnen, die uns neugierig gemacht haben. Es ist im Prinzip ganz einfach: Sie legen sich in einem ruhigen Raum hin, in dem Sie 20 Minuten nicht gestört werden, entspannen sich, erinnern sich so gut wie möglich in allen Einzelheiten an die Traumsituation und interagieren mit den Personen und Elementen des Traums in Form von Gesprächen und Aktionen. Wenn Sie selbst versuchen wollen, einen Traum noch einmal in veränderter Form zu erleben, gehen Sie folgendermaßen vor:

1. Nehmen Sie sich etwas Zeit, wenn Sie nicht zu müde sind undGefahr laufen, gleich einzuschlafen, und sorgen Sie dafür, dass Sie ungestört bleiben (schalten Sie das Telefon ab und teilen Sie Ihren Familienangehörigen mit, dass Sie eine Weile nicht zur Verfügung stehen werden).

2. Legen Sie leise, sanfte Musik auf und dämpfen Sie das Licht. Stellen Sie den Kontakt zu den vier Elementen her, indem Sie eine Kerze anzünden, etwas Räucherwerk oder Salbei verbrennen, einen Stein berühren und in das Wasser in Ihrer Schale fassen. Entspannen Sie sich und stellen Sie sich in Gedanken auf heilige Arbeit ein. Halten Sie Ihr Traumtagebuch zur Vorbereitung und zum anschließenden Notieren Ihrer Erfahrungen beim Wiedererleben des Traums bereit. Manche Leute bevorzugen ein laufendes Aufnahmegerät, auf das sie den Traumdialog laut auf Band sprechen. Andere wollen das Erlebte lieber im Stillen festhalten und schreiben die Gespräche anschließend auf.

3. Lesen Sie Ihr Traumtagebuch noch einmal durch, um sich auf die Traumlandschaft einzustellen, in die Sie zurückgehen werden. Nehmen Sie sich bewusst vor, in den Traum zurückzukehren. Warum möchten Sie in den Traum zurückkehren? Was hoffen Sie dadurch zu lernen, zu klären oder zu erfahren?

4. Legen Sie sich in einer bequemen Position auf den Boden, und entspannen Sie Ihren Körper Schritt für Schritt durch abwechselndes Anspannen und Entspannen von Füßen, Beinen, Rumpf, Becken, Bauch, Brust, Händen, Armen, Schultern, Nacken, Gesicht und Kopf. Atmen Sie langsam und tief aus dem Bauch heraus, aber forcieren Sie Ihren Atem nicht.

5. Visualisieren Sie die Traumszene so genau wie möglich. Sehen Sie sich wieder im Traum. Erlauben Sie dieses Mal nicht, dass die Ereignisse Sie einholen, sondern nehmen Sie Einfluss auf diese. Stellen Sie Fragen, begegnen Sie Angreifern mutig, und versuchen Sie neue Richtungen einzuschlagen, Gegenstände in die Hand zu nehmen, Bücher, Zeichen und Botschaften zu lesen. Verändern Sie

die Perspektive. Nehmen Sie die Rolle von verschiedenen Elementen oder Personen im Traum ein, und geben Sie dem/der, zu dem/der Sie geworden sind, eine Stimme. Behalten Sie weiterhin Ihre Absicht im Auge. Wenn Sie merken, dass Sie zu sehr abgelenkt werden, das Geschehen Sie zu weit von dem anfänglichen Traum wegführt oder Sie in andere Träume abdriften, kehren Sie einfach wieder in den Wachzustand zurück.

6. Schreiben Sie in Ihr Tagebuch, wie das Wiedererleben des Traums für Sie war. Bringen Sie dieser Erfahrung genauso viel Achtung entgegen wie Nachtträumen. Würdigen Sie die Wiedererlebenserfahrung, indem Sie verschiedene Elemente davon in Ihr Kunstschaffen einbeziehen.

Zwar ist das Wiedererleben von Träumen bereits als persönliche Methode äußerst wirksam, doch kann sie auch eine höchst erbauliche Erfahrung mit einem Partner oder einer Gruppe sein. Man kann dabei so vorgehen, wie Robert Moss in seinem Buch *Conscious Dreaming: A Spiritual Path for Everyday Life* (Deutsch: *Bewusstes Träumen: Ein spiritueller Weg für das Alltagsleben*) beschreibt, nämlich durch »Verfolgen der Traumspur«, einer Methode, bei der eine Person oder eine Gruppe sich bereit erklärt, anstelle eines anderen denselben Entspannungs- und Wiedererlebensprozess zu durchlaufen. Das kann eine sehr wirkungsvolle Methode sein, um bestimmte Traumaspekte in einem neuen Licht zu sehen. Es sollte jedoch klar gestellt werden:

Auch wenn jemand damit einverstanden ist, dass ein anderer für ihn seinen Traum wiedererlebt, ist der Sinn dessen nicht, eine einzige Antwort oder Deutung des Traums zu finden, sondern vielmehr seine vielfältigen Schichten aufzudecken.

Ein anderer Aspekt, der mir jedes Mal auffällt, wenn ich die Traumspur eines anderen Menschen mitverfolge, ist die Tatsache, dass – egal wie speziell oder tief gehend die Botschaft für den Betreffenden sein mag, für den ich träume – ein Teil der Weisheit, die ich durch das Wiedererleben des Traums erfahren habe, auch für mich bestimmt ist.

Wir können beim Verfolgen der Traumspur auch noch einen Schritt weitergehen und ganz bewusst für andere träumen. Auch das kann eine eindrucksvolle Erfahrung sein. Ich habe einmal für eine Frau geträumt, die Künstlerin und eine Freundin von mir ist. Sie hatte Schwierigkeiten mit ihrer Kreativität, war äußerst hart mit sich selbst und kritisch gegenüber ihren Arbeiten, die sie in der Vergangheit angefertigt hatte, obwohl mein Eindruck von ihren Arbeiten immer war, dass sie äußerst kraftvoll waren. Ich hatte folgenden Traum:

Ich liege auf einem schmalen Teppich in einem Zimmer. Die Künstlerin ist auch in diesem Zimmer. Außerdem gibt es noch eine dritte Person. Wir setzen uns alle drei auf und bilden dabei ein Dreieck. Die Frau fängt an, über ihre Arbeit zu reden, und ich sehe, wie sich hinter ihr eine andere Gestalt abzuzeichnen beginnt. Zunächst hat diese Gestalt genau dieselben Umrisse wie die Frau, doch dann fängt sie an, sich zu öffnen und zu entfalten, und ich sehe eine Schamanin in ein bodenlanges tiefblaues Cape mit grünen Federn gehüllt. Ihr Haar ist ein wildes Gewirr von Federn, Knochen und roten Glasperlen, und sie trägt wunderschönen Schmuck um den Hals, an den Armen, um die Knöchel und an den Ohren.

Während die Künstlerin weiter über ihre Arbeit spricht, gestikuliert sie mit den Händen über ihrem Kopf herum. Jedes Mal, wenn sie eine offene Hand in die Höhe streckt, legt die Schamanin einen wunderschönen Perlenbeutel, eine heilige Halskette oder einen anderen schönen Gegenstand hinein. Meine Freundin legt diese Gegenstände vor uns hin, als seien sie ganz wertlos, und ohne sich bewusst zu sein, woher sie kommen. Ich schaue diesem Schauspiel staunend und verzückt zu. Ich bin hingerissen von der Kraft der Gegenstände, erstaunt über ihren Urprung und überrascht, dass die Frau nicht merkt, woher ihre Gaben stammen.

Wie in den meisten Fällen, wenn wir für andere träumen, enthielt dieser Traum sowohl eine Wahrheit für den Träumer als auch für die Frau, für die er geträumt hatte. Es war ihre Geschichte, aber es war auch meine eigene. Einer der Faktoren, die ihre Kreativität hemmten, war ihre persönliche Rolle, die sie in ihrem Künstlerdasein spielte. Es war *ihre* Arbeit; deshalb war sie auch verantwortlich dafür, dass diese jetzt nicht so floss. Je weniger sie etwas Kreatives erschuf, desto mehr zweifelte sie an ihrer Fähigkeit, überhaupt etwas Kreatives erschaffen zu können. Das Beste, was ich meiner Freundin anbieten konnte, war kein Rezept, sondern eine Kombination von Achtsamkeit und Bereitschaft, meine Lebenserfahrung zu teilen.

Meine Lebensreise als Künstler und Person hatte in mir das Verständnis gefördert, dass nicht *ich* die kreative Kraft hinter meiner künstlerischen Tätigkeit bin. Ich bin kreativ, weil ich Zugang zu einer Art heiliger schöpferischer Energie habe – dem Potenzial der Traumwelt.

Ich hatte auf meinen Reisen nach innen auf der Suche nach der Quelle meiner Kreativität gelernt, dass ich mich mit einer ganz anderen Welt, einer heiligeren und magischeren Welt auseinander setzen muss, wenn ich wirklich ausdrücken will, was ich beim kreativen Schaffen und im Umgang mit dem Geschaffenen, dem Ausdruck von Geist in materieller Form, erlebe. So bin ich zur Welt des Schamanen, zur Welt des Traumkünstlers gelangt. Ich habe keinerlei Zweifel, dass meine Freundin wieder schöpferisch tätig sein kann, wenn sie bereit ist, erneut den Kanal zu öffnen, der sie mit der göttlichen Quelle verbindet, die sie sowieso bei ihrer Arbeit immer inspiriert hatte. Auch sie wird mit der Zeit begreifen, dass sich ihr eine ganz neue Welt der Kreativität eröffnen wird, wenn sie erst die Quelle ihrer Kreativität versteht und für sich den Raum und die Voraussetzungen schafft, die ihre kreative Quelle braucht.

TRAUMINKUBATION:
AUF DER SUCHE NACH HILFE
UND FÜHRUNG IM TRAUM

Anhand dieser Übung werden Sie lernen, sich über Ihre
Träume intuitive Hilfe zu bestimmten Lebensfragen zu suchen
und um gezielten künstlerischen Rat zu bitten.

Die zweite äußerst nützliche Technik für Traumkünstler ist die so genannte »Trauminkubation«. Diese ist für das Traumbewusstsein dasselbe wie die Intention für das Wachbewusstsein. Mit Hilfe der Trauminkubation können Sie Ihrem Traumbewusstsein Fragen stellen, es um Hilfe bei der Lösung von bestimmten Lebensfragen bitten sowie frühere Träume erklären und weiterspinnen. Bei den Griechen begaben sich die Menschen in die Tempel des Äskulap, um Heilungsträume zu erfahren. Sie bereiteten sich durch spezielle Fastenübungen, rituelle Waschungen und Reinigungen, Gebete und Zeremonien auf das Träumen vor. Mit der richtigen Einstellung und einer klaren Bitte um Hilfe und Führung schliefen die Träumer in einer besonders vorbereiteten Kammer in Erwartung der Weisheit, die im Traum über sie kommen würde. Je mehr Sie sich also vorbereiten, desto größer ist die Wahrscheinlichkeit, dass Sie etwas träumen, das wirklich im engeren Sinne mit der Frage zu tun hat, die Sie gestellt haben. Sie können eine einfache Form von Trauminkubation erleben, wenn Sie sich an folgende Richtlinien halten:

1. Setzen Sie sich vor dem Schlafengehen ein paar Minuten mit Ihrem Traumtagebuch hin. Ich finde, es hilft, eine Weile etwas über das Thema aufzuschreiben, zu dem Sie Rat suchen. Wenn es sich um eine persönliche Angelegenheit handelt, beschreiben Sie sie und beschreiben Sie Ihr Gefühl dazu. Wenn es eine Frage der künstlerischen Inspiration ist, beschreiben Sie ganz klar, wo Sie feststecken oder auf welchem Gebiet Sie inspiriert werden wollen.

2. Beginnen Sie eine neue Seite für den Traum, an den Sie sich am nächsten Morgen erinnern wollen. Schreiben Sie oben bereits das Datum des nächsten Tages hin, und formulieren Sie Ihre Frage oder das, was Sie sich von der geistigen Welt über Ihre Träume erwarten, so klar wie möglich.

3. Es ist zwar möglich, essenzielle Lebensfragen zu stellen, wie: »Was soll ich mit meinem Leben anfangen?« oder »Warum bin ich hier?«, aber manchmal ist es produktiver, kleinere Schritte zu machen. Bitten Sie lieber um Orientierungshilfe und Führung als um Antworten. Anstatt zu fragen: »Welches Stellenangebot soll ich annehmen?«, versuchen Sie besser zu fragen: »Was muss ich wissen oder tun, um für mich die beste Wahl zwischen den beiden Stellen zu treffen?«

4. Wenn Sie die Absicht haben, etwas Hilfreiches für andere zu träumen – wie ich für meine Künstlerfreundin, die an ihrer Begabung zweifelte –, können Sie sich, mit Erlaubnis der betroffenen Person, bewusst vornehmen, für sie zu träumen. Aber wenn es bei dem Thema um etwas geht, über das Sie mit dem Betreffenden uneins sind oder in Konflikt geraten könnten, ist es am produktivsten, um Hinweise auf oder Klarheit über Ihre eigene Rolle in der Situation zu bitten, anstatt zu fragen, wie Sie einem anderen »auf die Sprünge helfen« können.

5. Wiederholen Sie vor dem Einschlafen Ihre Frage oder Bitte immer wieder wie ein Mantra.

6. Schreiben Sie beim Aufwachen alles auf, woran Sie sich erinnern, auch wenn es Ihnen im Moment unwesentlich erscheint. Es kann sein, dass Sie mehrere Versuche unternehmen müssen, bis Sie einen klaren Hinweis bekommen, doch bleiben Sie beharrlich bei der Stange. Wenn Sie erst einmal die Fähigkeit entwickelt haben, Ihr Traumbewusstsein zu programmieren, haben Sie eine ständige Verbindung zu Ihrer geistigen Führung hergestellt.

Das Wiedererleben von Träumen und die Trauminkubation bilden eine kontinuierliche Verbindungslinie zwischen der Welt des Wachbewusstseins und der Welt des Traumbewusstseins.

In seinem Buch *Die Geheimnisse des Jaguars* (S. 271 f.) beschreibt Martín Prechtel die Erschaffung von so genannten »Traumthronen« oder physische Manifestationen des im Traum Erlebten in altarähnlicher Anordnung. »Besitzt ein Schamane erst einmal den Thron für seinen Geist, kann er zu dem Geist sprechen und ihm Fragen stellen, sobald er den Geist auf seinem Traumthron versorgt hat. Die Antworten werden ihm jedes Mal in einem Traum erscheinen. Dieser wechselseitige Dialog zwischen Schamanen und ihrer von Träumen herrührenden Kraft ist eine Grundvoraussetzung und gibt zu verstehen, ob der Geist den Wunsch eines Schamanen billigt.«

Die Sprache der Träume verstehen

Was ist das Traumbewusstsein? Was sind Träume? Was bedeuten Träume? Wie sollen wir unsere Träume verstehen? Wenn Sie erst öfter in diese Bereiche Ihres Innenlebens gereist sind, Ihr Leben in der alltäglichen Wirklichkeit damit traumähnlicher machen und Ihre Träume realer werden lassen, werden Sie Ihre eigenen Schlüsse ziehen. An dieser Stelle kann ich Ihnen einfach einige meiner Beobachtungen über Träume anbieten, die Ihnen meiner Meinung nach bei Ihrer Arbeit mit Träumen helfen können.

Zunächst scheint es wichtig, darauf hinzuweisen, dass Sie nicht alle Träume verstehen müssen. Manche Träume werden Ihnen klare und ganz genaue Details liefern, Anleitungen geben, eine Richtung weisen oder Sie durch Kraftlieder und -geschichten initiieren. Andere Träume scheinen weniger wichtig zu sein. Mit ihnen kann man arbeiten oder sie genauso gut unbeachtet lassen.

Manche Träume werden Sie jedoch anregen, sich auf ein Spiel mit ihnen einzulassen, um sie zu verstehen.

Einer der Gründe, weshalb ich glaube, dass uns Träume ein Rätsel sind, ist die Beobachtung, dass unsere ganze Kultur die Fähigkeit zum Gedichtelesen verloren hat. Wenn wir auf ein Gedicht stoßen, wollen wir sofort wissen, was es bedeutet, obwohl es selten die Absicht des Poeten war, nur eine einzige Sache damit auszudrücken. Ein Poet macht Vorschläge, Andeutungen, stellt neue Verbindungen für uns her und lässt uns neue Sichtweisen erproben. Wenn wir ein Gedicht wie eine normale Geschichte lesen, werden wir dadurch nur verwirrter. Dasselbe gilt für Träume. Es entspricht nicht dem Wesen des Traums, eine einzige Bedeutung zu haben. Ein Traum sagt uns auf vielen verschiedenen Ebenen gleichzeitig die Wahrheit. Ein Traum kann eine ganz konkrete Wahrheit ausdrücken, er kann Ereignisse voraussehen oder uns praktische Tipps für die nahe Zukunft geben. Des Weiteren kann er Ausdruck einer persönlichen, psychologischen Wahrheit sein und uns damit eine Information liefern, die uns hilft, besser auf die Stimme unserer Seele zu hören. Häufig wird uns durch den Traum auch eine Art gemeinschaftliche oder kulturelle Weisheit vermittelt. Darüber hinaus besteht die Möglichkeit, dass uns in unseren Traumbotschaften kosmische oder universelle Wahrheiten eröffnet werden. Der Trick, einen Traum zu verstehen, besteht darin, sich nicht auf eine ganz bestimmte Deutung allzu fest zu legen. Sammeln Sie Deutungsmöglichkeiten, wie Sie hübsche Muscheln am Strand sammeln würden. Genießen Sie die Wahrheit und Schönheit jeder Deutungsweise, so gut Sie können, ohne darauf zu bestehen, dass sie hundertprozentig korrekt sein muss. Achten Sie auf die Reaktion Ihres Körpers auf jede der Deutungen. Wenn Sie bei einer oder mehreren das Gefühl haben, dass sie sich gut anfühlt und zu Ihnen passt, dann sind es diese Deutungen, die für Sie im Moment am nützlichsten sind. Das heißt nicht, dass andere Interpretationen weniger wahr oder korrekt sind. Es heißt nur, dass diese Antwort im Moment am besten zu Ihrer Frage passt.

Aus diesem Grunde glaube ich auch, dass es im Zusammenhang mit Träumen gut ist, keine Autoritätspersonen zu Rate zu ziehen. Und irgendwelche Traumdeutungsbücher, die uns für jedes Symbol eine Erklärung anbieten, schränken unsere Freiheit der Spekulation und das Herumspielen mit unseren Träumen auf ähnliche Weise ein wie das

Lesen eines detaillierten Kommentars über ein Gedicht uns daran hindert, es wirklich als Gedicht zu erleben. Es kann hilfreich sein, sich an Menschen zu wenden, die mit der Sprache der Träume vertraut sind, allerdings nur, wenn sie viel mehr Zeit mit Fragen als mit Behaupten verbringen und wenn am Ende mehrere Interpretationsmöglichkeiten dabei herauskommen. Das kann frustrierend erscheinen, doch wenn jemand einen Traum auf eine einzige Deutung reduziert, haben Sie in Wirklichkeit daraus nur gelernt, was eine Bedeutung von vielen möglichen in diesem Menschen zum Schwingen bringt. Gewissenhafte Traumarbeiter leiten ihre Deutungsvorschläge stets mit der Einschränkung ein: »Wenn das mein Traum wäre, ...«

> Die größte Autorität in Bezug auf Ihre Träume sind Sie selbst. Sie werden nie ein besseres Buch über Träume lesen als Ihr eigenes Traumtagebuch.

Lesen Sie mehr Gedichte. Verfassen Sie Gedichte. Lesen Sie Ihre Träume, als seien sie Gedichte. Schreiben Sie Ihre Träume auf, als seien sie Gedichte. Suchen Sie nach Ähnlichkeiten in Ihren Träumen. Welche Elemente tauchen in Ihren Träumen immer wieder auf? Machen Sie die wiederholt auftauchenden Elemente zu Ihren persönlichen Traumkategorien. Lernen Sie das Wesen Ihrer Kategorien kennen. Eine Form, wie ich Zugang zur Bedeutung meiner Träume gefunden habe, ist das Anfertigen einer Traumkarte. In der folgenden Übung zeige ich Ihnen, wie Sie diese Technik in die Praxis umsetzen können.

❀

EINE TRAUMKARTE ERSTELLEN:
MANIFESTATION EINES TRAUMS

*Bei dieser Übung lernen Sie, die Bilder Ihrer Traumwelt in der
Wachwelt lebendig werden zu lassen. Sie lernen dabei, Ihre
Fähigkeit zum Kombinieren und Spielen mit den gefundenen
Bildern weiter zu entwickeln.*

Für diese Übung brauchen Sie einen Karton oder Pappdeckel (30–50
Zentimeter lang), eine Schere, Zeitschriften zum Ausschneiden, weißen Klebstoff, ein paar feine und mittelfeine Pinsel und etwas Acrylfarbe (zwei Farben reichen aus). Diese Übung stellt eine Kombination
aller vier Vorgehensweisen des Traumkünstlers dar: Suchen, Anordnen, Verändern und Erschaffen.

Nehmen Sie sich Ihr Traumtagebuch vor, und suchen Sie sich einen
besonders lebhaften Traum mit vielen Einzelheiten aus oder aber mehrere Träume, die Sie über einen kurzen Zeitraum hintereinander geträumt haben. Wenn Sie Ihre Träume bisher noch nicht aufgeschrieben
haben, versuchen Sie sich an einen zu erinnern und heute Abend vor
dieser Übung aufzuschreiben. Wenn Sie immer noch Schwierigkeiten
haben, sich an Ihre Träume zu erinnern, versuchen Sie, ein bisschen
Entspannungsmusik aufzulegen und einfach zuzulassen, dass Sie die
Bilder intuitiv aus den Illustrierten aussuchen.

Wählen Sie eine Zeitschrift mit vielen Bildern, bei der es Ihnen
nichts ausmacht, sie zu zerschneiden. Reisemagazine eignen sich im
Allgemeinen besonders gut für diese Übung. Wenn Sie mehrere Zeitschriften brauchen anstatt einer, so ist das in Ordnung. Verwenden Sie
aber nicht mehr als vier (vertrauen Sie darauf, dass alles, was Sie
brauchen, in diesen vier Illustrierten enthalten ist). Legen Sie eine
Schere bereit. Nehmen Sie sich nun etwas Zeit, sich so genau wie
möglich an den oder die Träume zu erinnern.

Wenn Sie die Traumlandschaft vor Augen haben, fangen Sie an, die
Zeitschrift schnell durchzublättern. Schneiden Sie jedes Bild aus, das
Sie in irgendeiner Form an den Traum erinnert. Es kann sein, dass Sie

genaue Entsprechungen finden – einen Gegenstand für einen Gegenstand, ein Tier für ein Tier. Aber vielleicht finden Sie keinen Leoparden, sondern eine Frau mit einem Rock mit Leopardenmuster. Oder Sie finden Bilder, von denen Sie nur ein kleiner Ausschnitt an Ihren Traum erinnert. Schneiden Sie sie trotzdem aus. Sie können auch ein Bild auswählen, weil es Sie an die Stimmung im Traum oder an Ihre Gefühle erinnert, die Sie beim Träumen hatten. Sie können ebenfalls Wörter ausschneiden, die Sie an Ihren Traum erinnern, aber Sie sollten vor allem nach Bildern suchen.

Arbeiten Sie schnell, vertrauen Sie auf Ihre Intuition, und lassen Sie die Bilder zu Ihnen sprechen. Sie können ganze Seiten ausschneiden oder in groben Zügen die Bilder, Hauptsache es geht schnell.

In etwa 20 Minuten sollten Sie eine nette Auswahl von Bildern zusammenhaben. Sie haben auf diese Weise tatsächlich eine physische Manifestation Ihrer Traumbilder in der Wachwelt gefunden.

Der nächste Schritt besteht darin, die Bilder, die Sie ausgesucht haben, sorgfältig zurechtzuschneiden. Schneiden Sie mit der Schere oder dem Cutter den Hintergrund weg und versuchen Sie, die Bilder auf Ihrem Pappkarton anzuordnen. Verschieben Sie sie mehrmals in alle Richtungen, bevor Sie sich endgültig entscheiden, wie Sie sie aufkleben wollen. Sie können fast den ganzen Karton bedecken, aber Sie müssen nicht alle Zwischenräume ausfüllen. Sie können die Bilder zum Teil übereinander kleben oder verschiedene Teile, die Sie ausgeschnitten haben, zueinander in Beziehung setzen. Sie können Sie in derselben Abfolge wie im Traum anordnen oder sie so lange herumschieben, bis das Gesamtbild insgesamt befriedigender aussieht. Spielen Sie mit den Bildern. Wenn Sie Ihnen eine neue Geschichte erzählen wollen, lassen Sie es zu.

Wenn Sie fertig sind, kleben Sie sie mit weißem Klebstoff und einem Pinsel oder mit einem Klebestift fest. Falls Sie einen Klebestift benutzen, achten Sie darauf, die ganze Rückseite Ihrer Bilder einzustreichen, damit Sie gut haften. Wenn Sie Klebstoff benutzen, achten Sie darauf, dass sich keine Blasen bilden und die Bilder am Ende eine ebene Fläche bilden. Lassen Sie dann die Collage trocknen.

Nehmen Sie nun die Farben, und füllen Sie alle leeren Zwischenräume zwischen den Bildern damit aus. Übermalen Sie alles, was Sie nicht zeigen wollen. Malen Sie bis zum Rand von dem, was Sie zeigen wollen. Malen Sie sauber oder schnell und klecksig. Verwenden Sie mehrere Farben. Mischen Sie die Farben und malen Sie mit großzügigen Bewegungen Spiralen auf die Pappe. Besprühen Sie Ihre Collage mit Farbe, wenn Sie wollen. Versuchen Sie, einige Bilder zu übermalen und dann die Farbe wieder abzuwischen, um sie erneut zum Vorschein kommen zu lassen. Benutzen Sie, wenn nötig, Wattetupfer zum Wegwischen von Farben oder Säubern der Ränder.

Lassen Sie Ihre Traumkarte trocknen.

Schauen Sie sich nun genau an, was Sie geschaffen haben. Was für eine Geschichte erzählt Ihnen Ihr Werk? In welcher Hinsicht ergänzt oder erweitert es die Bilder im Traum? Halten Sie nach neuen Beziehungen zwischen den Bildern Ausschau. Achten Sie besonders auf die Effekte und Bildausschnitte, die Sie gar nicht zeigen wollten. Benutzen Sie Ihre Collage als Hintergrund für einen Altar.

Diese Übung hat Ihnen gezeigt, dass Sie Bilder suchen, verändern, anordnen und sogar erschaffen können. Vielleicht wünschen Sie sich, Sie hätten es anders gemacht. Aber Sie wissen jetzt wenigstens, dass Sie dazu in der Lage sind. Auch wenn Sie sich keine weitere Form des künstlerischen Ausdrucks aneignen sollten, so können Sie auch nur mit Collage-Techniken allein ein wundervoller Traumkünstler sein.

Manchmal sprechen Ihre Träume mit einer Klarheit zu Ihnen, die erstaunlich ist. Wenn Sie sich zwischen zwei Dingen entscheiden müssen, träumen Sie vielleicht, welches das Richtige für Sie ist.

Doch meist verwenden Ihre Träume eine spielerische Sprache voller Metaphern und Wortspiele, deren Bedeutung dem Traum erst einmal entlockt werden muss.

Ich habe dieses Kapitel mit einem Zitat von einem befreundeten Traumreisenden, Robert Moss, begonnen. Bevor ich Robert persönlich traf, kannte ich ihn von seinen Büchern und Kassetten. Er hat viel dazu beigetragen, eine Brücke zwischen schamanischer Arbeit und Traumarbeit zu schlagen, und viele nützliche Techniken erfunden sowie für spezielle Zwecke angepasst.

Eines Nachts hatte ich folgenden Traum:

Ich tanze an einem Ort, der gleichzeitig ein rundes Zimmer und eine moosbewachsene Lichtung im Wald ist. Ich vollführe einen Tanz, von dem ich weiß, dass es ein Grenztanz *ist, ein rituelles Herausfinden der Grenze zwischen den Welten. Ich tanze den Tanz mit einem Partner, den ich durch die Bäume hindurch nicht immer sehen kann. Wir tanzen zu einem dumpfen Trommelrhythmus, stampfen mit unseren Füßen auf den Waldboden und schlagen in regelmäßigen Abständen mit unseren Fäusten gegen die Wände. Mir ist bewusst, dass wir nach einer weichen Stelle in der Wand suchen – nach einer physisch gesehen fast durchsichtigen Stelle – einem Übergang in die andere Welt.*

Beim Tanzen merke ich, dass mein Tanzpartner ein Eisbär ist. Der Eisbär erscheint mir häufig als Krafttier und Führer, doch dieser Eisbär ist anders. Er ist ungefähr so groß wie ich, hat einen Schamanenbeutel um den Hals hängen, einen australischen Kavalleriehut mit aufgestülpter Krempe und weißen Federn im Hutband auf dem Kopf und ein Ruder als Stab in der Hand.

Als wir fast bis zur Erschöpfung getanzt haben, legen wir eine Pause ein und begeben uns in die Mitte des Kreises, den wir mit unserem Tanz beschrieben haben. Das Trommeln geht weiter, aber wir legen uns auf den weichen Boden und sehen durch das Blätterdach der Bäume in den Nachthimmel hinauf.

Der Bär sagt: »Und woher kommst du?«

»Norfolk, Virginia,« antworte ich. »Und du?«

»Von Down under*«, sagt er, als ob es für mich offensichtlich sein müsste.*

»Australien?,« frage ich, obwohl ich weiß, dass »Down under« und Australien normalerweise Synonyme sind.

»Nein, Frankreich«, antwortet er und ist dabei nicht sarkastisch. Ich überlege mir, ob es wohl in Australien oder Frankreich Eisbären gibt.

Während wir in den Nachthimmel schauen, fangen die Sterne an, sich zu bewegen und eine ovale Galaxis mit einem dunklen Zentrum zu bilden. Wir merken, dass diese Galaxis in irgendeiner Form der Weg in die andere Welt ist, den wir gesucht hatten. Die Galaxis verwandelt sich in eine ovale Öffnung in der Decke des Waldes/Zimmers, in dem wir uns befinden. Sie ist für jeden von uns allein zu hoch, aber wir überlegen uns, dass der eine den anderen durch die Öffnung hochheben und dann selbst mit Hilfe des anderen hochklettern könnte. Wir diskutieren, wer wen hochheben soll. Wir entscheiden, dass der Bär mich zwar leicht hochheben könnte, aber ich vielleicht sein Gewicht nicht aushalten kann, während er an mir hochklettert. Obwohl es mich ziemlich viel Anstrengung kostet, hebe ich den Bär in die Öffnung empor und klettere dann selbst hinauf.

Wir hängen jetzt beide am Rand des Ovals und lachen über unsere missliche Lage. Wir ziehen uns hindurch und stellen fest, dass das, was wir für eine ovale Galaxis gehalten haben, als wir hinaufblickten, jetzt ein ovaler Pool ist – ganz glatt und tiefschwarz. Wir schauen noch einmal zurück, um zu sehen, ob wir hindurchblicken können, sehen aber nur unser eigenes Spiegelbild. Dann scheint sich die Erde zu verändern, und wir stellen fest, dass der Teich zu einem ovalen Spiegel mit Rahmen geworden ist, der in eine Steinwand eingelassen ist.

Der Bär sagt: »Das ist mal ein tolles Traumtor!«

Ich hätte ein Traumdeutungsbuch konsultieren können, um die »Bedeutung« der Symbole in dem Traum herauszufinden, aber stattdessen entschied ich mich, ein bisschen mit dem Traum herumzuspielen. Mir gefielen die Bilder in dem Traum, deshalb zeichnete ich sie in mein Traumtagebuch. Langsam fing ich an, mir über die Bedeutung des Ruders Gedanken zu machen, das der Bär in Händen hielt. War er ein Ruder-Bär? War er ein Paddel-Bär? Irgendwie schien er mir mehr mit Rudern zu tun zu haben. War er also ein »Row-Bear« (Ruder-Bär)? Mir fiel auf, dass das englische »Row-Bear« sich wie die französische Aussprache von Robert anhörte. Der Bär hatte gesagt, er sei Franzose. Vielleicht war es ein Robert und gleichzeitig ein »Row-Bear«. Am nächsten Tag erhielt ich eine Einladung zu einem Vortrag und Workshop mit Robert Moss. Ich erinnerte mich von den Kassetten, dass Robert mit einem kernigen australischen Akzent sprach. Plötzlich fiel es mir wie Schuppen von den Augen: Er war der australische Bär, von dem ich geträumt hatte. Ich hatte mit »Row-Bear aus dem Moos« getanzt.

Ich beschloss, an dem Workshop teilzunehmen, doch mein Terminplan schien es nicht zuzulassen. Zwei Wochen vor Workshopbeginn verschoben sich meine Termine jedoch, und ich wurde sogar gebeten, vor dem Vortrag am Freitagabend selbst einen Workshop abzuhalten. Um meinen Traum zu würdigen, bemalte ich einen Stein mit dem Bild von einem Spiegel in einem bunten Sternenfeld. Den schenkte ich

Robert, als wir uns trafen. Als ich ihm von meinem Traum erzählte, klärte er mich darüber auf, dass seine Familie wirklich aus Frankreich stammte, auch wenn er in Australien aufgewachsen war. Er war auch gerade erst von einer Reise nach Australien zurückgekehrt und schenkte mir zum Dank eine Muschel, die von einem Aborigine-Künstler von Hand mit derjenigen Konstellation bemalt worden war, von der seiner Ansicht nach sein Volk abstammte.

Träume werden von vielen Kulturen als direkter Ausdruck der vielfältigen und geheimnisvollen Natur des Lebens angesehen. Sie zeigen sich uns unabhängig von der Korruption und den Intrigen unseres nur allzu menschlichen Bedürfnisses nach Kontrolle über unser Schicksal.

> Schauen Sie sich Ihre Träume an, wenn Sie ein echteres Bild von Ihrem Leben und Ihrer Situation haben wollen. Wenn Ihr Leben aus dem Gleichgewicht geraten ist, werden es Ihnen Ihre Träume sagen. Stellen Sie sich einfach vor, Ihre Träume seien die Märchen einer anderen Kultur. Integrieren Sie sie in Form von Kraftgeschichten in Ihr Leben.

Bringen Sie aus den Träumen die Erinnerung an Bilder der Kraft mit zurück, ob sie nun grandios, ekstatisch oder schrecklich sind. Wenn Sie im Traum mit Gegenständen hantiert oder sie betrachtet haben, bringen Sie auch davon Bilder zurück, die Sie in Ihr Tagebuch malen. Schnappen Sie Gesprächsfetzen auf. Singen oder spielen Sie die Melodien, die Sie in Ihren Träumen hören.

An einem Montagnachmittag legte ich mich mehrere Stunden vor Beginn meiner Traumgruppe, an der ich regelmäßig teilnahm, kurz hin, nickte ein und hatte folgenden Traum:

Ich komme zu früh zu meiner Traumgruppe und diskutiere mit einem anderen Teilnehmer über die Natur von Träumen. Ich bin ganz aufgeregt über das, was ich ihm mitzuteilen habe, nämlich meine Entdeckung, dass Träume entweder Türen oder Fenster zu der geistigen Welt sind. Ich erkläre es ihm folgendermaßen: »Meistens sind sie Fenster. Wir dürfen durch sie hindurchsehen und können nützliche Informationen mit ins

Alltagsleben zurücknehmen. Manchmal sind sie jedoch auch Türen. Wir durchschreiten diese Türen, und schon hat sich das Energiemuster unseres Lebens für immer verändert. Das geschieht häufiger, als wir denken. Das Problem besteht darin: Wenn wir für diese Veränderung in unserer wachen Welt keinen Raum schaffen, lassen die Veränderungen in unseren Energiemustern eine innere Sehnsucht entstehen, einen unerfüllten Wunsch, einen lästigen Schmerz oder ein Gefühl der Frustration.« Ich erkläre ihm gerade, dass wir beim Durchschreiten einer Tür im Gegensatz zum Annähern an ein Fenster zunächst verstehen und dann in unserem Leben einen Raum für Veränderungen schaffen müssen; dann wache ich auf.

Naja, es hört sich im Traum ganz einfach an ...

Nachdem Sie nun Ihrem Schatz an schöpferischen Hilfsmitteln noch das Wechseln der Wahrnehmungsebene und die aktive Traumarbeit hinzugefügt haben, ist es an der Zeit, uns mit einer weiteren Methode des Verbindens mit dem Reich des Geistes zu beschäftigen: der schamanischen Reise.

Das Geschenk dieses Kapitels ist *Freiheit*. Das Entwickeln der Fähigkeit, sich in einen schamanischen Trancezustand zu versetzen – die Schwelle zur nichtalltäglichen Wirklichkeit nach Lust und Laune zu überschreiten und gleichzeitig die Kontrolle über diese Erfahrung zu behalten –, eröffnet Ihnen die Möglichkeit, an jeden Ort zu reisen, der jemals in der Vorstellung der Menschen existiert hat oder existieren wird. Die Übungen in diesem Kapitel werden Ihnen helfen, direkten Zugang zu der unsichtbaren Welt zu bekommen.

Kapitel 5

Reisen: *Kreative* Inspiration durch *schamanische* Trance

Schamanismus ist der beabsichtigte Versuch,
enge und dauerhafte Beziehungen zu persönlichen Hilfsgeistern herzustellen,
indem man die alltägliche Wirklichkeit bewusst verlässt und in die
nichtalltäglichen Bereiche der geistigen Welt reist.

TOM COWAN

Schamanismus. Eine Einführung in die tägliche Praxis

Wohin würden Sie gehen, wenn Sie überall hingehen könnten? Die Technik der schamanischen Reise ist eines der nützlichsten Instrumente des Traumkünstlers. Das schamanische Reisen wird Ihnen helfen, Ihre Nachtträume besser zu verstehen und Ihre Tagwirklichkeit intensiver zu leben. Es kann sie zu einer wundervollen neuen Quelle künstlerischer Inspiration und Kreativität hinführen. Es wird Ihnen helfen, Ihre ganz eigenen Bilder und Gegenstände zu entwickeln. Das schamanische Reisen wird Ihnen eine Antwort auf jede Frage liefern, die Sie in Bezug auf Ihre Kunst haben. Es kann in der Gruppe oder einzeln praktiziert werden. Es lässt sich leicht erlernen und funktioniert bereits beim ersten Versuch.

Die schamanische Reise ist ein selbstinduzierter Trancezustand, in dem ein Mensch in die Traumlandschaften des Geistes reisen kann. Für diese Technik braucht man keine Drogen; sie ist sicher und vermittelt dem Reisenden den Eindruck, dass er Kontrolle über die Erfahrung hat.

Schamanische Reisen werden für die eigene Heilung und die Heilung anderer Menschen innerhalb einer Gemeinschaft unternommen, zum Krafttanken, zur Erforschung unseres Innenlebens und zur Suche nach Führung und Inspiration. Die schamanische Reise ist eine der wichtigsten Techniken zur Herstellung eines direkten Dialogs mit dem Geist. Sie geht tiefer als die Erfahrung beim Wechseln der Wahrnehmungsebene und lässt uns mehr Kontrolle als bei der Traumarbeit. Sie ist der Ausgangspunkt, von dem aus wir beginnen, uns intensiv darum zu bemühen, zu den Symbolen und der künstlerischen Inspiration unserer Träume vorzudringen.

Als Traumkünstler möchten Sie im Allgemeinen bestimmte Formen von Energie anziehen. Diese Energie kann sich uns häufig in der nichtalltäglichen Wirklichkeit in Gestalt von Tieren zeigen. Die meisten Schamanen haben eine enge Beziehung zu einem oder mehreren Krafttieren. Als Traumkünstler wollen Sie wahrscheinlich Ihre eigene Beziehung zu einem Krafttier haben. Aber in der Traumwelt gibt es auch Ratgeber und Führer, die den Geist und die Energie von Kunst, Handwerk und Kreativität verkörpern. Ihr Ziel ist es, eine Beziehung zu einem oder mehreren Geistführern für Ihre künstlerische Arbeit aufzubauen. Die Kombination von Krafttieren, die Sie führen und beschützen, und künstlerischen Mentoren, die Sie beraten, wird Ihnen die Möglichkeit eröffnen, eine Reihe von Orten aufzusuchen, an denen Sie sich künstlerische Inspiration, technische Information und Hilfe für den alchemistischen Prozess der Umwandlung Ihrer schamanischen Träume in Kunst holen können.

Mein Freund Doug Zaruba legt für seine schamanische Reise eine Kassette mit selbst aufgenommener Trommelmusik in den Kassettenrekorder, setzt sich den Kopfhörer auf und bedeckt sich die Augen mit einer Augenbinde. Er ist Juwelier, Traumkünstler und erfahrener schamanischer Traumreisender. Er steckt mitten in einem Projekt, bei dem es um das Design von verschiedenen Ringen mit heiligen Symbolen geht und für das er sich auf diese Reise begibt, um Führung und Inspiration zu suchen. Ihm ist nicht nur die äußere Erscheinung wichtig, sondern als Traumkünstler legt er auch Wert auf die tieferen Energiemuster der Dinge. Innerhalb von Minuten sorgt der eindringliche Trommelrhythmus dafür, dass sich sein Körper entspannt.

Er findet seinen Eingang in die obere Welt – eine Reihe von Stufen, die in eine uralte Pyramide hineingemeißelt sind und bis in den Himmel hinauf reichen. Er ruft sein Krafttier zu sich, und sofort taucht neben ihm ein schlanker schwarzer Panther auf. Er steigt die Treppen hinauf und bahnt sich seinen Weg durch eine dichte Wolkenschicht, die ihn in Nebel hüllt. Zunächst beunruhigt ihn das, doch sein Krafttier zeigt ihm den Weg. Er hat seinem Krafttier mitgeteilt, was die Absicht dieser Reise ist und vertraut deshalb darauf, dass es ihn an den richtigen Ort führt. Würde es sich um einen Ort handeln, den er schon früher einmal besucht hat, könnte er sich in Sekundenschnelle dorthin versetzen, doch er sucht dieses Mal nach einer neuen Informationsquelle.

Er durchquert in rascher Abfolge verschiedene Landschaften und kommt schließlich in eine höhlenartige Bibliothek, in der ein alter Mann wohnt, der viktorianisch gekleidet ist. Doug setzt sich gemeinsam mit dem alten Mann hin und vertieft sich in ein Gespräch mit ihm, das mehrere Stunden zu dauern scheint. Doch in der Welt des Wachbewusstseins dauert die ganze Reise nur 30 Minuten. Der alte Mann zeigt ihm Bücher, und er kopiert daraus Muster und Symbole auf Pergamentpapier, das ihm der Bibliothekar gibt. Er ist noch nicht ganz fertig, als er das Signal zur Rückkehr hört, das ihm die schnellen Trommelschläge anzeigen. Er geht mit dem alten Mann noch einmal rasch durch, was er da kopiert hat und was die Zeichen zu bedeuten haben, und fragt ihn, ob er später noch einmal zurückkommen darf. Dann dankt er dem Mann und bittet sein Krafttier, ihm den Rückweg zu den Steintreppen zu zeigen. Im Handumdrehen ist er dort, steigt die Treppen hinunter und erwacht dann wieder in seinem physischen Körper.

So rasch wie möglich überträgt er die Symbole in sein Tagebuch, wie er es zuvor mit dem Pergamentpapier gemacht hatte. Er kämpft ein bisschen mit der Bedeutung der Symbole, doch schließlich gelingt es ihm, die Bedeutung jedes Symbols zu umreißen. Später wird er diese Symbole auf eine Reihe von Ringen übertragen, die er auf die besondere Energie der jeweiligen Käufer abstimmt.

Das schamanische Reisen – das Eintauchen in einen kontrollierten Trancezustand – ist eine Technik, die jeder erlernen kann. Je mehr Sie sie üben, desto tiefer und realer wird die Erfahrung für Sie werden.

Schamanische Reisen sind induzierte meditative oder tranceähnliche Zustände, die uns den Zugang zur Traumwelt und gleichzeitig die bewusste Kontrolle über unsere Handlungen ermöglichen.

Es gibt verschiedene Methoden zur Induzierung von schamanischen Reisen: Meditation, Visualisierung, Körperarbeit und mitreißende Trommelrhythmen (starke, rhythmische Trommelschläge, die unsere Gehirnwellen verändern). Es kann sein, dass bei Ihnen irgendeine oder alle diese Methoden funktionieren, doch Sie sollten für sich Ihre wirksamsten Tranceauslöser finden.

Das kann eine akustische oder visuelle Stimulation oder eine Bewegungserfahrung sein, die im Allgemeinen durch einen zweiten und manchmal durch einen dritten Auslösefaktor unterstützt wird. In meinem Falle wird das bewusste Träumen meistens ausgelöst durch den pulsierenden Rhythmus von Trommeln, Rasseln oder Holzstöckchen und unterstützt durch innere Visualisierung, Atemtechnik und Muskelentspannung. Klangliche oder akustische Stimuli sind in der Lage, mein Gehirn in den meisten Fällen in einen sicheren Trancezustand zu versetzen. Für andere kann der Auslöser ekstatisches Tanzen oder eine bestimmte Körperposition sein. Wieder andere gelangen über Visualisierung oder intensive Konzentration beim Ansehen von Mandalas, Labyrinthen oder geometrischen Mustern in den Traumzustand.

Die Grundtechnik der schamanischen Reise, die heutzutage von einer Vielzahl von modernen, schamanisch tätigen Menschen praktiziert wird, wurde von dem Anthropologen Michael Harner entwickelt. Sie beginnt damit, dass man sich in einen verdunkelten Raum legt und auf Trommelrhythmen lauscht, die live oder aufgenommen sein können. Die Menschen, die sich auf die schamanische Reise begeben wollen, visualisieren dann einen Ort des Übergangs in die nicht alltägliche Wirklichkeit. Sie sehen, wie sie durch ein Loch in einen langen dunklen Tunnel gelangen, durch den sie einem Licht folgen und in der Unterwelt herauskommen. Oder sie sehen, wie sie eine Art *Weltenbaum* in die Mittel- oder Oberwelt emporklettern.

Ich habe erst relativ spät zu einem formalen Verständnis der Methoden der schamanischen Reise gefunden. Seit meiner Kindheit hatte ich

Reisen in die nicht alltägliche Wirklichkeit unternommen und dabei entdeckt, dass die akustische Stimulation für mich der beste Weg in die Traumwelt war. Ich verlasse mich bei meinen Reisen nur etwa die Hälfte der Zeit auf Trommeln oder Rasseln. Andere Formen von Musik, wie eintönige Summ- oder Brummgeräusche (erzeugt durch Chanten, Didgeridoo oder Sitar) versetzen mich genauso effektiv in einen Trancezustand. Inzwischen kann ich in diesen Zustand überwechseln, indem ich einfach die Augen schließe und mein Bewusstsein nach innen richte. Doch für alle, für die diese Technik neu ist, ist Trommeln und Rasseln zum Erlernen des schamanischen Reisens bestens geeignet. Diese Technik ist überaus nützlich, denn sie ist sicher und leicht auszuführen. Sie bedarf keiner Drogen. Man kann sie mit einer Minimalausrüstung alleine anwenden, und der Erfolg nimmt durch regelmäßiges Üben entscheidend zu.

Da rhythmische Klänge bei den meisten Menschen gut funktionieren, will ich hier diese Methode der Trance-Auslösung näher beschreiben. Ich schlage jedoch vor, dass Sie weiterhin für die große Vielfalt an verfügbaren Einleitungsmethoden offen bleiben und vor allem für sich selbst diejenige finden, die am besten zu Ihrem Stil und Ihrer Persönlichkeit passt.

Wer sich zum ersten Mal mit schamanischem Reisen beschäftigt, überlegt sich vielleicht, ob das Ganze nicht einfach eine Frage äußerst aktiver Imagination ist. Schließlich beginnt die schamanische Reise damit, dass man sich aktiv ein Tor zwischen den Welten vorstellt. Meine Antwort darauf lautet nur: Probieren Sie diese Technik selbst aus. Es stimmt schon, dass Sie manchmal vielleicht das Gefühl haben, Bilder aktiv heraufzubeschwören, doch Sie werden fasziniert sein, was andere Male spontan passiert. Am meisten beeindruckt mich immer, wenn ein Dialog zustande kommt. Wenn ich eine Frage stelle, bekomme ich schneller eine ausführliche und detaillierte Antwort, als ich sie mir je in der alltäglichen Wirklichkeit ausdenken könnte. Oft ist die Sprache und die Ausdrucksweise anders, als ich sie wählen würde, um dasselbe auszudrücken.

Damit Sie die Technik des schamanischen Reisens, ausgerichtet auf die Bedürfnisse eines Traumkünstlers, ausprobieren können, gehe ich im Folgenden für Sie nochmals die Ausrüstung und das Material durch, die Sie für Ihre Reise brauchen werden. Anschließend beschreibe ich die wichtigsten Schritte, ermutige Sie zu einer Erkundungsreise in die Unter- und die Oberwelt und stelle Ihnen drei Reisen vor, die für den Traumkünstler von besonderer Bedeutung sind: die Reise zu Ihrem Krafttier, die Reise zu Ihrem künstlerischen Mentor und die Reise zum Großen Museum.

Ausrüstung: Die Instrumente eines Stadtschamanen

Zunächst beginnt die schamanische Reise, wie jede archäologische Forschungsreise, mit der richtigen Grundausrüstung. Das Wichtigste, was Sie brauchen, ist eine Stereoanlage, eine Aufnahme mit Trommelmusik, ein Notizheft, einen Stift sowie ein Kissen und eine Decke.

Eine Stereoanlage

Auch wenn Sie das Glück haben, einer Trommelgruppe anzugehören oder Freunde haben, die für Sie trommeln könnten, werden Sie merken, dass Sie viel häufiger und flexibler schamanisch reisen können, wenn Sie Ihr Trommeln aufnehmen. Selbst zu trommeln oder dem Trommeln von anderen zu lauschen ist eine kraftvolle Erfahrung, und ich möchte Ihnen dringend empfehlen, sich, so oft Sie können, zu Live-Trommelmusik oder Rasseln auf eine schamanische Reise zu begeben. Wenn die Traum-Archäologie für Sie jedoch zu einer regelmäßigen Praxis werden soll, sollten Sie in der Lage sein, die Reise anzutreten, wann immer Sie wollen.

Jede Art von Tonwiedergabegerät ist geeignet. Ich empfehle Ihnen jedoch, sich Ihre eigene Stereoanlage anzuschaffen. Das wird Ihre schamanischen Reisen zu einem ganz persönlichen Erlebnis machen. Aufnahmen, die sich für das schamanische Reisen eignen, gibt es als CD oder Kassette. CD-Aufnahmen haben den Vorteil, dass sie sich flexibel programmieren lassen und eine bessere Klangqualität haben; demgegenüber ist ein Kassettenrekorder von Vorteil, wenn Sie sich beim Musikhören bewegen oder tanzen.

Eine Trommelkassette oder eine Trommel-CD

Geeignete Kassetten und CDs mit Trommelmusik gibt es im Handel viele. Am Ende des Buches finden Sie einige Empfehlungen. Sich eine fertige Kassette oder CD mit Trommelrhythmen zu besorgen, ist die einfachste Methode. Sie können jedoch auch Ihr eigenes Trommeln aufnehmen. Wenn Sie Ihre eigene Aufnahme machen wollen, brauchen Sie eine Trommel, Rassel oder Holzstöckchen. Der Rhythmus sollte bei etwa 228 bis 240 Schlägen pro Minute liegen. Versuchen Sie, mit kurzen Ausbrüchen von zehn Sekunden Ihre Zeit zu stoppen, um den richtigen Rhythmus zu finden. Sie sollten in zehn Sekunden etwa 38 bis 40 Schläge produzieren. Das entspricht einem raschen, antreibenden Rhythmus. Akzentuieren Sie keine Schläge und variieren Sie auch das Tempo oder den Rhythmus nicht. Ihr Ziel besteht darin, die Gehirnrhythmen durch diese Schläge mitzureißen.

Sie sollten mit einer Aufnahme von mindestens 15 Minuten anfangen. Hören Sie nach 15 Minuten zu trommeln auf, machen Sie eine kleine Pause und führen Sie dann bewusst sieben Schläge aus. Wiederholen Sie die sieben Schläge noch drei Mal und fangen Sie dann an, etwa eine bis eineinhalb Minuten so schnell wie möglich zu trommeln. Machen Sie anschließend eine kleine Pause und wiederholen Sie vier Mal die sieben bewussten Schläge. Diese Abfolge ist das Rückkehr-Signal. Es signalisiert Ihnen, dass die Reise zu Ende geht, und gibt Ihnen etwa zwei Minuten Zeit zur Rückkehr.

Notizbuch und Stift

Nach Ihrer Rückkehr sollten Sie umgehend Ihre Reiseerlebnisse aufschreiben. Ein Buch, in dem Sie alle Ihre Reisen festhalten, ist daher nützlich. Sie können dazu Ihr Traumkünstlertagebuch verwenden, das Sie im ersten Kapitel begonnen haben, Ihr Traumtagebuch oder ein eigenes Buch für diesen Zweck. Sie sollten darin in allen Einzelheiten festhalten, was Sie erforscht und entdeckt haben. Ihr Notizbuch wird für Sie zu einem wichtigen Dokument werden; besorgen Sie sich deshalb eines, dessen Aufmachung Ihre Sinne anspricht. Es sollte das, was Sie darin aufschreiben wollen, in gewisser Weise widerspiegeln.

Manche Menschen haben für ihre nächtlichen Träume und schamanischen Reisen getrennte Bücher angelegt. Ich selbst ziehe es vor, sie im selben Buch festzuhalten. Muster, Beziehungen und Synchronizitäten lassen sich leichter erkennen, wenn alle Reisen in die Traumwelt zusammengefasst sind. Vielleicht gefallen Ihnen die strukturierten Traumtagebücher. Ich selbst empfehle im Allgemeinen für das Festhalten Ihrer Reisen ein Buch mit einfachen, weißen Blättern.

Jede Art von Stift ist geeignet. Meine Lieblingsstifte sind bunte Fineliner mit einer feinen Spitze auf der einen Seite und einer pinselähnlichen Spitze auf der anderen. Es macht viel Spaß, mit bunten Füllern, Kugelschreibern oder Buntstiften herumzuexperimentieren, und inspiriert Sie vielleicht, das Malen oder Aufschreiben spielerischer anzugehen.

Ein Klebestift ist außerdem ein nützliches Werkzeug, das man immer griffbereit haben sollte, falls Sie irgendwelches gefundenes zweidimensionales Material in Ihr Tagebuch kleben wollen.

Augenbinde

Wenn Sie Ihre schamanische Reise bei Tageslicht antreten wollen und der Raum oder der Ort, an dem Sie sich befinden, nicht verdunkelt werden kann, können Sie zum Verhindern von Ablenkungen eine Augenbinde benutzen.

Decke oder Matte und Kissen

Sie werden bei Ihrer Reise mit dem Rücken auf dem Boden liegen. Es sollte bequem genug sein, damit Sie nicht von Ihrer Reise abgelenkt werden, aber nicht so bequem, dass Sie gleich einschlafen. Sie sollten deshalb auf einer Matte oder Decke und mit dem Kopf auf einem Kissen liegen. Wer regelmäßig schamanisch tätig ist, entwickelt eine innige Beziehung zu den Decken, auf denen er seine Reisen macht. Je öfter Sie dieselbe Decke benutzen, desto mehr wird sie zu einem Zauberteppich für Sie werden. Eine gute Decke kann mit der Kraft des Geistes von schamanischen Reisen erfüllt werden. Auch hier gilt wieder: Wenn Sie sich eine Decke aussuchen, die Sie regelmäßig benutzen wollen, wählen Sie eine aus, die Ihnen aus ästhetischer Sicht gefällt.

Wenn Sie sich von Naturfasern angezogen fühlen, suchen Sie sich eine Woll- oder Baumwolldecke aus. Wenn das kein Thema für Sie ist, gibt es auch die neuen Plüschdecken aus wieder verwertetem Kunststoff, die weich und bequem sind.

Wenn es so kalt ist, dass Sie abgelenkt werden könnten, legen Sie eine Decke neben sich, mit der Sie sich bei Bedarf während Ihrer Reise zudecken können.

Für die schamanische Reise an sich brauchen Sie außer den genannten Materialien nichts weiter.

Je weiter Sie jedoch in der Praxis des Traumkünstlers fortschreiten werden, desto mehr zusätzliches Material werden Sie ansammeln. Es handelt sich dabei um zwei Kategorien: persönliche Kraftobjekte sowie Werkzeug und Material zum künstlerischen Schaffen.

Über Letzteres haben wir bereits gesprochen und werden im Laufe des Buches noch näher darauf eingehen, wenn Sie spezielle Dinge für die jeweiligen Übungen brauchen. Doch bereits jetzt können Sie anfangen, nach persönlichen Kraftobjekten Ausschau zu halten oder sie selbst herzustellen.

Sie können Ihre persönlichen Kraftobjekte kaufen, finden oder geschenkt bekommen. Meiner Ansicht nach hat ein Gegenstand, den Sie selbst herstellen, die größte Kraft, doch auch Fundgegenstände und Geschenke von anderen können in hohem Maße Träger des Geistes sein.

Zu Ihrer Ausrüstung an Ritual- und Zeremonialgegenständen können beispielsweise Rasseln, Trommeln oder andere Rhythmusinstrumente gehören. Sie können sich außerdem persönliche Kunstgegenstände, die für Sie eine besondere Kraft symbolisieren, für die vier Ecken der Decke besorgen, auf der Sie Ihre schamanischen Reisen unternehmen wollen. Damit definieren Sie den heiligen Raum Ihrer Reise und schaffen eine Schutzzone um sich herum. Vielleicht wollen Sie auch einen eigenen Altar auf einem besonderen Tuch oder auf einer anderen tragbaren Unterlage errichten. Mit dem Altar können Sie Ihre Geistführer, Lehrer und Krafttiere ehren oder aber die vier Himmelsrichtungen. Die im siebten Kapitel vorgestellten Vorschläge zum Erstellen eines Altars können auch abgewandelt auf tragbare Altäre angewandt werden.

Mit der Zeit werden Sie sich sicher Ihre eigene Version eines Medizinbeutels anfertigen, sei es nach indianischem oder keltischem Vorbild. Unterschätzen Sie die Kraft der Gegenstände nicht, die Sie zu sammeln anfangen. Da Sie von den sichtbaren und ästhetischen Eigenschaften von Dingen angezogen werden (sonst würden Sie bestimmt nicht dieses Buch über Kunst als heilige Technik lesen!), mag es am Anfang genügen, diese Gegenstände als visuelle und taktische Auslöser für Ihre inneren Imaginationsprozesse zu verstehen. Je weiter Sie sich indessen in das Reich des Geistes hineinfallen lassen, desto mehr werden Sie die wahre Kraft verstehen, die diesen Gegenständen innewohnt.

Sie müssen diese Kraftobjekte und Kraftinstrumente nicht alle gleichzeitig sammeln. Sie sind auf einer Reise, und es gehört fast zu den Grundgesetzen mythischer Reisen, dass die Werkzeuge und Waffen, mit denen der Held seine Reise antritt, unweigerlich verloren gehen, gestohlen werden oder sich ohne ein gewisses Maß an Meisterschaft im Umgang damit als nutzlos erweisen. Die wirklich wertvollen Instrumente werden im Allgemeinen auf der Reise gewonnen oder gefunden. Je weiter Sie auf Ihrer Reise fortschreiten, desto besser werden Sie verstehen, was Sie brauchen. Wenn Sie sich zu Beginn gleich verschiedene Gegenstände kaufen wollen, geht mein Vorschlag dahin, sie aus dem besten Material zu kaufen, das Sie sich leisten können. Billigen und stillosen Werkzeugen und Artikeln wohnt ein Geist inne, der nicht weniger billig und wertlos ist. Geld hat zwar nichts mit Geist zu tun, aber wenn Sie Ihr Geld auf gute Materialien und kunstvoll hergestellte Gegenstände verwenden, spüren Sie den Unterschied, und eine gewisse Korrelation wird erkennbar.

Die schamanische Reise: Grundlagen

Sie haben nun die materiellen Gegenstände, sozusagen die Eintrittskarten, für die Vorbereitung Ihrer schamanischen Reise erworben. Der nächste Schritt besteht darin, eine Zeremonie oder ein Ritual abzuhalten, mit dem Sie den Anfang Ihrer Reise feiern.

Zeremonie

Es ist meine ganz persönliche Meinung, dass Zeremonien für das schamanische Reisen wichtig sind, aber es ist auch schwierig, darüber zu reden, ohne gleich Vorschriften zu machen.

> Die meisten Schamanen machen irgendeine Zeremonie vor Antritt ihrer Reise. Meist sind diese Zeremonien tief in der jeweiligen Kultur verwurzelt, der der Schamane angehört. Häufig sind sie über mehrere Generationen weitergereicht worden.

Zweifellos wird ein Ritual, das von Ihrer Urgroßmutter an Sie weitergegeben wurde, für Sie große Kraft haben. Hingegen müssen nicht immer die Rituale, die Sie von einem speziellen Schamanen erlernt haben, mehr Kraftpotenzial besitzen als solche, die Ihre Führer aus der geistigen Welt Ihnen gezeigt haben.

Meine Rituale spiegeln sowohl meine Studien verschiedener kultureller Traditionen als auch meine Erfahrungen in der nichtalltäglichen Wirklichkeit wider. Aus diesem Grunde habe ich das Gefühl, dass die Besonderheiten der Rituale nicht zum Weitergeben gedacht sind, damit die Kraft im Ritual selbst verbleibt. Ich möchte Ihnen trotzdem einige Richtlinien aufzeigen.

Reinigen und weihen Sie Ihren Raum vor Antritt einer schamanischen Reise. Das kann durch Anzünden einer Kerze mit einer klaren Absicht im Hinterkopf geschehen oder aber durch Räuchern mit heiligem Rauch (Salbei oder Zeder für Reinigung; Süßgras, Zimtstangen,

Lavendel und Kopalharz für das Anziehen positiver Energien) sowie durch Rasseln oder Läuten einer klaren Glocke. Ich ehre im Allgemeinen die Himmelsrichtungen: den Norden, Süden, Osten, Westen sowie das Oben, Unten und Innen.

Definieren Sie Ihren Raum. Wenn Sie auf einer Decke arbeiten, legen Sie einen persönlichen Kraftgegenstand auf jede der vier Ecken der Decke. Ich lege zum Beispiel zu meiner rechten Schulter einen Wolf-Fetisch zu Ehren meines wichtigsten Krafttiers – ein Schutzgeist in Tiergestalt – auf die Decke und zu meiner linken Schulter einen Seherstein aus Kristall für klare Sicht. Neben meinen linken Fuß lege ich einen Mahlstein und neben meinen rechten eine Feder zum Fliegen. Darüber hinaus lege ich neben meine rechte oder linke Hand eine Rassel. Die Gegenstände helfen mir, meinen heiligen Raum zu markieren, in dem ich arbeiten werde. Außerdem stelle ich mir vor, dass ich und der von mir definierte Raum von einem schützenden Ei aus türkisfarbenem Licht umgeben sind.

Jede Reise beginne ich zunächst mit einem Gebet und der klaren Äußerung meiner Absicht. Wie bei der Trauminkubation hilft es auch in diesem Falle, Fragen im Voraus klar zu formulieren.

Zu Anfang der Reise rufe ich dann meine Schutzgeister, Führer und Mentoren zu mir. Nach Abschluss der Reise – das heißt, wenn ich aus dem Trancezustand zurückgekehrt bin und meine Reise aufzeichne – bedanke ich mich bei diesen Wesen. Ich versuche, jede Session sorgfältig mit ein paar Gaben des Dankes und der Bescheidenheit abzuschließen. Sachte stecke ich die Kraftobjekte wieder in ihre Beutel oder lege sie an ihren Platz zurück.

Meiner Ansicht nach sorgt ein Ritual dafür, dass sowohl die Aufmerksamkeit als auch die Absicht stärker konzentriert werden. Die tatsächliche Zeremonie ist weniger wichtig. Wichtig ist, dass dabei eine strukturierte Aktivität zustande kommt, die unsere Gedanken auf die Aufgabe lenkt, die uns bevorsteht.

Der Wert eines Rituals, das wir immer wieder benutzen, liegt darin, dass es unsere Gedanken schneller auf die Reise schickt und uns auf unsere Aufgabe konzentriert.

Los geht's!

Auf der schamanischen Reise setzen Sie Ihre visuelle Vorstellungskraft in Verbindung mit der rhythmischen Kraft der Trommel und der Körperhaltung des träumenden Schamanen ein, um sich in nichtalltägliche Zustände der Wirklichkeit zu versetzen, die ich die Traumwelt nenne. Zu Beginn entspannen Sie sich zum Klang der Trommel. Sie liegen auf dem Rücken und haben Ihre Arme und Beine nicht überkreuzt. Mit geschlossenen Augen stellen Sie sich alle möglichen Öffnungen, Durchgänge oder Ausgangspunkte für Ihre Reise in die andere Welt vor. Der von Ihnen gewählte Ausgangspunkt sollte sich danach richten, ob Sie vorhaben, eine Reise in die Unterwelt, in die mittlere Welt oder in die Oberwelt zu unternehemen.

> Die meisten schamanischen Kosmologien gehen von drei Welten aus: einer Ober-, einer mittleren und einer Unterwelt. Jede Welt ist je nach Kultur häufig in unterschiedlich viele Ebenen unterteilt.

Die Unterwelt darf nicht mit der westlichen oder christlichen Vorstellung von der Hölle verwechselt werden. Es handelt sich vielmehr um eine Urlandschaft – eine nahezu mythische Landschaft. Die mittlere Welt gleicht in vieler Hinsicht der Welt, in der wir leben, nur ist sie energetisch transparenter. Die Oberwelt wird häufig als luftiger Ort mit kristallinen Strukturen, Mysterienschulen und großartigen Lehrern beschrieben.

Wir wollen mit einer Reise in die Unterwelt beginnen, indem wir uns ein Loch oder eine Öffnung in der Erde vorstellen. Wenn Sie sich diese Öffnung oder diesen Ausgangspunkt eingeprägt haben, gehen Sie hindurch und erforschen und erfüllen die Absicht Ihrer Reise mit Hilfe eines Schutzgeistes oder Krafttieres, den/das sie dort finden werden. Wenn Sie das Trommelsignal zur Rückkehr hören, machen Sie kehrt, begeben sich auf den Rückweg, gehen durch den Durchgang wieder hinaus und kehren in Ihren physischen Körper zurück. Anschließend schreiben Sie Ihre Reiseerlebnisse in Ihr Tagebuch.

Den Eingang finden

Eine Reise in die Unterwelt beginnt mit einem Abstieg durch ein Loch oder einen Eingang, der in die Erde hineinführt. Das kann eine Höhle, ein Loch in einem hohlen Baum, eine Erdspalte oder jede andere Öffnung sein, die Sie anzieht. Die Größe ist völlig gleichgültig, denn Ihr träumender Körper wird sich einfach der Öffnung anpassen. Es sollte eine Öffnung sein, die Sie schon irgendwann einmal gesehen haben, damit Sie sie deutlich visualisieren und sich in allen Einzelheiten vorstellen können. Wenn Ihnen gleich ein solcher Ort einfällt, benutzen Sie ihn. Wenn nicht, können Sie Ihren Eingang finden, indem Sie Ihre Träume zu Rate ziehen oder in der wachen Welt um Führung bitten.

1. Ihr Eingang kann ein Ort sein, von dem Sie immer wieder geträumt haben. Wenn Sie keine klare Erinnerung an solch einen Ort haben und schon seit einiger Zeit ein Traumtagebuch führen, können Sie es noch einmal durchlesen und sehen, ob Sie irgendetwas, das Sie aufgezeichnet haben, anspricht.

2. Versuchen Sie durch Trauminkubation, Ihre Öffnung zu finden. Wiederholen Sie vor dem abendlichen Einschlafen immer wieder die Intention, dass Sie im Traum etwas über einen Eingang in die Unterwelt träumen wollen.

3. Gehen Sie im Wald oder in einem Park spazieren. Laufen Sie langsamer als sonst – als pirschten Sie sich an irgendetwas an. Halten Sie nach hohlen Bäumen oder Löchern Ausschau, die in die Erde hineinführen.

4. Blättern Sie eine Zeitschrift durch, wie beispielsweise ein *National Geographic*-Heft oder ein Reisemagazin, das viele schöne Fotos von Orten enthält. Suchen Sie nach irgendetwas, das Sie anspricht.

Ideal wäre es, wenn Sie eine Zeichnung von Ihrem Eingang in die Unterwelt vorne in Ihr Tagebuch hineinmalen könnten. Zeichnen Sie so viele Einzelheiten wie möglich. Wenn Sie Ihre Öffnung auf einem Foto in einer Zeitschrift entdeckt haben, schneiden Sie es aus und kleben Sie es in Ihr Buch. Wenn Sie den Ort tatsächlich besuchen können, an dem sich Ihr Eingang befindet, fertigen Sie eine Zeichnung davon an, oder machen Sie Fotos aus allen möglichen Perspektiven davon. Fügen Sie auch diese in Ihr Buch ein. Es spielt keine Rolle, ob Sie gut zeichnen oder fotografieren können. Vor der Erfindung der Kamera wurde das Zeichnen als wesentlicher Bestandteil der wissenschaftlichen Erziehung betrachtet. Das Zeichnen half, das Betrachtete genauer zu beobachten. Auch Fotografieren kann Sie zu besserem Hinsehen erziehen. Doch der wichtigste Teil dieser Übung besteht darin, dieser Öffnung mit heiliger Ehrfurcht und Aufmerksamkeit zu begegnen.

Suchen Sie sich eine bequeme Position und schließen Sie die Augen. Stellen Sie sich ohne Trommelmusik eine Weile den Eingang vor, den Sie sich ausgesucht haben. Sehen Sie ihn in allen Einzelheiten. Stellen Sie sich vor, durch diese Öffnung hindurchzugehen. Auf der anderen Seite des Eingangs ist ein dunkler Tunnel. Vielleicht erscheint er Ihnen zunächst sehr dunkel, oder vielleicht ist er auch schwach beleuchtet. Stellen Sie sich die Einzelheiten des Tunnels vor. Wenn Sie nichts sehen können, versuchen Sie, die Wände zu erspüren. Spüren Sie, wie sich der Tunnel anfühlt. Ist er kühl oder warm, feucht oder trocken? Erleben Sie den Tunnel mit allen Sinnen, aber gehen Sie nicht weiter. Halten Sie sich noch ein paar Augenblicke darin auf, drehen Sie dann um und gehen Sie durch die Öffnung wieder hinaus.

Es ist wichtig, dass Sie sich davon so viel Sie nur können klar vorstellen. Wenn Sie diese Übung mit Trommelmusik machen, werden Sie merken, dass das Erleben irgendwann die Oberhand gewinnt, und Sie sich alles weniger vorstellen, als es tatsächlich erleben.

❀

Die Unterwelt:
Ihre erste schamanische Reise

Diese Übung wird Ihnen zeigen, wie Sie Reisen in die Unterwelt dazu verwenden können, sich Zugang zu unzensierter, kreativer Urenergie zu verschaffen.

Wenn Sie bereit sind, sollten Sie den Versuch unternehmen, begleitet von Trommelrhythmen, eine Erkundungsreise in die Unterwelt zu machen. Zunächst kehren Sie zu dem Eingang in den Tunnel in Ihrer Vorstellung zurück. Dieses Mal werden Sie den Tunnel durchqueren. Was Sie auf der anderen Seite des Tunnels zu sehen bekommen werden, ist Ihre schamanische Unterwelt. Ich könnte Ihnen hier beschreiben, was *ich* dort sehe, aber es wird nicht dasselbe sein wie das, was Sie sehen. Ihre Traumwelt müssen Sie schon selbst erforschen. Es besteht auch die Möglichkeit, dass Sie nichts *sehen*.

Nicht alle schamanisch Tätigen erleben die Traumwelt visuell. Manche hören ihre Reisen, als würden sie im selben Moment, wie sie geschehen, kommentiert. Andere wissen einfach, was passiert. Ihre Erfahrung der Traumwelt ist in visueller Hinsicht verschwommen und vage, aber sie sind sich sicher, was geschieht und wen sie treffen.

Seien Sie darauf vorbereitet, dass sich Ihre Reise als visuelle Erfahrung, akustische Erfahrung, als Bewegungs- oder Körpererfahrung oder irgendeine Kombination dieser Formen entpuppen kann. Unabhängig davon, welche schamanischen Sinne bei Ihnen stärker ausgeprägt sind, können Sie auf jeden Fall erfolgreiche und interessante Reisen erleben.

Jetzt ist die Zeit gekommen, sich auf eine Erkundungsreise zu machen. Ihre Absicht auf dieser Reise ist es, die Unterwelt zu besuchen und zu erforschen. Sorgen Sie dafür, dass Sie eine Zeit lang nicht gestört werden. Stellen Sie das Telefon ab, ziehen Sie die Vorhänge zu, um den Raum abzudunkeln, und sorgen Sie dafür, dass Sie nicht von Hunden oder Katzen gestört werden. Machen Sie es sich bequem, indem Sie sich mit dem Rücken auf den Boden legen. Ihre Arme und Beine sollten locker und unverschränkt sein. Legen Sie sich eine Augenbinde oder ein Tuch über die Augen, wenn der Raum nicht dunkel genug ist. Setzen Sie die Kopfhörer auf, wenn Sie Ihre eigene Anlage benutzen, und achten Sie darauf, dass Sie die Regulierknöpfe leicht erreichen können.

Atmen Sie mehrmals lange und tief aus dem Bauch heraus. Wenn Sie angespannt sind, können Sie versuchen, einen Körperteil nach dem anderen abwechselnd anzuspannen und zu entspannen. Beim Atmen und Entspannen wiederholen Sie sich im Stillen Ihre Absicht für diese Reise: *Ich werde in die Traumwelt gehen, um die Unterwelt zu erforschen.* Wenn Sie bereit sind, schalten Sie die Trommelkassette oder -CD ein.

Wenn das Trommeln beginnt, visualisieren Sie Ihren Eingang. Sehen Sie ihn in allen Einzelheiten. Gehen Sie nun durch Ihren Eingang in den Tunnel. Suchen Sie das Licht und folgen Sie ihm. Auch wenn es nicht klar und deutlich sichtbar ist, wird es da sein. Folgen Sie dem Licht, bis Sie auf der anderen Seite des Tunnels ankommen. Wenn Sie nicht gleich ein Licht sehen, gehen Sie einfach eine Weile geradeaus, und es wird sich Ihnen zeigen. Wenn der Tunnel aus irgendeinem Grund versperrt ist, suchen Sie nach einer alternativen Route. Es *wird* einen anderen Weg geben – dieser Tunnel wurde nicht angelegt, um Ihre Anstrengungen zunichte zu machen. Folgen Sie dem Licht bis zum Ende des Tunnels. Es ist wichtig, sich daran zu erinnern, dass Sie beim Hinuntergehen durch den Tunnel nicht buchstäblich in die Erde hineingehen. Sie durchschreiten nur eine Öffnung in eine andere Welt. Wenn Sie die Lichtquelle erreicht haben, werden Sie durch die Pforte in die Unterwelt gelangt sein.

Sie werden sich in einer Landschaft wiederfinden. Erforschen Sie diese Landschaft. Prägen Sie sich diese gut ein, denn Sie werden auf Ihren zukünftigen Reisen immer wieder hierher zurückkehren. Schauen Sie sich um und achten Sie auf Details. Stellen Sie sich vor, Sie müssten eine Karte von diesem Ort anfertigen. Wenn Sie irgendwelche Tiere oder Menschen sehen, nehmen Sie sie bewusst wahr. Wenn ein Tier oder ein Mensch Sie anspricht, können Sie mit ihnen eine Unterhaltung anfangen. Fragen Sie sie über diese Welt aus. Bitten Sie sie, Sie herumzuführen, aber versuchen Sie, sich nicht zu weit von dem Eingang zu Ihrem Tunnel zu entfernen.

Wenn Sie das Trommelsignal zur Rückkehr hören, kehren Sie zu Ihrem Tunnel zurück, und machen Sie sich auf den Rückweg zu Ihrem ganz persönlichen Durchgang.

Lassen Sie sich etwas Zeit, um sich wieder zurechtzufinden. Erinnern Sie sich so genau und ausführlich, wie Sie können, an das Gesehene, bevor Sie wieder die Augen aufschlagen. Wenn Sie sich bereit fühlen, machen Sie die Augen auf und halten Sie Ihre Reiseerlebnisse in Ihrem Tagebuch fest. Zeichnen Sie die Dinge, an die Sie sich erinnern. Fertigen Sie ein Diagramm oder eine Karte von der zurückgelegten Route an. Diese Handlungen lassen die Erfahrung wirklicher und vertrauter erscheinen. Wenn Sie das, was Sie gesehen oder erfahren haben, als Manifestationen des Geistes oder göttliche Führung akzeptieren, ist das schön, doch zum gegenwärtigen Zeitpunkt ist es nicht wichtig, dass Sie irgendetwas annehmen. Im Moment reicht es, wenn Sie das Erlebte aufzeichnen.

> Es ist wichtig, noch einmal daran zu erinnern, dass die Traumwelt der schamanischen Reise dieselbe Wirklichkeit ist wie die Welt unserer nächtlichen Träume. Sie wird mit anderen Filtern wahrgenommen, weil wir ein geringes Maß an bewusster Kontrolle über die Erfahrung aufrechterhalten.

Dieses Bewusstsein erlaubt uns, direkte Fragen zu stellen und Antworten auf unsere Fragen gezeigt oder erzählt zu bekommen oder sie sogar selbst nachzulesen. Nach der Rückkehr von einer schamanischen Reise müssen weniger Metaphern übertragen und Bedeutungen entschlüsselt werden.

DIE REISE IN DIE OBERWELT: EINE ERWEITERUNG IHRES ERFAHRUNGSHORIZONTS

Diese Übung wird Sie lehren, schamanische Reisen in die Oberwelt zu nutzen, um Zugang zu Informationen über spezielle kreative Techniken und Anwendungen zu bekommen.

Nach Ihren Erlebnissen bei der Reise in die Unterwelt wollen Sie nun vielleicht eine Reise in die Oberwelt ausprobieren. Wie Sie sich vorstellen können, muss zum Aufstieg in die obere Welt eine andere Route eingeschlagen werden. Zwischen Unterwelt- und Oberwelt-Reisen gibt es grundsätzliche Unterschiede. Die Erfahrungen, die Wesen und die Natur der Orte sind anders. Noch einmal möchte ich hier darauf hinweisen, dass die Ober- und die Unterwelt der schamanischen Tradition nichts mit dem Himmel und der Hölle der christlichen Tradition gemein haben – sie sind völlig anders. Meine eigene Erfahrung hat mir gezeigt, dass Reisen in die Unterwelt immer sehr erdig und körperlich sind. Sie neigen dazu, uns mit sinnlichen Urbildern zu konfrontieren. Meine Reisen in die Oberwelt bewegen sich immer dem Licht, Mustern und der Abstraktion entgegen. Wenn ich beispielsweise wissen wollte, wie ich eine Tonschüssel machen soll, würde ich in die Unterwelt reisen. Wenn ich diese Schüssel mit heiligen geometrischen Mustern versehen wollte, würde ich in die Oberwelt reisen. Die beste Art, den Unterschied herauszufinden, ist, es selbst auszuprobieren.

Ihre Absicht für diese Reise ist ein Besuch und die Erkundung der Oberwelt. Ganz ähnlich, wie Sie die Tür zu der Unterwelt entdeckt haben, müssen Sie sich jetzt eine Methode vorstellen, wie Sie in die obere Welt hinaufgelangen können. Um den Eingang zur Oberwelt zu finden, können Sie nach denselben Methoden wie bei der Suche nach dem Eingang in die Unterwelt vorgehen. Verwenden Sie die Technik des Traumzustandes und der Bitte um Führung im Wachzustand, und halten Sie dieses Mal nach einem Weg nach oben Ausschau. Es könnte eine Öffnung sein, die auf einen Dachboden führt. Viele Schamanen in

Stammeskulturen lebten in Hütten mit einer Lüftungsöffnung in der Mitte der Decke, die als Rauchabzug für das in der Mitte der Hütte entfachte Feuer diente. Oft war das ihr Weg nach oben. Eine andere weit verbreitete Aufstiegsmethode ist der »Weltenbaum«. Dieser mythische Baum reicht von der Unterwelt in die mittlere Welt und bis in die Oberwelt. Durch den Abstieg entlang seiner Wurzeln gelangt man in die Unterwelt. Durch Hochklettern über seine Zweige gelangt man ganz oben in die Wipfel der Oberwelt. Suchen Sie sich Ihren Weg. Stellen Sie sich einen Baum oder einen anderen Pfad vor, der Sie in die Oberwelt bringt.

Wenn das Trommeln einsetzt, stellen Sie sich Ihren Baum oder Eingang vor und wie Sie hochklettern. Schauen Sie nach oben und suchen Sie die Stelle, an der es sich so anfühlt, als ob Sie in eine andere Welt eintauchen würden. Das kann sich so anfühlen, als ob Sie aus einem Loch in der Erde herausklettern würden. Erinnern Sie sich daran, wie Jack sich gefühlt haben muss, als er die Bohnenranke emporkletterte und plötzlich im Land der Riesen landete. Klettern Sie weiter, fliegen oder schweben Sie weiter hoch, bis Sie in die andere Welt gelangen. Klettern Sie nach oben und durch die Öffnung hindurch.

Erforschen Sie diese neue Welt. Achten Sie darauf, in welcher Hinsicht sie sich von der Unterwelt unterscheidet. Glauben Sie, Sie könnten sagen, in welcher Welt Sie sich befinden, wenn Sie vergessen hätten, in welche Richtung Ihre Reise ging? Wenn Sie Leute oder Tiere sehen, stellen Sie ihnen Fragen. Bitten Sie sie, Sie herumzuführen. Wenn nicht, wandern Sie einfach umher. Wenn Sie das Rückkehrsignal der Trommel hören, gehen Sie auf demselben Weg zurück, den Sie gekommen sind, und begeben Sie sich wieder in Ihren Körper.

Bleiben Sie einen Augenblick ruhig liegen. Sammeln Sie Ihre Gedanken. Erinnern Sie sich an so viele Einzelheiten der Reise wie möglich. Zeichnen Sie Ihre Reise in Ihrem Tagebuch auf. Auch in diesem Falle ist es wichtig, Zeichnungen, Karten oder Diagramme von dem, was Sie gesehen, gehört oder gefühlt haben, anzufertigen. Damit vertiefen Sie Ihre Beziehung zu Ihrer Erfahrung.

Es kann sein, dass Ihnen Ihre ersten Reisen etwas gezwungen und unbeholfen vorkommen. Das geht vorbei. Sie werden sich bald geschickt und entspannt bei den Übergängen in die Traumwelt fühlen.

Ihre ersten Reisen scheinen noch in hohem Maße von Ihrer eigenen Vorstellungskraft abzuhängen. Machen Sie sich darüber keine Gedanken. Wenn Sie dem Vorgang erst trauen, wird Sie die Genauigkeit und Bedeutsamkeit der Informationen, die Sie von Ihren Reisen mit zurückbringen, in Erstaunen versetzen. Sie werden merken, dass es weit über das hinausgeht, was Sie sich nach eigener Auffassung vorstellen könnten.

Erforschung und Aufdeckung

Schamanische Reisen sind für sich allein genommen schon interessant und nützlich, doch unsere Aufgabe besteht im Lernen, wie wir sie nutzen und auf den Prozess des Kunstschaffens oder andere kreative Tätigkeitsbereiche anwenden können. Dazu wollen wir uns drei Reisen ansehen, die für den Traumkünstler äußerst hilfreich sein können. Das sind die Reise, um sein Krafttier zu finden, die Reise, um seinen künstlerischen Mentor zu finden, und die Reise zum Großen Museum. Mit diesen Reisen können wir Beziehungen zu unseren Führern in der Traumwelt aufbauen und Orte aufsuchen, die uns Inspiration verleihen und Lehren erteilen können.

Bei der ersten der drei Reisen geht es darum, einen Verbündeten und Führer zu finden, den wir Krafttier nennen. Ein Krafttier ist ein Schutzgeist, der die Form eines Tieres annimmt, um uns zu schützen, zu führen und mit neuer Kraft zu erfüllen. Möglicherweise spüren Sie bereits eine enge Verbindung zu einem bestimmten Tiertotem. Sie haben vielleicht bereits ein Krafttier und wissen es nur nicht. Die Aborigines glauben, immer wenn ein Mensch geboren wird, werde in der Wildnis eine Zwillingsseele in Gestalt eines Tiers geboren. Sie können auch zu bestimmten Zeiten mehrere Krafttiere haben. Meine wichtigsten Krafttiere sind der Wolf, die Eule und der Eisbär. Verwandtschaftliche Beziehungen habe ich zum Habicht und eine medizinische Beziehung zum Hirsch und zur Schildkröte. Sie haben mich auf vielen Reisen in die Traumwelt geführt und begleitet. Der Wolf hilft mir, einen Ausgleich zu finden zwischen meinem Bedürfnis, mit anderen zusammen zu sein, und meinem Bedürfnis, meine Zeit alleine zu verbringen. Der Eisbär gibt mir Stärke, Mut und ein gewisses Maß an Spaß am Spielen. Die Eule dient meinem Bedürfnis, die Dinge zu wissen und zu verstehen. Außerdem ist Sie meine Führerin in die Oberwelt.

Als Traumkünstler sollten Sie nach einem Krafttier Ausschau halten, das Ihnen bei der Aufgabe hilft, Ihre Träume in Form von Kunst zu manifestieren. Das Krafttier, das Sie für diesen Zweck anziehen, kann zu einem der wichtigsten Krafttiere Ihres Lebens werden oder aber zu einem sekundären Hilfsgeist, der Ihnen helfen kann, wenn Sie sich auf einer Reise auf der Suche nach künstlerischer und spirituell ausgerichteter Inspiration befinden.

❀

DIE REISE AUF DER SUCHE NACH IHREM KRAFTTIER

Auf dieser Reise werden Sie dem Geist, der Ihnen als Führer und Beschützer dient, eine Gestalt verleihen.

Mit dieser Reise verfolgen Sie die Absicht, Ihr Krafttier zu treffen. Halten Sie sich an die Anleitungen für die Reise in die Unterwelt oder in die Oberwelt. Wenn Sie am anderen Ende des Tunnels angekommen oder durch das Loch im Himmel zur Oberwelt hindurchgeklettert sind, rufen Sie ein Krafttier zu sich. Bitten Sie darum, dass Ihnen ein Krafttier begegnen möge. Wenn sich Ihnen nicht gleich etwas zeigt, erkunden Sie ein bisschen die Landschaft. Wenn Ihnen ein Tier begegnet und bei Ihnen bleibt, ist das aller Wahrscheinlichkeit nach Ihr Krafttier. Wenn Sie viele Tiere treffen, halten Sie nach einem Tier Ausschau, das sich Ihnen dreimal zu verschiedenen Zeiten zeigt. Das wird Ihr Krafttier sein. Manche Lehrer empfehlen, keine engen Verbindungen mit Insekten, Reptilien oder Haustieren einzugehen, aber ich bin der Meinung, dass die Geister dieser Kreaturen durchaus kraftvolle Helfer für Traumkünstler sein können. Könnte sich ein Weber ein nützlicheres Krafttier als eine Spinne wünschen? Als Maler wünsche ich mir oft, dass meine Pinselstriche genauso geschmeidig und gewunden wären wie die Spuren einer Schlange im Sand. Als Fotograf habe ich viel von der Lautlosigkeit meiner Katzen gelernt.

Wenn Ihr Krafttier sich Ihnen zeigt, fragen Sie es, wie Sie es in Zukunft rufen können. Bitten Sie es, Ihnen die Gegend zu zeigen. Es kennt die Traumwelt um einiges besser als Sie. Wenn Sie Lust haben, mit Ihrem Krafttier zu rennen, zu schwimmen, zu klettern, zu fliegen oder zu spielen, tun Sie es. Sehen Sie sich Ihr Krafttier genau an, ob es vielleicht irgendwelche ungewöhnlichen Kennzeichen hat. Was unterscheidet diese Eule von anderen Eulen?

Wenn Sie das Trommelzeichen zur Rückkehr hören, danken Sie Ihrem Krafttier und kehren auf demselben Weg, den Sie gekommen sind, in Ihren Körper zurück. Schreiben Sie alles auf, an das Sie sich von Ihrer Reise erinnern können. Wenn Sie Ihr Krafttier malen können, malen Sie es in Ihr Tagebuch.

Ihr Krafttier ehren

Um die Beziehung zu Ihrem Krafttier im wachen Leben lebendig zu erhalten, können Sie Folgendes tun:

1. Zeichnen oder malen Sie Ihr Krafttier.

2. Besuchen Sie einen Zoo, einen Wildpark oder machen Sie einen Ausflug in die Natur und fotografieren Sie Ihr Krafttier.

3. Schnitzen Sie sich eine Holzfigur Ihres Krafttiers oder fertigen Sie sich eine Skulptur aus Speckstein, Gips, Ton oder anderem Modelliermaterial an.

4. Schneiden Sie Bilder von Ihrem Krafttier aus Zeitschriften aus, oder kaufen Sie sich Fotos oder Poster von dem Tier, um sie an die Wand zu hängen oder in Ihr Tagebuch einzukleben.

5. Sammeln Sie Dinge, die Ihr Krafttier verloren, abgeworfen oder hinterlassen hat (Geweih, Federn, Abdrücke von Spuren).

6. Tanzen Sie wie Ihr Krafttier. Legen Sie Musik auf und bewegen Sie sich, wie sich Ihr Krafttier bewegen würde. Tanzen Sie, wie Ihr Krafttier tanzen würde. Werden Sie zu Ihrem Krafttier. Erleben Sie die Welt, wie Ihr Krafttier sie erleben würde.

7. Achten Sie darauf, wann Ihnen Ihr Krafttier oder ein Bild von ihm im alltäglichen Leben begegnet. Hören Sie auf seine Botschaft.

8. Füttern Sie Ihr Krafttier mit Gaben, die Sie in der Natur für es hinterlassen. Ich füttere beispielsweise den Geist des Wolfs mit Hundecrackies, die ich auch auf meine Spaziergänge durch mein Wohnviertel mitnehme. Immer wenn ich einen Hund füttere, tue ich es mit der Intention, mein Krafttier damit zu ehren.

9. Wenn Ihr Krafttier zu einer Tierart gehört, die vom Aussterben bedroht ist, können Sie für diese Spezies aktiv werden. Spenden Sie Geld oder opfern Sie Zeit, um das Leben der Wildtiere und ihr Habitat zu erhalten.

Ihr Krafttier wird Ihnen auf den nächsten beiden Reisen, die Sie unternehmen werden, helfen. Bei der ersten geht es darum, einen künstlerischen Mentor zu finden. Ihr künstlerischer Ratgeber kann sich Ihnen in Gestalt eines berühmten Künstlers zeigen. In seinem Buch *Dreamgates* (Deutsch: *Traumtore*) berichtet Robert Moss, dass er einen Führer traf, der die Gestalt Albrecht Dürers hatte. Moss ist sich der Tatsache ganz klar, dass es nicht *der* Dürer war, sondern ein Führer in Gestalt von Dürer. Ihr Mentor sieht vielleicht wie Picasso, Matisse oder Monet aus. Er kann aber auch eine völlig andere Gestalt annehmen, die keinem berühmten Künstler gleicht. Ihr künstlerischer Mentor in der Traumwelt wird Sie anleiten, wie Sie Ihre Traumbilder am besten manifestieren und in der alltäglichen Wirklichkeit umsetzen können. Mit der Zeit können es auch mehrere künstlerische Ratgeber werden, aber zunächst wollen wir uns auf einen konzentrieren.

Die Reise auf der Suche
nach Ihrem künstlerischen Mentor

*Auf dieser Reise werden Sie dem Geist, der Sie als
Traumkünstler lehrt und inspiriert, eine Form verleihen.*

Mit dieser Reise verfolgen Sie die Absicht, Ihren künstlerischen Mentor in der Traumwelt zu treffen.

> Sie wünschen sich einen Mentor, der freundlich und mitfühlend ist, aber auch einen, der nur das Beste von Ihnen erwartet. Ihr Mentor kann spielerisch und humorvoll oder feierlich und ernst sein, aber Sie möchten auf jeden Fall jemanden, den Sie um Rat fragen können.

Stellen Sie sich einen idealen Lehrer vor, der Ihnen auf genau die Weise, wie Sie es lernen wollen, genau das beibringt, was Sie lernen müssen. Dieser Führer beantwortet Ihnen technische Fragen, aber seine wirkliche Rolle ist es, Ihren kreativen Geist zu nähren. Behalten Sie diese Eigenschaften im Gedächtnis, wenn Sie Ihre Reise beginnen.

Auch in diesem Fall haben Sie die Wahl, in die Unterwelt oder in die Oberwelt zu reisen. Sobald Sie in der Traumwelt angekommen sind, rufen Sie Ihr Krafttier zu sich. Sie sollten es gleich sehen. Bitten Sie Ihr Krafttier, Sie zu Ihrem künstlerischen Mentor zu führen. Die Art und Weise, wie Sie mit Ihrem Krafttier reisen, wird immer wieder anders sein. Manchmal wird Ihr Krafttier mit Ihnen an einen Ort fliegen, und Sie werden die Landschaft sehen, die Sie überfliegen. Manchmal werden Sie ihm zu Fuß oder über das Wasser folgen. Manchmal wird Sie Ihr Krafttier in eine Nebelwolke führen und genau auf der anderen Seite des Nebels wird sich Ihr Bestimmungsort befinden. Manchmal werden Sie genau dort auftauchen, wo Sie sein müssen.

Wenn Sie Ihr Krafttier zu Ihrem künstlerischen Mentor führt, beobachten Sie Ihre Umgebung und die äußere Erscheinung des Mentors. Sprechen Sie mit Ihrem künstlerischen Berater. Stellen Sie ihm Fragen. Fragen Sie ihn, mit welchem Namen Sie ihn rufen sollen, wenn Sie ihn brauchen. Bitten Sie ihn, Ihnen zu zeigen, woran er gerade arbeitet. Sie interviewen diese Person sozusagen, um zu sehen, ob er sich für die Rolle Ihres künstlerischen Ratgebers eignet. Sie müssen sich mit diesem Hilfsgeist wohl fühlen. Wenn das nicht der Fall ist und Sie das Gefühl haben, Sie werden über den Tisch gezogen oder zu etwas gezwungen, was Sie nicht wollen, gehen Sie einfach weg. Ihr Krafttier wird Sie schützen und kann Sie in Sekundenschnelle von diesem Ort wegbringen. Das passiert äußerst selten, aber es ist wichtig zu wissen, dass Sie auch in der Traumwelt die Macht darüber haben, auf welche Beziehungen Sie sich einlassen wollen.

Wenn Ihnen Ihr künstlerischer Mentor gefällt, fragen Sie ihn, wie Sie ihn wieder treffen können und welche Fragen Sie ihm stellen dürfen. Verbringen Sie etwas Zeit mit Ihrem künstlerischen Berater. Wenn Sie das Trommelsignal zur Rückkehr hören, bedanken Sie sich bei Ihrem künstlerischen Mentor, verabschieden Sie sich und bitten Sie Ihr Krafttier, Sie an den Durchgang zur Wachwelt zurückzubegleiten. Kehren Sie in Ihren Körper zurück, und verbringen Sie eine Zeit lang damit, sich an alle Einzelheiten dieser Erfahrung zu erinnern. Notieren Sie das Erlebte in Ihrem Tagebuch.

Ihren künstlerischen Mentor ehren

Zur Vertiefung Ihrer Beziehung zu Ihrem künstlerischen Mentor können Sie folgende Ideen in Betracht ziehen:

1. Fertigen Sie von Ihrem künstlerischen Mentor eine Zeichnung in Ihrem Tagebuch an. Wenn Sie nicht zu Ihrer Zufriedenheit zeichnen können, fotokopieren Sie einfach ein Bild aus einem Buch heraus, oder schneiden Sie eines aus einer Illustrierten aus. Das ist leicht, wenn sich Ihnen Ihr künstlerischer Berater in Gestalt von Pablo Picasso oder Isadora Duncan gezeigt hat. Es ist nicht schwer, Fotos von diesen Personen zu finden. Andernfalls müssen Sie ein Bild von jemandem finden, der Ihrem künstlerischen Ratgeber ähnlich sieht oder der bei Ihnen die gleichen Gefühle auslöst wie er.

2. Zeichnen Sie das Atelier oder den Arbeitsplatz Ihres künstlerischen Mentors oder fertigen Sie eine Karte davon an.

3. Machen Sie etwas nach, an dem Ihr künstlerischer Berater gearbeitet hat.

4. Sollten Sie irgendwelche Zeichen oder Symbole um Ihren künstlerischen Mentor herum oder in seine Kleidung gewebt bemerkt haben, können Sie diese reproduzieren.

5. Legen Sie einen Zettel mit dem Namen Ihres künstlerischen Mentors um eine Kerze herum, und zünden Sie sie zu Ehren seiner kreativen Führung an.

6. Schreiben Sie sich in einen Kurs ein, bei dem Sie eine bestimmte Kunstrichtung oder -technik lernen. Suchen Sie sich einen Lehrer aus, der ähnliche Eigenschaften wie Ihr künstlerischer Mentor hat.

Ich habe meinen ersten künstlerischen Mentor in einem wundervollen Atelier in einem Wald aus Mammut- und Redwoodbäumen getroffen. Ich kletterte auf einer Wendeltreppe, die um einen Baumstamm lief, mindestens zehn Stockwerke nach oben. Hoch oben in den Bäumen, direkt unter dem Blätterdach, fand ich ein dreieckiges Baumhaus, das zwischen drei Bäume hineingebaut war. Um das Baumhaus herum, das drei Stockwerke hoch war, lief eine hölzerne Veranda. Mein künstlerischer Mentor war ein alter Mann mit weißem Haar und einem breiten Lächeln, bei dem seine Zähne sichtbar wurden. Er sagte, ich könne ihn Wally nennen. Das war der Name meines ersten Kunstlehrers im College, der ein guter Freund von mir wurde und vor ein paar Jahren gestorben war. Der alte Mann beschrieb sich selbst in der Hauptsache als Kartograph und zeigte mir die Karten, die er zeichnete und malte. Sie waren atemberaubend schön. Manche waren mit Edelsteinen verziert, andere mit einem goldenen Faden genäht. Mir ist es nie gelungen, das, was ich ihn machen sah, genau nachzuahmen, doch habe ich verschiedene Teile und Ideen davon mit zurückgebracht, die ich in meine Arbeit einfließen ließ. Ich habe viele Stunden in Wallys Atelier und mit Ausflügen zu den Orten verbracht, die er mir zeigen wollte.

Einen dieser Orte habe ich das »Große Museum« getauft. Es ist das Museum für alle Werke, von deren Erschaffung die Künstler jemals geträumt haben. Stellen Sie sich einfach eine Kombination aus dem Louvre von Paris, den Smithsonian Museums in Washington D.C., dem Metropolitan Museum in New York, dem russischen Hermitage-Museum in Leningrad (Petersburg) und vielleicht noch der vatikanischen Kunstsammlung vor. All das zusammengenommen kommt bei weitem noch nicht an die Sammlung des Großen Museums heran, das ich in der Traumwelt besichtigt habe. Sie können in der Traumwelt Ihr eigenes Großes Museum finden. Ihr künstlerischer Mentor kann Ihnen den Weg dorthin zeigen.

✿

Die Reise zum Grossen Museum

Auf dieser Reise werden Sie der Quelle Ihres kreativen Erbes
eine Form geben. Suchen Sie den Ort, an dem Sie beobachten,
lernen und entdecken können.

Mit dieser Reise verfolgen Sie die Absicht, das Große Museum zu besuchen. Diese Sammlung von Kunstwerken und Kunstgegenständen aus der Vorgeschichte bis in die ferne Zukunft wird Ihnen stets etwas Neues und Wunderbares zu offenbaren haben.

> So wie Sie sich für Ihre praktische kreative Arbeit an Ihren künstlerischen Mentor um Rat und Führung wenden, können Sie auch das Große Museum besuchen, um dort Inspiration zu finden.

In dem Großen Museum können Sie nicht nur Kunst aus der Vorgeschichte bewundern. Sie können sogar in die Höhlen selbst hinabsteigen und sich die Kunstwerke in ihrem Kontext ansehen. Sie haben auch die Wahl, die Künstler zu treffen und ihnen bei der Arbeit zuzuschauen. Das Große Museum ist für Sie ein grenzenloser Schatz an Ideen und Bildern.

Sobald Sie in der Traumwelt angekommen sind, rufen Sie Ihr Krafttier zu sich und besuchen Ihren künstlerischen Mentor. Bitten Sie darum, dass Ihnen das Große Museum gezeigt wird. Es kann sein, dass Sie Ihr künstlerischer Berater selbst begleitet oder Ihrem Krafttier Anweisungen gibt. Auch hier können Sie auf alle möglichen Arten reisen, doch immer werden Sie schließlich im Großen Museum landen.

Nehmen Sie sich bei Ihrem ersten Besuch Zeit. Sie werden nicht alles anschauen können. Sehen Sie sich gut um, und lernen Sie, sich zurechtzufinden. Halten Sie nach Karten, Stockwerksplänen und Museumswächtern Ausschau. Wenn Sie alleine reisen, fragen Sie, wohin Sie gehen sollen. Wenn Sie mit Ihrem künstlerischen Mentor unterwegs sind, lassen Sie sich bei Ihrer ersten Besichtigung von ihm führen. Bitten Sie ihn, ein berühmtes Kunstwerk sehen zu dürfen, das Ihnen bekannt ist. Sieht es so aus wie in Ihrer Erinnerung? Wenn es anders aussieht, achten Sie darauf, was anders ist.

Denken Sie immer daran, dass das, was Sie dort sehen, der ursprüngliche Geist des Gemäldes ist, der in Ihrer Wirklichkeit des Wachzustandes manifestiert wurde.

Fragen Sie außerdem nach Information über den spirituellen Zweck eines bestimmten Kunstwerkes oder versuchen Sie ihn zu erkennen. Was war die Absicht dahinter? Manchmal finde ich diese Information auf den Kärtchen neben den Kunstwerken, und manchmal muss ich auch danach fragen.

Wenn Sie das Signal zur Rückkehr hören, bitten Sie Ihr Krafttier, Ihnen den Weg zurück zum Ausgang in die Wachwelt zu zeigen. Vergessen Sie nicht, sich bei Ihrem künstlerischen Mentor und Ihrem Krafttier zu bedanken. Kehren Sie in Ihren Körper zurück, und nehmen Sie sich die Zeit, um das Abenteuer noch einmal nachzuerleben. Schreiben Sie so viele Einzelheiten wie möglich von Ihrer Reise auf, an die Sie sich erinnern.

Die Besichtigung des Großen Museums würdigen

Folgende Vorschläge sind dazu gedacht, das Große Museum zu einem wirklichen Ort in der alltäglichen Wirklichkeit zu machen:

1. Besuchen Sie wirkliche Museen. Nehmen Sie sich vor, einmal im Monat ein Museum oder eine Kunstgalerie zu besuchen. Achten Sie darauf, was Ihnen an den Museen besonders gut gefällt.

2. Sammeln Sie Postkarten und Bilder von Kunstwerken, von denen Sie sich besonders angezogen fühlen oder die starke Gefühle bei Ihnen auslösen. Kleben Sie sie in Ihr Traumkünstlertagebuch ein.

3. Zeichnen Sie aus dem Gedächtnis eine Karte oder einen Plan des Großen Museums. Fügen Sie nach jeder Reise dorthin neue Einzelheiten hinzu. Wenn Sie genügend Reisen unternommen haben, können Sie sich überlegen, ob Sie eine große Karte von dem Museum anlegen wollen. Machen Sie ein Kunstprojekt daraus.

4. Skizzieren, zeichnen, malen oder beschreiben Sie die Kunstwerke, die Sie im Großen Museum gesehen haben.

5. Besuchen Sie das Große Museum in einem nächtlichen Traum mit der Methode der Trauminkubation (siehe Kapitel 4).

Ich habe eine Freundin, die jedes Mal, wenn sie das Große Museum besucht hat, einen Beitrag in der Wachwelt leistet. Genauso, wie man in manchen Museen Eintritt bezahlen muss, legt sie jedes Mal, wenn sie das Große Museum in ihren Träumen besucht, einen Dollar in einen Spartopf. Sie benutzt dieses Geld später, um sich in der alltäglichen Welt Zeichenbedarf zu kaufen oder Museen zu besichtigen, für die Eintritt oder eine Spende verlangt wird. Das hilft ihr, eine spürbare Verbindung zwischen ihren Reisen in die Traumwelt und ihrem Alltagsleben herzustellen.

Kurze Anmerkung zu Reisen in die mittlere Welt

Bisher war noch nicht die Rede von Reisen in die mittlere Welt. Ich bin im Kapitel über das Wechseln der Wahrnehmungsebene kurz darauf eingegangen, doch Sie können sich natürlich auch mit den Techniken der schamanischen Reise Zugang zur mittleren Welt verschaffen.

Reisen in die mittlere Welt stellen eine Methode dar, um im Geist zu vertrauten Plätzen Ihrer Wachwelt zu reisen.

Schamanen verwenden Reisen in die mittlere Welt beispielsweise, um gute Jagdgründe für Wild ausfindig zu machen, weit entfernt lebende Verwandte zu besuchen, in die Vergangenheit oder Zukunft zu reisen und um verschwundene Menschen oder verloren gegangene Gegenstände wiederzufinden. Solche Reisen können äußerst nützlich sein.

Reisen in die mittlere Welt verlaufen ähnlich wie die Reisen in die Oberwelt und Unterwelt. Wenn das Trommeln beginnt, begeben Sie sich zu Ihrem üblichen Ausgangspunkt für eine Reise in die Oberwelt. Überlegen Sie sich, was Sie mit dieser Reise genau beabsichtigen (»Ich möchte wissen, wie es mit der Gesundheit meiner Tante Susanne steht« oder »Ich möchte das Haus besuchen, in dem ich aufgewachsen bin«). Rufen Sie vor dem Aufstieg Ihr Krafttier zu sich und bitten Sie es, Sie an einen bestimmten Ort zu bringen, den Sie aus Ihrem wachen Leben kennen. Ihr Krafttier wird Sie zu der Traumversion dieses Ortes hinfliegen oder hintransportieren. Bitte denken Sie daran, dass das, was Sie hier sehen, nicht unbedingt das sein muss, was in der Wachwelt tatsächlich geschieht. Was Sie hier sehen, ist eine Antwort auf Ihre Frage oder Bitte.

Für Traumkünstler kann eine Reise in die mittlere Welt eine gute Methode sein, um herauszufinden, welche Art von Bild oder Gegenstand bestimmte Menschen brauchen, um geheilt zu werden, etwas zu lernen, mit neuer Kraft erfüllt zu werden und um etwas Magisches in ihr Leben zu bringen.

Sie haben nun die Werkzeuge, Techniken und Quellen, die Sie brauchen, um mit der dynamischen Umsetzungsarbeit des Traumkünstlers zu beginnen. Sie haben zwar die ganze Zeit schon diese Techniken ausprobiert, doch nun ist es an der Zeit, uns näher mit den Prozessen des Suchens, Anordnens, Veränderns und Erschaffens zu beschäftigen – den Techniken, die Sie benutzen werden, um Ihre Träume so weit zu verlangsamen, bis sie physische Form annehmen.

Das Geschenk dieses Kapitels ist ein *Heiligtum*.
Sich einen Arbeitsplatz zu schaffen, bedeutet einen
geschützten Ort für Ihre kreative Seele zu schaffen.
Doch ein Heiligtum bietet uns mehr als nur Schutz.
Es stellt einen Ort dar, an dem wir uns verjüngen
und neue Energie tanken können.
Die Vorschläge und Übungen in diesem Kapitel
werden Ihnen helfen, sich Ihren eigenen heiligen
Raum zu schaffen.

Kapitel 6

Heiliger Raum: *Im Atelier* eines Traumkünstlers

Denn die Geisteskraft des Zauberers ist nicht auf den Bereich innerhalb der Gemeinschaft begrenzt; sie ist am Rande der Gemeinschaft angesiedelt, denn sie vermittelt zwischen der menschlichen Gemeinschaft und der größeren Gemeinschaft von Wesen, von denen die Dorfgemeinschaft für ihre Ernährung und ihr Überleben abhängt.

DAVID ABRAM

The Spell of the Sensuous:
Perception and Language in a More-Than-Human World

In seinem Buch *The Spell of the Sensuous* (Deutsch: *Der Zauber der Sinne*) weist der Autor David Abram darauf hin, dass die Schamanen von Stammesgemeinschaften in Südostasien tendenziell in ihren Dörfern an einem ganz besonderen und bedeutungsvollen geographischen Ort wohnen. Sie leben nicht wie die Priester oder religiösen Würdenträger in der Mitte des Dorfes und führen auch nicht das abgeschiedene Leben eines Mystikers oder Asketen. Wenn sich das Dorf auf einer Lichtung in der Nähe eines dichten Waldes befindet, wird der Schamane – als Teil der Gemeinschaft und gleichzeitig als Andersartiger – immer am Waldrand wohnen.

Abrams Erklärung dafür ist, dass der Schamane sich buchstäblich und symbolisch in zwei Welten bewegen muss – in der traumähnlichen und oft verzauberten Welt des Waldes und der rationalen geordneten Welt der Gesellschaft. Das ist eine nützliche Vorstellung, an die wir uns erinnern wollen, wenn wir uns nun damit zu beschäftigen beginnen, wie wir als Traumkünstler arbeiten werden. Denn:

Den Weg des Traumkünstlers zu gehen bedeutet nichts anderes als die Kunst, gleichzeitig in vollen Zügen in der Wachwelt und in der Traumwelt zu leben.

Wo wir arbeiten, womit wir uns umgeben und welche Beziehung wir zu unseren Werkzeugen haben, ist oft genauso wichtig wie das, was wir tun.

Für einen Traumkünstler sind der Ort und der Raum wichtig. Welchen Ort Sie sich für Ihre Arbeit aussuchen, kann Sie in hohem Maß beeinflussen. Die Qualität eines Gebäudes, eines Zimmers, einer Zimmerecke oder eines Schreibtischs spielt eine wesentliche Rolle. Die Bilder, mit denen Sie sich umgeben, können Ihre Kreativität anregen oder ersticken. Die Beziehung, die Sie zu Ihren Werkzeugen haben, gibt Ihnen Kraft. Als Traumkünstler sensibilisieren Sie Ihr Selbst für den Geist oder die lebendige Essenz materieller Dinge und Orte, so dass dadurch nicht nur das, was Sie tun, beeinflusst wird, sondern auch die Art, wie Sie es tun, wo Sie es tun und mit welchen Instrumenten. Die Versuchung ist groß, diesen Aspekt unbeachtet zu lassen und sich lieber gleich an die Arbeit zu machen, aber er ist ein wichtiger *Bestandteil* der Arbeit. Die Wahl eines Ateliers, das Errichten eines Altars oder Schreins für Ihre kreativen Energien und das Schaffen einer heiligen Beziehung zu Ihren Werkzeugen gehören alle zum Entstehungsprozess des Traumkünstlers dazu. Denken Sie immer daran:

Als Traumkünstler zu leben ist im selben Maße eine Seinsweise wie eine Handlungsweise.

Ausrüstung:
Mit Musik einen heiligen Raum definieren

Ich kann mir nicht vorstellen, ein Atelier ohne Musik zu schaffen. Ich kann mir auch nicht vorstellen, ohne Musik zu arbeiten. Es gibt Musik, die meine Stimmung hebt und mich mit neuer Energie erfüllt. Diese Art von Musik lasse ich laufen, wenn ich körperliche Aufgaben zu

erledigen habe. Andere Musik hilft mir, auf eine andere Wahrnehmungsebene zu wechseln, indem sie mich bei methodischen, gleichför-
migen Arbeiten – wie dem Zeichnen von Mustern oder einem Design –
in einen leichten Trancezustand versetzt. Die Musik hilft mir, den
Raum und die Zeit, in der ich arbeite, als heilig zu definieren.

Nie war es leichter als heute, Musik zu finden, die sich für die
Trancearbeit gut eignet. Am Ende des Buches habe ich Ihnen einige
Empfehlungen zu Musik gegeben, die ich für mich und in meinen
Workshops verwende, aber ich möchte hier kurz einige allgemeinen
Grundsätze erklären, die Sie bei der Musikauswahl beachten können:

1. Stellen Sie sich einfach vor, die Musik, die Sie verwenden, sei Ihre
   persönliche Filmmusik. Diese bereitet uns im Film auf das vor, was
   im nächsten Moment passiert. Sie signalisiert das Auftreten bestimmter Figuren, indem sie das spezielle Thema dieser Figur mit
   der Hintergrundmusik vermischt. Wenn Sie regelmäßig dieselbe
   Musik für bestimmte Techniken benutzen (Aufwachen und Ener-
   giesteigerung, leichte Trance, tiefe Trance etc.), werden Sie bald
   merken, dass Sie bereits beim Hören der jeweiligen Musik wieder in
   diesen Zustand versetzt werden und in kürzester Zeit für die Arbeit
   bereit sind.

2. Die meisten New Age-Buchläden haben eine Musikabteilung mit
   CDs und Kassetten, die für diese Art von Arbeit perfekt sind. Meist
   können Sie in den Läden kurz in die Aufnahmen hineinhören.

3. Achten Sie darauf, wie viele Stücke die Aufnahme hat. Wenn sie
   weniger und längere Aufnahmen enthält, eignet sie sich wahrscheinlich besser für ununterbrochene Trancezustände. Wenn die
   Aufnahme aus vielen Musikstücken besteht, achten Sie darauf, dass
   diese sich ähnlich anfühlen, damit Sie nicht bei jedem neuen Stück
   aus Ihrem Trancezustand herausgerissen werden.

4. Je erkennbarer die Melodie ist, desto mehr wird die Musik dazu
   tendieren, Sie in ihre eigene Welt hineinzuziehen. Das ist nicht
   immer schlecht, wenn Sie die musikalische Welt erforschen wollen,
   die ein Künstler geschaffen hat.

5. Musik mit Text, den Sie verstehen, wird immer einen Teil Ihrer Aufmerksamkeit für sich in Anspruch nehmen. Auch das muss nicht unbedingt schlecht sein. Wenn ich beispielsweise anstrengende körperliche Arbeiten verrichte, höre ich dabei am liebsten Musik zum Mitsingen, auf die ich tanzen kann.

6. Benutzen Sie abwechselnd andere Musikstücke, um zu sehen, wie verschiedene Musikstile Sie beeinflussen. Wenn Sie klassische Musik mögen, probieren Sie einmal internationale Beatmusik aus. Wenn Sie lieber weiche, sanfte New-Age-Meditationsmusik ohne Rhythmus lieben, probieren Sie einmal etwas Urigeres, Rhythmischeres aus. Versuchen Sie verschiedene Filmmusikstücke. Wenn Ihnen der Ort gefallen hat, an den Sie ein bestimmter Soundtrack eines Films versetzt hat, stehen die Chancen gut, dass Sie durch diese Musik wieder direkt dorthin zurückversetzt werden. Versuchen Sie es einmal mit Soundtracks von Filmen wie *Doktor Schiwago*, *Lawrence von Arabien*, *Krieg der Sterne*, *Jenseits von Afrika*, *Der mit dem Wolf tanzt* oder *Titanic*, ohne sich dabei im Handumdrehen wieder an diese Orte entführt zu fühlen, und Sie werden verstehen, was ich meine.

7. Ziehen Sie auch Aufnahmen von Naturgeräuschen als Hintergrundmusik in Betracht. Von verschiedenen Gesellschaften werden Aufnahmen mit den Geräuschen des Regenwaldes, des Ozeans, eines Gebirgsbaches, der afrikanischen Savanne oder singender Wale angeboten. Manchmal werden diese Aufnahmen mit sanfter Synthesizermusik unterlegt. Andere Male sind es reine Aufnahmen von Naturgeräuschen. Naturaufnahmen können Ihr Bewusstsein und Ihre innere Haltung auf außerordentliche Weise beeinflussen – sie können Ihr Atelier buchstäblich in den Dschungel oder in ein Haus am Strand verlegen.

Im letzten Kapitel habe ich Ihnen empfohlen, sich für Ihre schamanischen Reisen einen tragbaren CD-Player oder Kassettenrekorder zu besorgen. Wenn Sie bereits einen haben, hat er sicher eingebaute Lautsprecher oder eine Buchse für Kopfhörer. Diese eignen sich ausgezeichnet für Übungen, bei denen Sie sich nicht bewegen; wenn Sie sich jedoch bewegen wollen, sind Lautsprecher besser. Falls Sie schon im Besitz eines tragbaren CD-Players sind und nicht viel Geld für eine Anlage ausgeben wollen, können Sie sich in einem Computergeschäft zwei kleine Multimedia-Lautsprecher besorgen. Die können Sie leicht mitnehmen, und sie kosten im Allgemeinen wenig, haben aber gleichzeitig eine gute Klangqualität, die einen kleinen Raum leicht ausfüllen kann.

Wenn Ihre Musiksammlung anzuwachsen beginnt, sollten Sie vielleicht damit beginnen, die Musik nach der Wirkung, die sie auf Sie hat, zu katalogisieren. Auf diese Weise können Sie die Musik gezielt einsetzen, um den heiligen Charakter Ihres Raumes und der Arbeit, die Sie verrichten, zu unterstreichen.

Das Atelier des Traumkünstlers

Ich liebe es, in ein Künstleratelier hineinzugehen, denn im Allgemeinen ist dort sehr viel Leben und Energie auf einen so kleinen Raum konzentriert. Ich habe schon viele Künstlerateliers besucht, und ich kann immer sagen, ob es sich dabei um einen aktiven Ort handelt oder einen, der nur noch von einem einst lebendigen kreativen Drang zeugt. Von der Art und Weise, wie der Künstler mit seinem Raum umgeht, lässt sich auch viel auf den Künstler schließen. Ein unaufgeräumter, chaotischer Raum lässt manchmal Schlüsse darauf zu, wie das Produkt des Künstlers aussehen wird, aber häufiger spiegelt es die Einstellung des Künstlers zu seiner kreativen Energie wider. Das ist nicht als Wertung gemeint. Große Kunst kann aus Chaos oder aus Ordnung entstehen. Doch manche Künstler haben eine mühsame, angstbesessene Beziehung zu ihrem kreativen Prozess, der sich in der Form, wie sie arbeiten, äußert. Einer der Mythen der modernen Kunst scheint tatsächlich die Vorstellung zu sein, dass Künstler funktionsunfähig, wütend, gequält sein müssen und zu Exzess und Missbrauch neigen. Da dieser Mythos so weit verbreitet ist, hat er die Tendenz, Chaotisches anzuziehen und – noch absurder – talentierte Künstler dazu zu verführen, Angst zu produzieren, um glaubwürdig zu erscheinen.

Doch wie bei allen Mythen steckt auch in diesem ein Körnchen

Wahrheit. Künstler fallen manchmal in tiefe Löcher, die der Rest von uns vermeidet. Sie erkunden häufig für uns den Exzess. Sie stellen sich ihren Schattenseiten und enthüllen die Schattenseiten unserer Kultur und Gesellschaft. Das sind auch schamanische Aufgaben. Der Schamane erlebt im Namen der Gemeinschaft den symbolischen Tod und die symbolische Wiedergeburt. Manchmal hadern Schamanen wie Künstler ein ganzes Leben lang mit der Arbeit, zu der sie berufen wurden. Schamanen führen ein exzentrisches, bisweilen exzessives Leben, um das heilige Gleichgewicht wiederherzustellen.

> Das Atelier des Künstlers wie der heilige Raum des Schamanen spiegeln die Arbeit wider, die darin verrichtet wird, und die Beziehung des Künstlers/Schamanen zu seiner Arbeit.

Als ich ans College kam, war einer meiner Lehrer der Künstler Wally Dreyer. Wally ist inzwischen gestorben, doch als ich noch ein Student war, hat er mich oft in sein Atelier eingeladen: eine alte Poststation auf einem wunderschönen bewaldeten Grundstück, das zu einem historischen Haus und Museum gehört. Er hat mir beigebracht, Wechselrahmen für meine Fotos herzustellen, meine Arbeit zu schätzen und auf die bestmögliche Weise zu präsentieren. Er hat mir beigebracht, wie man Kunstdrucke anfertigt und mich bei der Herstellung eines Gipsabdrucks für eine lebensgroße Bronzestatue mithelfen lassen, die seine Frau Gay kreierte. Er war ein Mentor für mich und hat mir in die Welt des Künstlers Eingang verschafft. Sein Atelier war wie sein Leben. Es bestand aus vielen Schichten hoch aufgetürmter und bunt verstreuter Erfahrungen, die dort in materieller Form verwirklicht oder dargestellt waren. Wally war Fotograf und Hersteller von Kunstdrucken, aber was er wahrscheinlich am besten konnte, war das Sammeln von Gegenständen. Alte Schilder, Nummernschilder, Maschinenteile, Fundgegenstände, Denkwürdigkeiten und ein Sammelsurium von Dingen, die viele für Schrott halten würden, fanden einen neuen Platz in Wallys Atelier. Alte Druckerpressen, Fotoausrüstungen, verwitterte Bilderrahmen und Stapel von Kunstdrucken und Bildern machten das Hindurchmanövrieren durch seinen Raum schwierig, aber für mich barg er immer die Verheißung von Schätzen, die nur darauf warteten, entdeckt zu werden. Das Gebäude, in dem er arbeitete, hatte für mich immer etwas höchst Bedeutungsvolles an sich. Es war immer ein heiliger Ort für mich.

Nun hat das Universum die Tendenz, sich in Zyklen zu bewegen, was in meinem Fall dazu geführt hat, dass ich mich heute, nahezu 20 Jahre später, in derselben alten Poststation wiederfinde. In den letzten Jahren habe ich es als Atelier für meine Schüler von der High School benutzt, die lernen, Traumkünstler zu werden. Durch Malen, Geschichtenerzählen, Bildhauern und Zeremonien wird so der Geist dieses Ortes weiter lebendig gehalten. Ich bin sicher, Wally würde sich freuen, wenn er wüsste, dass sein Atelier weiterhin Teil einer Tradition des kreativen Schaffens ist.

Ein Atelier ist ein Ort, an dem Kunst »geschaffen« wird. Es kann ein leeres Lagerhaus sein, ein ausgebauter Dachboden, ein Keller oder eine Garage, ein Zimmer, eine Kammer oder auch ein Schreibtisch. Der große bequeme Stuhl, auf dem ich sitze, wenn ich schreibe, ist eine Art Atelier für mich. Von ihm aus blicke ich auf eine Wand, die mit verschiedenen Gegenständen und Bildern dekoriert ist, welche für mich besondere Bedeutung haben. Neben mir befindet sich ein Altar mit Kerzen, die ich anzünde, bevor ich mit dem Schreiben beginne. In den Fenstern hängen Kristalle, die im spätmorgendlichen Licht ihre Regenbogen quer durchs Zimmer werfen. Darüber hinaus erfüllen Blumen und Pflanzen den Raum mit Farbe und dem frischen Duft von lebendigen Grünpflanzen.

Ein Atelier hat immer zwei Funktionen: eine praktische und eine spirituelle. Zwar haben wir uns bisher die meiste Zeit damit befasst, Zugang zur Welt des Geistes zu bekommen – mit der Suche nach Inspiration, Erleuchtung und Führung, etwas, das überall stattfinden kann –, aber das Schaffen von Kunst an sich ist im Grunde ein äußerst physischer Prozess. Für das Arbeiten mit Materialien und Werkzeugen brauchen wir Platz – einen Platz zum Arbeiten, einen Platz zum Aufbewahren des Materials, einen Platz zum Ordnen und Aufheben des Werkzeugs und einen Platz, um unsere Arbeit trocknen, aushärten oder einfach ruhen zu lassen.

Ein Atelier sollte dem Wesen des Werkzeugs und Materials, mit dem Sie arbeiten, würdig sein. Es sollte der Größe und Form Ihres kreativen Ausdrucks sowie der Logistik Ihrer persönlichen Arbeitsweise gerecht werden.

Wenn Sie sich dafür entscheiden, massive Steinblöcke mit Pressluft-hammern zu bearbeiten, brauchen Sie einen Ort, der leicht zugänglich ist, viel Platz zum freien Bewegen bietet und ein Raum ist, der Ihnen nicht wegen dauernder Konflikte mit verärgerten Nachbarn die Energie abzieht. Wollen Sie hingegen große Leinwände mit Acrylfarbe bemalen, brauchen Sie einfach nur eine freie Wand in einer Garage. Manchmal stellt der uns zur Verfügung stehende Raum eine Einschränkung dar, die uns hilft, ein geeignetes Ausdrucksmittel für unsere Arbeit zu finden. Die Geschichte ist voll von Künstlern, deren größte Kunstwerke eine Reaktion auf die Herausforderungen des Ortes waren, an dem sie arbeiten mussten. Man denke nur an Michelangelo und die Herausforderung, die die Größe, Form und Schwierigkeit des Bemalens des Deckengewölbes der Sixtinischen Kapelle für ihn darstellte. Die frühen Impressionisten malten bevorzugt auf kleine Leinwände, weil sie im Freien mit natürlichem Licht arbeiten wollten. Jackson Pollock bemalte hingegen riesige Leinwände, die den ganzen Fußboden seines winzigen Ateliers bedeckten. Er hatte deshalb beim Arbeiten nie Gelegenheit, einen Schritt zurückzutreten und sich das Ganze aus der Entfernung anzusehen.

Doch der wichtigste Grund für das Suchen oder Einrichten einer Art Atelier ist vielleicht, uns fortgesetztes Arbeiten an einem Werk zu ermöglichen. Sollten Sie jedes Mal, wenn Sie malen, mit Ton modellieren oder Holz schnitzen wollen, erst einmal wegräumen, aufbauen und putzen müssen, verbrauchen Sie den größten Teil Ihrer schöpferischen Energie bereits für die Vorbereitung. Als Künstler und Traumkünstler sollte es Ihnen möglich sein, intensiv an einem Werk zu arbeiten, das Sie liegen lassen und zu dem Sie leicht zurückkehren können, um daran weiterzuarbeiten.

Vielleicht gehören Sie ja zu den Glücklichen, die ihrer Traumkünstlerarbeit einen ganzen Raum widmen können, doch bereits eine Zimmerecke, ein kleiner Winkel oder eine Oberfläche, die allein Ihnen vorbehalten ist, reicht als Platz für Ihr Atelier häufig aus. Die prakti-sche Seite Ihres Ateliers wird bestimmt durch den Ihnen zur Verfügung stehenden Raum und das künstlerische Ausdrucksmittel, für das Sie sich entschieden haben. Versteifen Sie sich nicht auf etwas, das Sie nicht haben. Nicht den perfekten Raum zu haben, kann eine wunder-bare Ausrede sein, nicht kreativ tätig zu werden. Nicht mit dem Aus-drucksmittel arbeiten zu können, für das Sie sich entschieden haben, kann ebenfalls als gute Ausrede herhalten, um Ihre Entdeckungsreise zu den Quellen Ihrer Kreativität immer wieder zu verschieben. Suchen Sie sich einen Platz, egal wo.

Die zweite Funktion eines Künstlerateliers, und vielleicht die wichti-gere, ist seine spirituelle Funktion. Je nach der Weltanschauung oder Überzeugung eines Künstlers kann sein Atelier mehr oder weniger weltliche Qualitäten aufweisen. So kann ein Raum beispielsweise eine emotionale Atmosphäre ausstrahlen, die den Künstler bei seinen schöpferischen Prozessen beflügelt. Er kann ihn in schwierigen Zeiten psychologisch unterstützen und ihm den Rücken stärken. Er kann ihn mit neuer Energie für seine Arbeit erfüllen. Ein Traumkünstler würde diese Wirkung dem Geistführer oder Hilfsgeist des Ortes zuschreiben. Auf jeden Fall ist es dieser Geist, der ein Atelier zu einem heiligen Raum macht.

Für einen Traumkünstler wird der heilige Raum eines Ateliers durch drei Dinge definiert: durch Intention, durch die Fähigkeit, darin Wert-volles oder Angenehmes zu finden, nach dem man nicht gesucht hat, und durch Disziplin. Vielleicht haben Sie das Glück, einen Ort zu übernehmen, der bereits von einem bestimmten Geist erfüllt ist, wie in meinem Falle die alte Poststation meines Mentors. Dennoch müssen Sie die Verantwortung übernehmen, den heiligen Charakter dieser Stätte weiterhin aufrechtzuerhalten. Wenn Sie hingegen mit dem ein-zigen Ort anfangen, den Sie finden konnten, und ihn erst zu einem heiligen Raum machen und ihn einem bestimmten Zweck weihen müssen, sollten Sie zunächst einmal wissen und verstehen, was einen Ort und insbesondere ein Atelier zu einem heiligen Raum macht.

Stellen Sie sich Ihr Atelier – egal wie groß oder klein es ist – als heiligen Boden vor, der dem Geist der Kreativität geweiht ist. Die Heiligkeit jeder heiligen Stätte beruht auf Gegenseitigkeit. Das heißt, die Arbeit, der Sie in Ihrem Atelier nachgehen, ist heilig, weil sie auf heiligem Boden ausgeführt wird, und der Boden ist heilig, weil darauf heilige Arbeit verrichtet wird.

Tatsächlich werden Sie sogar zwei heilige Ateliers haben: eines in der Traumwelt und eines in der Wachwelt. Ihr Atelier in der Traumwelt kann Sie inspirieren und Ihnen neue Ideen geben, wie Sie Ihr Atelier in der alltäglichen Wirklichkeit gestalten, ordnen und ausschmücken können. Beginnen wir einfach mit einer schamanischen Reise, auf der wir das heilige Atelier in der nichtalltäglichen Wirklichkeit erforschen wollen.

❀

DIE REISE
ZU IHREM HEILIGEN ATELIER

Auf dieser Reise werden Sie zu der Erkenntnis kommen, dass Ihr heiliger Ort der Kreativität sowohl in der Wachwelt als auch in der Traumwelt existiert.

Mit dieser Reise beabsichtigen Sie, ein besonderes Kunstatelier in der Traumwelt zu besuchen. Es handelt sich dabei um ein heiliges Atelier, was bedeutet, dass die Arbeit, die Sie dort verrichten, von Geist und Kraft erfüllt sein wird. Es heißt nicht, dass Sie sich in diesem Raum nicht vergnügen, Spaß haben und Herumspielen können.

Heilig bedeutet, dass das, was Sie tun, eine spirituelle Bedeutung hat.

Ihr heiliges Atelier ist mit allen Werkzeugen und Materialien ausgestattet, die Sie sich nur wünschen können, und Sie können damit alles schaffen, was Sie sich nur vorstellen können. Es ist Ihre Version des Raumes, in dem Sie Ihren künstlerischen Mentor getroffen haben. Stellen Sie sich einen perfekten Raum zum schöpferischen Tätigsein vor, und behalten Sie dieses Bild auf Ihrer Reise im Gedächtnis.

Legen Sie nun schamanische Trommelmusik auf, und bereiten Sie sich auf Ihre schamanische Reise vor. Wenn Sie nicht mehr genau wissen, wie es geht, lesen Sie noch einmal in Kapitel 5 die verschiedenen Schritte nach. Sobald Sie in der Unter- oder Oberwelt angekommen sind, rufen Sie Ihr Krafttier. Entweder Ihr Krafttier oder Ihr künstlerischer Mentor können Sie zu Ihrem heiligen Atelier führen. Wenn Sie von ihnen gefragt werden, was für eine Art von Atelier Sie gerne hätten, äußern Sie Ihre Wünsche so genau wie möglich. Wenn Sie nicht gefragt werden, vertrauen Sie darauf, dass Sie von ihnen an den richtigen Ort geführt werden.

Sind Sie bei Ihrem heiligen Atelier angelangt, fragen Sie Ihr Krafttier, wie Sie hineinkommen. Ihr Raum wird durch ein besonderes Symbol oder Zeichen markiert sein. Es wird auch irgendein Geheimnis geben, durch das nur Sie und Ihre Begleiter in diesen Raum gelangen können. Prägen Sie sich dieses Geheimnis ein.

Sobald Sie in Ihrem heiligen Studio angelangt sind, schauen Sie sich genau um. Wie groß ist der Raum? Ist er klein und gemütlich oder groß und höhlenartig? Ist er in mehrere Zimmer unterteilt? Gibt es mehrere Stockwerke? Mit welchen Ausdrucksmitteln können Sie dort arbeiten? Gibt es noch ausreichend Platz, um in Zukunft dort mit neuen Ausdrucksmitteln zu arbeiten? Wie ist er beleuchtet? Was können Sie sehen, wenn Sie aus den Fenstern schauen?

Achten Sie auch darauf, ob irgendeine angefangene Arbeit herumsteht. Es ist ebenfalls möglich, dass es dort einen Wächter gibt, der auf den Raum aufpasst, wenn Sie gerade nicht da sind. Wenn ja, dann fragen Sie ihn über diesen Ort aus. Bitten Sie ihn, Sie herumzuführen. Es kann sein, dass er Sie fragt, ob Sie den Raum jedes Mal wieder so vorfinden wollen, wie Sie ihn verlassen haben, oder ob Sie ihn aufgeräumt haben wollen. Bleiben Sie eine Weile in dem Atelier. Lassen Sie sich von ihm mit neuer Energie aufladen.

Wenn Sie das Trommelsignal zur Rückkehr hören – eine Pause gefolgt von vier Zyklen mit sieben markanten Schlägen, ein Zwischenspiel von schnellem Trommeln und danach noch einmal vier Zyklen mit sieben Schlägen –, verlassen Sie Ihr heiliges Atelier und machen Sie die Tür hinter sich zu. Danken Sie allen, die Ihnen geholfen haben, und bitten Sie Ihr Krafttier, Sie wieder zu dem Übergang in die Wachwelt zurückzubringen. Kehren Sie in Ihren Körper zurück. Erinnern Sie sich an so viele Einzelheiten wie möglich, und schreiben Sie alles in Ihr Tagebuch.

Tun Sie etwas zu Ehren Ihres heiligen Ateliers

In gewisser Weise ist Ihr heiliges Atelier der wichtigste Ort, den Sie im Traumzustand bisher besucht haben. Es ist Ihr Heiligtum und kreativer Zufluchtsort. Um Ihr heiliges Atelier auch entsprechend zu würdigen, können Sie Folgendes tun:

1. Zeichnen oder malen Sie ein Bild, wie Ihr heiliges Atelier von außen aussieht. Sie können es in Ihr Tagebuch oder auf ein Extrablatt malen.

2. Zeichnen Sie einen Grundriss Ihres heiligen Ateliers. Wenn Sie etwas anders möchten, als Sie es in Erinnerung haben, oder den Raum vergrößern wollen, zeichnen Sie es einfach nach Ihrem Wunsch, und es wird sich auch in der Traumwelt verändern. Bei Ihrem nächsten Besuch wird es so sein, wie Sie es gezeichnet haben (normalerweise).

3. Fragen Sie sich, wie Sie sich in der alltäglichen Wirklichkeit ein Atelier schaffen können, das ebenfalls heilig ist. Das mag Ihnen zunächst als ein kleiner Schritt erscheinen, aber machen Sie es.

4. Haben Sie in Ihrem heiligen Atelier irgendeine angefangene Arbeit bemerkt? Können Sie dieses Projekt im Wachleben in irgendeiner Form manifestieren?

5. Wenn Sie bereits einen Raum für ein Atelier besitzen, markieren Sie den Eingang dazu mit denselben Symbolen oder Zeichen, mit denen Ihr heiliges Atelier gekennzeichnet war.

Wenn ich von einem Besuch in meinem heiligen Atelier zurückkehre, fühle ich mich entspannt und voller neuer schöpferischer Energie. Mein persönliches heiliges Atelier ist ein Steinturm mit vielen Stockwerken. Jeder Raum fühlt sich gemütlich und ordentlich an, genau so wie ich am liebsten arbeite. Es gibt Räume für Holzarbeiten, fürs Malen, für feine Projekte und fürs Zeichnen. Darüber hinaus gibt es

ein Zimmer zum Meditieren und zum Abhalten von Ritualen mit den
Dingen und für die Dinge, die ich dort mache. Mein Lieblingszimmer
ist ganz oben im Turm. Es gleicht einem Leuchtturmzimmer mit lauter
Fenstern rund herum. Unter den Fenstern befinden sich Bücherregale,
die sich drehen und weitaus mehr Bücher aufnehmen können, als es
zunächst den Anschein hat. In der Mitte des Zimmers steht ein alter
großer Ledersessel, der sich ebenfalls dreht, so dass ich überall hinsehen kann, wo ich möchte. Dort schreibe ich und denke und plane.

IHR HEILIGES ATELIER IN DER WACHEN WELT

*Diese Übung wird uns zeigen, dass die Fähigkeit, von einer
Erkundungsreise in die nichtalltägliche Wirklichkeit
zurückzukehren und Ihrer Vision eine materielle Form zu
verleihen, das eigentliche Kernstück der Praxis eines
Traumkünstlers ausmacht.*

Wieder ist der Ausgangspunkt die Intention. Intention oder Absicht ist
die Energie, mit der wir unsere Arbeit als Traumkünstler anfeuern.
Ihre Intention kann beispielsweise einfach nur darin bestehen, einen
Arbeitsraum als geschützt, anregend und energetisch bereichernd zu
definieren. Stellen Sie sich in die Mitte des Zimmers oder vor den
Tisch, der Ihr Atelier darstellen wird. Fangen Sie an, es als heiligen
Raum anzusehen. Was könnte diese Wahrnehmung verstärken? Wel-
che Zeichen oder Symbole verbinden Sie mit Orten, die einem heiligen
Zweck geweiht sind? Im Folgenden habe ich Ihnen eine Liste von
Dingen zusammengestellt, die den heiligen Charakter jeder Form von
Atelier verstärken können. Überlegen Sie sich, ob Sie Ihr Atelier mit
einem oder mehreren der folgenden Elemente ausstatten wollen:

- Kerzen – für das Element Feuer und die Eigenschaft des Lichts
- Räucherwerk – wegen seines Duftes und des Bildes des aufsteigenden Rauchs
- Aromatherapie-Räucherschalen, -Duftlampen und Kerzen – wegen
  ihres Duftes

- frische Blumen – wegen ihrer Farben und ihres Duftes
- Pflanzen – wegen der lebendigen Energie, die sie ins Zimmer bringen
- Wasser – wegen seiner reinigenden Wirkung und seines flüssigen Charakters (in Schalen, Brunnen oder Aquarien)
- Steine – für das Element Erde
- Kristalle – wegen der Energie, die sie übertragen
- Federn – als Symbol für Luft, Wind und Geist
- Spiegel oder reflektierende Oberflächen – wegen ihrer Art, das Licht zurückzuwerfen
- Mobiles oder andere hängende oder herunterbaumelnde Dinge – wegen der Bewegung
- geschliffene Glasprismen oder Pendel – wegen der bunten Regenbogen
- Windspiele – wegen des Klanges und der Bewegung
- Zweige oder Holzstückchen – wegen ihrer Farbe, Form und Gestalt
- Stoffe – wegen ihrer Farben, Muster und Beschaffenheit
- Stereoanlage – für die Musik

Vergessen Sie nicht, dass dieser Raum nicht durch die Gegenstände, mit dem Sie ihn ausstatten, zu etwas Besonderem wird, sondern durch die Intention, die Sie damit verbinden. Sie müssen dazu nicht viel Geld ausgeben. Auch Fundgegenstände oder Dinge, die Sie bereits besitzen, eignen sich hervorragend. Ihr Raum sollte Ihre Sinne ansprechen und anziehend auf Sie wirken. Er sollte gleichzeitig nach Ruhe und Energie aussehen, riechen, klingen und sich anfühlen.

Als zweite Gruppe von stimulierenden Dingen können Sie solche Gegenstände hinzufügen, die Ihre Absicht stärken, künstlerisch aktiv zu werden. Haben Sie irgendwelche Reproduktionen von Kunstwerken, die Sie besonders bewundern? Die könnten Sie an die Wand oder an eine Pinnwand hängen. Oder wie steht es mit Fotos oder Bildern von Künstlern? Die Menschen, die Sie bewundern, müssen nicht unbedingt Künstler sein, sie können Lehrer, spirituelle Lehrer, Sportler, Wissenschaftler, Politiker oder andere berühmte Persönlichkeiten sein. Sie sollten einfach nur eine Eigenschaft besitzen, die Sie gerne bei Ihrer Arbeit als Traumkünstler miteinfließen lassen würden. Oder haben Sie vielleicht Fotos von sich aus einer besonders schöpferischen oder energiegeladenen Periode Ihres Lebens? Haben Sie irgendwelche Kunstwerke, die Sie gemacht haben? Was halten Sie davon, Ihre Zeugnisse, Diplome oder Preise aufzuhängen oder aufzustellen? Nicht um Ihrem Ego zu schmeicheln, sondern als Stärkung Ihrer Absicht, ein kreatives Leben führen zu wollen.

Manche Leute hängen sich auch gerne inspirierende Zitate, Sprichwörter oder persönliche Bekenntnisse im Atelier auf. Wenn ich beispielsweise meine Überzeugung als Traumkünstler in Form eines Bekenntnisses äußern müsste, würde es womöglich folgendermaßen aussehen:

Als Traumkünstler:

1. *kehre ich durch Reisen in die Traumwelt zu meiner kreativen Quelle zurück;*
2. *würdige ich mein Zusammentreffen mit dem Geist mit meinen besten Gaben;*
3. *manifestiere ich nach bestem Wissen und Gewissen die Essenz meiner Träume in der materiellen Welt durch Suchen, Verändern, Anordnen oder Erschaffen;*
4. *hat meine Kunst einen eigenen Zweck, eine eigene Kraft und einen eigenen Geist;*
5. *muss ich, um im Gleichgewicht zu leben, der Traumwelt etwas von mir zurückgeben.*

Die dritte Gruppe von anregenden Dingen, mit denen Sie Ihr Atelier ausschmücken können, stellt eine Verbindung zwischen der Intention und der Fähigkeit her, ganz alltägliche Dinge als Schätze anzusehen. Diese Schätze sind etwas Spontanes, Spielerisches. Aus diesem Grunde ist es auch schwer, sie genau zu beschreiben, aber es können beispielsweise Spielsachen, Masken, Kostüme, eigenartige gefundene Gegenstände, seltsame Sammlungen oder Geschenke sein, die nur aufgrund der Person, die sie Ihnen geschenkt hat, für Sie eine große Bedeutung haben. Oder es kann sich um Musikinstrumente handeln (besonders, wenn Sie nicht wissen, wie man sie spielt), um Bilderbücher, Reisenandenken, Postkarten, Grußkarten und eben nahezu alles, was sich für Ihren Raum richtig anfühlt. Ich habe z.B. ein Schild an meiner Tür angebracht, das ich aus dem Zoo von San Diego mitgebracht habe. Es warnt die Besucher: »Bitte die Tiere nicht ärgern, quälen, plagen, nerven, belästigen, ängstigen, peinigen, bedrängen, schikanieren, piesacken, reizen, locken oder aufregen«. Das ist praktisch eine Zusammenfassung dessen, was ich davon halte, beim Arbeiten gestört zu werden. Lassen Sie lustige und spielerische Dinge nicht aus einer falschen Vorstellung außer Acht, wie ein richtiges Künstleratelier auszusehen habe. In allen Ateliers und Werkstätten schaffender Künstler, die ich je besucht habe, waren diese Dinge stets ein wichtiges Element. Der einzige Ort, an dem sie nicht vorkommen, sind Ausstellungsräume, in denen niemand arbeitet, die nur geschaffen wurden, um wie Ateliers auszusehen. Das spielerische Element, die Fähigkeit, neue Verbindungen und Beziehungen zwischen Gegenständen zu finden, die eigentlich nichts miteinander zu tun haben, ist eine Energie, die gefördert und gewürdigt werden muss.

Vergessen Sie außerdem nicht das heilige Atelier, das Sie auf Ihrer schamanischen Reise besucht haben. Wenn Sie die Reise dorthin noch nicht gemacht haben, machen Sie sie jetzt. Wie sieht Ihr heiliges Atelier in der Traumwelt aus? Können Sie sich an das Zeichen oder Symbol außen an der Tür erinnern? Können Sie es irgendwie in Ihr alltägliches Atelier einbauen? Gibt es andere Muster oder Elemente, die Sie in Ihr Atelier übernehmen wollen? Wenn Sie einen Grundriss von Ihrem Atelier in der Traumwelt gezeichnet oder skizziert haben, können Sie ihn vielleicht in dem Atelier, das Sie gerade planen, an die Wand hängen.

Sie müssen natürlich Ihr Atelier nicht auf einmal mit all diesen Dingen dekorieren. Ihr Raum wird mit der Zeit von ganz allein wachsen, wenn Sie für die beschriebenen Möglichkeiten offen sind.

Es reicht, wenn Sie zum jetzigen Zeitpunkt den Vorsatz gefasst haben, dass der Raum, in dem Sie arbeiten wollen, ein heiliger Raum sein soll, und diese Absicht durch Gegenstände und Bilder bekräftigt haben. Außerdem sollten Sie Dinge, die für Sie einen persönlichen Wert haben, sowie spielerische und zufällige Elemente hinzugefügt haben, um zu vermeiden, dass Sie sich allzu ernst nehmen. Ihr Atelier soll für Sie ein Ort sein, an dem Sie Ihre Zeit gerne verbringen. Gibt es dort einen bequemen Platz zum Sitzen? Können Sie dort meditieren oder Ihre schamanischen Reisen unternehmen? Wenn Sie das Gefühl haben, sich keine Sekunde länger in Ihrem Atelier aufhalten zu wollen als unbedingt nötig, sollten Sie sich noch einmal genau anschauen, wie Sie Ihren Raum ausgeschmückt und dekoriert haben. Wenn Sie keinen Fehler oder nichts Verbesserungswürdiges entdecken können, sollten Sie einmal Ihre Beziehung zu Ihrer künstlerischen Arbeit genauer unter die Lupe nehmen.

DEN WÄCHTERN DIE STIRN BIETEN: WIE MAN MIT EINER SCHAFFENSKRISE UMGEHT

Jeder Traumkünstler macht irgendwann Schaffenskrisen durch. In der folgenden Übung werden Sie lernen, wie Sie diese Kreativitätskrisen auf der energetischen Ebene angehen und das, was Sie blockiert, ehren und überwinden können.

Es besteht die Möglichkeit, sich diese Blockaden des kreativen Energieflusses als mythische Figuren vorzustellen. So wurden sie in den Mythen, Legenden und magischen Geschichten personifiziert, die uns unsere Vorfahren erzählten. Um in Ihren heiligen Atelierraum zu gelangen – um mit Ihrem »Kunstschaffen« zu beginnen – müssen Sie an den Wächtern vorbei.

> Wenn Sie sich irgendeinen eigenen Raum geschaffen und ihn mit Gegenständen versehen haben, die Sie an Ihre Absicht und Ihre spielerische Seite erinnern, sich aber trotzdem schwer tun, in diesem Raum in Ruhe zu arbeiten, kann es sein, dass der Eingang in Ihr Atelier zu gut bewacht wird.

Das Schlechte daran ist, dass die Wächter, obwohl Sie sie vielleicht gar nicht bemerkt haben, die nötige Macht besitzen, um Sie daran zu hindern, Ihren eigenen kreativen Raum wirklich einzunehmen. Das Gute daran ist, dass Ihre Erfahrungen in der Vergangenheit diese Wächter aufgestellt haben und sie, obwohl sie vielleicht hartnäckig sind, Ihrer Kontrolle unterliegen.

Machen Sie eine Liste der Wächter, die den Eingang zu Ihrem Atelier bewachen. Versetzen Sie sich in einen entspannten, meditativen Zustand, und fangen Sie an zu schreiben. Eine andere Form, um herauszufinden, wer Ihre Wächter sind, ist die Trauminkubation (folgen Sie dazu den Anleitungen in Kapitel 4). Bitten Sie vor dem Einschlafen darum, Ihre Wächter zu treffen und zu verstehen. Finden Sie heraus, wer sie sind, und wie sie dort hingelangt sind. Hat vielleicht irgendwann einmal jemand zu Ihnen gesagt, Sie hätten kein Talent? Das ist jetzt ein Wächter. Ist Ihr innerer Richter oder Kritiker zu mächtig? Haben Sie Angst zu versagen? Da sind Sie nicht allein. Haben Sie Angst vor dem Erfolg? Überraschenderweise ist diese Angst noch weitaus verbreiteter als die Versagensangst. Erfolg bringt Veränderung. Die Wächter des bestehenden Zustandes mögen aber keine Veränderung. Haben Sie Schuldgefühle, weil Sie sich Zeit für kreative Tätigkeiten nehmen? Haben Sie das Gefühl, diese Zeit, die Sie sich selbst zugestehen, gar nicht zu verdienen? Ist Ihr Schuldgefühl nur eine innere Botschaft, oder gibt es Leute um Sie herum, die diese Schuldgefühle durch Äußerungen bei Ihnen auslösen? Haben Sie Angst davor, was passieren könnte, wenn Sie die Kontrolle verlieren? Finden Sie immer wieder irgendwelche kleinen Aufgaben, die wichtiger zu sein scheinen, als sich künstlerisch zu betätigen? Sind Sie zu beschäftigt?

Schreiben Sie den Namen jedes Wächters auf ein Extrablatt Papier. Malen, kritzeln oder zeichnen Sie ein Bild von jedem Ihrer Wächter. Fügen Sie Worte oder Erklärungen hinzu, wenn es Sie dazu drängt. Sie können alternativ aber auch eine Tonfigur Ihrer Wächter anfertigen oder modellieren. Oder Sie können Gegenstände oder Figuren als Verkörperung jedes Ihrer Wächter suchen. Welchen Weg auch immer Sie wählen, beurteilen Sie Ihre Arbeit nicht. Beschreiben Sie Ihre Wächter so genau wie möglich. Seien Sie ehrlich. Nachdem Sie Ihren Wächtern eine Form verliehen haben, können Sie auf zweierlei Weise mit ihnen umgehen.

Erste Möglichkeit: Ehren Sie Ihre Wächter

Versammeln Sie Ihre Wächter um sich herum. Fragen Sie sie dann einen nach dem anderen, wovor sie Sie beschützen. Vielleicht finden Sie z.B. heraus, dass ein Wächter Ihre Beziehung zu anderen Menschen

vor dem Schmerz und den störenden Einflüssen beschützt, den der
Erfolg mit sich bringen könnte. Ein anderer Wächter schützt vielleicht
ein schwaches Selbstbild vor der Möglichkeit des Versagens. Fragen
Sie Ihre Wächter, was Sie tun sollen, um sie zu besänftigen. Man muss
nicht immer gegen Wächter ankämpfen. Manchmal reicht es schon, sie
zu ehren und anzuerkennen. Das können Sie mit Hilfe von Wechseln
der Wahrnehmungsebene, Trauminkubation oder schamanischen Reisen erreichen. Wenn Sie Zeichnungen von Ihren Wächtern angefertigt
haben, können Sie sie an die Tür zu Ihrem Atelier oder neben dem Ort,
an dem Sie arbeiten, aufhängen. Wenn Sie Figuren von Ihren Wächtern haben, stellen Sie sie an einem Ehrenplatz auf. Nehmen Sie sich
jedes Mal, wenn Sie in Ihr Atelier kommen oder zu arbeiten anfangen,
einen Moment Zeit, um Ihren/Ihre Wächter zu grüßen. Hinterlassen
Sie als kleines symbolisches Opfer Speisen oder Blumen für sie.

Zweite Möglichkeit: Überwinden Sie Ihre Wächter

Besonders üble Wächter müssen häufig überwunden werden. In vielen
Märchen und Mythen werden die Wächter bekämpft und zerstört.
Meiner Meinung nach ist das zwar nicht immer nötig, aber es kann ein
Weg sein, der für Sie sehr nützlich ist.

Nehmen Sie sich Zeit für eine Zeremonie. Machen Sie ein kleines
Feuer im Freien, auf einem Grill, in einer Feuerstelle oder einem
Kamin im Haus. Setzen Sie sich gemütlich hin und betrachten Sie Ihre
Zeichnungen in aller Ruhe. Rufen Sie den Geist jedes Wächters in das
Blatt Papier. Danken Sie dem Wächter für das, wovor er Sie beschützt
hat, und teilen Sie ihm mit Bestimmtheit mit, dass Sie diesen Schutz
jetzt nicht länger brauchen. Fassen Sie dann ohne Wut den Vorsatz,
diesen Wächter zu beseitigen. Übergeben Sie das Bild den Flammen
und lassen Sie es vollständig verbrennen. Werfen Sie zwischen jedem
Blatt, das Sie verbrennen, etwas Räucherwerk, Salbei oder Zedernholz-
stückchen ins Feuer. Wenn Sie Tonfiguren haben, können Sie sie eine
nach der anderen einem Teich, Bach, See, Fluss oder Meer übergeben.
Wenn Sie unverwüstlichere Fundgegenstände gewählt haben, können
Sie diese feierlich beerdigen.

Es sollte hier noch einmal daran erinnert werden, dass Ihre Wächter – nachdem Sie ihnen klar gemacht haben, dass das Ihr Raum ist und

Sie das Recht haben dort zu sein – dazu gebracht werden können, für Sie zu arbeiten. Sie können beispielsweise die negative Energie von anderen Personen draußen halten. Sie können Sie beschützen und beim Arbeiten über Sie wachen. Sie können Sie sogar darauf aufmerksam machen, wenn Sie selbst ungünstige oder negative Energie in Ihr heiliges Atelier bringen. Verwenden Sie Bilder oder Gegenstände, die Ihre Wächter verkörpern, als Hinweise auf einen Übergang. Danken Sie ihnen für ihre Arbeit, und fassen Sie den Vorsatz, sich zu schützen, indem Sie mit Ihren Wächtern beim Hineingehen in Ihren heiligen Raum reden.

Haben Sie sich Ihren Wächtern erst einmal gestellt und sie besänftigt, geehrt, anerkannt oder besiegt, erfolgt der dritte Schritt der Weihe Ihres heiligen Ateliers durch Disziplin. Sie brauchen Selbstdisziplin, um Zeit für Ihre Arbeit in Ihrem Atelier zu finden. Wenn Sie nicht arbeiten können, können Sie vielleicht wenigstens etwas Zeit darin verbringen? Schon allein Ihre Gegenwart lädt die Atmosphäre darin auf und belebt sie. Wenn ich eine Weile nicht in der alten Poststation war, die mir als Atelier für mein Kunstprogramm mit den High-School-Studenten dient, spüre ich den Unterschied in dem Raum selbst. Ich begebe mich deshalb oft schon etwas früher dorthin, mache die Heizung oder die Klimaanlage an, ordne das Material oder bereite eine Zeremonie vor. Ich spüre das Potenzial des Ortes, aber durch Bewegung, Musik, ein paar Kerzen und etwas Räucherwerk und nicht zuletzt durch die Studenten selbst muss erst die Art von magischer Stimmung erzeugt werden, die ich mit diesem Ort verbinde.

Ein Raum wird zum Teil erst durch unsere Beziehung zu den Werkzeugen heilig, die wir dort verwenden. Die ehrfürchtige Auswahl und Verwendung unserer Werkzeuge ist genauso wichtig wie die sorgfältige Ausschmückung unseres Raumes.

Ausrüstung:
Die Werkzeuge des Traumkünstlers

Erinnern Sie sich noch, wie es sich anfühlte, eine neue Schachtel Buntstifte geschenkt zu bekommen, als Sie klein waren? Erinnern Sie sich noch, wie es roch, wenn Sie die Schachtel aufmachten? Können Sie sich noch an das Gefühl der unerschöpflichen potenziellen Möglichkeiten erinnern, das von einer Schachtel mit 64 Buntstiften ausging? Erinnern Sie sich noch an den eingebauten Spitzer in der großen Schachtel?

Ich mag Werkzeuge. Ich freue mich fast genauso über das, was sie sind, wie über das, was man mit ihnen machen kann. Ich habe schon seit zehn Jahren nicht mehr offiziell in einer Schule unterrichtet, doch jeden Sommer im August erwacht in mir ein unkontrollierbarer Drang, Schreibwaren für die Schule zu kaufen. Ich liebe gut gemachte Werkzeuge und das schwer zu beschreibende Gefühl von Qualität, das manchem Material und manchen Artikeln eigen ist und anderen nicht. Ich kenne Künstler, für die ihre Werkzeuge nebensächlich sind und die sich keine großen Gedanken über das Material machen, das sie verwenden. Diesen Künstlern ist jedes Material recht, und sie brauchen deshalb nicht besonders auf ihr Werkzeug aufzupassen und es zu pflegen. Sie schaffen oft Dinge, die sehr schön oder eindrucksvoll anzusehen sind. Aber wenn ich ihnen bei der Arbeit zuschaue, fällt mir oft auf, dass Künstler von diesem Schlag sich häufig mit dem Herstellungsprozess der Kunstgegenstände selbst in einer Art Dauerkriegszustand zu befinden scheinen. Sie finden nicht immer gleich die Werkzeuge, die sie brauchen, und ärgern sich über Werkzeuge, die für den Zweck, für den sie sie verwenden, nicht wirklich taugen.

Für mich ist der Schaffensprozess selbst sehr wichtig, und meine Beziehung zu den Werkzeugen, mit denen ich Kunst herstelle, ist nicht viel anders als meine Beziehung zu den heiligen Gegenständen auf meinen Altären oder in meinen Schreinen. Noch bevor ich eine Erklärung für meine Handlungsweise hatte, wusste ich bereits, dass es beim Reinigen meiner Kameras und meiner Kameralinsen vor einer Fotosession um mehr ging als nur um das Dafür-Sorgen, dass alles glatt und einwandfrei funktionierte. Der langsame, fast meditative Vorgang des Reinigens meiner Ausrüstung war meine Vorbereitung, erlaubte mir, mit meinen Werkzeugen zu verschmelzen, sorgte dafür, dass ihr »Werkzeugcharakter« in den Hintergrund trat. Sie wurden zu einer Verlängerung von mir. Ich weiß – ohne den Beweis dafür antreten zu können –, dass mein Auto besser läuft und glücklicher ist, wenn es sauber ist. Auch meine Computerausrüstung schätzt es, sauber zu sein. Mit meinen Werkzeugen für Holzarbeiten lässt es sich besser arbeiten, wenn sie sauber und schön geordnet sind. Aber nicht nur ich arbeite besser, wenn sie sauber gehalten und ordentlich aufgeräumt sind; die Beziehung endet nicht hier. Ich bin kein Mechaniker oder Ingenieur. Wenn es Probleme an einem Computer oder einem Auto gibt, finde ich manchmal heraus, woran es liegt und kann das Problem lösen. Aber nur Weniges von dem, was ich tue, scheint eine solch große Wirkung zu haben wie einfaches Reinigen und Instandhalten. Deshalb habe ich das Gefühl, dass zwischen mir und meinen Werkzeugen eine Wechselbeziehung besteht. Ich bin inzwischen davon überzeugt, dass das auch beim Traumkünstler im Allgemeinen so ist.

Dieses Buch ist kein Kochbuch oder Handbuch für ein bestimmtes Projekt; deshalb werde ich Ihnen hier keine Empfehlungen aussprechen, welche Werkzeuge Sie brauchen. Jeder Traumkünstler wird andere Bedürfnisse haben – das ist eine persönliche Reise. Doch ich möchte hier zumindest einige Gedanken und Beobachtungen über das Herstellen einer heiligen Beziehung zu dem Werkzeug und Material anführen, das Sie sich für Ihre Arbeit aussuchen.

1. Besorgen Sie sich das beste Material, das Sie sich leisten können, aber schieben Sie die Qualität Ihres Werkzeugs und Materials nicht als Ausrede vor, dass Sie nicht arbeiten können (»Wenn ich keine Berol-Prismacolor-Stifte habe, kann ich einfach nicht zeichnen.«).

2. Doch teures Material und Werkzeug allein heißt noch lange nicht, dass Sie deshalb besser arbeiten werden. Vielleicht haben Sie Ihrer Arbeit gegenüber ein besseres Gefühl, aber das ist etwas anderes. Mit dem einfachsten Werkzeug und Material lassen sich wunderbare Entdeckungen machen und faszinierende Kunstwerke schaf-

fen. Versuchen Sie, was Ihre Instrumente betrifft, keine Hierarchien aufzustellen. Ölfarben sind nicht besser als Acrylfarben, und Acrylfarben sind nicht besser als Temperafarben. Sie sind nur anders.

3. Schaffen Sie sich Ihr Arbeitsmaterial langsam hintereinander an. Sie werden ein Werkzeug, das für einen ganz bestimmten Anwendungsbereich gedacht ist, umso mehr schätzen, wenn Sie es vorher mit einem weniger geeigneten probiert haben.

4. Behandeln Sie Ihre Werkzeuge wie eine Sammlung. Kaufen Sie Ihre Instrumente zweckorientiert und mit Bedacht. Sorgen Sie dafür, dass Sie alle Werkzeuge Ihrer Sammlung kennen und wissen, wo sie hingehören. Werden Sie zu einem Werkzeug-Experten. Lernen Sie, woran man hochwertiges Werkzeug und Material erkennt.

5. Suchen, machen oder kaufen Sie Behälter, die Ihnen die Organisation Ihres Werkzeugs und Materials erleichtern. Dadurch können Sie die Zeit, die Sie für kreative Aufgaben vorgesehen haben, viel besser nutzen. Sie merken dann sofort, wo Sie Nachschub besorgen müssen, wissen, wohin die Instrumente nach dem Gebrauch kommen, und können Ihr Werkzeug und Gerät leichter an den Ort mitnehmen, an dem Sie gerade arbeiten. Überlegen Sie sich auch, wie Sie die kleinen Dinge, die leicht verloren gehen oder unter anderes Kleinzeug geraten, ordnen und organisieren können.

6. Reinigen Sie Ihr Arbeitsmaterial und räumen Sie es auf. Sie müssen dabei nicht zwanghaft sein. Ich bin kein Reinlichkeitsfreak und nummeriere meine Dosen nicht durch. Es gibt Zeiten, da stapelt sich bei mir alles, und ich reinige meine Instrumente nicht immer am Ende eines Projekts oder halte sie ordentlich instand. Ich bin jedoch zur Überzeugung gelangt, dass ich mein Werkzeug vor Beginn eines neuen Projektes säubern und vorbereiten muss. Manchmal sind alle Arbeitsflächen in meinem Atelier im Keller mit irgendwelchem Kram bedeckt. An solchen Tagen fange ich an, es dort unten zu hassen. Ich bin dann furchtbar unproduktiv und finde alle möglichen Ausreden, um mich nicht an die Arbeit machen zu müssen. Letztendlich mache ich mich jedoch daran, das Chaos zu besei-

tigen, putze und räume wieder auf. Danach ist meine Produktivität und meine ganze Einstellung zur Arbeit wie verwandelt. Die Veränderung ist so drastisch, dass ich immer wieder fasziniert davon bin.

7. Führen Sie ein Eröffnungsritual durch, bevor Sie mit der Arbeit beginnen, das z.B. aus dem Spitzen Ihrer Stifte und dem Bereitlegen des nötigen Materials bestehen kann. Und nehmen Sie sich am Ende etwas Zeit für ein Abschlussritual, wie Reinigen der Pinsel oder Ordnen der Dinge, auch wenn Sie sie gar nicht wegpacken wollen.

8. Entwickeln Sie eine besondere Beziehung zu bestimmten Werkzeugen, wenn Sie wollen. Es ist in Ordnung, einen Lieblingshammer, Lieblingspinsel, eine Lieblingskamera, ein Lieblingsinstrument zum Modellieren oder eine Lieblingsmarke bestimmter Stifte zu haben. Würdigen Sie diese Beziehung mit einem besonderen Behälter oder Platz für diese Dinge. Es ist völlig in Ordnung, wenn Sie nicht wollen, dass andere Ihr gut gepflegtes Arbeitsgerät benutzen, mit dem Sie so sorgsam umgehen. Sorgen Sie dafür, dass Sie andere Werkzeuge zum Ausleihen griffbereit haben, falls Sie jemand darum bitten sollte.

9. Sie können Ihre Werkzeuge nicht nur säubern und instand halten, sondern sie auch mit heiligem Rauch reinigen. Dies bedeutet, dass Sie ein Werkzeug oder einen Gegenstand durch den Rauch von brennenden Salbeiblättern, Süßgras, Zedernholz oder Kopalharz (in fast allen Esoterik-Läden erhältlich) bewegen, in der Absicht, das Werkzeug von jeder unerwünschten Energie zu befreien und es der Aufgabe zu verschreiben, die Ihnen bevorsteht. Zum wirksamen Reinigen und Energetisieren von Arbeitsgerät kann man es auch mit Regenwasser besprenkeln oder eine Nacht lang im Vollmondlicht im Freien liegen lassen.

10. Und zu guter Letzt, bevor Sie – gleich mit welchem Instrument oder Ausdrucksmittel – mit dem Malen, Zeichnen, Bildhauern oder Arbeiten beginnen, nehmen Sie sich ein paar Minuten Zeit für die folgende Meditation.

Legen Sie das Werkzeug und Material, das Sie verwenden werden, in Reichweite um sich herum. Wählen Sie ein Instrument (einen Bleistift, Pinsel, Buntstift, eine Pastellfarbe oder Ähnliches) als Hauptgegenstand aus, über den Sie mit den anderen Werkzeugen und Gegenständen, die Sie benutzen, eine Beziehung herstellen wollen. Halten Sie dieses Instrument in der Hand, mit der Sie zeichnen. Setzen Sie sich entspannt mit überkreuzten Beinen auf den Boden, oder setzen Sie sich auf einen Stuhl und sorgen Sie dafür, dass Sie mit beiden Füßen guten Bodenkontakt haben. Halten Sie Ihre Wirbelsäule gerade und atmen Sie tief durch. Füllen Sie zuerst Ihren Bauch mit Luft, dehnen Sie dann den unteren Brustkasten aus und lassen Sie die Luft in Ihre Lungen fließen. Visualisieren Sie, wie sich Ihr Kronenckakra (oben auf dem Kopf) öffnet und ein Strahl oder eine Säule weißen Lichts von oben in Sie einströmt. Stellen Sie sich gleichzeitig einen anderen Lichtstrahl vor, der von unten durch Ihre Fußsohlen oder Ihr Wurzelchakra (Perineum) in Sie hineingezogen wird. Bringen Sie diese beiden Energieströme an der Basis Ihrer Wirbelsäule zusammen, und lassen Sie sie durch Ihre Wirbelsäule aufsteigen. Lassen Sie sie dabei in Ihrem Rumpf kreisen und bis zu Ihren Händen hin ausstrahlen. Seien Sie sich bewusst, dass es sich bei diesem Licht um eine kreative Lebenskraft handelt, zu der Sie Zugang bekommen haben und die nun durch Ihren Körper fließt. Lassen Sie zu, dass sie eine Verbindung zu Ihrem Werkzeug und Material herstellt. Visualisieren Sie, wie sie sich zu einer Energieblase ausdehnt, die auch die um Sie herum verteilten Werkzeuge und Gegenstände miteinschließt. Lassen Sie sie den ganzen Raum ausfüllen. Bitten Sie darum, in Harmonie mit Ihrem Werkzeug und Material arbeiten zu dürfen. Laden Sie alle Geistführer, derer Sie sich bewusst sind, ein, Ihnen bei Ihrer Arbeit zu helfen. Drücken Sie Ihren Dank dafür aus, dass Sie als Kanal für diese kreative Energie dienen dürfen. Wenn Sie sich vollständig und ganz fühlen, fangen Sie mit Ihrer Arbeit an.

Die Instrumente eines Traumkünstlers zu besitzen ist eine Sache, sie zu benutzen eine andere. Wir können Instrumente in einer Form benutzen, die Meditation und Würdigung unserer kreativen Seele zugleich ist. Doch dazu müssen wir uns zunächst der Natur und Geschichte unserer Vorgehensweisen bewusst werden.

Haben Sie schon einmal darüber nachgedacht, wie Sie all das, was

Sie heute können, gelernt haben? Denken Sie beim Autofahren jemals darüber nach, wer es Ihnen beigebracht hat? Oder beim Fahrradfahren, Kleiderzusammenlegen oder beim Rühreiermachen? War es Ihr Vater, Ihre Mutter, ein Onkel, eine Großmutter, ein Bruder oder eine Schwester, die es Ihnen beigebracht hat? Wer hat es wiederum ihnen beigebracht?

Man kann sich das Leben als eine Sammlung von Methoden vorstellen, wie man etwas macht. Meine entfernten Vorfahren lernten einst, in einer rauen und bedrohlichen Umwelt zu überleben. Ihre Körper lernten, dem Angriff schwerer Krankheiten zu widerstehen. Ich trage heute das Gelernte in mir. Meine Urgroßeltern verrichteten Dinge auf eine bestimmte Art und Weise, die ihre Kinder und Kindeskinder von ihnen übernahmen. Ich habe von meinen Großeltern und Eltern wenig praktische Vorgehensweisen gelernt. Ich habe dafür andere Verfahren und Methoden von meinen Freunden, Lehrern und Leuten, die ich bewundert habe, gelernt. Aus Film und Fernsehen habe ich mir praktische Kniffe und Tricks abgeschaut.

> Alles, was ich tue, verbindet mich mit einer langen Kette von anderen Menschen. Sie leben durch meine Arbeitsmethoden weiter, den Methoden, die ich wiederum an meine Schüler, Studenten, Neffen und Nichten weitergebe.

VORGEHENSWEISEN

*Durch das Bewusstmachen unserer Verhaltens- und
Vorgehensweisen können wir so arbeiten, als seien wir das
Produkt von Generationen von Künstlern und Handwerkern.
Mit dieser Übung werden Sie lernen, dieses Bewusstsein zur
Steigerung Ihres Selbstvertrauens und Ihrer Energie zu
nutzen.*

Wir bestehen aus einer Reihe von Verhaltens- und Vorgehensweisen.
Dem ist so – ob wir uns dessen bewusst sind oder nicht –, doch
manchmal ist es meiner Ansicht nach wichtig, uns diese Wechselbeziehung durch eine Zeremonie wieder ins Gedächtnis zu rufen. Es ist zwar
möglich, eine Vorgehensweise, der Sie sich bereits bewusst sind, rituell
zu würdigen (was auch eine äußerst wirkungsvolle Form ist, unsere
Eltern oder Großeltern zu ehren und uns selbst als verbundene Wesen
wahrzunehmen), doch für diese Übung schlage ich eine schamanische
Reise vor, um eine neue Methode zu erlernen, die sich speziell auf Ihre
Arbeit als Traumkünstler bezieht.

Folgen Sie den Anweisungen für eine Reise in die Oberwelt (siehe
Kapitel 5), wenn Sie diese Übung in Form einer schamanischen Reise
machen wollen. Nehmen Sie sich bewusst vor, dem Geist eines Ahnen
zu begegnen und eine neue Umgangsform mit Ihrem künstlerischen
Material oder eine neue Technik mit einem bestimmten Werkzeug zu
erlernen. Seien Sie nicht überrascht, wenn ein Geist auftaucht, der sich
Ihnen vorstellen will. Ahnengeister können Blutsverwandte von Ihnen
gewesen sein oder auch nicht. Bei einem meiner früheren Workshops
erhielt eine weiße Frau mittleren Alters Anleitungen von einem Ahnengeist, der ihr als junger afrikanischer Krieger erschien. Er lehrte sie
eine besondere Schnitztechnik, und sie war offen genug, auf ihn zu
hören und sie zu lernen. Bitten Sie höflich darum, eine Methode
beigebracht zu bekommen, wie man mit einem bestimmten Werkzeug
oder Material umgeht, oder überlassen Sie es diesem Ahnengeist und
Mentor. Üben Sie die vorgeführte Arbeitsweise so lange, bis Sie glau-

ben, die erlernte Methode aus der Traumwelt in die alltägliche Welt mit hinüberretten zu können. Stellen Sie Fragen, wenn es Sie danach drängt. Sobald es an der Zeit ist, die Traumwelt zu verlassen, danken Sie Ihrem Ahnengeist. Lassen Sie Ihren Mentor wissen, dass Sie beim Üben dieser Technik in der Wachwelt immer in Dankbarkeit für die erhaltene Gabe an ihn zurückdenken werden. Kehren Sie dann in Ihren Körper in der Wachwelt zurück.

Schreiben Sie alles, woran Sie sich von Ihrer Reise erinnern können, sofort in allen Einzelheiten in Ihr Tagebuch. Machen Sie ein Diagramm von dem, was Sie gelernt haben, wenn es Ihnen hilft, sich später daran zu erinnern. Und als Nächstes üben Sie es. Setzen Sie die Erinnerung an diese Methode in einen physischen Gegenstand um. Bauen Sie die neu erlernte Technik in eine Zeremonie ein, oder wenden Sie sie bei einem Gegenstand, den Sie gerade in Bearbeitung haben, gleich an.

Als Elizabeth, eine meiner Schülerinnen, anfing, diese Übung zu machen, hatte sie eine ganz besondere Bedeutung für sie. Elizabeth war adoptiert worden und hatte sich immer von ihrer Vergangenheit abgeschnitten gefühlt. Für die meisten von uns sind die Geschichten, die wir als Kinder über unsere Verwandten und Vorfahren hören, etwas ganz Normales. Diese Geschichten geben uns ein Gefühl dafür, wer wir sind und was wir vielleicht aus unserem Leben machen können. Stellen Sie sich einmal ein Kind mit einem ungewöhnlichen Talent vor. Eine der ersten Reaktionen der Eltern und Verwandten auf dieses Phänomen ist die Frage, »von wem es das Kind wohl hat«. Fällt einem dann Großtante Ellen ein, die zu ihrer Zeit eine ganz begabte Malerin war, oder der Urgroßvater, der einst Gedichte schrieb, die sogar veröffentlicht wurden, hat dies zur Folge, dass die Begabung oder das Talent in gewisser Weise akzeptiert wird. Hat man in der Kindheit keinen Zugang zu solchen Geschichten, kann das ein Vakuum erzeugen.

Elizabeth probierte mit mir verschiedene Maltechniken aus und fühlte sich sehr zum Malen als Ausdrucksmittel hingezogen, doch irgendwie hatte sie immer das Gefühl, dass die Farben nicht richtig waren. Als wir dann eine Pause machten, um uns dieser Übung zu widmen und eine schamanische Reise zu machen, machte sie folgende Erfahrung:

In der Oberwelt angekommen rief ich mein Krafttier zu mir. Mein großes schwarzes Kaninchen führte mich daraufhin zu einer strohgedeckten Hütte mitten auf einer Wiese. Ich ging in die Hütte hinein und sah mich darin um. Überall standen kleine Gemälde von Blumen herum. Ich ging weiter durch die Hütte hindurch und aus der Hintertür wieder hinaus. Vor mir erstreckte sich ein wunderschöner Garten und eine Wiese mit Wildblumen, Schmetterlingen, Vögeln und einer Frau mittleren Alters in einem altmodischen Kleid. Sie hatte buschiges rotes Haar und war ein bisschen dick, doch als sie sich nach mir umdrehte und mich grüßte, sah ich, dass sie ein ganz freundliches Gesicht und ein warmes Lächeln hatte. Sie stand vor einer Staffelei, malte und lud mich ein, näher zu treten, um zu sehen, an was sie gerade arbeitete. Es war ein Blumenbild – wie die anderen, die ich in der Hütte gesehen hatte.

Ich war sofort ganz aufgeregt und bat sie, mir beizubringen, wie man Blumen malt. Sie tupfte den Pinsel in einer Art kreisförmigen Bewegung in eine Farbe und malte mir im Handumdrehen ein Blümchen auf die Stirn. Ich konnte es nicht sehen, aber ich wusste, dass es so sein musste. »Du willst keine Blumen malen«, sagte sie. »Du möchtest das Geheimnis der Farbe der Blumen wissen.«

Dann zeigte sie mir, wie sie die Farben auf ihrer Palette und auf der Leinwand selbst mischte. Sie malte dazu in einer kreisförmigen Bewegung ein bisschen von einer Farbe in eine andere Farbe hinein. Manchmal mischte sie mehrere Farben mit etwas Weiß. Anschließend ging sie nochmals darüber und fügte weitere Tupfer derselben Farbe hinzu, wobei sie sie dieses Mal nicht ganz hineinmischte. Was sie auf die Leinwand malte, wirkte zunächst ganz solide, hatte jedoch etwas Schimmerndes an sich. Beim Nähertreten konnte man sehen, dass der Schimmer von den kleinen Streifen der anderen Farbe erzeugt wurde.

Sie ließ mich diese Technik sogar ausprobieren. Außerdem erzählte sie mir, sie sei eine Tante meiner Urgroßmutter mütterlicherseits und hätte an einem Ort mit dem Namen Cape Inverness gelebt. Als ich das Trommelsignal zur Rückkehr hörte, wollte ich nicht zurückgehen, doch dann erinnerte ich mich daran, mich bei ihr zu bedanken. Sie lud mich ein, sie jederzeit wieder zu besuchen.

Elizabeth versuchte daraufhin, die Farben so zu mischen, wie sie es auf ihrer Reise gelernt hatte. Das war eine Technik, die ich ihr nicht beigebracht, die sie vorher noch nie ausprobiert und die niemand in der Klasse ihr jemals zuvor gezeigt hatte. Es gelang ihr ganz gut; sie malte zwar keine Blumen, doch die Farben ihrer Bilder waren von da an etwas ganz Besonderes. Sie brachte anderen Schülern bei, wie sie die Farben mischte, und vergaß dabei nie, ihrer Ahnin, die sie auf ihrer Reise getroffen hatte, in allen Würden zu danken. Außerdem wirkte sich auch die Tatsache, dass sie möglicherweise eine Ahnin hatte, die Malerin gewesen war, positiv auf sie aus. Seit dieser Erfahrung hatte sie mehr Vertrauen in ihre Fähigkeiten und in sich selbst.

Ich möchte hier noch auf zwei Aspekte hinweisen, die wir im Zusammenhang mit Ihrem heiligen Atelierraum noch nicht erwähnt haben. Zum einen ist es durchaus möglich, mehr als ein Atelier zu haben, und zum anderen wird sich Ihr Atelier mit der Zeit entwickeln und verändern.

Ich selbst habe mehrere Ateliers. Zunächst ist da das alte Haus, das ich für meine Arbeit mit den Studenten benutze. Außerdem teile ich mir das Obergeschoss eines Gebäudes mit einem Freund, das wir beide für Workshops benutzen. Diese Räume werden auch von anderen benutzt. Deshalb müssen meine Bemühungen, sie als heilig zu definieren, möglichst unaufdringlich und leicht wieder zu entfernen sein. Ich zünde z.B. Kerzen und Räucherwerk an, verwende Musik und tragbare Altäre und bereite den Raum so vor, dass eine günstige Atmosphäre für kreatives Arbeiten geschaffen wird – immer im Hinblick darauf, den Raum als heilig zu definieren.

Welche Dinge könnte man beispielsweise dazu verwenden, um einen Raum vorübergehend zu einer heiligen Stätte werden zu lassen? Neben Kerzen, heiligen Kräutern, Räucherwerk und Musik verwende ich besondere Steine, Federn, Muscheln, eine Schale mit Wasser, Schlaginstrumente und Instrumente zum Krachmachen sowie Figuren und leuchtend bunte Tücher.

Den Raum, in dem ich schreibe, habe ich bereits beschrieben, aber ich habe außerdem noch einen Kellerraum für gröbere Arbeiten, bei denen es dreckiger hergeht. Darüber hinaus habe ich in meinem Computer im Büro einen virtuellen heiligen Raum angelegt. Auf meinen Monitor und meinen Computer habe ich besondere Gegenstände, Figuren von Geistführern und Wächtern gestellt. Neben mir brennen

Kerzen, und viele Dinge, die für mich eine ganz besondere Bedeutung haben, befinden sich in bequemer Reichweite.

Sie sollten sich darüber im Klaren sein, dass sich Ihr Gefühl zu Ihrem Atelier mit der Zeit entwickeln und verändern wird.

Es wird sich z.B. verändern, je mehr Sie sich mit neuen Ausdrucksformen beschäftigen. Es wird im selben Maß wie Ihr Bedürfnis, größere Werke zu schaffen oder mehr Werke von sich aufzubewahren, anwachsen. Es wird neue Einflüsse widerspiegeln, wenn Sie beispielsweise die Webmuster der Navahos entdecken, die Farben von Van Goghs Sonnenblumen, den erotischen Charakter der Steinskulpturen von Hindu-Tempeln, die sakrale Architektur von Bali oder die tibetischen Mandalas. Stellen Sie in Ihrem Atelier zur Schau, was Ihre Leidenschaften und Vorlieben sind. Außerdem wird sich Ihr Atelier auch danach verändern, welcher der Aspekte des kreativen Ausdrucks eines Traumkünstlers bei Ihnen gerade im Vordergrund steht: das Suchen, Anordnen, Verändern oder Erschaffen.

Das Geschenk dieses Kapitels ist die
Unterscheidungsfähigkeit.
Jeder Künstler wird Ihnen bestätigen, dass das
Allerwichtigste, was er tut (und häufig das, wovor er
am meisten Angst hat), das Treffen von
Entscheidungen ist.
Die Vorschläge und Übungen in diesem Kapitel
werden Ihnen helfen, Ihre auf energetischen
Kriterien und Einfühlungsvermögen basierende
Unterscheidungsfähigkeit zu nutzen.

Kapitel 7

Der heilige Jäger:
Die Kunst des *Suchens*
und Anordnens

Sammelleidenschaft ist die natürliche Reaktion der menschlichen Psyche auf
einen ästhetischen Gegenstand, der sie direkt anspricht und Erinnerungen
wachruft, die tief im Innern verborgen waren.
Das Sammeln bestätigt die Überzeugung der Eingeborenenkulturen, dass die
menschliche Psyche in der Lage ist, Symbole zu lesen und zu verstehen,
und dass das Sich-Hingezogenfühlen zu schönen Dingen eine Funktion des
psychischen Bewusstseins ist.

MALIDOMA PATRICE SOMÉ

The Healing Wisdom of Africa:
Finding Life Purpose Through Nature, Ritual and Community

Keinem Gegenstand begegnen Sie aus reinem Zufall. Wenn ein
Gegenstand Ihre Aufmerksamkeit erregt – Ihnen ins Auge fällt –,
können Sie sicher sein, dass dahinter eine Bedeutung steckt. Sie können darüber diskutieren, was wohl diese Bedeutung sein mag, doch je
mehr Sie das Leben als das eines Traumkünstlers erleben, desto weniger Zweifel werden Sie daran haben, dass es eine bestimmte Bedeutung
hat.

Es erscheint mir hier passend, die Diskussion über die Manifestation
des Geistes in materieller Form mit einem Zitat über das Suchen und
Sammeln zu beginnen, denn in vieler Hinsicht stellt dies die Wurzel
des Kunstschaffens dar.

Dem *Erschaffen*, *Verändern* und *Anordnen* mag zwar in unserem gegenwärtigen Kunstverständnis ein höherer Stellenwert beigemessen werden, doch die wichtigste Fähigkeit eines Künstlers und Traumkünstlers ist das *Suchen*.

Wir suchen das richtige Licht für ein Foto, die beste Perspektive für ein Gemälde, den besten Marmor für eine Skulptur, die aufregendste Form, die in Ton nachgeformt oder verwandelt werden kann, genau die richtigen Steine für ein bestimmtes Arrangement und die faszinierendsten Gegenstände zum Kombinieren. Unsere Fähigkeit des Suchens und Findens zeigt, dass wir lebendig und in der Lage sind, mit dem Geist in diesen Dingen zu interagieren. Das Suchen ist sowohl ein Ausgangspunkt als auch ein in sich vollkommener Ausdruck der Arbeit eines Traumkünstlers.

Ausrüstung:
Ein Ritual als Vorbereitung auf die Suche

Suchen ist die Grundlage der Arbeit eines Traumkünstlers, auf der alles andere aufbaut. Suchen ist das Zusammenspiel von Intention und Aufmerksamkeit. Intention bedeutet, eine Frage zu stellen. Aufmerksamkeit bedeutet hinzuhören, wie die Antwort lautet. Ob wir es wissen oder nicht, wir haben immer irgendwelche Intentionen. Manche unserer Absichten sind negativ, manche positiv. Der Schamane oder Traumkünstler lernt, mit der Kraft der Intention kontrolliert umzugehen – unsere Intentionen unserem Willen zu unterwerfen. Die Intention ist vergleichbar mit der Taschenlampe, die wir zum Suchen verwenden. Je allgemeiner die Absicht ist, desto breiter gestreut ist der Lichtstrahl und desto größer ist die Wahrscheinlichkeit, dass Sie irgendetwas finden. Je spezieller Ihre Intention ist – je gezielter der Lichtstrahl also ist –, desto größer ist die Wahrscheinlichkeit, dass Sie einen ganz bestimmten Gegenstand finden. Eine allgemein gefasste Absicht könnte beispielsweise sein, einen Stein zu finden, den Sie mit der Gabe, Trauer zu binden, ausstatten können. Eine spezielle Absicht könnte sein, einen Gegenstand zu finden, der eine Figur oder ein Ereignis aus einem Ihrer letzten Träume verkörpert.

Viele der zeremoniellen Tänze der Eingeborenenkulturen sind als Vorbereitung gedacht. Sie bereiten den Jäger auf die Jagd vor, den Sammler auf die Suche, den Krieger auf den Kampf und das Liebespaar auf das Empfangen eines Kindes. Sie können ein eigenes Vorbereitungsritual durchführen, indem Sie den Anleitungen weiter unten folgen oder sie nach Ihrem eigenen Wunsch abändern.

Am besten machen Sie diese Übung morgens als aktive und passive Form der Vorbereitung. Nehmen Sie sich zehn Minuten Zeit, in denen Sie völlig ungestört sind. Nehmen Sie Ihr Traumkünstlertagebuch zur Hand, um Ihre Intention darin festzuhalten. Drücken Sie das, wonach Sie suchen, in einem einzigen Satz aus. Seien Sie dabei so genau wie möglich, aber seien Sie sich auch bewusst, dass das, was Sie finden werden, möglicherweise etwas ganz anderes sein wird als das, was Sie zu suchen glauben. Setzen Sie sich bequem hin, schließen Sie die Augen und atmen Sie zehn Mal lange und tief durch. Bitten Sie bei jedem Einatmen um Hilfe und Führung von einer Kraft Ihrer Wahl. Das kann z.B. Ihre Vorstellung von einem Gott oder einer Göttin sein, ein Ahnengeist, ein Geistführer oder Mentor, ein Krafttier, der Geist eines Ortes oder eines Elementes oder einfach das Universum selbst als beseelte Energie. Im Prinzip bitten Sie um nichts anderes, als auf Ihrer Suche beschützt oder geleitet zu werden, etwa wie ein Jäger/Sammler darum bittet, dass seine Expedition zur Nahrungs- oder Medizinsuche erfolgreich sein möge. Bei jedem Ausatmen entlassen Sie Ihre Absicht, einen bestimmten Gegenstand zu finden, in die Welt hinaus. Wiederholen Sie den Satz, den Sie in Ihr Tagebuch geschrieben haben, mehrmals laut oder im Stillen. Wenn Sie nicht entscheiden konnten, was Sie tatsächlich suchen, können Sie einfach darum bitten, den Gegenstand zu finden, den Sie brauchen.

Verweilen Sie nach den zehn Atemzügen noch weitere fünf Minuten in diesem entspannten Zustand. Zum Abschluss der Zeremonie können Sie eine kleine Gabe zum Dank für die Hilfe darbringen, die Ihnen zuteil werden wird. Sie können etwas Räucherwerk oder eine Kerze anzünden, eine Blume ins Wasser stellen, etwas Süßgras verbrennen oder aber etwas Bier, Tabak oder Maismehl auf die Erde streuen. All das sind geeignete Formen, Ihren Dank auszudrücken.

Suchen üben:
Wie man zu einem heiligen Jäger wird

Die frühesten Schamanen waren Jäger und Sammler, wie alle anderen Mitglieder ihres Stammes auch. Sie waren ein Teil der Kulturen, in denen sie lebten.

> Die Kunst des Suchens könnte man wie das Jagen und Sammeln als eine Kombination verschiedener Methoden ansehen.

Um heilige Dinge zu suchen, müssen wir uns – wie im vorstehend beschriebenen Abschnitt – auf die Suche vorbereiten. Wir müssen ganz klar vor unserem geistigen Auge haben, was wir suchen, und offen sein für den Dialog mit dem, was wir tatsächlich finden. Sucher – heilige Jäger und Sammler – müssen dabei vier Schritte beachten. Zunächst müssen wir wissen, wo wir suchen müssen. Dann müssen wir wissen, was wir für das Erhaltene in Tausch geben müssen. Außerdem müssen wir das Gefundene durch Reinigung und Purifikation ehren. Und zuletzt müssen wir in der Lage sein, auf die Stimmen der Gegenstände, die wir finden, zu hören und von ihnen zu lernen.

Erster Schritt des Suchens:
Wo soll man suchen?

Was Sie finden, wird davon abhängen, wo Sie suchen. Wenn Sie Orten gegenüber einfühlsam sind, werden Sie bessere Ergebnisse auf Ihrer Suche erzielen. Am einfachsten lässt sich diese Sensibilität, dieses »energetische Anlegen von Karten«, an einem Beispiel erklären. Nehmen wir einmal an, wir würden einen Stein suchen. Ich liebe Steine und habe eine besondere Affinität für die Energie von Steinen. Sie können diese Methode des energetischen Kartenanlegens natürlich auch auf jedes andere Material anwenden, zu dem Sie sich hingezogen fühlen und mit dem Sie arbeiten möchten.

Wenn ich die Suche nach Steinen als heilige Handlung beschreibe, meine ich damit nicht, dass sie feierlich und pompös sein muss. Beobachten Sie einmal ein Kind, das in einem Steinhaufen oder beim Entlangschlendern am Strand den perfekten Kieselstein sucht, und Sie werden ein perfektes Beispiel heiliger Suche demonstriert bekommen. Ein Kind kann von der Aufgabe, auf die feinen Unterschiede zwischen den Steinen zu achten, völlig absorbiert sein. Ein Stein kann Ihnen genauso leicht ins Auge fallen, wenn Sie lachen, wie wenn Sie sich intensiv darauf konzentrieren.

Steine können auf die unterschiedlichste Art zu Ihnen gelangen, doch beginnen wir mit der Suche nach ihnen. Wenn Sie zu Steinen kommen wollen, ohne sie zu kaufen, werden Sie an Orten suchen müssen, wo es Ihnen relativ freisteht, sie aufzulesen und mitzunehmen. Glücklicherweise ist dies fast überall auf der Erde noch der Fall. Ausnahmen können Privatgrundstücke oder Nationalparks sein, aber an den meisten Orten wird niemand etwas dagegen haben, wenn Sie einen Stein aufheben und mitnehmen. Wohlgemerkt ist hier von einem einzelnen Stein die Rede, nicht von einem Rucksack, einem Schubkarren oder einem Lastwagen voller Steine.

> Bei der Suche nach einem Stein auf heilige Weise spielen drei Faktoren eine wichtige Rolle: wo Sie suchen, wann Sie suchen und wonach Sie suchen.

Die Art des Steines, den Sie finden werden, hängt häufig davon ab, wo Sie nach ihm suchen. An der Küste von Maine gibt es wunderschöne Steine, die von den Wellen rund und glatt abgeschliffen wurden. Das Bachbett der Bäche in den Apalachen ist voll von abgeflachten Flusssteinen aus grauem Schiefer. Die Rocky Mountains in Colorado bieten glitzernde Brocken von quarzdurchzogenem Granit. Die Canyons und Gipfel von Sedona in Arizona zeichnen sich durch pastellfarbene Steine aus, die mit roten, goldenen und braunen Adern durchzogen sind. Die Strände Hawaiis sind übersät mit runden Kieselsteinen aus schwarzem vulkanischen Bimsstein.

Wenn Sie nach einem Stein mit einer besonderen physischen Eigenschaft suchen, müssen Sie sich in seinem eigenen Revier auf die Jagd begeben. Denken Sie jedoch daran, dass Steine auch wandern können. Ich habe bereits Steine gefunden, die aus geologischer Sicht Hunderte oder Tausende von Meilen entfernt entstanden sein müssen. Das sind oft ganz besondere Steine. Sie haben mich ausgesucht.

Auf einer tieferen Ebene können Sie sich, intuitiven Eigenschaften folgend, auf die Suche nach einem Stein begeben. Ich habe Ihnen im Folgenden ein paar Möglichkeiten aufgelistet, doch Ihre Vorstellungskraft wird ein weitaus besserer Führer sein als jedes Rezept. Wenn Sie die Möglichkeit haben, in die Wildnis oder eine natürliche Umgebung hinauszugehen, machen Sie aus der Suche eine Expedition. Probieren Sie Folgendes aus:

- *Sandstrände* – für die Suche nach dem seltenen, kleinen, glatten Kieselstein, dem Prinzessinnenstein, der Magisches verspricht
- *Steinstrände* – für die Suche nach Steinen, die Zyklen verstehen und deshalb auch Rhythmussteine genannt werden
- *Bachläufe im Hochgebirge* – für die Suche nach Flusssteinen, die noch in den Kinderschuhen stecken, nach Erwartungssteinen oder nach einem guten Geburtsstein
- *Bäche und Flüsse* – für die Suche nach Reisesteinen oder Steinen für Reisende
- *Wasserfälle und Stromschnellen* – für die Suche nach Steinen des Wandels, die die Energie manifestieren, welche für Veränderungen nötig ist, und nach guten Heilsteinen
- *Flüsse am Zusammenfluss von vielen Gebirgsbächen* – für die Suche nach Großvater- und Großmuttersteinen, nach Steinen der Weisheit
- *Felsengebirge und Felsklippen* – für die Suche nach Geiststeinen mit unregelmäßigen Kanten und hochragenden Steinen, besonders den langen dünnen
- *Steinschläge und Orte, an denen Steinlawinen niedergegangen sind* – für die Suche nach beweglichen Geiststeinen
- *Vulkane* – für die Suche nach alchemistischen Steinen, die Feuer, Luft und Erde verkörpern oder, wenn es sich um runde Steine handelt, das vierte Element Wasser
- *Höhlen* – für die Suche nach Steinen der Innenschau, die sich besonders gut für die Traumarbeit eignen
- *Wüsten* – für die Suche nach Steinen der Leidenschaft

- *Wälder* – für die Suche nach Steinen der Verführung und Verzauberung
- *Felder* – für die Suche nach Marksteinen und Steinen zum Bauen, besonders gut für Steinhaufen und andere Konstruktionen
- *Moore und Sümpfe* – für die Suche nach verlorenen Steinen

Ich suche Steine mit Vorliebe in einer Umgebung, die so natürlich wie möglich ist, aber das ist nicht die einzige Möglichkeit. Magische Dinge gibt es überall um uns herum. Wenn Sie sich in den von Menschen geschaffenen Landschaften aus Gebäuden auf die Jagd nach einem Stein begeben, können Sie auf folgende Steine stoßen:

- *Wegsteine* – Kieselsteine und Begrenzungssteine von Wegen, Auffahrten und Pfaden sind häufig Reisesteine, die sich gut als vorübergehende Begleiter von Reisenden eignen. Kies und Schotter besitzen Geist, der sich jedoch oft verbirgt. Gehen Sie mit Kies und Schotter so sanft um wie mit einem verletzten oder ängstlichen Tier.
- *Straßensteine* – Einzelne Steine, die Sie auf der Straße finden, gleichen streunenden Hunden, die glücklich sind, ein Zuhause zu finden. Sie zeigen sich immer für jede freundliche Geste erkenntlich.
- *Bausteine* – Steinen von abgebrochenen oder zusammengefallenen Häusern und Gebäuden kann viel Geist innewohnen. Manchmal ist dieser Geist positiv, wie im Falle von Privathäusern, Kirchen und Orten, an denen reges Leben herrschte. Manchmal kann dieser Geist aber auch negativ sein, wie im Falle von Gefängnissen oder Orten, an denen es sehr gewalttätig zuging. Meistens ist der Geist neutral. Versuchen Sie etwas über das Gebäude herauszufinden, von dem der Stein stammt.
- *Ausgegrabene Steine* – Manchmal stößt man beim Bauen oder bei Gartenarbeiten auf Steine, die in der Erde geschlummert haben. Das sind schlafende Steine, die sich gut für die Traumarbeit eignen.

Es gibt natürlich auch noch andere Plätze, an denen Sie in einer Stadt oder in einem Wohnviertel einen Stein finden können. Im Allgemeinen gibt es Parks und kleine offene Plätze, an denen Sie einen Stein finden und mit geringen ethischen Konsequenzen mitnehmen können. Vermeiden Sie es, Steine von Privatgrundstücken zu entfernen. Wenn man Sie mitten in der Nacht beim Ausgraben eines Pflastersteins Ihres Nachbarn oder beim Zerlegen seiner Steinmauer ertappt, könnte das gerichtliche Folgen haben und wahrscheinlich äußerst peinlich sein. Mit Sicherheit ist es jedoch eine Handlung, die aus energetischer Sicht nicht gerade zu empfehlen ist.

Wenn wir schon bei den Dingen sind, die man besser vermeiden sollte: Achten Sie darauf, dass Sie keine Zementbrocken, zerbrochenen Ziegel, Asphaltstückchen oder Bruchstücke von Kunststeinplatten erwischen. Manchmal können diese Dinge so aussehen wie ein Stein, aber sie haben nicht dieselbe Art von Energie.

> Wie Sie inzwischen sicher schon erraten haben, gibt es manche Orte, die äußerst kraftvolle Quellen für Steine sind. Dazu zählen vor allem Energiespiralen und heilige Stätten. Energiespiralen sind Punkte, an denen die energetischen Schwingungen deutlich höher sind.

Sie finden sich über die ganze Erde verteilt. Wenn Sie sich in einer solchen Energiespirale befinden, fühlen Sie sich tatsächlich anders, obwohl das je nach Sensibilität des Einzelnen und Stärke der Kraftschwingung des jeweiligen Ortes variiert. Zum Beispiel ist Sedona in Arizona für seine Spiralen bekannt, die in einer Reihe von Büchern gut dokumentiert sind. Der Prophet und Heiler Edgar Cayce hat Virginia Beach im Staat Virginia als ein Energiezentrum ausgemacht. Energiespiralen sind häufig durch geomantische Linien miteinander verbunden, die in der chinesischen Kunst des Feng Shui auch »Drachenlinien« oder von den Forschern in den Ländern mit einer starken keltischen Tradition »Kraftlinien« (ley lines) genannt werden.

Es gibt Bücher, die sich mit der Theorie von Energiespiralen befassen, und sogar Handbücher über die bekanntesten Kraftzentren, aber mit etwas Übung können Sie kleinere Kraftspiralen auch selbst finden. Achten Sie bewusst auf plötzliche Veränderungen Ihres geistigen Zustands oder Ihres Körpergefühls, die Sie nicht ohne weiteres erklären können. Diese Veränderungen können sich durch visuelle oder akustische Effekte sowie durch Geruchs- oder Bewegungsphänomene ankündigen. Natürlich deuten nicht alle diese Anzeichen immer auf eine

Energiespirale hin, doch wenn das Phänomen immer wieder an derselben Stelle auftritt, haben Sie möglicherweise einen Kraftort entdeckt.
Steine aus einer dieser Kraftspiralen oder von den Kraftlinien, die diese
Zentren miteinander verbinden, können äußerst wirksame Hilfsmittel
sein.

Das bringt uns auf die zweite Kategorie zu sprechen, die wir oben
erwähnt haben: die heiligen Stätten.

> Die meisten heiligen Stätten – wie Stonehenge, die Kathedrale
> von Chartres, Machu Picchu, die Klagemauer von Jerusalem,
> Mekka und Lhasa – befinden sich an Punkten mit einer sehr
> hohen Energie. Sie wurden auf den stärksten Kraftorten erbaut.

Darüber hinaus wurde ihre Energie durch jahrtausendelange kontinuierliche heilige Aufmerksamkeit und Intention noch gesteigert. Sie
können sich vorstellen, dass es dort kraftvolle Steine gibt.

Aber ich kann Ihnen natürlich keinesfalls guten Gewissens raten,
sich von diesen Stätten Steine mitzunehmen. Heilige Stätten sind
normalerweise geschützte Orte. Viele befinden sich in Privatbesitz
oder werden von der Regierung oder religiösen Gruppen verwaltet. Im
Allgemeinen gibt es Gesetze, die das Entfernen jeglicher Art von
Gegenstand von diesen Orten verbieten. Auch wenn es an dem Ort,
den Sie besuchen, keine ausdrücklichen Verbote gibt, müssten Sie in
jedem Falle mit äußerster Vorsicht und heiliger Aufmerksamkeit vorgehen. Können Sie einen Stein von einer heiligen Stätte mitnehmen,
ohne dabei erwischt zu werden und an dem Ort einen merklichen
Schaden anzurichten? Zweifellos. Aber wenn auch nur ein kleiner
Prozentsatz der Besucher solcher heiligen Stätten einen Stein von dort
mitnehmen würde, hätte das eine verheerende Wirkung (auch wenn
Sie sich das nur schwer vorstellen können). An manchen der touristisch
stärker frequentierten Orte gibt es in den Souvenirshops Steine von
dem Ort zu kaufen. Das könnte eine Möglichkeit sein, zu einem Stein
von einem heiligen Ort zu kommen. Seien Sie jedoch im Allgemeinen
Leuten gegenüber misstrauisch, die Ihnen Steine verkaufen wollen, die
angeblich von heiligen Stätten stammen. Sie haben nur ihr Wort, dass
sie den Stein mit Erlaubnis genommen haben. Verlassen Sie sich auf

Ihre Intuition und Ihren gesunden Menschenverstand. Hier geht es um etwas, das Ihnen am Herzen liegen sollte.

Es gibt noch eine andere Art von Energiezentren, auf die ich an dieser Stelle aufmerksam machen möchte. Es sind die Schauplätze großer oder wiederholter Gewalt. Ich bin versucht, sie als »unheilig« zu bezeichnen, doch ich glaube, ich möchte diesen Begriff lieber für manche der kalten, öden und völlig energielosen Orte vorbehalten, die wir in unserem Versuch geschaffen haben, die Erde zu unterwerfen und die Existenz solcher feinstofflichen Dinge wie Energielinien, -felder und -spiralen zu leugnen. Tatsächlich sind viele unserer Schlachtfelder aufgrund der unglaublichen Menge an Energie, die auf ihnen freigesetzt wurde, sowie der Trauer und Aufmerksamkeit, die diesen Stätten von den Generationen danach entgegengebracht wurde, zu heiligen Stätten geworden. Schlachtfelder, Gedenkstätten für großes Leiden und Not, Orte, an denen sich nationale, regionale oder lokale Tragödien zugetragen haben, die vom Menschen oder von der Natur ausgelöst wurden, können zu heiligen, geweihten Energiezentren werden. Steine von diesen Orten können eine starke persönliche Bedeutung haben, manchmal vergangene Leben widerspiegeln oder auch ethnisches oder rassisches Erbe einschließen. Steine haben ein Gedächtnis, das weit zurückreicht, und werden im Allgemeinen nicht so stark von unserem Leben und Sterben beeinflusst, wie wir uns das vielleicht vorstellen. Wenn Ihre Sammlung zum überwiegenden Teil aus Steinen von solchen Orten besteht, können Sie von diesen auf unvorhersehbare Weise beeinflusst werden. Sie können aber auch versuchen herauszufinden, was Sie zu diesen Steinen so hinzieht. Ist es Buße, Reue oder Schuld? Müssen Sie von diesen Steinen vielleicht etwas lernen?

Es ist zwar wichtig, wo man nach Steinen sucht, doch es kann genauso wichtig sein, wann man nach ihnen sucht. Manchmal findet genau dann ein Stein seinen Weg zu Ihnen, wenn die Zeit dafür reif ist, und Ihr eigenes Zeitgefühl zählt dabei wenig; aber wenn Sie sich auf die Suche nach einem Stein machen, kann die Zeit bei Ihrer Suche eine Rolle spielen. Ich mache mich am liebsten in den Übergangszeiten des Tages auf die Jagd nach einem Stein. Die Morgen- und die Abenddämmerung waren für mich schon immer die magischsten Tageszeiten. Außerdem habe ich das Gefühl, dass ich dann mehr Glück habe, den richtigen Stein zu finden.

Wir sind zwar als Spezies nicht besonders gut dafür ausgestattet, einen Stein in der Dunkelheit zu finden, doch ein Mitternachtsspaziergang bei Vollmond an einem Strand mit Kieselsteinen entlang kann zu überraschenden Ergebnissen führen. Ich zeltete einmal in der Nähe eines Baches in den Blue Ridge Mountains in Virginia. Ich schlief unruhig in meinem Zelt, weil mir ständig das Geräusch von spritzendem Wasser bewusst war. Als ich endlich dem Ruf folgte, aufstand und mich im Mondlicht an den Bach setzte, wurde ich durch einen wunderschönen schwarzen, runden Kieselstein belohnt, der von einer Quarzader durchzogen war. Er blinkte mich direkt unter der Oberfläche des rauschenden Wassers an, und ich begriff, dass ich ihn mitnehmen sollte. Ich habe diesen Stein immer noch.

Im Allgemeinen ist die beste Zeit zum Steinesuchen tagsüber. Ich möchte jedoch kurz auf die Lichtqualität eingehen, bei der man suchen sollte. Ich gehe nicht nur lieber in der Morgen- oder Abenddämmerung auf Steinsuche, sondern auch lieber an grauen, wolkigen und bedeckten Tagen. Das heißt nicht, dass ein wunderschöner strahlend blauer Himmel und intensives Sonnenlicht keine Steinschätze zu Tage fördern, aber ich habe gemerkt, dass ich an solchen Tagen lieber nach oben und in die sonnige Landschaft hinausschaue als nach unten und nach innen. Bei der Steinsuche jedoch steht das Schauen nach unten und nach innen im Vordergrund.

Die Mittagszeit gefällt mir am wenigsten zum Steinesuchen. Das mag eine persönliche Eigenart von mir sein oder daran liegen, dass die senkrecht stehende Sonne alle Schatten und Oberflächenstrukturen auszulöschen scheint, die mir normalerweise helfen, den richtigen Stein zu finden. Was immer der Grund sein mag, auf jeden Fall suche ich zu dieser Zeit nicht gerne aktiv nach Steinen.

Andere zeitbedingte Faktoren können ebenfalls Ihre Suche beeinflussen. Zum Beispiel haben die Mondzyklen einen starken Einfluss auf uns. Normalerweise eignet sich die Phase des zunehmenden Mondes für neue Unternehmungen, positive und aggressive Handlungen. Die Phase des abnehmenden Mondes ist eine günstige Zeit für das Entwickeln neuer Ideen und Pläne und für die Innenschau. Wenn Sie auf der Suche nach einem Geburtsstein sind, sollten Sie eher bei zunehmendem Mond suchen. Erinnerungs- oder Gedenksteine zeigen sich uns hingegen am besten bei abnehmendem Mond.

Auch die Jahreszeiten können unsere Steinsuche auf besondere Weise inspirieren. Die meisten Leute haben eine Lieblingsjahreszeit. Gärtner und Leute, die sich nach der Wärme des Sommers sehnen, lieben normalerweise den Frühling wegen seiner neu erwachten, sprühenden Energie. Steine, die im Frühjahr gefunden wurden, sind meist die aktivsten. Sie erzählen uns Geschichten von Bewegung und Wachstum. Sie eignen sich gut zum Bauen und zur Einleitung neuer Unternehmungen. Sommersteine sind hingegen magisch. Sie sind besonders kraftvolle Steine für Zaubersprüche, Amulette und Glücksbringer. Sie üben einen starken Einfluss auf Beziehungen aus, und ihre Magie zeigt von allen Jahreszeitensteinen die schnellste Wirkung. Herbststeine sind Übergangssteine. Sie sind gute Steine, um Übergänge zu markieren oder zu erleichtern. Sie eignen sich gut für Reisende und Forscher. Herbststeine können auch gute Meditationssteine sein, besonders für aktive Meditationsformen, wie geführte Visualisierungen. Doch die besten Steine für Stille sind Wintersteine. Sie sind Geschichtenerzähler. Hören Sie auf sie, gehen Sie in sie hinein und lernen Sie von ihnen.

Die Sonnenwenden und Tagundnachtgleichen sind energetisch gesehen hochinteressante Zeiten für die Steinsuche. Sie sind die großen Pendelbewegungen von Licht und Dunkelheit. Die Tagundnachtgleichen im Frühjahr und Herbst, wenn Tag und Nacht gleich lang sind, sind Momente des Gleichgewichts. Die Sommersonnenwende, der längste Tag und die kürzeste Nacht des Jahres, ist eine Zeit leidenschaftlicher und häufig erotischer Energie. Hingegen ist die Wintersonnenwende, die längste Nacht des Jahres, eine Zeit der Erinnerung, der Geschichte und des Wandelns im Reich des Geistes.

Vielleicht fühlen Sie sich auch von anderen Zeitrechnungen angezogen. Natürlich können Sie sich bei Ihrer Steinsuche ebenfalls danach richten. Durch die großen Zyklen der Astrologie – sei sie nun chinesisch, vedisch, europäisch oder der Tradition der Mayas oder der amerikanischen Ureinwohner entlehnt – können Sie natürlich ebenfalls beeinflusst werden. Wichtig ist, dass Ihnen immer klar ist, dass der Ort und der Zeitpunkt der Steinsuche für Sie zu keinem Zwang werden sollte. Es gibt keine festen Regeln. Es gibt Tendenzen, Neigungen und Möglichkeiten. Achten Sie aufmerksam auf die Orte und die Zeiten, die Sie bei der Steinsuche bevorzugen. Wenn Sie sich für das Potenzial – die Sprache – von Ort und Zeit sensibilisieren, werden Sie sich auf diese besonderen Energien einschwingen und sich für ihre Botschaften öffnen.

Zweiter Schritt des Suchens: *Was soll man für das Erhaltene als Gegengabe geben?*

Im peruanischen Schamanismus gibt es den Begriff des *Ayni*, was heilige Gegenseitigkeit bedeutet. *Ayni* verlangt von uns, dass wir für etwas, das wir nehmen, im selben Maße etwas geben sowie unsere Dankbarkeit für das, was wir haben und erhalten, durch symbolische Gesten und manchmal auch materielle Gaben an die geistige Welt ausdrücken. Für die amerikanischen Ureinwohner an der Nordwestküste war in dem Begriff *Potlatch* (eine Art Versammlung zum Zweck der feierlichen Verteilung von Gütern) enthalten, dass die mächtigste Person oder Familie am meisten geben konnte. Meiner Ansicht nach ist es sehr nützlich, diese Vorstellungen beim Üben der Kunst des Suchens präsent zu haben.

Gewöhnen Sie sich an, wenn Sie Gegenstände aus der Natur mitnehmen, zuerst um Erlaubnis zu bitten.

Wenn tatsächlich ein Mensch da ist, den Sie fragen können (z.B. bevor Sie eine Blume oder ein Kräuterzweiglein in irgendeinem Garten pflücken), wenden Sie sich an ihn und bitten Sie ihn um Erlaubnis. Aber auch wenn niemand da ist, möchte ich Sie dazu ermutigen, sich der Erlaubnis der geistigen Welt zu versichern. Schließen Sie einfach einen Moment lang die Augen, oder wechseln Sie auf die innere Wahrnehmungsebene über. Fragen Sie, ob das der Gegenstand ist, den Sie finden sollten und ob Sie ihn mitnehmen dürfen.

Als ich einmal einen Stein suchte, den ich einem Freund zur Erinnerung an einen Wochenend-Workshop schenken wollte, den wir gemeinsam abgehalten hatten, machte ich einen kurzen Spaziergang zu einem Bach hinunter, der zu demselben Gelände gehörte. Das durch die Bäume einfallende Licht ließ nahezu alle Steine glitzern und lenkte meine Aufmerksamkeit auf sie. Ich hob eine ganze Reihe von Steinen auf, bat jedes Mal um Führung und Erlaubnis, bekam jedoch keine deutlich spürbare Antwort. Schließlich fand ich einen kleinen rötlichen Stein, der von Quarzadern durchzogen war. Als ich ihn aufhob, fing eine große Amsel nur wenige Meter über meinem Kopf laut zu zwitschern an. Ich überlegte mir einen Moment, ob das wohl ein Zeichen sei, dass ich den Stein nehmen durfte, oder eher ein Warnruf. Ich schaute zu ihr hoch und fragte mit lauter Stimme: »Darf ich das nehmen?« Sofort war der Vogel still. Als ich mich zurückzog, sah er mir noch eine Weile nach, gab aber keinen Laut mehr von sich. Ich nahm eine Prise Tabak heraus und streute sie zum Dank auf die Erde. Den Vogel schien dies zu befriedigen, denn er flog daraufhin schnell weg. Das bringt mich bereits zum nächsten Punkt.

Außer um Erlaubnis zu bitten, etwas mitnehmen zu dürfen, ist es auch immer gut, etwas dafür zurückzulassen.

Ich habe z.B. meist einen Lederbeutel mit Tabak dabei. Aber auch Maismehl, Salbeiblätter, Blütenblätter von Blumen, Samen, Bohnen, Kieselsteine oder Muscheln eignen sich bestens dafür. Im Notfall kann man auch Spucke oder Haare als Gegengeschenk dalassen. Eine andere Form des Sich-erkenntlich-Zeigens könnte in einer Aufräumaktion von Müll und Unrat in der Gegend bestehen, in der Sie Ihren Gegenstand gefunden haben. Am wichtigsten ist, dass Sie Ihr Gegengeschenk mit Ehrfurcht und Dank darbringen. Wenn Sie im Moment kein Opfer darbringen können oder es vergessen haben, können Sie Ihr Dankesopfer auch später noch nachholen. Vielleicht erscheint Ihnen das Ganze lächerlich und abergläubisch. Vielleicht glauben Sie auch nicht wirklich an Geister, aber durch das Darbringen von Dankesopfern entwickeln Sie Ihre Fähigkeit, Verbindungen und Bezüge zu sehen. Üben Sie sich darin, bis es Ihnen in Fleisch und Blut übergegangen ist.

Selbst wenn die Jagd nach interessanten Dingen in der Natur eine äußerst befriedigende Form der Suche darstellt, gibt es noch andere Methoden. Wir können uns auch in Läden *auf die Suche* machen – »Shopping als heilige Aktivität«. Zwar lässt sich mit Geld kein Geist kaufen, doch der Einsatz von Geld im Tausch gegen Gegenstände und Bilder muss nicht unbedingt den Geist oder die heilige Qualität von

Dingen aufheben. Für einen Stadt-Traumkünstler kann das Herum-
schlendern in Second-Hand-Läden, auf Flohmärkten, in Läden für
Zeichen- und Handwerksbedarf sowie in Galerien und Läden von
anderen Künstlern in jeder Hinsicht eine ebenso heilige Handlung wie
das Durchstreifen von Wäldern sein. Auch hier ist wieder die Intention
das Wichtigste. Haben Sie bewusst einen Vorsatz gefasst? Suchen Sie
auf achtsame und besonnene Weise? Sind Sie offen für Überraschun-
gen und sich der Symbolsprache des Universums bewusst? Wenn Sie
den besonderen Gegenstand finden, den Sie gesucht haben, überlegen
Sie sich, ob nicht ein Tauschhandel besser wäre. Beim Tauschhandel
entsteht eine andere Energie und eine stärkere Form von Beziehung.
Wenn Geld dafür ausgegeben werden muss, tun Sie es auf großmütige
Weise. Das Gefühl, dass Sie von jemandem betrogen wurden, oder dass
Sie jemanden betrogen haben, schlägt den Geist schneller als alles
andere, was ich kenne, in die Flucht. Und nur weil Sie dafür Geld
ausgegeben haben, sollten Sie trotzdem nicht vergessen, Ihren Dank
durch eine kleine Gabe oder ein Gebet im Stillen auszudrücken. Ehren
Sie die Tatsache, dass der Geist Sie zu genau diesem Zeitpunkt an
genau diesen Ort geführt hat, um den Gegenstand zu finden.

Eine weitere Möglichkeit besteht darin, dass Ihnen ein Gegenstand
zum Geschenk gemacht wird. Manchmal schenken Ihnen Menschen
Dinge, die sie gefunden oder selbst gemacht haben oder die für sie in
ihrem Leben eine wichtige Rolle gespielt haben. Lernen Sie, diese
kleinen Geschenke freundlich anzunehmen. Das Herstellen und Annehmen von Geschenken, auf das wir in Kapitel 9 noch näher eingehen
werden, ist eine Form, Beziehungen zu schaffen. Wenn Sie dem Universum Ihre Absicht mitgeteilt haben, kann das Universum über eine
Ihnen nahe stehende Person handeln, um Sie in Besitz des Gegenstandes zu bringen, den Sie brauchen. Meine Schüler und Klienten
bringen mir oft Muscheln, Steine, heilige Pflanzen und andere Gaben
mit. Manche davon behalte ich, andere sind dazu bestimmt, weitergegeben zu werden. Wenn die anderen Leute wissen, dass Sie ein Sucher
und Sammler sind, löst das bei ihnen manchmal den Wunsch aus, bei
Ihrer Arbeit mitzuhelfen und Dinge für Sie zu finden. Jahrelang habe
ich auf meinen Spaziergängen in der Umgebung Vogelfedern gesammelt. Heute sammelt meine Schwägerin auch Federn für mich. Ab und
zu bringt sie mir einen Umschlag voll Federn mit, die sie gefunden hat,

und weist mich dann immer auf die besonders schön gefärbten oder ungewöhnlichen hin.

Dritter Schritt des Suchens: Physisches und energetisches Reinigen

Es ist wichtig, dass wir uns um die Gegenstände, die in unser Leben gekommen sind, kümmern. Zunächst sollten wir den Gegenstand erst einmal physisch reinigen. Dieser Reinigungsprozess hilft uns, ein anderes Verhältnis zu dem, was wir gefunden haben, zu bekommen. Die körperliche Anstrengung des Reinigens und Trocknens unserer Schätze lässt eine enge Bindung zwischen ihnen und uns entstehen.

Energetisches Reinigen ist für den Geist, was das normale Säubern für den materiellen Gegenstand ist. Wie ein Gegenstand energetisch gereinigt werden sollte, hängt davon ab, woraus er besteht. Hier einige Möglichkeiten:

- *Ins Wasser legen:* Einen Gegenstand in Regenwasser, Quellwasser, Salzwasser oder Meerwasser zu legen, ist eine wirksame Methode, um ihn von dichter Energie zu reinigen.
- *Ins Mondlicht legen:* Gegenstände mit einem Überschuss an männlicher Energie kann man zum Ausgleich der Energie ins Vollmondlicht legen. Darüber hinaus kann man sie auch noch in Wasser oder Salz legen oder in der Erde eingraben.
- *Von der Sonne aufladen lassen:* Legen Sie einen Gegenstand mit einem Überschuss an weiblicher Energie an einem klaren Tag eine Weile in die Sonne.
- *In Salz legen oder in der Erde eingraben:* Wenn man einen Gegenstand in eine Schüssel mit Steinsalz oder Meersalz legt oder ihn direkt in der Erde eingräbt, wird dadurch die dichte Energie von ihm abgezogen.
- *Räuchern mit heiligem Rauch:* Wenn man einen Gegenstand durch den Rauch einer heiligen Geistpflanze, wie Salbei, Süßgras, Zeder, Kopal, Lavendel oder Tanne, bewegt, ist das ein äußerst wirksamer Reinigungsprozess, der sich für die meisten Gegenstände eignet. Auch anderes Räucherwerk und Räucherstäbchen können dafür be-

nutzt werden, doch hat meine Erfahrung gezeigt, dass sie etwas weniger wirksam ist.

- *Über eine Kerze bewegen:* Zünden Sie eine weiße Kerze (für Reinheit) an und bewegen Sie ihren Gegenstand drei Mal über die Flamme hinweg. Die Entfernung zur Flamme sollte klein genug sein, um etwas von ihrer Wärme zu spüren, aber natürlich nicht so klein, dass der Gegenstand Feuer fangen könnte.

Energetisches Reinigen ist bei den meisten Gegenständen, die Sie in der Natur gefunden haben, normalerweise nicht nötig (einzige Ausnahme: natürliche Dinge von Orten, an denen Gewalt und schwere Energie konzentriert auftreten). Hingegen ist energetisches Reinigen sehr wichtig, wenn es sich um Gegenstände handelt, die von anderen Menschen benutzt wurden. Energetisches Reinigen oder Purifizieren wird bewusst vorgenommen, um die energetische Programmierung, die ein Gegenstand möglicherweise von seinem früheren Besitzer aufgenommen hat, auszulöschen. Denn Gegenstände können noch eine Restspannung von den Leuten in sich tragen, die in engem Kontakt mit ihnen waren. Wenn beispielsweise die Statue einer kleinen Bronzegöttin im Besitz einer Frau mit schwachem Selbstvertrauen war, kann die Statue diese Energie übernommen haben und auch nach der Reinigung von schwerer Energie immer noch ein schwaches Energiefeld besitzen.

Nehmen Sie Ihren Gegenstand nach dem physischen und energetischen Reinigen in die rechte Hand und setzen Sie sich ruhig mit ihm hin. Die rechte Seite eignet sich traditionell besser für das Geben und das Übertragen von Energie auf eine andere Person, eine Pflanze, ein Tier, einen Gegenstand oder das Universum selbst. Die linke Hand eignet sich besser zum Empfangen. In einer Zeremonie ehren wir das Ganze, indem wir mit der rechten Hand geben und mit der linken empfangen. Wenn Sie jedoch den Eindruck haben, dass Sie mit Ihrer rechten Hand besser empfangen und mit der linken Hand besser Energie übermitteln können, ändern Sie einfach die Techniken so ab, wie es Ihnen richtig erscheint. Nehmen Sie sich bewusst vor, den Gegenstand von jeglicher früherer Programmierung zu befreien, die er vielleicht in sich trägt. Bekräftigen Sie diese Absicht durch drei tiefe Atemzüge. Halten Sie den Atem jedes Mal nach dem Einatmen etwas länger, um die Reinigungskraft in sich ansteigen zu lassen. Führen Sie beim dritten Atemzug den Gegenstand an die Lippen, und blasen Sie Ihre Absicht, ihn energetisch reinigen zu wollen, in den Gegenstand hinein.

Vierter Schritt des Suchens:
Zuhören und von den Gegenständen lernen

> Wenden Sie die im dritten Kapitel beschriebene Technik des Wechselns der Wahrnehmungsebene an, um die Geschichten, die Ihnen Ihre Gegenstände erzählen werden, zu hören und zu sehen.

Sie können den Gegenstand aber auch links neben Ihr Bett legen, ihn in der linken Hand halten oder links unter Ihr Kopfkissen legen und mit ihm schlafen (denken Sie daran, dass die linke Seite bei den meisten Menschen die empfänglichere ist, es bei Ihnen aber auch andersherum sein kann). Fassen Sie den Vorsatz, die Geschichte Ihres Gegenstandes zu träumen, und achten Sie dann auf die Träume, die Sie haben. Alternativ oder auch zusätzlich zu diesen Techniken können Sie auch eine schamanische Reise unternehmen, um das Wesen oder die wahre Natur Ihres Gegenstandes besser zu begreifen. Bitten Sie Ihr Krafttier oder Ihre Geistführer, Ihnen dabei zu helfen. Versuchen Sie, einen Namen für den Gegenstand zu finden. Versuchen Sie, mit den Mitteln der Wachwelt mehr über ihn herauszufinden.

BILDERJAGD:
DIE ZWEIDIMENSIONALE SUCHE

In der folgenden Übung werden Sie lernen, dass sich die heilige
Suche auch auf Bilder ausdehnen kann.

Suchen ist nicht auf dreidimensionale Objekte beschränkt. Fotografen und Menschen, die zeichnen und malen, sind ebenfalls Sucher. Fotografen sind im wahrsten Sinne vollkommene Sucher und Gestalter. Sie finden Blickwinkel, Objekte, Strukturen, Muster, Formen, Gestalten, Schatten und Licht. Wenn das, was sie finden, nicht ihrer inneren Vision entspricht, kombinieren sie verschiedene Elemente, um ihre Vision zu manifestieren. Polaroid-Kameras sind wunderbare Instrumente zum Erforschen und Finden von Bildern. Sie sind relativ billig und im Allgemeinen einfach zu handhaben. Außerdem haben sie den Vorteil, dass man fast sofort eine Rückmeldung bekommt. Dadurch lernt man viel schneller, wodurch sich erfolgreiche Bilder unterscheiden. Wenn Sie das Gefühl haben, Fotografieren könnte Sie als Form des kreativen Ausdrucks interessieren und Sie würden es als Traumkünstler gerne ausprobieren, nehmen Sie sich folgende Projekte vor:

1. Machen Sie zehn Fotos, die auf irgendeine Weise Elemente aus einem Traum, den Sie kürzlich hatten, widerspiegeln oder darstellen.

2. Versuchen Sie zehn Selbstporträts herzustellen, auf denen Sie selbst in Wirklichkeit gar nicht erscheinen.

3. Zählen Sie die fünf wichtigsten Werte in Ihrem Leben auf. Machen Sie ein Foto oder mehrere, die als optische Metaphern dafür stehen könnten.

Untersuchen Sie die Bilder anschließend sowohl im Hinblick auf das, was Sie tatsächlich auf dem Film eingefangen haben, als auch auf das, was Sie zu knipsen beabsichtigt hatten. Beurteilen Sie Ihre Bilder nicht nach irgendwelchen ästhetischen Gesichtspunkten, sondern eher danach, auf welche Weise diese Bilder Ihr Verständnis des Traums näher beleuchten. Stellen Sie sich auf die Probe, und nehmen Sie sich vor, zehn Fotos von interessanten Dingen im Umkreis von 50 Metern von Ihrem Haus zu fotografieren. Sie können für diese Projekte natürlich auch digitale Kameras oder 35-mm-Kameras benutzen, aber damit haben Sie natürlich nicht so schnell ein Feedback.

Sie können sich aber auch mit einem Bleistift und einem Skizzenblock oder Ihrem Traumkünstlertagebuch auf die Suche machen. Suchen Sie sich einen Platz zum Hinsetzen, und ziehen Sie einen imaginären Kreis als Begrenzungslinie um sich herum. Zeichnen Sie nun nur das, was sich innerhalb dieses Kreises befindet – als ob diese Dinge die interessantesten der Welt wären. Oder nehmen Sie einen Tag lang Ihr Tagebuch mit sich, und halten Sie alle Botschaften oder Bilder auf Schildern fest, die Sie anzuziehen scheinen. Notieren Sie außerdem Gesprächsfetzen, die Sie im Bus oder Zug oder an anderen öffentlichen Plätzen aufgeschnappt haben. Stellen Sie sich vor, es seien Botschaften, die ausschließlich für Sie gedacht waren. Untersuchen Sie, was sie Ihnen möglicherweise über Ihr Leben zu sagen haben.

Eine Sammlung von Symbolen für die Elemente

Mit dieser Übung werden Sie anfangen, zweckorientiert zu suchen und ihr Verhältnis zu den Energien der vier Elemente weiter zu vertiefen.

Vielleicht entdecken Sie irgendwann, dass Suchen etwas ganz Natürliches für Sie ist. Vielleicht gefällt Ihnen die Jagd, die Suche und das Abenteuer des Findens. Um die weiter oben angeführten Techniken etwas zu üben, stellen Sie sich vor die Aufgabe, folgende Gegenstände zu suchen:

1. Suchen Sie fünf Gegenstände oder Bilder, die das Element Erde verkörpern.

2. Suchen Sie fünf Gegenstände oder Bilder, die das Element Luft verkörpern.

3. Suchen Sie fünf Gegenstände oder Bilder, die das Element Feuer verkörpern.

4. Suchen Sie fünf Gegenstände oder Bilder, die das Element Wasser verkörpern.

Bevor Sie mit der Suche beginnen, nehmen Sie sich diese Aufgabe bewusst vor. Nehmen Sie sich ein wenig Zeit, um etwas über diese Elemente in Ihr Tagebuch zu schreiben. Geben Sie der Versuchung nicht nach, in anderen Büchern nachzusehen, sondern machen Sie eine Liste von Ihren eigenen Assoziationen zu diesen Elementen. Welche Farben assoziieren Sie mit den verschiedenen Elementen? Welche körperlichen Empfindungen verbinden Sie mit ihnen? Fallen Ihnen irgendwelche archetypischen Bilder, Symbole oder Mythen zu den vier Elementen ein? Assoziieren Sie verschiedene Himmelsrichtungen mit diesen Elementen? Verbinden Sie damit verschiedene Gefühlszustände oder Lebensabschnitte?

Wenn Sie Ihre Gedanken festgehalten haben, können Sie nachsehen, was andere Traditionen über die Elemente zu sagen haben (denken Sie dabei nur immer daran, dass diese nicht unbedingt relevanter als Ihre eigenen Eindrücke sein müssen). Beginnen Sie die nächsten paar Tage Ihren Morgen immer mit dem »Ritual zur Vorbereitung auf die Suche«. Nehmen Sie sich bewusst vor, Gegenstände oder Bilder zu finden, die die Elemente symbolisieren. Manche dieser Gegenstände können sich bereits in Ihrem Besitz befinden. Aber auch wenn Sie genug Gegenstände hätten, um Ihre Sammlung vom Fleck weg zusammenzustellen, sollte Ihre Sammlung nur zur Hälfte aus Gegenständen bestehen, die bereits in Ihrem Besitz sind. Experimentieren Sie herum und suchen Sie sowohl in der Natur als auch in der Stadt. Erinnern Sie sich daran, um Erlaubnis zu bitten, etwas wegnehmen zu dürfen, und hinterlassen Sie im Gegenzug eine kleine Gabe zum Dank. Die gesammelten Gegenstände werden Sie bereits für die im nächsten Abschnitt beschriebene Übung brauchen können.

Die Kunst des Gestaltens und Anordnens von Altären und Schreinen

Manche Menschen fühlen sich besonders zum Suchen und Sammeln als Ausdrucksform ihrer kreativen Energien hingezogen. Für einige wird ihre spirituelle Arbeit hauptsächlich aus Sammeln bestehen. Aber die leidenschaftlicheren Sammler werden im Allgemeinen auch oft zu

Ordnern und Gestaltern. Sie finden kreative Wege, ihre Sammlungen anzuordnen und zur Schau zu stellen.

Anordnen, Gestalten und Zurschaustellen sind Künste der Beziehung.

Man kann Gegenstände auf ansprechende Weise anordnen, indem man einfach die Oberfläche, Ähnlichkeiten des Materials oder Beziehungen der Objekte untereinander optimal ausnützt. Doch erst wenn sie entsprechend intuitiven Eingebungen, heiligen traditionellen Mustern, spiritueller Führung oder Enthüllungen im Traum angeordnet werden, werden sie zu Kombinationen der Kraft, also zu Altären und Schreinen.

Gegenständen und Bildern wurden in der Vergangenheit stets Kraft und Geist zugeschrieben, doch eine fast genauso wichtige Rolle spielt die Anordnung dieser Gegenstände und der richtige Platz für Bilder innerhalb einer Komposition. Dadurch werden die Kraft und der Geist der verschiedenen Gegenstände konstruktiv eingesetzt, ins Gleichgewicht gebracht, abgestimmt und verstärkt. Der Ort des Altars und die Anordnung der sich darauf befindenden Gegenstände in einer Kirche, Moschee, Synagoge oder einem Tempel sind genauso wichtig wie die Gegenstände selbst. Bei den Chinesen gibt es die Regeln und die Kunstform des Feng Shui, die sich mit der heiligen Anordnung und Ausrichtung der Dinge beschäftigt. Die amerikanischen Ureinwohner bauen sich Medizinräder aus Steinen. Die peruanischen Heiler, *Curanderos* genannt, legen kunstvolle *Mesas* mit heiligen Gegenständen aus. Die afrikanischen Stämme der Yoruba und Dagara errichten sorgfältig hergerichtete Schreine für die Elemente. Für den Schamanen ist das Errichten und Gestalten von Altären, Medizinrädern, Schreinen und heiligen Karten eine seiner wichtigsten Aufgaben.

Als Traumkünstler können Sie von den Traditionen des Feng Shui und anderen kulturellen Kosmologien der räumlichen Anordnungskunst lernen und profitieren, doch genauso wichtig ist es, dass Sie Ihre intuitive Fähigkeit des Anordnens entwickeln. Wie das Suchen erscheint das Gestalten und Anordnen einem Außenstehenden ganz einfach. Dieser Prozess steht vielen Leuten offen, doch gut darin zu sein, kann genauso starke transformatorische Wirkung haben wie jede andere Kunstform. Fundgegenstände werden durch Anordnen und Zusammenstellen nach energetischen Gesichtspunkten in eine ganz neue Welt versetzt.

Der peruanische Schamane und Lehrer Oscar Miro-Quesada hält seine Zeremonien meist um eine *Mesa* ab. Die *Mesa* ist nichts anderes als ein tragbarer Altar. Sie besteht aus einem viereckigen Tuch, auf dem er eine große Anzahl von Steinen, Muscheln, Federn, Kerzen und Medizinbündeln von Pflanzen- und Tiergeistern in einer bestimmten Ordnung verteilt. Manche Gegenstände verkörpern dabei die Elemente, andere die Himmelsrichtungen, verschiedene Energiekörper und Elemente der antiken Inka-Kosmologie. Außerdem befinden sich darauf Gegenstände, die seine persönliche Verbindung zu verschiedenen heiligen Orten und Geistwächtern symbolisieren.

Wenn der schamanisch tätige Autor Tom Cowan seine Workshops mit dem Titel »Keltischer Schamanismus – Geist unserer Ahnen« abhält, tut er dies stets um einen Altar herum, auf dem sich Kerzen, ein heiliger Kelch, Darstellungen von Krafttieren und andere symbolische Darstellungen der Ahnengeister der Workshop-Teilnehmer befinden.

Malidoma Patrice Somé, ein Schamane und Lehrer aus Westafrika, führt seine Schüler durch Zeremonien, die dazu gedacht sind, wieder ein ausgewogeneres Verhältnis zu unserem Planeten zu bekommen. Für seine Arbeit benutzt er als Konzentrationspunkte Schreine für die Naturelemente Erde, Stein, Feuer und Wasser. Jeder Schrein ist anders, je nachdem, welches Element damit angerufen oder geehrt werden soll, und je nach den Bedürfnissen der Gruppe und der Umgebung, in der die Zeremonie stattfindet.

Der indianische Medizinmann, Zeremonienspezialist und Lehrer Sun Bear hat Tausenden von Menschen in seinen Workshops und durch seine Bücher beigebracht, wie man rituelle Medizinräder baut. Diese Anordnung von Steinen zu einem Rad, dessen Speichen die Monate, Jahreszeiten und Himmelsrichtungen darstellen, ist eine materielle Manifestation der Praktiken der Erdverehrung und des Einstimmens auf den Geist.

Diese verschiedenen Strukturen unterscheiden sich zwar deutlich in ihrer physischen Form und ihrer Bauweise, besitzen jedoch eine Gemeinsamkeit: Sie basieren alle auf Kosmologien, die eine Art Karte von der unsichtbaren Welt erstellen und den Kräften eine Form geben, die die Wachwelt mit Leben erfüllen. So kann eine Sammlung von ganz persönlichen, heiligen oder bedeutungsvollen Gegenständen, deren Anordnung der intuitiven Führung oder alten Weisheitstraditionen keine Beachtung schenkt, zwar für das Auge schön sein, sie ist aber noch lange kein Altar oder Schrein. Sie schafft keinen heiligen Raum.

Und genau das ist die Herausforderung für alle von uns, die gerne Traumkünstler sein wollen: Das Schaffen von lebendigen und dynamischen Altären und Schreinen ist eine unserer Hauptaufgaben. In der Art und Weise, wie wir Dinge anordnen, liegt Heilkraft. Durch unsere Zusammenstellungen öffnen wir Tore zu anderen Wirklichkeiten. Wir schaffen dadurch Kommunikationslinien mit der geistigen Welt.

Man könnte ein ganzes Buch über das Bauen und Gestalten von Altären und Schreinen schreiben, doch für unseren speziellen Zweck möchte ich hier zunächst näher auf den Unterschied zwischen einem Altar und einem Schrein eingehen und zwei Grundstrategien für das Erlernen und Praktizieren der Kunst der Anordnung vorschlagen: das traditionsgebundene Vorgehen und das intuitive Vorgehen.

Die Unterscheidung, die ich zwischen Altar und Schrein mache, ist keineswegs allgemein anerkannt, doch sie scheint eine gute Grundlage für die Entscheidung zu liefern, unter welchen Umständen eher ein Schrein angesagt ist und unter welchen eher ein Altar. Zunächst ist anzumerken, dass sowohl Schreine wie Altäre eine heilige Stätte charakterisieren. Beide können außerdem als Schwellen zwischen den Welten angesehen werden. Und sowohl Altäre wie Schreine zeichnen sich durch Gegenstände aus, die einen Bezug zu irgendeiner Art von heiligem Mythos oder von Kosmologie haben. Was die beiden unterscheidet, ist der Zweck oder die Intention, die dahinter steckt.

Ein Schrein, auch ein provisorischer, ist einem bestimmten Geist, Element, Zweck, Ahnen oder einer bestimmten Gottheit geweiht. Er hat nur einen einzigen Zweck: eine Verbindung zwischen einer besonderen Energie und der materiellen Welt herzustellen.

Der Teich, den ich hinter meinem Haus angelegt habe, ist eine Art Schrein für das Element Wasser. Meine Frau hat einen Schrein für ihre Ahnen und ihre Familie in ihrem Büro bei uns zu Hause eingerichtet. Meinen High-School-Studenten lege ich nahe, sich einen Schrein für ihren kreativen Geist zu schaffen. Diese kleinen dreiseitigen Strukturen enthalten Gegenstände und Bilder, die ihre Werte und ihre persönlichen Begabungen und Talente verkörpern. Schreine sind außerdem zum Darbringen von Opfergaben als Dank und zur Besänftigung der Geister gedacht. Sie eignen sich des Weiteren dazu, dort unsere Bitten vorzubringen und um Führung und Hilfe nachzusuchen. Durch die Schreine erhalten die Götter ihre Nahrung. Vielleicht haben Sie schon einmal einen Schrein in einem chinesischen Restaurant gesehen. Wenn er sorgsam gehütet wird, enthält er Tassen mit Tee, Orangen, Bananen oder andere Früchte und vielleicht ein brennendes Räucherstäbchen. Sie können einen Schrein Ihrer persönlichen Heilung weihen oder der Heilung eines Freundes oder eines Ihrer Lieben. Sie können Schreine anlegen, um Reichtum und Überfluss anzuziehen, Beziehungen zu intensivieren oder um sich eine sichere Reise zu garantieren.

Ein Altar hingegen ist eine Opfer- und Wandlungsstätte. Er ist ein Arbeitsplatz, der nicht einer Gottheit, einem Geist oder einem Zweck geweiht ist, sondern einen Kanal darstellt, und zwar abwechselnd zu jedem von ihnen.

Während man einen Schrein für das Element Feuer anlegen kann und deshalb noch lange nicht dazu verpflichtet ist, auch einen für Erde, Luft und Wasser einzurichten, wäre ein Altar, auf dem nur das Element Feuer dargestellt ist, völlig unausgewogen. Ein Altar ist eine Karte der unsichtbaren Welt. Die *Mesa* des *Curandero*, die ich als energetische Karte zu benutzen gelernt habe, ist eine Art Altar. Im Süden liegt ein Stein, der das Element Erde verkörpert. Im Westen liegt eine Muschel, die das Element Wasser versinnbildlicht. Im Norden liegen drei Habichtsfedern, die für das Element Luft oder Wind stehen. Und im Osten steht eine weiße Kerze für das Element Feuer. Den Mittelpunkt bildet eine Sammlung meiner heiligsten Steine, die die Regenbogenbrücke zwischen den Welten verkörpern. Das ist also der Ort der Transformation, den die Inkas *Pachakuti* oder Umkehr der Welt nannten.

Beim Schaffen von Schreinen für uns selbst und andere wird wirkliche Heilkraft freigesetzt, aber ein Altar ist meiner Ansicht nach ein persönlicheres Instrument. Ich kann zwar andere dazu ermutigen, sich einen Altar zu bauen, aber ich habe nicht das Gefühl, dass ich einen für sie gestalten könnte. Ich persönlich habe in meinem Leben einen Hauptaltar, einen Altar zum Mitnehmen und viele Schreine.

Es gibt zwei verschiedene Ansätze für die Entwicklung unserer Fähigkeit, Gegenstände sinnvoll anzuordnen, um einen Altar oder Schrein zu schaffen. Und sie schließen sich, nebenbei gesagt, nicht gegenseitig aus. Zum einen können wir uns eingehend mit einer Weisheitstradition beschäftigen, wie etwa mit Feng Shui, der chinesischen Kunst der Anordnung, oder mit dem Medizinrad der spirituellen Praxis der nordamerikanischen Indianer. Das nähere Studium der kulturellen Traditionen Afrikas, Nord-, Mittel- und Südamerikas, Australiens, des Südpazifiks, Tibets, Indiens, des Mittleren Ostens und sogar der europäischen Mysterienschulen wird Ihnen viele Hintergrundinformationen über diese Kosmologien liefern, mit denen Sie beim Anordnen von Gegenständen arbeiten können. Ich möchte Ihnen jedoch dringend raten, sich eine Tradition auszusuchen, die Sie besonders anzieht, und dann bei dieser zu bleiben. Es kann zwar nützlich sein, eine breite Vielfalt von Traditionen zu verstehen, aber in der Praxis kann es zu Verwirrung führen. Eine Zeit lang war ich von den Unterschieden der Weisheitstraditionen der Welt ganz überwältigt. Manche Kulturen ehren vier Elemente, manche fünf, sechs oder sieben. Die Eigenschaften, die mit den verschiedenen Elementen und Himmelsrichtungen verbunden werden, sind oft verschieden. Die vorgeschriebenen Verhaltensregeln und Umgangsformen sind häufig völlig verschieden. Die Geister und ihre Einflussbereiche sowie die Zuordnung von »männlichen« oder »weiblichen« Eigenschaften sind nicht durchgängig dieselben. Mit der Zeit ging ich dazu über, mir eine Schlüsselfrage zu stellen: Werden die Elemente und Eigenschaften, die ich kenne und schätze, durch die Anordnung der Gegenstände auf dem Altar oder in dem Schrein und durch die Zeremonie, die ich abhalte, geehrt? Ich weiß z.B., dass in der Karte des heiligen Universums manche Traditionen das Element Wasser dem Osten zuordnen. Wenn ich an solchen Zeremonien teilnehme, kann ich meinen eigenen Bezugsrahmen ohne größere Schwierigkeiten dementsprechend abändern. Wenn ich jedoch Gegenstände auf zeremonielle Weise auf einem Altar arrangiere, ordne ich das Wasser dem Westen zu und lasse mich nicht von idiotischen Fragen – wie etwa, welche Tradition wohl besser und authentischer sei – durcheinander bringen. Das Einzige, an das Sie sich dabei erinnern sollten, ist Folgendes: Was Schreinen und Altären ihre Kraft gibt, ist Ihr Wissen und Verständnis der kosmologischen Weltkarte oder Ihre Vorstellung von der geistigen Welt, auf der sie beruhen. Eine Zusammenstellung ohne eine solche Karte sieht vielleicht wie ein Schrein oder Altar aus, ist jedoch nur eine Zurschaustellung.

Die zweite Möglichkeit, Ihre Fähigkeit des Anordnens von Gegenständen auf heilige oder magische Weise zu entwickeln, besteht im Vertrauen auf Ihre intuitive Führung, die Ihnen in Ihren Träumen, auf Ihren schamanischen Reisen und beim Wechseln der Wahrnehmungsebene zuteil wird. Dieser Ansatz basiert auf der Idee, dass Sie die Karte selbst aufdecken müssen, wenn Sie sie nicht kennen (wenn sie nicht von einem Familienmitglied, einem Meister oder Lehrer an Sie weitergegeben wurde). Nutzen Sie die Technik der Trauminkubation, um zu erfahren, wie Sie eine Sammlung von Gegenständen am besten anordnen sollen. Machen Sie eine Reise in die Unterwelt oder die Oberwelt, um Methoden des Bauens und Gestaltens von Schreinen und Altären zu erlernen. Wir machen diese Zusammenstellungen von Gegenständen sowieso, um die geistige Welt zu ehren und zu erfreuen; da können wir doch von vornherein gleich herausfinden, was den Geistern am besten gefällt. Sie können sich natürlich auch in den entspannten, meditativen Zustand fallen lassen, den ich als Wechsel der Wahrnehmungsebene beschrieben habe, und einfach anfangen, mit Ihren Gegenständen so lange herumzuspielen, bis Sie das Gefühl haben, die richtige Anordnung und Aufstellung gefunden zu haben.

Bei einem Schrein ist es nicht so wichtig, einer zugrunde liegenden

Karte oder einem Orientierungsplan zu folgen. Bei einem Altar ist das Grundmuster, auf dem Sie bestimmte Punkte mit Gegenständen markieren, von größerer Bedeutung. In beiden Fällen ist es wichtig, dass Sie zu einem Objekt oder Bild, bevor Sie es auf einen Schrein oder Altar stellen, irgendeinen Bezug hergestellt haben. Es ist eine Leichtigkeit, eine Menge schöner Dinge zusammenzuwerfen und etwas daraus zu schaffen, das schreinähnlich aussieht; aber damit ein Schrein oder Altar wirklich von Kraft erfüllt wird, sollten Sie verstanden haben, welche Bedeutung jeder Gegenstand für Sie hat, bevor Sie ihn in die Gruppe von anderen Gegenständen einbauen. Das soll nicht heißen, dass wir die Gegenstände in unseren Anordnungen mit der Zeit nicht besser kennen lernen, sondern einfach nur, dass wir besser mit einfachen Schreinen und Altären beginnen und uns darauf verlassen sollten, dass sich ihre Komplexität zusammen mit unserem wachsenden Verständnis von allein entwickeln wird.

SCHREINE UND ALTÄRE FÜR DIE ELEMENTE

Das Entwickeln einer energetischen Sensibilität für die Art und Weise, wie Gegenstände von sich aus angeordnet sein wollen, garantiert Ihnen, dass bei Ihrer Arbeit als Erbauer und Gestalter von heiligen Altären nicht einfach Ihr Wille oder Ihr Ego das Sagen haben.

Es würde den Rahmen dieses Buches sprengen, auf die vielen verschiedenen Weisheitstraditionen eingehen zu wollen, aber es gibt einige Grundmodelle, mit denen man beginnen kann zu experimentieren. Im Rahmen der letzten Übung haben Sie eine Reihe von Gegenständen gesammelt, die die Elemente Erde, Luft, Feuer und Wasser verkörpern. In der nächsten Übung, bei der es um das heilige Anordnen geht, werden Sie nun diese Objekte benutzen und durch zusätzliche ergänzen.

Tragen Sie nun die Gegenstände, die die Elemente verkörpern, und alle anderen heiligen oder besonderen Objekte, mit denen Sie gerne arbeiten und eine kreative Anordnung vornehmen wollen, zusammen. Zeichnen oder malen Sie in Ihr Traumkünstlertagebuch ein Symbol für jeden Gegenstand oder für jedes Bild. Geben Sie jedem Gegenstand oder Bild einen Namen (Mondschein-Kerze, Windreiter-Feder, Kummerstein). Seien Sie romantisch und spielerisch. Seien Sie geheimnisvoll. Wenn Ihnen nicht gleich ein Name einfällt, legen Sie den Gegenstand beiseite und probieren Sie es später noch einmal. Wenden Sie außerdem die Technik des Wechselns der Wahrnehmungsebene (siehe Kapitel 3) an, um zu hören, ob Ihnen ein Name eingegeben wird, oder um ein tieferes Verständnis von dem Gegenstand zu erlangen. Schreiben Sie Ihre Beobachtungen zu jedem Gegenstand auf. Wozu dient er? Was stellt er für Sie dar? Woher kommt er? Lauschen Sie seiner Geschichte. Versuchen Sie zu erkennen, welche feinen Unterschiede es zwischen verschiedenen Gegenständen gibt, die für das Element Feuer stehen. Lassen Sie diesen Unterschied in den Titel oder in Ihre Kommentare einfließen. Wenn Sie diese Aufgabe erledigt haben, sollten Sie im Prinzip wissen, was jedes Objekt, das Sie in die Anordnung aufnehmen wollen, für Sie bedeutet.

Wenn Sie das Muster eines Schreins oder Altars entwerfen, können Sie dies mit Kieselsteinen, Stöckchen, Farben, Muscheln, Sand oder allem anderen tun, mit dem sich eine Fläche kennzeichnen lässt. Ihre Gegenstände – die Dinge, die Sie gesammelt haben – können Sie dann in das Muster hineinstellen. Um die richtige Anordnung für einen Schrein oder Altar zu finden, können Sie sich entweder zuerst in das Anordnen vertiefen oder aber zuerst die Karte und das Muster der Anordnung visualisieren. Wenn Sie zuerst anordnen wollen, werden Sie sich trotzdem mit dem Muster, das Sie entdeckt haben, beschäftigen und es in Ihrem Tagebuch ausarbeiten müssen. Wenn Sie zuerst das Muster visualisieren wollen, können Sie beispielsweise nach den folgenden Möglichkeiten vorgehen:

- *Die Drachenlinie* – ist eine Kombination von ähnlichen oder verwandten Objekten, die in einem linearen Muster aufgestellt werden, durch das die Energie gerichtet oder gechannelt werden kann. Stellen Sie die Gegenstände, die ähnlich sind, nebeneinander, und probieren Sie aus, welche Ordnung sich richtig anfühlen könnte. Sie können beispielsweise nach optischen Eigenschaften vorgehen, etwa eine aufsteigende oder absteigende Skala nach der Größe wählen, um ein Gefühl des Aufsteigens oder Abfallens zu erzeugen. Ein Schrein für Überfluss kann z.B. auf der einen Seite ganz klein beginnen und auf der anderen Seite immer größer werden. Die Abfolge der Gegenstände selbst kann von zerfallen bis kerngesund reichen. Eine Gruppe von sieben Gegenständen, die die klassischen Chakras und ihre Energien verkörpern, kann beispielsweise nach der Farbe geordnet werden und die Absicht erkennbar machen, die Energie im Körper zu steigern.

- *Das Lebensnetz* – ist eine Anordnung von Gegenständen, die von einem Mittelpunkt aus strahlenförmig nach außen geht. Sie eignet sich gut, um Energie in der Welt zu verbreiten. Eine der interessantesten Varianten dieser Anordnung, die ich gesehen habe, ist der Gemeinschaftsaltar. Stellen Sie sich einmal vor, Sie würden einen Gegenstand, dem Ihre eigene Energie innewohnt, in die Mitte eines Tuches legen. Strahlenförmig nach außen können Sie dann Gegenstände hinzufügen, die die Energie Ihres engsten Bekanntenkreises verkörpern – der Menschen, denen Sie sich am meisten verbunden fühlen. In manchen Fällen kann das die Familie sein, aber Sie können auch Freunde in diesen Kreis miteinschließen. Die jeweilige Entfernung der Gegenstände zum Objekt im Zentrum wäre dann ein Hinweis auf die Nähe der Beziehung. Auf konzentrischen Kreisen, die nach außen gehen, könnten dann Gegenstände platziert werden, die Freunde, Kollegen, Bekannte oder alte Freunde symbolisieren, zu denen der Kontakt abgenommen hat. Überlegen Sie sich, welche Verbindungen zwischen den Gegenständen/Menschen auf den verschiedenen Kreisen bestehen, und ordnen Sie sie so an, dass letztendlich nach außen gerichete Arme entstehen. Mit diesem Muster lässt sich ein äußerst wirksamer Altar zur Aufrechterhaltung von Kontakten und zum Ausgleich von Beziehungen schaffen.

- *Die Bienenwabe* – besteht aus verschiedenen Gruppen von Gegenständen in klar umrissenen Räumen, wie etwa in einem Setzkasten oder in anderen unterteilten Behältern. Dadurch wird eine Verbindung zwischen den Gegenständen aufrechterhalten, ohne ihr energetisches Potenzial voll zu aktivieren. Wenn ich Objekte ordnen und zeigen möchte, ohne eine enge Beziehung zwischen ihnen zu erzeugen, verwende ich unterteilte Behälter. In gewisser Weise fühle ich mich persönlich von diesen sehr angezogen. Ich liebe das Gefühl von Ordnung, das sie entstehen lassen, und wie sie mir helfen, meine Sammlungen von gefundenen oder selbst gemachten Dingen besser zu handhaben. Ich habe eine kleine antike Kommode mit acht Schubladen. Diese Schubladen habe ich mit Filz ausgekleidet und verwende jede für eine bestimmte Art von Sammlung. Außerdem habe ich Tische mit einer Glasplatte, durch die man auf den unterteilten Holzkasten darunter sieht, in dem ich eine Kollektion von handbemalten Keramikfischen und Speerspitzen aufbewahre.

- *Das heilige Rad* – gleicht dem Muster des Lebensnetzes, hat jedoch eine strengere Form. Persönliche Symbole und Werte werden in ein kreis- oder spiralförmiges Muster eingefügt, das aus Steinen, Muscheln oder fast jeder Kombination von gefundenen Gegenständen oder Bildern erzeugt werden kann. Es ist ein gutes Muster für die Konzentration von Energie und Aufmerksamkeit. Das indianische Medizinrad hat zwölf Speichen, die die Monate des Jahres symbolisieren. Wenn Sie sich einen Altar in dieser Form anlegen, hilft Ihnen dies, über alles nachzudenken, was in Ihrer jüngsten Vergangenheit passiert ist, und Ihre Zukunft energetisch vorauszuplanen.

- *Der Weltenbaum* – ist ein Symbol, das seine Anordnung der Geometrie natürlicher Zweigformen verdankt. Es handelt sich dabei um eine Art heiligen Weihnachtsbaum, der – der Unterteilung in Unterwelt, mittlere Welt und Oberwelt folgend – mit kraftvollen Gegenständen geschmückt ist, die Ihre Intention verkörpern. Hängen Sie die Gegenstände, die Ihre wichtigsten Begabungen und Talente und vielleicht Ihre größten Anliegen symbolisieren, weiter unten an den Baum. Verwenden Sie die mittleren Zweige zum Aufhängen von Gegenständen, die Ihre materiellen Sorgen und Beziehungsprobleme verkörpern. Und verwenden Sie die oberen Zweige für Gegenstände, die Ihre spirituellen Ziele und die Weisheit von Lehrern widerspiegeln, die Sie bewundern.

- *Der Geistberg* – ist ein Schrein im Freien in Form eines Erdhügels. Darin spiegelt sich die allgemeine Überzeugung wider, dass Erhebungen eine stärkere Spiritualität besitzen. Legen Sie einen Erdhügel oder Steinhaufen an, und schmücken Sie ihn auf unterschiedlicher Höhe, sozusagen als Symbol der Etappen Ihrer spirituellen Reise, mit Gegenständen aus der Natur.

- *Das heilige Quadrat* – ist ein viereckiges Tuch, auf dem auf jeder Seite eine Auswahl der Gegenstände liegt, die Sie als Verkörperung der Elemente ausgesucht haben. Alle Feuersymbole würden beispielsweise auf der einen Seite liegen und alle Wasserobjekte auf der anderen. Jede Seite sollte letztendlich einem Element gewidmet sein. Es spielt keine so große Rolle, welche Seite Sie den jeweiligen Elementen zuordnen, solange alle vertreten sind. Überlegen Sie sich, was in einem solchen Modell das Zentrum für Sie darstellen könnte. Welche anderen Werte würden Sie jeder Seite noch gerne zuordnen? Welche Bedeutung haben die Ecken als Schnittpunkte zweier Energien? Lassen Sie einen Kieselstein genau in die Mitte des Vierecks fallen und beobachten Sie, wo er hinhüpft. Was sagt Ihnen das über Ihren gegenwärtigen Zustand?

Diese Übung ist eigentlich nur dazu gedacht, Sie zum Nachdenken über die Möglichkeit sinnvoller Anordnungen anzuregen. Es gibt unendlich viele Muster, nach denen Sie Schreine und Altäre anlegen können. Beschränken Sie sich nicht nur auf Schreine im Haus. Schreine zu Ehren der Elemente oder der Natur helfen, die Welt ins Gleichgewicht zu bringen. Stellen Sie sich vor, wie es wäre, einen Spaziergang zu machen und überall am Wegesrand halb versteckte Schreine zu entdecken. Stellen Sie sich vor, wie es wäre, anderen dieses Geschenk zu machen.

Wie das Sammeln und Suchen kann auch das Anordnen und Gestalten schon für sich allein eine Kunstform und ein Weg des kreativen Ausdrucks sein. In meinen geheimen Phantasien stelle ich mir manchmal vor, eines Tages alt und in Bezug auf meine materiellen Bedürfnisse abgesichert genug zu sein, um mich mit Hingabe meiner Passion des Anordnens und Gestaltens zu widmen. Wie der amerikanische Pionier und Held Johnny Appleseed würde ich dann in meiner Gemeinschaft von Ort zu Ort und weiter in die Welt hinaus ziehen und Schreine bauen, Kindern und Erwachsenen beibringen, wie man Schreine baut, und dann wieder weiterziehen.

Suchen und Anordnen sind die wesentlichsten Fertigkeiten des Traumkünstlers, aber wir können noch mehr tun, wenn wir uns dazu berufen fühlen. Im nächsten Kapitel werden wir uns mit dem Herstellen von Kunstwerken als Geistträgern – vorübergehenden »Heimstätten« für Geist und Energie – mit Hilfe der Techniken des Veränderns und Erschaffens befassen.

Das Geschenk dieses Kapitels ist *Manifestation*.
Sie besitzen die Fähigkeit, dem Geist eine Form zu
geben, ob Sie sich dazu entschließen, sie anzuwenden
oder auch nicht.
Die Vorschläge und Übungen dieses Kapitels werden
Ihnen helfen, diese Macht zu entdecken.

Kapitel 8

Kunstwerke als Geistträger:
Die Kunst des *Veränderns*
und Erschaffens

In früheren Kulturen hatte Kunst eine Mittlerfunktion zwischen dem
Menschen und der Welt des göttlichen Mysteriums, in die Bewusstsein
hineingeboren wurde. Bevor die Rolle des Priesters an bestimmte Menschen
vergeben wurde, sah man die von Gebeten begleitete Kraft der Kreativität –
ausgedrückt durch Tanz, rituelles Singen, Maskenherstellung oder Malen –
als Verantwortung jedes Einzelnen an.
In Stammeskulturen werden die Künste immer noch als grundsätzliches
Mittel der Verständigung mit dem Göttlichen betrachtet, und die Kunstwerke,
die im Dienst der Verehrung des Geistes geschaffen wurden, behalten ihre
äußerst kraftvolle Ausstrahlung bei, ganz gleich wie alt sie sind oder in
welchem Zustand sie sich befinden.

ADRIANA DIAZ

Freeing the Creative Spirit:
Drawing on the Power of Art to Tap the Magic
and Wisdom Within

Als Traumkünstler übernehmen wir wieder persönliche Verantwortung für unsere Verbindung zum Göttlichen. Wir tun dies, indem wir uns völlig in den heiligen Schöpfungszyklus hineinbegeben.

Der heilige Schöpfungszyklus ist ein Prozess, der dem Atmen ähnelt. Wir atmen ein und sind inspiriert – buchstäblich und in übertragenem Sinn angefüllt mit dem Atem des Geistes –, indem wir uns mit unseren Träumen und den traumartigen Zuständen beschäftigen, die uns Zugang zu anderen Wirklichkeiten gewähren. Wir atmen aus und entlassen den Geist in die Welt – wir hauchen den Kunstwerken, die wir erschaffen, und der Arbeit, die wir tun, Leben ein.

In gewisser Weise kommen wir Gott, dem höchsten Schöpfer, so am nächsten.

Während meiner langjährigen Arbeit mit Kindern und Erwachsenen habe ich es als sinnvoll empfunden, den kreativen Ausdruck durch die Fähigkeiten des Suchens und Anordnens einzuführen. Diese Techniken sind unbelastet von dem kulturellen Ballast und den Vorurteilen, die die Gesellschaft mit dem Künstlerdasein verknüpft. Ich möchte hier zwar keine Hierarchie oder relative Werteskala einführen, aber es sieht doch so aus, als würde sich der Prozess des Hineinwachsens in das heilige kreative Bewusstsein in kontinuierlicher Weise vollziehen. Natürlich wird nicht jeder diesem Weg folgen, aber ich habe herausgefunden, dass Suchen, Anordnen, Verändern und Erschaffen in einer bestimmten Ordnung ineinander fließen, die uns tiefer in das Erleben des heiligen Schöpfungszyklus hineinführt. Wenn wir Gegenstände suchen, die die Bilder unserer Träume widerspiegeln, dann tun wir das in einem offenen und empfänglichen Zustand. Wir erlauben der Energie eines Gegenstandes, zu uns zu sprechen. Wenn wir Objekte anordnen, benutzen wir Muster, um mit diesen Energien zu arbeiten. Wenn wir einen Punkt erreichen, an dem wir in die Gegenstände zunehmend unsere eigenen Energien einfließen lassen – sie also verändern –, betreten wir damit das Reich der Magie. Und wenn unsere Energien sich vollständig mit denen der Materialien, mit denen wir arbeiten, vermischen und sie durchdringen, werden wir zu Schöpfern von Geistträgern – zerbrechlichen, aber wunderschönen Gefäßen, die vom Geist erfüllt werden.

Während wir erforschen, was Verändern und Erschaffen genau bedeutet, fangen wir an, uns in der Kunst des Energieaustausches zu üben. Die inneren Werkzeuge, die wir verfeinert haben – Intention, Aufmerksamkeit und Intuition – sind uns immer noch von großem Nutzen. Die Absicht, die wir vor dem Verändern und Erschaffen aussenden, diejenige, die wir während des Schaffensprozesses aufrechterhalten, und die Intention, die wir dem Werk einhauchen, wenn es vollendet ist, legen die Kraft dieses Werks fest. Unsere Aufmerksamkeit für die Oberflächen und Materialien, mit denen wir arbeiten, sorgt dafür, dass die Kunstwerke, die wir erschaffen, den Geist anziehen. Das intuitive Gespür, das uns auf Rat und Führung hören lässt und wieder eine Verbindung zu unserer ursprünglichen Inspiration herstellt, macht aus unseren Kunstwerken heilige Werkzeuge.

Ausrüstung:
Heilige Symbole

Heilige Symbole sind Zeichen oder Muster mit einer besonderen Bedeutung. Sie sind wichtig, denn sie sind ein Kürzel für unsere Absichten.

Sie halten die Energie in einem Objekt oder einem Bild fest. Sie helfen dem Geist, die Geistträger oder Gefäße zu erkennen, die Sie für ihn vorbereitet haben. Es gibt eine Vielzahl von Möglichkeiten, heilige Symbole zu finden. Im Folgenden ein paar Ideen, wie Sie sich Ihren eigenen Vorrat an heiligen Symbolen anlegen können:

1. Suchen Sie sich Symbole alter Kulturen und fotokopieren Sie sie, schneiden Sie sie aus und kleben Sie sie in Ihr Traumkünstlertagebuch ein. Lexika der Symbole sind wunderbare Quellen dafür. Man kann sie in Büchereien und Buchhandlungen finden.

2. Besuchen Sie Museen und malen Sie sich Muster aus alten Zivilisationen in Ihr Tagebuch ab.

3. Suchen Sie im Internet nach Glyphen und Steinmalereien.

4. Setzen Sie sich mit Papier und Stift hin und wechseln Sie die Wahrnehmungsebene. Lassen Sie sich in den entspannten und empfänglichen Bewusstseinszustand hinübergleiten. Schließen Sie halb die Augen und lassen Sie Ihre Hand einfach zeichnen. Seien Sie sich bewusst, was Sie zeichnen, aber beurteilen Sie es nicht. Wenn Sie das Gefühl haben, dass Sie alles vollständig ausgedrückt haben, schauen Sie sich die Zeichnung gut an. Wählen Sie kleine Elemente aus, die interessant wirken, und übertragen Sie sie in Ihr Tagebuch.

5. Wenden Sie eine Woche oder länger die Technik der Trauminkubation an. Bitten Sie darum, die heiligen Symbole gezeigt zu bekommen, die Sie für Ihre Arbeit brauchen. Schreiben Sie Ihren Traum gleich nach dem Aufwachen auf. Wenn Sie sich nicht daran erinnern, irgendwelche Symbole gesehen zu haben, dann experimentieren Sie damit, Teile des Traums als einfache Symbole darzustellen.

6. Begeben Sie sich auf eine schamanische Reise, um das Große Museum oder Ihr eigenes Traumkünstler-Atelier zu besuchen. Halten Sie Ausschau nach Ihren heiligen Symbolen.

7. Seien Sie sich der Möglichkeit bewusst, heilige Symbole oder Muster überall zu entdecken. Verhalten Sie sich so, als hätte sich das Universum mit Ihnen verbündet, um Ihnen über Ihre alltäglichen Erlebnisse geheime Informationen zukommen zu lassen.

Verändern üben: Die Kunst, Amulette und Talismane herzustellen

Ich träume, dass ich einem Pfad folge, der auf einer Klippe parallel zum Meer verläuft. Plötzlich treffe ich auf einen Mann, der neben einem Haufen glänzender schwarzer Steine steht. Er trägt kein Hemd, und ich sehe alte Narben auf seinem Rücken, als ob er ausgepeitscht worden wäre. Er hat breite Schultern und kräftige Muskeln. Gelegentlich hebt er einen Stein auf und wirft ihn, vor Anstrengung grunzend, weit hinaus in den Ozean. Nach einer Weile kommt eine Frau dazu und beobachtet den Mann schweigend. Wir sprechen nicht miteinander, aber sie scheint sehr traurig zu sein. Der Steine werfende Mann sagt nichts, schaut sie aber an und deutet auf den Haufen. Sie nimmt einen schwarzen Stein aus der Tasche und wirft ihn auf den Haufen. Er ist genauso schwarz und glänzend wie die anderen Steine. Sie wendet sich zum Gehen und scheint jetzt leichter und jünger zu sein als vor ein paar Augenblicken.

Diesen Traum hatte ich, als eine Freundin ihr einziges Kind durch einen Autounfall verlor. Am nächsten Tag nahm ich mir vor, einen schwarzen Stein für sie zu finden, und tatsächlich fand ein glatter, schwarzer Obsidian seinen Weg zu mir. Für mich ist Wasser manchmal mit Trauern verbunden, und Steine sind Behälter für Erinnerungen. Das waren zwei wichtige Aspekte meines Traums. Ich wusste, dass ich ihr den Stein schenken sollte, aber mir fehlte noch etwas. Deshalb machte ich mich auf eine schamanische Reise mit dem Ziel, um Rat zu fragen, wie ich die Steine benutzen sollte. Das war die Antwort:

Wir können nur eine bestimmte Zeit lang trauern. Die Trauer füllt uns mit dichter Energie und drückt uns nieder. Wenn wir stark sind, können wir das lange Zeit aushalten, länger als wir eigentlich sollten. Die Geister der von uns Gegangenen möchten geehrt und gefeiert werden, manchmal auch Vergebung erlangen und dann freigelassen werden. Unsere Toten zu ehren, uns an sie zu erinnern, schafft Verbindung und Kontinuität zwischen Vergangenheit, Gegenwart und Zukunft. Sie zu lange zu betrauern, erzeugt nur eine Bindung, durch die das Leben aus uns herausgesaugt wird. Steine können das Gewicht unserer Trauer tragen. Diese Trauer ins Wasser zu entlassen, wirkt reinigend auf uns.

Daraufhin überreichte ich meiner Freundin den Stein und bat sie, ihn in den schwierigen Stunden, Tagen, Wochen und sogar Monaten, die vor ihr lagen, bei sich zu tragen. Später deutete ich an, dass es sich irgendwann richtig anfühlen würde, ein fließendes Gewässer zu finden, in das sie den Stein werfen könnte. Ich erklärte ihr, dass das ein rituelles Loslassen sei und nicht bedeute, ihren Sohn zu vergessen oder die Erinnerung an ihn aufzugeben. Weiter erklärte ich, dass es bedeute, die Last des Prozesses von Trauer und Kummer abzugeben, so dass sie ihr Leben weiterleben könne. Sie reagierte mit ruhiger Dankbarkeit auf mein Geschenk. Von Trauer überwältigt, wie sie war, erwartete ich kaum etwas anderes. Ich war nicht sicher, ob sie in der Lage wäre, den Anweisungen zu folgen, die ich ihr auf den Rat meiner inneren Stimme hin gegeben hatte. Auf jeden Fall hatte ich ihr den Stein mit der besten Absicht überreicht, ihr bei ihrem Heilungsprozess zu helfen.

Später erzählte sie mir, sie habe den Stein ungefähr sechs Monate behalten und ihn immer dann in der Hand gehalten und gerieben, wenn sie die Dunkelheit ihrer Verzweiflung am stärksten spürte. Eines Tages jedoch wusste sie, dass es Zeit war, den Stein loszulassen. Sie fuhr auf eine Brücke und warf ihn ins Wasser. Dabei musste sie wieder weinen und durchlebte den ganzen Schmerz noch einmal, aber etwas veränderte sich in diesem Moment in ihr, und ihr wurde klar, dass sie mit ihrem Leben weitermachen würde.

Der schwarze Obsidian, den ich meiner Freundin gab, war ein Trauerstein, eine Art Talisman. Talismane und Amulette haben gewisse Ähnlichkeiten, aber auch Unterschiede. Beide trägt man normalerweise bei sich, am Körper oder in der Tasche. Die kleinste Gemeinsamkeit besteht also darin, dass man sie tragen kann. Mit beiden beabsichtigen die Menschen durch Beeinflussung der unsichtbaren Welt des Geistes auf die alltägliche Welt einzuwirken.

Der traditionelleren Definition zufolge sind Amulette einfach Gegenstände, die man findet und die gewöhnlich unverziert und unverändert sind, aber auch extra hergestellt und fein verziert sein können. Talismane werden fast immer angefertigt, manchmal durch Kombination einer sorgfältig ausgesuchten Auswahl von Materialien und Dingen, manchmal auch durch Verzieren und Eingravieren.

Das unterscheidende Element zwischen den beiden, das mir sinnvoller erscheint, besteht darin, dass Amulette normalerweise dazu gedacht sind, ihre Besitzer allgemeiner und umfassender zu beeinflussen und ihnen Heilung, Glück, Wohlstand, Schutz oder Fruchtbarkeit zu bringen. Talismane hingegen werden für spezifischere und eingeschränktere Zwecke hergestellt, beispielsweise für Erfolg in einer bestimmten Unternehmung. Aus diesem Grund bezeichne ich einen Gegenstand wie den kleinen schwarzen Trauerstein, den ich meiner Freundin geschenkt habe, als Talisman. Er wurde für einen ganz bestimmten Zweck ausgewählt und mit einer ganz bestimmten Absicht überreicht.

Talismane und Amulette waren die ersten Kunstformen, bei denen man mit der Kombination von Materialien experimentierte, um energetisch oder spirituell aufnahmebereite Verbindungen zu schaffen. Als noch Magie die Technologie darstellte, die dem Weltverständnis zugrunde lag, war das Prinzip der »mitfühlenden Verbindung« ein Leitmotiv. Wenn in einer beseelten Welt ein Baum einen bestimmten Geist besitzt, so ist dieser Geist auch in jedem Teil dieses Baumes – Blatt, Rinde, Wurzel oder Holz – enthalten. Wenn man nun ein Stück Holz von diesem Baum mit dem Saft zerdrückter Beeren kennzeichnete oder mit einem glühend heißen Stein ein Muster darin einbrannte, verfeinerte das den Zweck des Gegenstandes und gab seinem Besitzer eine gewisse Kontrolle über dessen Kraft. Band man dieses Stück Holz nun an einen Stein, der mit Ehrfurcht von einem heiligen Ort geholt worden war, brachte das den Baumgeist in die Nähe des Steingeistes. Nahm man außerdem noch Federn eines bestimmten Vogels, fügte das die Kraft eines weiteren Geistes hinzu. Gefundene Gegenstände, die verändert und mit anderen Dingen kombiniert werden, sind das Betätigungsfeld des Traumkünstlers in seiner Funktion als Veränderer.

Wollen Sie das Verändern in Ihre kreative Praxis mit einbeziehen, so stellen Sie sich einfach vor, dass es vier Arten des Veränderns gibt: Verzieren, Einwickeln, Schnitzen oder Meißeln und sinnvolles Kombinieren von Objekten.

Verzieren bedeutet, einem Gegenstand oder Bild persönliche oder kulturell bedeutungsvolle Symbole hinzuzufügen. Man kann mit einem Stift, Bleistift, Kohle, Farben, Klebebildern, Metallfolien, ätzenden Flüssigkeiten oder Schnitzwerkzeugen verzieren. Einwickeln bindet Energie. Zum Einwickeln kann man Bast, Ranken, Blätter, Blütenblätter, Sehnen, Leder, Zwirn, Faden oder Draht verwenden. Schnitzen oder Meißeln holt die energetische Form aus einem Material heraus. Der Bildhauer Michelangelo sprach davon, eine Figur aus dem Stein zu befreien; damit beschrieb er einen energetischen Vorgang.

Schnitzen kann man weiches Material, wie Ton, Wachs oder Holz. Bei Stein spricht man von Meißeln, bei Metall von Gravieren. Die vierte Art des Veränderns besteht im Kombinieren. Wenn wir zwei Gegenstände zusammenbringen, ob durch Einwickeln, Verschnüren, Anbinden oder Verschmelzen durch Hitze, steigern und verstärken wir dadurch die Energie der einzelnen Gegenstände. Das ist eine Abwandlung der chemischen Hochzeit, wie sie bei den Alchemisten beschrieben wird.

Ein Traumkünstler kann ein Kunstwerk als Geistträger mit Hilfe einer oder der Kombination mehrerer dieser Techniken erschaffen. In manche Kunstwerke fließen sogar alle vier Techniken ein. Intention und Aufmerksamkeit sind die wesentlichen Eigenschaften, wenn es ums Suchen geht. Die Kunst des Anordnens baut darauf auf und fordert noch mehr Vertrauen in die Intuition. Zum Verändern ist es nötig, dass wir ständig zwischen Wissen und Intuition hin- und herschalten. Wenn Sie auf heilige Art und Weise Kunstwerke schaffen wollen, müssen die Materialien und Elemente eines Bildes zu einem bestimmten Zweck und ab einem bestimmten Punkt mit einem gewissen Maß von Verständnis kombiniert werden. Zu Beginn kann das ein intuitiver Prozess sein, bei dem Sie mit verschiedenen Kombinationen von Material, Mustern und Formen herumspielen, doch die anfängliche Intuition befreit Sie nicht von Ihrer Verantwortung für die Werke, die Sie kreieren. Sie müssen verstehen, was Sie da erschaffen – bevor, während und nachdem Sie es erschaffen haben.

Wenn Sie Objekte mit Farben oder mit Gravuren verzieren wollen, sollten Sie verstehen, was Ihre Verzierungen bedeuten. Wenn Sie verschiedenes Material einwickeln und zusammenbinden, sollten Sie sowohl die energetische Natur der Materialien verstehen, die Sie einpacken, als auch die des Materials, das Sie zum Einpacken verwenden. Wie beeinflusst es die Eigenschaften eines Steins, wenn er in Seide gewickelt wird? Was setzen Sie frei, wenn Sie etwas schnitzen? Und welche neue Schwingung wird erzeugt, wenn Sie zwei oder mehr Materialien miteinander kombinieren?

Bei einem Workshop, den ich einmal abhielt, wollte eine Frau ein Kunstwerk herstellen, das ihre Intention für die Beziehung mit ihrem Mann darstellen sollte. Nach einer geführten Meditation und einer Übung zum Wechseln der Wahrnehmungsebene fand sie zwei besondere Steine, einen für ihre eigene Energie und den anderen für die ihres Mannes. Sie wickelte sie ein und verband sie mit Kupferdraht, den sie wegen seiner Leitfähigkeit gewählt hatte. Anschließend fertigte sie ein Nest aus Zweigen und Federn an, in das sie die Steine hineinlegen wollte. Für alles, was sie tat, hatte sie einen guten Grund, aber ihre Intuition sagte ihr, dass sich das Werk gezwungen anfühlte. Es stellte eher das dar, was sie sich insgeheim wünschte, als das, was auf sie und ihren Mann wirklich zutraf. Sie wickelte also die Steine wieder aus und begann von vorn. Ein Stück Treibholz, das sie gefunden hatte, wurde gereinigt, und zwei Vertiefungen, die sich darin befanden, wurden vergrößert, um die Steine aufzunehmen. Das Mittelstück umwickelte sie mit sorgfältig nebeneinander angeordneten Kupferdrahtschlingen, bis es fast wie eine Batterie aussah. Sie drückte den Kupferdraht in eine Furche, so dass das eine Ende zu der einen Vertiefung hin lief, und das andere zur anderen. Das so entstandene Werk wirkte ausgewogen, mit den beiden weißen Steinen, die in ihren Vertiefungen an beiden Enden des Holzes lagen und durch Kupferdraht verbunden waren. Es sah nun nicht nur ästhetisch ansprechender aus, sondern stellte auch eine gesündere Intention für ihre Beziehung dar. Es ließ auf Gleichgewicht und eine frei gewählte Verbindung anstatt auf eine erzwungene Vereinigung schließen.

Wie für alle anderen Techniken und Methoden, die bisher erklärt wurden, gilt auch für die vier Arten des Veränderns: Am besten lernt man durch Ausprobieren.

GESCHENKSTEINE

*Bei dieser Übung werden Sie lernen, wie Sie durch das
Verzieren eines Gegenstandes mit Symbolen und Mustern die
Fähigkeit erlangen, ihn mit Kraft zu erfüllen.*

Eine einfache Form des Veränderns besteht im Verzieren. Dies kann die Energie eines Gegenstandes verstärken oder konzentrieren. In den Kapiteln 3 und 7 haben Sie bereits geübt, wie man einfache Steine findet und ihre Geschichten liest. Darauf können Sie aufbauen und etwas schaffen, was ich Geschenksteine nenne. Dazu wählen Sie einen kleinen Kieselstein aus. Ich benutze gefundene Steine, manchmal wähle ich auch intuitiv einen Stein aus einer Sammlung polierter Flusssteine aus, die ich besitze. Nehmen Sie möglichst einen kleinen Stein, den man leicht in der Tasche mit sich herumtragen kann. Wechseln Sie die Wahrnehmungsebene, oder begeben Sie sich auf eine Traumreise, um den Stein zu finden, der zu der Energie passt, mit der Sie ihn ausstatten wollen. Der nächste Schritt besteht im tatsächlichen Verzieren des Steins. Durch das Verzieren wird Ihre Intention auf die Energie des Steins gelenkt und somit seine Fähigkeit erhöht, diese Energie zu halten.

Um geeignete Symbole zu finden, nehmen Sie Ihr Tagebuch zur Hand. Beginnen Sie damit, eine Seite mit Symbolen zu füllen, die für Sie wichtig sind. Wenn Sie Ihren Vorrat an bekannten Symbolen erschöpft haben, malen Sie einfach vor sich hin. Kritzeln Sie Symbole aufs Papier, die Ihnen gefallen, und überlegen Sie sich, was die Bedeutung von jedem sein könnte. Machen Sie sich keine Gedanken, ob jemand anderes sie verstehen würde. Versuchen Sie, über einen Zeitraum von ein bis zwei Wochen, durch Trauminkubation in Ihren Träumen wichtige Symbole zu sehen. Fügen Sie diese Symbole Ihrer Sammlung hinzu. Wenn welche dabei sind, die Sie nicht verstehen, machen Sie eine schamanische Reise, um die Bedeutung einzelner Symbole besser zu begreifen.

Haben Sie irgendwelche Symbole entdeckt, die sich für die Darstellung positiver Eigenschaften – wie Sicherheit, Wohlstand, Glück oder Liebe – eignen würden? Wählen Sie eines davon aus und verzieren Sie damit den Kieselstein. Wenn Sie die entsprechenden Werkzeuge und Fingerfertigkeit besitzen, ist es manchmal auch möglich, einfache Muster in Kieselsteine einzuritzen. Die einfachste Methode wäre, das Symbol mit Acryl- oder Emailfarbe aufzumalen. Eine andere Möglichkeit wäre, einen silber- oder goldfarbenen Stift zu benutzen, um damit das Symbol zu malen. Manchmal benutze ich Blattgold für das Verzieren mit Symbolen. Das ist leicht zu handhaben. Es gibt dazu fertige Bastelsets in Geschäften für Zeichenbedarf. Sie brauchen nur Ihr Muster mit der milchweißen Grundierfarbe aufzutragen (manchmal male ich es mit Bleistift vor und fülle es dann aus). Wenn die Grundierung getrocknet und durchsichtig geworden ist, nimmt man ein bisschen von dem Blattgold und legt es auf die Oberfläche. Dann verbindet man es durch Bürsten mit der Grundierung und poliert es schließlich mit einem weichen Tuch. Das Blattgold haftet nur dort, wo vorher Grundierung aufgetragen wurde. Wenn Sie das Ganze mit einer Schicht Lack überziehen, ist ein wunderschöner Reisestein entstanden, den Sie verschenken können. Verpacken Sie ihn in ein Blatt oder eine Blüte, und binden Sie ein Stück Bast herum; dann ist das Geschenk fertig.

Regenbogen-Traumstab

Bei dieser Übung geht es ums Einwickeln und Verschnüren. Das kann uns helfen, auf zeremonielle Weise zwei Energien zusammenzubringen oder eine bestimmte Energie an ein Objekt zu binden.

Manchmal brauchen Leute in ihrem Leben fröhliche, ungebundene Energie. Ein »Regenbogen-Traumstab« (oder Zauberstab, Stock oder Ast – Sie können die Größe so wählen, dass sie Ihrer Vision entspricht) ist sowohl ein Symbol als auch ein Träger für überschäumende Energie. Zum Herstellen eines solchen Stabs wird die Methode des Umwickelns benutzt, um eine Absicht fest mit einem Kunstwerk zu verbinden.

Zuerst müssen Sie einen dicken Ast oder Stock suchen. Für einen Kraftstab brauchen Sie einen Stock von einem bis anderthalb Metern Länge (etwa so groß wie ein Wanderstab). Für einen Zauberstab ist etwas Kürzeres und Dünneres geeigneter. Sie können auch industriell hergestellte Stäbe aus dem Laden verwenden, aber ich glaube nicht, dass sie dasselbe Maß an Energie besitzen. Ich mag am liebsten unregelmäßig gewachsene Holzstäbe, weil sie eine individuelle Ausstrahlung haben. Allerdings versuche ich möglichst kein lebendiges Holz abzuschneiden. Wenn Sie auf dem Land leben, ist es kein Problem, heruntergefallene Äste zu finden. In städtischen Gegenden können Sie sich die Gartenabfälle Ihrer Nachbarn anschauen. Säubern Sie den

Stock und entfernen Sie lose Rindenstücke. Entfernen Sie kleine Zweige oder hervorstehende Knubbel, die Sie nicht brauchen können.

Als Nächstes suchen Sie sich Material zum Umwickeln. Sie könnten es beispielsweise versuchen mit:

- einem Faden in knallig bunten Farben
- Garn in verschiedenen Farbtönen
- einer dicken Schnur, wenn der Stab dünn und leicht ist
- Stoffbändern (aus einem Stoffgeschäft, kein Geschenkband)
- gefärbtem Bast (aus Bastelgeschäften)
- bunten Stoffresten, in lange schmale Streifen geschnitten (2 cm breit)
- Filz, in schmale Streifen geschnitten (etwa 1 cm breit)
- Kupfer- oder Golddraht oder Kordeln mit Metallfäden in verschiedener Dicke, um einen Akzent zu setzen

Sie können auch mit verschiedenen Schnurstückchen arbeiten, oder mit Fäden, die man aus ausgefransten Stoffen ziehen kann. Heben Sie Stoffreste auf, die die Leute wegwerfen. Finden Sie Material zum Umwickeln, mit dem eine Geschichte verbunden ist oder das aus exotischen Orten kommt. Sie können alle Materialien, die Sie finden, benutzen und mitverwenden, oder Sie können durchgehend eine Art von Material von gleichmäßiger Dicke benutzen, damit es hält.

Nun brauchen Sie noch eine Schere, weißen Leim, einen Pinsel, Ihren Stab und Ihr gesamtes Einwickelmaterial, das Sie gefunden haben. Nehmen Sie sich Zeit, alles zu befühlen, was Sie gesammelt haben. Überlegen Sie, welche Art von Energie Sie an den Stab binden möchten. Haben Ihre Materialien zum Umwickeln Qualitäten oder Farben, die zu diesen Energien passen? Fangen Sie nun unten an Ihrem Stab mit dem Auftragen von einer Schicht Leim an, aber tragen Sie immer nur so viel auf, dass der Leim nicht trocken wird, bevor Sie das Stück konzentriert umwickelt haben. Ich streiche immer jeweils Abschnitte von etwa 20 Zentimetern ein. Wählen Sie dann ein Material aus und binden Sie es fest. Konzentrieren Sie sich in Gedanken auf die Intention, die Sie an das Werk binden wollen, und fangen Sie an, den Stab so fest und regelmäßig, wie Sie können, zu umwickeln. Gehen Sie dabei langsam vor, als ob Sie bei jeder Umwicklung ein Gebet sagen würden.

Wenn Sie das Ende des Fadens oder Stoffstreifens erreicht haben oder eine andere Farbe nehmen wollen, machen Sie einen festen Knoten und lassen Sie das Ende herunterhängen. Sie können dann später etwas daran festbinden. Machen Sie mit dem Auftragen des Leims und dem Umwickeln weiter, bis der ganze Stab bedeckt ist. Sie können nur eine Schicht wickeln, mehrmals umwickeln oder eine dickere Stelle schaffen. Wenn Sie den Stab mit Stoffstreifen umwickelt haben, könnten Sie es beispielsweise ein zweites Mal mit farbiger Schnur oder Bändern tun. Am Schluss binden Sie kleine Gegenstände an die herabhängenden Enden. Geeignet sind Fundgegenstände, Federn, Perlen, Glöckchen, andere Dinge, die Geräusche machen, Stückchen von anderen Einwickelmaterialien oder Gegenstände aus der Natur, die die Energien, die an den Stab gebunden sind, noch weiter verstärken können.

Egal ob der Stab für Sie selbst ist oder ein Geschenk werden soll, erlauben Sie sich, zuerst damit zu träumen. Das ist so, als ob Sie ihn auf eine Testreise in die Traumwelt mitnähmen. Nehmen Sie sich bewusst vor, von dem Stab zu träumen. Schreiben Sie auf, woran Sie sich von Ihrem Traum erinnern, und machen Sie es zu einem Teil des Geschenks.

TRAUMFETISCH

Wenn wir lernen, physische Darstellungen der Energie, die wir manifestieren wollen, anzufertigen – was Sie mit Hilfe dieser Übung tun werden –, hilft uns das, in der Welt mehr zu bewirken.

Bei dieser Übung werden alle Methoden des Veränderns angewandt, um einen Geistträger zu erschaffen, der in der Lage ist, die Essenz eines Traumes in sich zu tragen.

Ein Fetisch ist nicht nur eine Darstellung eines Traumes, sondern ein sorgfältig angefertigtes Behältnis für dessen Essenz. Deshalb werden Fetische in Stammeskulturen als lebendige Objekte angesehen.

Fangen Sie bei Ihren Träumen an. Lassen Sie durch Trauminkubation die folgende Frage innerlich wirken, indem Sie sie in Ihr Tagebuch schreiben und vor dem Einschlafen mehrmals wiederholen: »*Worin besteht meine Kraft?*« Schreiben Sie am nächsten Morgen Ihren Traum auf. Wiederholen Sie diesen Vorgang mehrere Tage lang und halten Sie nach den stärksten oder bedeutungsvollsten Traumbildern Ausschau. Wählen Sie dann einen Traum aus, mit dem Sie arbeiten wollen. Beantworten Sie die folgenden Fragen in Ihrem Tagebuch:

- Was versuche ich in dem Traum zu tun?
- Worin besteht der Konflikt oder die Frage in meinem Traum?
- Wie gehe ich mit dem Konflikt um oder wie antworte ich auf die Frage?
- Wo bin ich zuletzt im Traum?

Analysieren Sie die Bedeutung Ihres Traumes nicht und beurteilen Sie Ihr Tun nicht. Schreiben Sie einfach die Antworten auf. Auf vier verschiedenen Spaziergängen oder auf einem einzigen langen können Sie auf die Suche nach Gegenständen für Ihr Kunstwerk gehen, aber wenn Sie nichts finden, was sich richtig anfühlt, erzwingen Sie es nicht. Sie sollten nach folgenden Dingen Ausschau halten:

1. Suchen Sie sich ein Stück von einem Baum. Das kann Treibholz sein, ein Ast, ein großes Rindenstück oder ein Brett. Nehmen Sie möglichst kein lebendes Holz. Dieses Holzstück stellt Ihre Landkarte dar. Es stellt das dar, was Sie im Traum zu tun versuchen. Legen Sie ein Ende als Anfangspunkt und das andere als Endpunkt des Traumes fest. Markieren Sie die beiden Enden durch Schnitzen, Umwickeln oder Verzieren. Sorgen Sie dafür, dass Sie nicht durcheinander bringen, wo der Anfang und wo das Ende ist.

2. Wählen Sie sich nun einen Fundgegenstand oder gefundenes Mate-

rial aus, das den Konflikt oder die Frage darstellen soll, die zwischen Ihnen und Ihrem Ziel steht. Binden Sie es irgendwo an dem Holzstück fest.

3. Suchen Sie daraufhin einen Fundgegenstand (Stein, Muschel, Nuss, Samenkapsel oder Ähnliches), der für Sie selbst in dem Traum steht, und einen anderen Fundgegenstand, der die Art und Weise darstellen soll, wie Sie mit dem Konflikt umgegangen sind oder die Frage beantwortet haben. Entscheiden Sie sich, wie Sie das Objekt, das Ihren Umgang mit dem Konflikt symbolisiert, mit dem anderen Gegenstand verbinden wollen, der Sie selbst verkörpert. Erinnern Sie sich daran, die Art, wie Sie mit dem Konflikt im Traum umgegangen sind, nicht zu beurteilen oder zu bewerten.

4. Verbinden Sie das Objekt, das Sie selbst und Ihre Art, mit dem Konflikt umzugehen, darstellt, an derjenigen Stelle mit dem Holzstück, wo es Ihnen intuitiv angebracht erscheint.

Sie haben die freie Wahl des Materials, das Ihnen zum Umwickeln, Verzieren, Schnitzen oder eine Kombination dieser Techniken geeignet erscheint. Benutzen Sie auch Dinge, die die Elemente oder Gefühle, die im Traum auftraten, ausdrücken. Verschönern Sie Ihren Fetisch so lange, bis er eine eigene Persönlichkeit bekommt. Halten Sie Ihren selbst gemachten Fetisch in der einen Hand und beantworten Sie mit der anderen folgende Fragen in Ihrem Tagebuch. Schreiben Sie schnell und zensieren Sie sich nicht.

- Auf welche Art bin ich wie dieses Stück Holz?
- Auf welche Art bin ich wie das gefundene Objekt oder Material, das den Konflikt oder die Frage darstellt?
- Auf welche Art bin ich wie der Gegenstand, der mich darstellt?
- Auf welche Art bin ich wie der Gegenstand, der die Strategie verkörpert, mit der ich im Traum mit dem Konflikt umgegangen bin?
- Worin liegt die Stärke jedes dieser Objekte?

An diesem Punkt sind Sie vielleicht einer Antwort auf die Frage, worin Ihre Kraft besteht, schon sehr nahe. Denken Sie daran, dass Ihre Kraft sich darin äußern kann, wie Sie sich in diesem Traum verhalten haben oder wie andere in Ihrem Traum auf Sie reagierten. Ihre Kraft kann sich in den Dingen zeigen, die Sie gelernt oder verstanden haben, auch wenn Sie noch nicht in der Lage waren, sie anzuwenden.

Der letzte Schritt besteht darin, noch einmal mit Hilfe der Trauminkubation eine Antwort zu suchen. Benutzen Sie dieses Mal Ihren Traumkraft-Fetisch. Fragen Sie dieses Mal den Fetisch selbst, worin Ihre Kraft besteht, als ob er die Antwort wüsste. Erwarten Sie eine Antwort. Legen Sie beim Schlafen den Fetisch links neben sich aufs Bett. Schreiben Sie Ihre Träume am nächsten Tag auf. Jetzt haben Sie die Antwort auf diese Frage.

Ein Psychologe würde sagen, Sie haben aktive Imagination, Tagebuchschreiben und Introspektion benutzt, um mit Ihrer Psyche in Verbindung zu treten. Ein Schamane würde sagen, dass Sie mit viel Sorgfalt einen Platz für den Geist geschaffen haben, an dem er sich in materieller Form aufhalten kann, und zum Dank dafür hat der Geist Ihnen geholfen, eine wichtige Frage zu beantworten.

> Es ist wichtig, sich daran zu erinnern, dass ein Fetisch, der für eine bestimmte Person angefertigt wurde, nicht einfach an eine andere Person weitergegeben werden kann.

Ich kann einen Fetisch *für* Sie anfertigen, aber ich kann Ihnen nicht einfach einen geben, den ich für mich selbst gemacht habe. Außerdem sollte ein Fetisch mit der gleichen Sorgfalt und Intention wieder auseinander genommen oder entsorgt werden, wie er geschaffen wurde. Verbrennen Sie die Teile auf rituelle Weise, vergraben Sie sie, werfen Sie sie in ein fließendes Gewässer, oder nehmen Sie sie ehrfurchtsvoll auseinander und geben Sie sie an die Natur zurück.

Bei den hier beschriebenen Übungen wurden stets Projekte gewählt, um Sie in neue Arbeitsweisen einzuführen. Ich habe mich für diese Übungen entschieden, weil das Endprodukt dabei entweder ein energetisch wertvolles und heilendes Geschenk oder ein nützliches Werkzeug für Ihre eigene Entwicklung als Traumkünstler war. Die Übungen sind aber auch dazu gedacht, Sie auf Ihre eigene kreative Entdeckungsreise zu schicken. Vielleicht finden Sie ja heraus, dass das Malen oder Zeichnen auf gefundene Gegenstände viel befriedigender ist als das Malen oder Zeichnen auf irgendeiner traditionellen flachen Oberfläche. Meine eine Großmutter malte mit Vorliebe Szenen auf Seeigel und Muscheln. Meine andere Großmutter bemalte Straußeneier, die sie außerdem kunstvoll und üppig verzierte. Ich kenne eine Frau, die poröse Steine in Duftöle einlegt. Selbst nachdem die Steine gereinigt und in der Sonne getrocknet wurden, geben sie immer noch einen wundervollen Duft ab, wenn man sie in der Hand erwärmt. Wasserfeste Stifte, natürliche Färbemittel und Stofffarben eignen sich gut zum Verzieren. Werkzeuge, mit denen man etwas ins Holz einbrennen kann, sind einfache Mittel, um gefundene Holzstücke mit Symbolen und Mustern zu verzieren. Man kann die Gegenstände aber auch mit Wörtern oder einfachen Sätzen sowie mit Abziehbildern oder anderen ausgeschnittenen Bildern schmücken.

Vielleicht fühlen Sie sich auch zum Einwickeln hingezogen. Der Künstler Christo hat Gebäude, Brücken und sogar ganze Abschnitte zerklüfteter Meeresküste verpackt. Seine Werke sind episch, was ihre Größe betrifft, doch vergänglich. Mir gefallen eingewickelte Sachen, doch der Akt des Einwickelns und Verpackens selbst hat für mich darüber hinaus etwas tief Bewegendes an sich. Das Einpacken, Umwickeln und Bedecken von Dingen ist für mich eine Art Meditation. Buddhisten benutzen die Perlen ihrer Mala beim Gebet. Katholiken haben den Rosenkranz; meine religiöse Praxis hingegen ist meine Kunst. Überlegen Sie sich, ob Sie beispielsweise Geschenkpakete oder -bündel aus gefundenen Steinen und anderen Gegenständen aus der Natur anfertigen wollen, die Sie in einen schönen Stoff einpacken. Eine Studentin der High School, an der ich unterrichtete, brachte mir einmal von einem Wochenende auf den Sandbänken von North Carolina eine Jakobsmuschel mit. Sie war gefüllt mit winzigen Steinchen, Muscheln und Knochen, die sie gesammelt hatte. Das Ganze war in ein kleines Päckchen verpackt und stellte ein einfaches, aber schönes Geschenk dar. Überlegen Sie sich, welche Energie man wohl verstärken kann, wenn man ein Objekt in handgemachtes Reispapier einwickelt und das Papier mit Leim bestreicht, damit es die Form des Objekts annimmt.

Für manche Leute liegt im Schnitzen Geheimnis und Enthüllung gleichzeitig. Die ganze Reise wird dadurch in einem Kunstwerk konzentriert dargestellt. Es ist jedoch mehr als wahrscheinlich, dass Sie letztendlich die Strategie der Kombination mehrerer Techniken verfolgen werden. Vielleicht vermischen Sie zuerst mehrere Techniken, doch irgendwann werden Sie an den Punkt kommen, an dem das Kombinieren zu einer Form des Veränderns wird und sich schon hart an der Grenze zum Erschaffen bewegt.

Und daran wollen wir uns jetzt machen: ans Erschaffen.

Erschaffen üben: Die Kunst der Transformation

In der Kunst des Erschaffens fließen verschiedene Fähigkeiten zusammen. Beim Erschaffen werden Suchen, Anordnen und Verändern in der Herstellung eines neuen Kunstwerks oder Bildes miteinander kombiniert.

Wer erschafft, verwandelt Rohmaterialien in Kunstwerke, die gleichzeitig lebendige Dinge sind, welche Geist und Energie besitzen. Dies gelingt Ihnen dank einer Fähigkeit, die offenbar nichts Geringeres als Magie ist – mögen Sie nun zeichnen, malen, mit verschiedenen Kunstformen arbeiten, bildhauern oder töpfern. Erschaffen setzt einen größeren Einsatz an Zeit und persönlicher Energie voraus, aber abgesehen davon gibt es nichts, was einen davon abhalten könnte, sich mit dem Erschaffen als Ausdruck künstlerischen Bewusstseins zu beschäftigen.

Ein Kunstwerk als Geistträger in Form eines Bildes oder Gegenstandes aus Rohmaterialien zu erschaffen, ist ein so umfangreiches Thema, dass es schwer ist, es in einem einzigen Buch darzustellen. Die große Auswahl an Ausdrucksmitteln, die riesige Menge an Techniken, die Vielfalt möglicher Projekte ist einfach unendlich. Für unsere Zwecke mag es jedoch hilfreich sein, sich daran zu erinnern, was die Arbeit eines Traumkünstlers zu etwas so Besonderem macht.

Zuerst einmal ist die Arbeit eines Traumkünstlers Teil eines heiligen Schöpfungszyklus. Die verfeinerte Schwingung des Geistes wird hinreichend verlangsamt, um auf der materiellen Ebene Form anzunehmen. Anschließend wird sie durch eine Zeremonie wieder beschleunigt, um uns zurück in die Traumwelt zu befördern. In der Praxis bedeutet dies, dass Traumzustände und die nichtalltägliche Wirklichkeit als Quelle und Schatz für den Schöpfungsprozess genutzt werden. Zeremonien sind ein Teil der kreativen Arbeit des Traumkünstlers. Materialien, Objekte, Bilder und ihre Beziehung zueinander werden nach energetischen Gesichtspunkten, nach dem Geist, der ihnen innewohnt, und nach ihrem Potenzial, als Geistträger zu dienen, beurteilt und ausgewählt. Und schließlich bringt ein Traumkünstler noch ein gesteigertes Maß an Intention in seine Arbeit ein. Wenn Sie einige oder alle diese Prinzipien bei Ihrer kreativen Arbeit anwenden, werden Ihre Wahl der Ausdrucksformen, die Techniken, die Sie benutzen, und selbst die besonderen Projekte, für die Sie sich entscheiden, Ihnen selbst, Ihrer Gemeinschaft und dem Planeten auf bewundernswerte Weise dienen.

Bevor Sie ein neues Projekt angehen, besonders wenn Sie ein Kunstwerk als Geistträger aus Rohmaterial herstellen wollen, ist es wichtig, eine klare Intention damit zu verfolgen.

Wie soll mein Werk meiner Ansicht nach mich selbst, meine Gemeinschaft oder die ganze Erde beeinflussen? Soll dieses Kunstwerk eine heilende Wirkung haben und Ganzheit bringen? Möchte ich, dass von ihm Kraft ausgeht und es eine Fähigkeit verstärkt? Soll es lehrreich sein, die Wahrheit aufdecken und Visionen bekräftigen? Soll es verzaubern, magische Wirkung zeigen und Balsam für die Seele sein?

Manchmal kann ein Kunstwerk all diese Absichten erfüllen, wenn es mit Intention, geistiger Führung, Entschlossenheit und Disziplin geschaffen wurde. »Seelenbilder malen« ist ein solches Projekt, und wenn ich eine einzige Übung, ein Beispiel für das Erschaffen auswählen müsste, um das Potenzial zu zeigen, das darin steckt, wäre es diese.

❀

SEELENBILDER MALEN

Mit der Leere eines weißen Blattes Papier zu beginnen
und ein Bild zu erschaffen verändert Sie immer.
Wenn Sie diese Übung gemacht haben, werden Sie keinen
Zweifel mehr daran haben, dass Sie ein Traumkünstler sind.

Ich träume, dass ich neben einem wunderschönen, alten, viktorianischen Landhaus stehe. Ein Pfad führt von der Rückseite des Hauses hinunter zu einem Bootshaus an einem See. Eine Tür geht auf, und eine alte Frau kommt langsam und mit unsicheren Schritten heraus. Sie trägt ein gelbes Kleid mit Rüschen und einen blumengeschmückten Strohhut mit einem Schleier. Ich kann ihr Gesicht nicht sehen, aber mir ist klar, dass sie sehr alt ist. Außerdem spüre ich, dass sie früher einmal sehr schön war und in ihrem hohen Alter immer noch elegant und hübsch aussieht. Sie wird von einem jungen Mann begleitet, der sie geduldig führt. Er geht mit ihr die Stufen hinunter und dann langsam weiter den Pfad entlang zum Bootshaus. Sie gehen an mir vorbei, als wäre ich ein Geist – sie bemerken mich gar nicht. Ich weiß, ohne dass es mir jemand gesagt hat, dass sie ihr Seelenporträt von sich machen lassen will.

Die Szene verändert sich zu einer Gedenkfeier, die in einer Bibliothek oder Buchhandlung abgehalten wird. Alle flüstern miteinander, und ich höre Fragen wie »Ist sie gestorben?« und »Wird es ihr gut gehen?« Das sind beides verwirrende Fragen für einen Anlass, den ich für einen Gedenkgottesdienst für die alte Frau halte, die ich gerade eben erst gesehen habe. Ich bin in der Lage, jedem, den ich treffe, zu sagen: Ja, ihr wird es gut gehen, denn sie hat sich ihr Seelenporträt malen lassen.

Als ich aus diesem Traum erwachte, dachte ich darüber nach, wie ein Seelenporträt wohl aussehen könnte. Ich hatte das Gefühl, es müsse eine Zusammenfassung eines Lebens sein, aber bedeute nicht notwendigerweise das Ende eines Lebens, nur einen Übergang. Die Idee ging mir nicht mehr aus dem Kopf, und so begann ich in meinen Unterrichtsstunden und Workshops mit dem Herstellen von Seelenporträts zu experimentieren. Mit Hilfe von schamanischen Reisen und Traumarbeit versuchte ich, noch mehr darüber herauszufinden. Folgendes habe ich über das Malen von Seelenbildern erfahren.

Was man für das Malen von Seelenbildern braucht

- Zeit: Dieser Prozess kann mehrere Wochen dauern. Ich glaube, es ist hilfreich, ihn über einen Monat oder zwei auszudehnen. Seelenbilder sollten Sie in einer Zeit des Übergangs malen, wenn Sie die Freiheit und den Raum haben, sich nach innen zu wenden.
- Platz auf dem Boden: Sie brauchen Platz, um eine ein bis zwei Quadratmeter große Malfläche auf dem Boden ausbreiten und noch darum herumgehen zu können. Sie müssen das Bild nicht die ganze Zeit liegen lassen, aber es muss zwischen den Mal-Sitzungen zum Trocknen liegen bleiben können.
- Hilfe: Sie werden einen Assistenten benötigen, um den Umriss Ihres Körpers zu malen.
- Oberfläche: Sie können auf alles malen, was groß genug ist. Mindestens brauchen Sie jedoch eine ein bis zwei Quadratmeter große Oberfläche. Weißes oder braunes Packpapier, das in Rollen verkauft wird, geht gut. Aufgezogene oder lose Leinwand eignet sich ebenfalls. Sie können aber auch auf Sperrholz, Holzbretter oder Pappe malen. Die beiden Faktoren, die Sie berücksichtigen müssen, sind Dauerhaftigkeit (wie lange soll es halten?) und Angst (wie beängstigend ist es, auf professionelles Zeichenmaterial zu malen?). Wenn Sie auf Leinwand malen wollen, müssen Sie sie vorbereiten (mit einer besonderen weißen Paste bestreichen, die es in Spezialläden für Zeichenbedarf zu kaufen gibt). Wenn Sie auf Sperrholz oder Brettern arbeiten, sollten Sie beide Seiten mit einer Schicht aus Acryl- oder Latexfarbe versiegeln.
- Farben: Wenn Sie auf Papier oder Pappe malen, benutzen Sie am besten Temperafarben. Sie sind nicht so teuer, können mit Wasser abgewischt werden und trocknen schnell. Wollen Sie auf beständigeren Oberflächen arbeiten, sollten Sie vielleicht Acrylfarben nehmen. Sie wirken ein bisschen leuchtender, und die Farben sehen nach dem Trocknen oft satter aus, weil sie etwas glänzend wirken

(während Temperafarben nach dem Trocknen ein bisschen wie Kreide aussehen). Außerdem gibt es Acrylfarben bereits vorgemischt in mehr Farbtönen. Im Allgemeinen lassen sich diese beiden Farbsorten nicht vermischen. Wasserfarben wären viel zu teuer für ein solches Projekt, und man kann sie nicht in Schichten übereinander auftragen. Ölfarben sind gut, aber sie machen mehr Dreck. Wenn Sie nicht bereits mit Ölfarben gearbeitet haben und überzeugt sind, dass Sie Ihr Seelenporträt in Öl malen müssen, sollten Sie bei diesem Projekt die Finger davon lassen.

- Pinsel: Ein paar dicke und dünnere, ein paar ganz feine für Details.
- Anderes Material: Wachsstifte, Bleistifte, bunte Marker, kleine Fläschchen mit dickflüssigen Stofffarben, Glimmer, Rheinkiesel, weißer Leim, ein Zirkel oder etwas Rundes zum Kreise-Nachzeichnen und eine Schere.

Eine offizielle Warnung an Maler von Seelenbildern

Das Malen eines Seelenbildes ist wie Ihr Leben. Es kann tief befriedigend, an manchen Tagen aber auch qualvoll sein. Sie werden gute Dinge wieder übermalen. Sie werden ein schlechtes Gewissen haben und sehnsüchtig daran zurückdenken, wie Ihr Bild aussah, bevor Sie es verpfuscht haben. Die gute Nachricht ist, dass Sie, wenn Sie Schritt für Schritt meinen Anweisungen folgen, das Verpatzen Ihres Meisterwerks auf mich schieben können. Vielleicht mögen Sie Ihr fertiges Produkt sehr gern. Vielleicht lernen Sie etwas Bedeutendes über sich selbst und über Ihre Seele aus ihrem fertigen Produkt. Diese Erfahrungen können sich aber auch gegenseitig ausschließen. Vergessen Sie auf jeden Fall das Atmen nicht.

Die zehn Schritte in der Entstehung eines Seelenbilds

Erster Schritt. Legen Sie Ihre Maloberfläche auf den Boden. Zünden Sie Kerzen und Räucherstäbchen an. Legen Sie entspannende Musik auf. Ziehen Sie die Schuhe aus. Tragen Sie etwas Enges bzw. nur so wenig Sachen, wie es Ihr Schamgefühl zulässt. Legen Sie sich mit dem Rücken auf die Unterlage. Denken Sie daran, wie Ihr Umriss jetzt wohl aussieht. Strecken und recken Sie sich, und entspannen Sie sich auf der Unterlage. Wenn Sie bereit sind, bitten Sie einen sympathischen Freund, Ihre Körperumrisse sorgfältig und langsam mit einem Bleistift nachzufahren. Stellen Sie sich vor, wie mit diesem langsamen Zeichnen Ihre Grenzen markiert werden. Setzen Sie sich anschließend auf und schauen Sie sich Ihre Umrisse an. Wenn die Zeichnung an manchen Stellen unregelmäßig ist und nichts mehr mit Ihren Formen zu tun hat, zeichnen sie die Umrisse noch einmal neu. Wenn Sie wollen, können Sie Teile der Zeichnung fixieren. Wenn Sie zufrieden sind, können Sie die Umrisslinie mit einem dicken Stift nachfahren. Zeichnen Sie mit einem Zirkel kleine runde Kreise (ca. 5–10 cm im Durchmesser) in Ihre Silhouette ein: oben auf den Kopf, auf die Stirn, den Kehlkopf, das Herz, den Solarplexus (direkt unterhalb des Nabels) und in die Gegend der Geschlechtsorgane. Zeichnen Sie danach noch fünf größere Kreise (ca. 12–20 cm im Durchmesser) irgendwo außerhalb des Körperumrisses auf die Unterlage.

Zweiter Schritt. Legen Sie sich neben Ihren Umriss auf den Boden. Halten Sie mit Farbstiften, Wachsmalstiften, Markern oder anderen Stiften die folgenden Ereignisse aus dem Leben Ihres physischen Körpers fest. Gehen Sie so weit zurück, wie Ihre Erinnerung reicht. Malen Sie kleine Bilder, benutzen Sie eigene Symbole, schreiben Sie Worte hin, ziehen Sie Linien und Begrenzungslinien, notieren Sie Bemerkungen oder ein Datum, wenn Sie das möchten.

- Wo wurden Sie verwundet oder verletzt?
- Wo haben sich Krankheiten in Ihrem Körper manifestiert?
- Wo sind Sie kitzelig?
- Wo spüren Sie es, wenn Sie wissen, dass etwas wahr ist?
- Wie oft ist Ihr Herz gebrochen worden?
- Wo verbirgt sich Wut in Ihrem Körper?
- Wo zeigt sich Freude in Ihrem Körper?
- Welche fünf Zonen durchläuft die sexuelle Energie, wenn Sie erregt sind? Nummerieren Sie sie der Reihe nach durch.
- Wo verstecken Sie Enttäuschung in Ihrem Körper?
- Wo sind Sie am ältesten?
- Wo sind Sie noch jung?
- Welche Stellen an Ihrem Körper dürfen nicht angefasst werden?
- Welchen Weg nimmt die kreative Energie in Ihrem Körper vom Entstehen bis zum Ausdruck?
- Über welche Teile Ihres Körpers sind Ihnen schon Komplimente gemacht worden?
- Welches Kompliment gefällt Ihnen am besten?

Dritter Schritt. Blättern Sie in Ihrem Traumtagebuch zurück. Streichen Sie die Träume an, in denen Ihr Körper oder Körperteile eine besondere Rolle spielten. Das könnten beispielsweise Träume sein, in denen Sie nackt sind, Träume, in denen Sie verletzt oder angegriffen werden, erotische Träume, Träume von körperlichen Vorgängen, Träume über besondere körperliche Leistungen oder eingeschränkte körperliche Fähigkeiten oder auch Träume, in denen Sie sich eines bestimmten Körperteils besonders bewusst waren. Fügen Sie diese Träume in Form von Bildern, Bemerkungen oder Symbolen an die Stellen Ihres Seelenbildes ein, die Sie als relevant erachten.

Vierter Schritt. Versuchen Sie, alles zu vergessen, was Sie über Chakras wissen oder nicht wissen. Schauen Sie sich jeden der sieben kleinen Kreise an, und schreiben Sie das erste Wort hinein, das Ihnen in den Sinn kommt.

Fünfter Schritt. In die fünf größeren Kreise außerhalb Ihres Körperumrisses schreiben, zeichnen oder fügen Sie nun in Form eines Symbols ein, was Ihrer Meinung nach die fünf größten Leistungen waren, die

Sie in Ihrem Leben bis heute vollbracht haben. Ziehen Sie eine Linie von der jeweiligen Leistung bis hin zu dem Körperteil, der damit am meisten zu tun hat.

Sechster Schritt. Fügen Sie die folgenden Informationen so hinzu, wie es sich für Sie richtig anfühlt. Denken Sie daran, dass die gewählte Form ganz von Ihnen abhängt. Sie kann sehr spezifisch sein, viele Worte enthalten oder auch sehr abstrakt sein. Wenn Sie noch zusätzliche Informationen oder Antworten auf Fragen, die ich nicht gestellt habe, hinzufügen wollen, vertrauen Sie einfach auf Ihre Intuition.

- Was haben Sie sich sehnlichst gewünscht, aber nie bekommen?
- Wen lieben Sie?
- Wer liebt Sie?
- Wen oder was haben Sie geboren oder hervorgebracht?
- Was sind Ihre peinlichsten Geheimnisse? (Sobald Sie sie aufgeschrieben haben, übermalen Sie sie mit Farbe. Es ist nur wichtig, dass sie dort stehen.)
- Wie stellen Sie sich Ihren Tod vor?
- Was wird Sie nach Ihrem Tod überdauern?

Siebter Schritt. Jetzt ist es Zeit, Ihr Innenleben zu erkunden. Nehmen Sie sich etwas Zeit, in der Sie nicht gestört werden. Legen Sie die Musik auf, von der Sie wissen, dass Sie durch sie am leichtesten in Trance fallen. Dämpfen Sie das Licht. Legen Sie sich auf den gemalten Körperumriss von Ihnen, schließen Sie die Augen, atmen Sie langsam und tief durch und begeben Sie sich auf die unten beschriebene Reise. Entspannen Sie sich langsam durch abwechselndes Anspannen und Entspannen von Füßen, Beinen, Rumpf, Becken, Bauch, Brust, Händen, Armen, Schultern, Nacken und Gesicht.

Spüren Sie, wie Ihr Körper schwer wird und in den Boden unter Ihnen einsinkt. Spüren Sie, wie Sie den Körper verlassen und nach oben schweben. Schweben Sie durch die Decke, durch das Dach, hinauf in den Himmel. Schweben Sie immer höher und höher. Drehen Sie sich um und schauen Sie hinunter. Unter Ihnen ist jetzt eine Urlandschaft. Wo Ihr Körper einmal lag, ist nun ein grasbewachsener Grabhügel. Kehren Sie zu diesem Hügel zurück, und untersuchen Sie, wie groß er ist und wie hoch. Vielleicht wachsen Bäume darauf. Oder vielleicht gibt es irgendwelche Steine und Büsche. Suchen Sie den früheren Eingang zu diesem Grabhügel. Vielleicht befindet er sich an der Stelle, wo die Füße, der Bauch, die Hände oder der Kopf der bestatteten Person waren. Das wird für jeden anders sein. Was Sie nun entdecken, ist ein alter Tempelkomplex, der sich in dem Raum befindet, der einst Ihr Körper war. Untersuchen Sie diesen Raum. Was sehen Sie?

Wenn Sie bereit sind, kehren Sie wieder in Ihren physischen Körper zurück, und erinnern Sie sich für zukünftige Reisen, wie Sie in diesen Raum gelangt sind. Halten Sie Ihre Reise mit Worten und Bildern auf und entlang der Umrisslinie Ihres Körpers fest.

Achter Schritt. Wenn Sie damit vertraut geworden sind, wie Sie diesen Körpertempel betreten können, sollten Sie auf verschiedenen Reisen an verschiedenen Tagen mit den folgenden Zielsetzungen dorthin zurückkehren:

1. Finden Sie einen Führer, und bitten Sie ihn, Ihnen die Muster Ihrer Energiekörper zu zeigen. Machen Sie sich keine Gedanken darüber, ob es genug davon gibt oder ob sie mit dem übereinstimmen, was Sie bereits über Energiekörper wissen. Beobachten Sie, wie Ihre Aura oder Ihr nicht physischer Körper leuchtet und was er ausstrahlt. Kehren Sie zurück und malen Sie die Konturen dieser Muster nach.

2. Untersuchen Sie die Stellen in dem Tempel, die den Stellen Ihres Körpers entsprechen, die krank sind oder wehtun. Was können Sie von innen her lernen? Können Sie von innen heraus etwas dagegen tun? Halten Sie fest, was Sie entdeckt haben.

3. Bitten Sie Ihren Führer, Ihnen Ihr Seelenbild zu zeigen, das in diesem Tempel hängt. Das ist das Abbild Ihres optimalen Wesens – das Beste, was Sie je werden können. Das ist die Vorlage, von der aus Ihre Seele versucht, Ihr Leben auf der Erde zu gestalten. Wie unterscheidet es sich von Ihrem eigenen Gefühl, wer Sie sind? Was können Sie tun, um in dieses innere Seelenporträt hineinzuwachsen?

Neunter Schritt. Jetzt ist es an der Zeit zu malen. Zuerst wird es Ihnen Freude bereiten, dann kann es frustrierend werden. Wenn Sie dabeibleiben, werden Sie hindurchgehen und den Punkt erreichen, wo es erleuchtend wird. Hier habe ich wirklich nur wenig Anweisungen zu bieten. Fangen Sie einfach zu malen an. Bemalen Sie jeden Zentimeter der Oberfläche mit irgendeiner Farbe (ja, Schwarz und Weiß sehe ich auch als Farben an). Sie können innerhalb der Linien bleiben, die Sie gezogen haben, oder sich gar nicht darum kümmern. Sie können die Bilder und Symbole, die Sie gezeichnet haben, weiter ausführen oder einfach malen, als wären sie gar nicht da. Sie können sauber und präzise malen oder wild und schluderig. Malen Sie einfach. Lassen Sie sich von den Informationen, die Sie gewonnen, und den Notizen, die Sie gemacht haben, leiten und beeinflussen, aber fühlen Sie sich frei, sich auch in neue Richtungen zu bewegen. Vermischen Sie Farben auf der Oberfläche. Malen Sie mit Fingern und Zehen, wenn Sie wollen. Malen Sie mit Hingabe. Malen Sie bis zur Erschöpfung. Halten Sie inne. Ruhen Sie sich aus. Nehmen Sie sich einen Tag frei – oder auch zwei. Kommen Sie dann zurück und malen Sie weiter. Achten Sie auf die Formen, die auf der Oberfläche entstehen. Welche Wörter oder Bilder befinden sich unter diesen Farbschichten? Welche Formen werden gerade an der Oberfläche geboren? Arbeiten Sie mit diesen neuen Formen. Wechseln Sie beim Malen die Wahrnehmungsebene, um die energetischen Muster der Dinge zu sehen, die Sie da malen. Schauen Sie mit dem »Röntgenblick« unter die Oberfläche der Farben. Machen Sie noch einmal eine Reise in den Tempel, wenn nötig. Und atmen Sie weiter.

Zehnter Schritt. Wiederholen Sie den neunten Schritt so lange, bis Sie den berühmten Moment der Erleuchtung oder des Verstehens erreichen. Sie werden wissen, wann es so weit ist. Im Laufe dieses Prozesses werden Sie das Gefühl bekommen, dass Teile Ihrer Seele zu Ihnen zurückkehren. Dinge, die Sie längst vergessen hatten, werden wieder an die Oberfläche kommen. Verengen Sie den Fokus. Malen Sie jetzt Details. Fügen Sie Ihrem Bild gefundene Gegenstände und anderes Material hinzu. Hängen Sie es auf. Treten Sie einen Schritt zurück. Beurteilen Sie das Bild nicht, sondern lassen Sie den Entstehungsprozess in Gedanken noch einmal Revue passieren.

Ein Traumkünstler zu sein, ist nicht einfach eine Formel für das Schaffen von Kunst. Traumkünstler haben gewisse Vorstellungen gemein, lassen sich jedoch nicht durch ein einziges Charakteristikum definieren, sondern eher durch vier: die Quelle ihrer Bilder, die Ausdrucksform, die ihre Bilder annehmen, ihre Stufe der energetischen Sensibilität für Material und ihr Fortschreiten auf dem Weg des Traumkünstlers.

Traumkünstler neigen dazu, den tiefen inneren Raum – die Traumwelt – als die Quelle ihrer Kreativität anzusehen, zu der sie sich auf unterschiedliche Art und Weise Zugang verschaffen. Manche nutzen hauptsächlich die Bilder ihrer Nachtträume. Andere erforschen die Traumlandschaft mit Hilfe bewusster Techniken. Wieder andere bekommen in wachen Momenten des Mitfließens, großer Konzentration oder durch Tagträume Zugang zur nichtalltäglichen Wirklichkeit. Und manche Traumkünstler benutzen alle drei Methoden. Beim Erkunden dieses Weges werden Sie die Methoden auswählen, die sich für Ihre Arbeit am nützlichsten erweisen.

Auch die Ausdrucksformen der Bilder und Kunstwerke von Traumkünstlern unterscheiden sich. Die meisten Traumkünstler benutzen eine Kombination von Suchen, Verändern, Anordnen und/oder Erschaffen. Diese archetypischen Vorstellungen, wie man Träume umsetzen kann, sind flexibel und umfassend genug, um ein breites Spektrum von Ausdrucksmitteln zuzulassen. Vielleicht *sehen* Ihre Arbeiten zunächst wie die eines anderen Künstlers oder einer bestimmten Kultur *aus*. Doch wenn Sie sich an die Vorgaben aus der Traumwelt halten, werden Ihre Arbeiten anfangen, einen Ausdruck anzunehmen, in dem sich die einzigartige Natur ihres Geistes widerspiegelt.

Traumkünstler schätzen meist besonders den Energieaspekt ihrer Arbeiten. Das bedeutet nicht, dass es ihnen egal ist, wie ihre Werke aussehen, sondern dass sie sich in erster Linie darum kümmern, was ein Objekt bedeutet und was damit erreicht werden soll. Sie schaffen Kunst, die einen Zweck hat.

Schamanische Traumkunst kann eine Landkarte sein, ein Markierungspunkt, ein Werkzeug, ein Zauber oder ein Lehrmittel, aber sie dient nicht nur dekorativen Zwecken.

Schließlich werden Traumkünstler, wie wir alle, auch dadurch definiert, an welchem Punkt ihres Weges sie sich befinden. Nicht jeder kann all diese verschiedenen Charakteristika gleichzeitig erfüllen.

Wir haben die Phase des heiligen Schöpfungszyklus vom Geist zur Materie untersucht, aber um den Kreis zu schließen, müssen wir uns noch genauer damit befassen, wie uns die Kunstwerke, die wir schaffen, durch gemeinsame und zeremonielle Arbeit wieder in das Reich des Geistes zurückführen können.

Das Geschenk dieses Kapitels ist *Verbindung*.
Durch Zeremonien und das Schaffen heilender
Kunstwerke für andere werden Sie in das Netzwerk
einer geistigen Gemeinschaft eingebunden.
Die Vorschläge und Übungen in diesem Kapitel
werden Ihnen dabei helfen, Ihre Fähigkeit
zu entwickeln, anderen innerhalb des weihevollen
Rahmens einer Zeremonie Geschenke
zu überreichen.

Kapitel 9

Heilende Geschenke: *Kunst* und *Zeremonie*

Wie manifestiert sich dieses Wiederaufleben von Kunst und Heilung in der äußeren Welt? Zunächst einmal gibt es jetzt Künstler, Musiker und Tänzer, die bewusst heilende Kunst produzieren. Diese Art Kunst findet sich immer häufiger. Sie wirkt heilend, weil die Heilenergie des Künstlers freigesetzt wird und seinen Körper, seinen Verstand und seinen Geist durchströmt. Die zweite Möglichkeit besteht darin, dass der Künstler ein Kunstwerk anfertigt, um einen anderen Menschen zu heilen. Das kann gezielt für eine bestimmte Person oder für eine ganze Gruppe von Menschen geschehen. Man nennt das transpersonales Heilen. Es verbindet die Menschen untereinander – eine Kunst des persönlichen Verbundenseins. Die dritte Kunstart heilt die Welt. Der Künstler schafft ein Kunstwerk, das mit der Energie eines ganzen Systems arbeitet; das kann ein Stadtviertel sein, ein Ökosystem oder der Planet selbst. Diese Kunst kann umweltbezogen, eine Zeremonie, eine Aufführung oder ein statisches Werk sein. Die Gemeinschaft wird mit einbezogen. Das Kunstwerk besteht aus Energie und Bewegung. Es ist wahrhaftig schamanisch. Es bringt die Welt ins Gleichgewicht.

MICHAEL SAMUELS UND MARY ROCKWOOD LANE

Creative Healing:
How to Heal Yourself by Tapping Your Hidden Creativity

Die kreativen Künste innerhalb der Heilerbewegung, die Samuels und Lane in ihrem Buch *Creative Healing* (Deutsch: *Kreatives Heilen*) beschreiben, sind das Werk von Traumkünstlern. Darunter ist nicht Kunsttherapie im traditionellen Sinne zu verstehen, obwohl die kreativen Künste von der Kunsttherapie beeinflusst wurden und wiederum Rückwirkungen auf diese haben. Sie haben eher etwas mit der heutzutage in der Medizin verstärkt gesehenen Verbindung zwischen Geist, Verstand und Körper zu tun. Und Sie als Traumkünstler haben die Fähigkeit, diese Kunst mit ihrer Kraft und ihren Möglichkeiten in Ihre Gemeinschaft und den Kreis Ihrer Lieben einzubringen.

Das Bewusstsein, dass die mentale und spirituelle Vitalität eines Menschen für die Überwindung einer Krankheit oder Verletzung genauso wichtig ist wie das »Reparieren« des physischen Körpers, wird als eine Art Neuentdeckung gefeiert, doch in Wirklichkeit ist es eher eine Wiederentdeckung. Diese Weisheit war uns schon immer zugänglich, aber noch bis vor kurzem wurde sie absichtlich unterdrückt, weil man von einem mechanistischen Modell des Körpers ausging, zu dem sie nicht passte. Jetzt untersuchen Ärzte, wie Larry Dossey, ganz offen die Kraft, die Gebet und Glauben auf die Heilung ausüben. Und andere bekannte Autoren und Ärzte wie Herbert Benson, Dean Ornish und John Kabat Zinn setzen sich für Meditation als eine Methode zur geistigen Entspannung ein, während Jeanne Achterberg über die Kraft der Visualisierung und der inneren Bilder schreibt, die die Heilung im Körper fördern kann. Der Placebo-Effekt – der Glaube des Patienten an die Effizienz eines Arztes oder die Wirkung einer Behandlung – wurde früher nur als seltsamer Nebeneffekt wissenschaftlicher Arzneimittelforschung betrachtet. Inzwischen ist er jedoch zu einem eigenen Forschungsbereich geworden. Das ist schamanische Weisheit. Obwohl sie vom kulturellen Empirismus einer mechanistischen Weltanschauung bedroht war, ist sie niemals ganz untergegangen. Ihre Wiederauferstehung nimmt heute vielerlei Formen an: »therapeutic touch«, bioenergetisches Heilen, Reiki, Atemarbeit, ekstatischer Tanz, Heilen mit Pflanzenessenzen, Heilen durch Töne, moderne schamanische Beratung und viele andere Methoden, die heute als alternative oder ergänzende Medizin bekannt sind.

Obwohl noch niemand die genaue Art und Weise beschrieben hat, wie durch kreativen Ausdruck eine Heilreaktion ausgelöst wird, haben wir dazu schon einige Ideen anzubieten. Innere Bilder – ob wir sie nun erschaffen, beobachten oder uns vorstellen – scheinen unser autonomes Nervensystem zu beeinflussen. Sind diese Bilder positiv und bejahend, bewirken die Botschaften, die unser Nervensystem aussendet, eine Entspannungsreaktion im Körper. Unsere Hormone schalten auf

Heilwirkung um. Blutzirkulation und Immunsystem werden verstärkt.
Neurotransmitter und Endorphine, die Schmerz verringernd wirken,
werden im Körper ausgeschüttet. Darüber hinaus bekommt man, wenn
man sich auf den schöpferischen Ausdruck konzentriert, das Gefühl,
alles andere zu vergessen. Prioritäten verändern sich, Hoffnung und
lebensbejahende Werte treten in den Vordergrund des Bewusstseins.
Heilende Bilder entstehen, und man spürt, wie man von neuer Kraft
erfüllt wird. Möglicherweise die beste Erklärung dieses Heilungsef-
fekts hat jedoch ein Künstler geliefert. Samuels und Lane zitieren in
ihrem Buch *Creative Healing* den Künstler Gordon Onslow Ford:
»Und wenn wir beten, wenn wir in unser Inneres reisen und sehen,
können wir Spuren reinen Geistes mit zurückbringen. Diese Spuren
sind Kunst. Kunst ist die Stimme des Geistes. Und wenn der Geist
befreit wird, wenn der Geist gesehen und gehört wird, dann wird der
innere Heiler freigesetzt.«

Unsere westliche, rationale, lineare Kultur hat in Technik und Wissenschaft große Fortschritte gemacht, aber das hat einen hohen Preis
gekostet: die Opferung unserer Verbindung zur Magie, zur Seele und
Schönheit des träumenden Bewusstseins. Als Schamanen, als Traumkünstler, haben wir die Fähigkeit, das Gleichgewicht wiederherzustellen, den Abgrund zwischen Wachen und Träumen, zwischen dem
Rationalen und dem Irrationalen, zwischen Magie und Wissenschaft
heilend zu überbrücken. Um das zu erreichen, beginnen wir damit, uns
selbst zu heilen.

Traumkünstler besitzen die Fähigkeit, durch ihre Kunstwerke zu
heilen oder Energie zu verwandeln.

Wenn Sie die Übungen in diesem Buch durchgeführt oder sie eingesetzt haben, um Ihre eigene künstlerische Arbeit zu beeinflussen,
haben Sie die ersten Effekte davon vielleicht schon verspürt. Es ist
aber ebenso möglich, andere zu heilen oder auf ihr Energiesystem
einzuwirken.

Im letzten Kapitel habe ich eine Übung beschrieben, die ich »Seelenbilder malen« nannte. Bei dieser Arbeit handelt es sich um eine Art
persönliche Wiedererlangung der verlorenen kreativen Seele. Das ist

zwar ein sehr wirksamer Prozess für das eigene persönliche Wachstum und die Stärkung der eigenen Kräfte, aber es ist auch möglich, für andere Seelenbilder anzufertigen. Natürlich ist die Methode, wie man solche Arbeiten herstellt, in beiden Fällen etwas verschieden. Wenn man für einen anderen Menschen ein Seelenbild malt, verlässt man sich stark auf Intuition und spirituelle Führung und weniger auf die persönliche Lebensgeschichte. Außerdem ist es in diesem Fall auch viel wichtiger, wie das fertige Produkt aussieht.

> Wenn ich für mich selbst ein Seelenbild male, ist es weniger wichtig, wie das Bild am Ende aussieht, weil ich die Erinnerung daran habe, wie der künstlerische Prozess selbst mich verändert hat. Wenn ich für einen anderen ein Seelenbild male, muss ich Ästhetik als eine Art Zugangsmöglichkeit für den Betrachter mit einbeziehen.

So wie ich mein Bestes tun würde, um dem Geist gerecht zu werden – in der Hoffnung, ihn dazu bewegen zu können, sich in dem geschaffenen Objekt oder Bild »seine Heimstatt zu suchen« –, bemühe ich mich darum, mein Bestes auch für andere zu geben. Denn der erste Eindruck eines Kunstwerkes kann den Betrachter entweder dazu ermutigen oder davon abhalten, sich in die Welt des Künstlers hineinzubegeben.

Der Schamane oder Traumkünstler kann auch andere durch die Kunstwerke, die er schafft, heilen oder in ihrer Kraft stärken. Diese Fähigkeit zu heilen sollte nicht mit der Fähigkeit zu kurieren verwechselt werden. Heilung bewegt sich in Richtung Ganzheit. Sie kann selbst im Endstadium einer unheilbaren Krankheit noch eintreten. Heilung kann auch auf verschiedenen Ebenen stattfinden. Manchmal kann eine einfache Gabe – ein Stein oder ein heilendes Bild – jemandem über eine schwierige Zeit von Trauer und Leid hinweghelfen. Sie kann bewirken, dass jemand genügend Energie bekommt, seine persönliche Suche fortzusetzen. Sie kann einen Effekt haben, der in keinem Verhältnis zu ihrer Größe steht – wie der Schmetterling aus der Chaostheorie, der in Nepal mit den Flügeln flattert und damit in Guatemala einen tropischen Sturm auslöst. Wenn man mit anderen arbeitet, um ihnen zu helfen, Bilder aus ihren eigenen Träumen zu erschaffen, können sie dadurch Zugang zu ihrer eigenen Heilenergie finden. Es ist möglich, dass Traumbilder und Traumgegenstände Energiemuster in sich tragen, die eine direkte Heilwirkung haben. Sie können auch auf andere eine Wirkung ausüben und ihnen helfen, ihr Selbstbild neu zu strukturieren.

Ich träumte einmal für eine Frau, die mit einem Problem zu mir gekommen war.

Ich bin auf einem Jahrmarkt und beobachte einen Mann mit Schlangen. Er versucht, Leute aus dem Publikum dazu zu bewegen, die Schlangen zu halten. Manche lassen sich dazu überreden, andere nicht; doch dann fällt sein Blick auf mich. Er schiebt seinen Jackenärmel hoch, um mir eine schöne regenbogenfarbige Schlange zu zeigen, die sich wie ein Armband um sein Handgelenk gewunden hat. Er fragt, ob ich die Schlange nehmen und selbst tragen will. Er sagt, sie werde mich nur einmal beißen, doch dann seien wir für immer untrennbar miteinander verbunden. Ich spüre, dass es mir Kraft oder einen Vorteil bringen könnte, diese Schlangenenergie aufzunehmen, aber ich bin mir noch nicht sicher.

Daraufhin wachte ich auf, doch das Problem war noch nicht gelöst. Durch den Traum war mir klar geworden, dass ich dieser Frau einen materiellen Weg zeigen musste, damit sie sich entscheiden konnte, neue Energie in ihr Leben zu bringen. Manchmal helfe ich Menschen bei dem Prozess, ihr eigenes Traumkunstwerk zu schaffen, aber da es mein Traum war, entschloss ich mich, es für sie zu machen. Ich suchte einen geeigneten Ast, schnitzte ihn, schmirgelte ihn ab, bemalte und lackierte ihn. Das alles tat ich auf bewusste und aufmerksame Art und Weise. Ich lud die Kraft und den Geist der Traumschlange ein, in das geschnitzte Kunstwerk einzuziehen. Das war wie ein Hinuntersteigen – ein Verlangsamen der energetischen Schwingung des Geistes bis zu dem Punkt, wo ich ihn in die Welt hineingebären konnte. Ich lockte und verführte den Geist buchstäblich dazu, in die materielle Form zu schlüpfen. Meine Klientin stellte ich vor dieselbe Wahl, vor die ich im Traum gestellt worden war – die neue Energie anzunehmen oder zurückzuweisen. Sie dachte ernsthaft darüber nach und entschied sich dann, die bemalte Schlange anzunehmen. Bis heute stellt sie eine materielle Erinnerung an die spirituelle Veränderung dar, der sie in jenem Moment Einlass in ihr Leben gewährte.

Als Traumkünstler haben Sie vielleicht gar nicht den Wunsch, die Heilung eines anderen Menschen, einer Gemeinschaft oder der Welt zu unterstützen. Möglicherweise haben Sie das Gefühl, die Aufgabe, sich selbst zu verwandeln, sei schon groß genug, und vielleicht haben Sie damit Recht. Die Heilkraft, die wir für unsere eigenen Bedürfnisse freisetzen, verändert uns. Und auch wenn wir nichts anderes tun, als uns selbst zu erlauben, wieder ins Gleichgewicht zu kommen und Ganzheit zu erlangen, können wir immer noch die Welt beeinflussen.

Wenn wir voller Energie sind, inspirieren wir andere, ihre eigene Kraft zu suchen. Wenn wir mit uns selbst im Frieden sind, folgt uns der Frieden und legt sich wie eine schützende Hülle um uns.

Ich habe den Ausspruch gehört: Wenn Sie die Welt verändern wollen, sollten Sie sich selbst verändern. Ich möchte das etwas umformulieren und hinzufügen, dass es gleich ist, ob Sie es wollen oder nicht: Wenn Sie sich selbst ändern, werden Sie *mit Sicherheit* die Welt verändern.

Wenn Sie sich jedoch dazu berufen fühlen, anderen durch Ihre Arbeit als Traumkünstler etwas zu geben, gibt es allerdings einige Aspekte zum Thema Heilung durch Kunst, die es zu beachten gilt. Wir müssen immer sicher sein, mit der Führung unseres höheren Herzens zu arbeiten, von einem Ort losgelösten Mitgefühls aus. Wir müssen lernen, wie wichtig und wertvoll Geschichten sind. Wir müssen wissen, wie und wann es angebracht ist zu geben und wann nicht. Und schließlich müssen wir noch verstehen, welche Rolle Zeremonien im Heilungsprozess spielen.

Heilende Kunst, die von Herzen kommt

Zwei der wichtigsten Elemente der Heilarbeit sind Klarheit und Intention. Als Traumkünstler bemühen wir uns um Verbindung zu höherer Führung. Durch unsere Träume, unsere Visionen, unsere veränderten

Bewusstseinszustände versuchen wir, klarer zu sehen. Aber wir tun unsere Arbeit auf der materiellen Ebene, und wir müssen Verantwortung übernehmen für die Bilder, Kunstwerke und die Energie, die wir in die Welt entlassen. Um mit und für andere zu arbeiten, müssen wir einerseits mitfühlend und andererseits losgelöst von den Ergebnissen sein. Wenn wir dieses Gleichgewicht halten können, bedeutet dies, dass wir wahrscheinlich weniger von unserer eigenen wertvollen Energie verlieren. Loslösung hilft uns auch, eine Übersteigerung unseres eigenen Egos zu vermeiden. Wir müssen sicher sein, dass wir unsere Fähigkeit, uns Zugang zu der Weisheit und den heilenden Bildern der Traumwelt zu verschaffen, nicht zu unserem eigenen Ruhm einsetzen.

Wir wissen alle, wie frustrierend es sein kann, mit jemandem zu tun zu haben, der gerade schwere Zeiten mit allen möglichen Prüfungen und Herausforderungen durchmacht, und das Gefühl zu haben, ihm nicht helfen zu können. Vielleicht haben wir Vorschläge gemacht oder unsere Hilfe auf materieller Ebene angeboten, aber entweder wurden die Vorschläge nicht beachtet oder die Hilfe scheint nichts zu bewirken. Wenn es so aussieht, als gäbe es einen klaren Weg, um ihr Leiden zu erleichtern, die betreffende Person jedoch nicht in der Lage ist, diesen Weg zu beschreiten, dann versuche ich immer, einen Schritt zurück zu tun und mir vorzustellen, dass der Mensch diese Erfahrung vielleicht braucht. Ob die Erfahrung aus einer körperlichen Krankheit oder einer emotionalen Krise besteht –, sie könnte eine wichtige Lektion darstellen. Wenn man in solchen Fällen einzugreifen versucht, um das Problem zu lösen oder »damit es ihm/ihr besser geht«, hat das gewöhnlich keinen Zweck und ist manchmal sogar schädlich.

> Auch wenn man tatsächlich versucht, einzugreifen und zu heilen, braucht man – der allgemeinen Auffassung von allen zufolge, die mit energetischer oder spiritueller Heilarbeit zu tun haben – zumindest die Zustimmung der Person, die man zu heilen versucht.

Selbst allopathische Mediziner geben zu, dass die Behandlung keinen Erfolg hat, wenn Patienten nicht kooperieren, d.h., wenn sie in ihrem Herzen nicht bereit sind, geheilt zu werden. Oder aber die Behandlung schlägt doch an, aber danach tritt eine neue Krankheit oder ein neues Leiden auf.

Was können wir also als Traumkünstler tun?

Ich denke, wir müssen das tun, wozu wir uns hingezogen oder berufen fühlen. Wir müssen helfen, wo wir können, ohne Hoffnungen zu nähren, dass die Hilfe die Situation verändert. Das bedeutet »losgelöst vom Ergebnis sein«. Als Traumkünstler können wir vielleicht Hilfe in Form von heilender und stärkender Kunst anbieten, aber trotzdem müssen wir vom Standpunkt der mitfühlenden Losgelöstheit aus arbeiten. Das bedeutet: Wenn wir den Vorsatz fassen, nach dem wir arbeiten – unsere Werke mit Energie zu erfüllen und aufzuladen –, muss diese Absicht von unserem höheren Herzen ausgehen und zum Ziel haben, die Erfahrung des betreffenden Menschen eher zu unterstützen als zu beeinflussen.

❀

Zugang zu Ihrem heilenden Herzen finden

Im Folgenden möchte ich einen Weg beschreiben, wie Sie Ihrem Herzen folgen können, wenn Sie heilende Kunstwerke für andere schaffen. Sie können diese Techniken einfach übernehmen oder einen Teil von ihnen mit Ihrer eigenen Arbeitsweise kombinieren. Der Prozess an sich besteht aus drei Teilen: einer Meditation, um den Zugang zu Ihrem heilenden Herzen zu finden; einer schamanischen Reise, um Weisungen von Ihrem künstlerischen Mentor zu erhalten, und einer Zeremonie, um das Kunstwerk, das Sie erschaffen, zu weihen oder mit Kraft zu erfüllen.

Meditation des heilenden Herzens

Diese Meditation ist eine ideale Vorbereitung, wenn Ihre Arbeit ein heilendes Geschenk für jemand anderen sein soll. Nehmen Sie sich 15 oder 20 Minuten Zeit, in denen Sie ungestört sind. Es ist am besten, auf dem Boden zu sitzen, aber Sie können auch aufrecht auf einem Stuhl sitzen, wenn Sie beide Füße fest auf den Boden stellen. Stellen Sie eine Kerze auf und ein Foto des Menschen, für den Sie arbeiten. Wenn Sie kein Foto haben, genügt auch ein persönlicher Gegenstand des Betreffenden. Wenn Sie beides nicht zur Verfügung haben, machen Sie sich mit Hilfe Ihrer Vorstellungskraft ein kraftvolles Bild von der Person. Setzen Sie sich bequem vor die Kerze und das Foto hin. Zünden Sie die Kerze an, und beginnen Sie, langsam und tief aus dem Bauch heraus zu atmen. Schauen Sie das Bild oder den Gegenstand an, entspannen Sie Ihren Blick, aber schließen Sie die Augen nicht ganz. Entspannen Sie Ihren Körper. Stellen Sie fest, wo Sie noch verspannt sind. Lenken Sie Ihr Bewusstsein in diese Teile Ihres Körpers und lösen Sie die Spannungen auf.

Stellen Sie sich Ihr Kronenchakra (oben auf dem Kopf) vor, das sich für einen rosafarbenen Lichtstrahl von oben öffnet. Das ist die Kraft Ihres heilenden Herzens, Ihre Verbindung zur Quelle des Geistes. Es ist eine Art höheres Herz. Visualisieren Sie nun einen blauen Lichtstrahl, der von unten durch die Sohlen Ihrer Füße und das Wurzelchakra (Perineum) hochgezogen wird. Das ist die Energie der materiellen Manifestation, die Kraft des tatsächlichen Handelns. Spüren Sie, wie sich diese beiden Lichtstrahlen in Ihnen zu einem feinen, glitzernden violetten Nebel vermischen. Vielleicht prickelt es, wenn diese Energie durch Sie hindurch fließt und Ihren Körper erfüllt. Nachdem Sie dieses Gefühl einige Minuten lang gespürt haben, ziehen Sie diese Energie zu Ihrem Herzen hin und konzentrieren sie dort. Lassen Sie die Energie sich immer weiter ausdehnen, bis sie sich wie eine schützende Hülle um Sie herumlegt. Weiten Sie diese violette Hülle immer weiter aus, bis die Kerze und das Foto bzw. der Gegenstand miteingeschlossen sind. Spüren Sie die Verbindung zwischen dem Menschen, für den Sie meditieren, und der Energie des heilenden Herzens, die Sie durch Ihr eigenes Herz hereingezogen haben. Bleiben Sie bei dieser Empfindung.

Fragen Sie nun diese Energie des heilenden Herzens, was der betreffende Mensch braucht, um auf seinem Pfad zur Heilung unterstützt zu werden. Das ist nicht das Gleiche, wie darum zu bitten, dass seine Symptome verschwinden mögen, sondern hat eher etwas mit der Bitte zu tun, er möge die Art von Energie bekommen, die er braucht, wenn er sich für die Heilung entschieden hat. Der Rat, den Sie zu diesem Zeitpunkt bekommen, könnte ein Bild sein, vielleicht auch Worte oder einfach nur ein Gefühl. Halten Sie fest, was immer Sie an Führung oder Eindrücken bekommen, selbst wenn sie widersprüchlich oder nicht viel Sinn zu machen scheinen. Scheint das Bild außerhalb der Hülle zu sein, die Sie geschaffen haben, dann ziehen Sie es hinein. Bleiben Sie mit diesem inneren Bild noch eine Weile so sitzen, und ziehen Sie dann die Schutzhülle wieder in sich hinein. Spüren Sie, wie beim Hineinziehen dieses Energiefeldes des heilenden Herzens in Ihren Körper die Energie darin ansteigt. Unterbrechen Sie nach ein paar Minuten die Energiezufuhr durch Ihre Füße und Ihr Wurzelchakra und durch Ihr Kronenchakra und verschließen Sie beide. Sie sollten sich jetzt ruhig und ausgeruht fühlen, bereit, die Energie zu nutzen, die Sie gechannelt haben.

Die Suche nach dem heilenden Kunstwerk

In vielen Heldengeschichten macht sich der Held nicht auf, um persönlichen Gewinn aus seiner Reise zu ziehen, sondern um den König zu heilen oder die Prinzessin zu retten. Da wir geneigt sind, alles in psychologischen Begriffen zu sehen, betrachten wir diese Geschichten heute als symbolisch für persönliche Heilungsreisen. Ich möchte dieser Interpretation nicht widersprechen, aber es ist nützlich, sich daran zu erinnern, dass viele Heldenreisen eine Suche nach heilenden Gegenständen darstellen.

Auch die schamanische Reise ist eine solche Suche. Es ist zwar möglich, einfach aus Neugier zu reisen, aber ich finde es immer viel effektiver, mit einer klaren Zielvorstellung auf die Reise zu gehen. Es ist, als ob der Geist wüsste, ob Sie nur zu Besuch kommen oder eine Mission haben. Um diesen zweiten Schritt im kreativen Heilungsprozess zu machen, folgen Sie den Anweisungen für eine schamanische Reise in Kapitel 5. Machen Sie sich dieses Mal jedoch mit der Absicht auf den Weg, ein heilendes Bild oder einen heilenden Gegenstand zu finden.

Als Sie weiter vorne in diesem Buch Ihrem künstlerischen Mentor begegnet sind, haben Sie ihn in der Oberwelt oder in der Unterwelt gefunden. Dorthin sollten Sie jetzt zurückkehren. Sobald Sie in der

Traumwelt angekommen sind, denken Sie daran, Ihr Krafttier zu rufen. Bitten Sie es, Sie zu Ihrem künstlerischen Berater zu führen. Achten Sie besonders darauf, was Sie auf der Reise zu Ihrem Berater erleben. Ihr Krafttier kann Ihnen oft unschätzbare Hinweise darauf geben, wo Sie sich in Bezug auf die Person befinden, für die Sie arbeiten wollen.

Wenn Sie bei Ihrem künstlerischen Mentor angekommen sind, fragen Sie ihn, wie Sie am besten ein Kunstwerk als Geistträger schaffen können, um die Heilenergie zu manifestieren, die Ihnen in Ihrer Meditation eröffnet wurde. Wenn Sie bereits eine Idee haben, was Sie malen wollen, erkundigen Sie sich nach besonderen Bildern oder einer neuen Technik, die Farben aufzutragen. Wollen Sie mit Ton arbeiten, können Sie nach Informationen über die Glasur fragen, oder mit welchen Symbolen Sie das Werk verzieren sollen. Wenn Sie lieber einen Altar gestalten wollen, können Sie nach Materialien und einer geeigneten Anordnung fragen. Passen Sie gut auf, und hören Sie zu, was Ihnen enthüllt wird.

Verbringen Sie so viel Zeit mit Ihrem künstlerischen Berater, wie Sie brauchen. Fragen Sie nach allem, was Ihr Werk noch wirkungsvoller machen könnte. Bitten Sie um Instruktionen, die sich direkt auf die Schaffung eines besonderen Kunstwerkes oder Bildes beziehen. Wenn Sie das Signal zur Umkehr hören, bedanken Sie sich bei Ihrem Berater, verabschieden Sie sich, und bitten Sie Ihr Krafttier, Sie zu dem Durchgang in die Wachwelt zurückzuführen. Kehren Sie langsam wieder in Ihren Körper zurück, und lassen Sie sich einen Moment Zeit, die Erfahrung noch einmal nachzuerleben. Halten Sie die Erfahrungen in Ihrem Tagebuch fest.

Nun sollten Sie im Besitz der Informationen sein, die Sie für Ihre Arbeit brauchen. Nutzen Sie die Energie des heilenden Herzens, zu der Sie Zugang bekommen haben, ebenso wie den Rat, den Sie auf Ihrer schamanischen Reise erhalten haben, aber fühlen Sie sich dadurch nicht in Ihrem künstlerischen Ausdruck eingeengt. Letztlich sind Sie für alles verantwortlich, was Sie manifestieren, also tun Sie in jedem Moment Ihr Bestes. Manchmal sieht das, was ich erschaffe, genauso aus wie das, was ich auf der Reise gesehen habe. Ein anderes Mal dienen mir meine Visionen nur als Inspiration, nicht als genaue Vorgabe. Wenn Sie mit dem heilenden Kunstwerk fertig sind, kommt der dritte Schritt der Arbeit mit dem heilenden Herzen: das Weihen Ihres Produkts.

Die Weihezeremonie

Wenn Sie ein Kunstwerk beendet haben – egal, ob es durch den Prozess des Suchens, Anordnens, Veränderns oder Erschaffens entstanden ist –, muss es seinem Zweck geweiht werden. Für mich bedeutet das, eine gewisse Geistenergie auf rituelle Art und Weise einzuladen, sich in einem Kunstwerk niederzulassen.

Dieser Prozess beginnt für mich, während ich das Werk vollende. Wenn ich die letzten Einzelheiten male oder ein Stück lackiere oder poliere, tue ich das mit der bewussten Absicht, der Geist möge in das Werk einziehen. Wenn ich etwas nach einem bestimmten Muster anordne, halte ich vielleicht jedes Objekt erst eine Weile in der Hand, bevor ich es an seinen endgültigen Platz stelle. Damit mache ich meine Intention klar. Um den Prozess abzuschließen, können Sie folgendermaßen vorgehen:

Bereiten Sie eine Kerze, einen Stein (ungefähr so groß wie ein unaufgeblasener Baseball) oder einen Quarzkristall, einige Heilkräuter (Salbei, Zeder, Süßgras oder Kopalharz), eine kleine Schale oder ein Räuchergefäß, Regen- oder Quellwasser und entspannende Musik vor. Setzen Sie sich in entspannter Haltung hin, wie ich es oben bei der Meditation des heilenden Herzens beschrieben habe. Stellen Sie das fertige Kunstwerk vor sich hin, die Kerze rechts davon, den Stein links.

Bei dieser Zeremonie aktivieren und ehren wir noch einmal die Energie, die wir in der oben beschriebenen Meditation des heilenden Herzens angerufen haben. Zünden Sie die Kerze an, um die Energie des heilenden Herzens, die Sie durch Ihr Kronenchakra empfangen haben, symbolisch zu aktivieren. Zünden Sie etwas von dem geweihten Räucherwerk an, das Sie sich ausgesucht haben, und bieten Sie den Rauch dem Kunstwerk dar, das Sie geschaffen haben. Sie räuchern nicht das ganze Kunstwerk mit heiligem Rauch, sondern lenken nur etwas Rauch in seine Richtung. Um die physische Schöpfungsenergie, die Sie durch die Fußsohlen und das Wurzelchakra hochgezogen haben, zu aktivieren, träufeln Sie ein paar Wassertropfen auf den Stein (der die Erde unter Ihren Füßen darstellt). Sie müssen nicht noch einmal den ganzen Prozess mit dem Öffnen der Kanäle und dem Visualisieren des Einströmens dieser Energie durchlaufen. Sie brauchen sich nur daran zu erinnern, wie es sich angefühlt hat, von dem feinen violetten Nebel erfüllt zu sein, der aus der Vermischung der beiden Energien entstanden war. Wenn Sie dieses Gefühl wieder nachvollziehen können, nehmen Sie Ihr Werk in die rechte Hand. Wenn Sie es nicht hochheben können, halten Sie Ihre rechte Handfläche auf das Kunstwerk gerichtet. Lassen Sie die Kraft des heilenden Herzens, die Sie in der Eingangs-Meditation gespürt haben, durch Ihre rechte Hand in das Kunstwerk einfließen. Stellen Sie klar, um welche Energie oder welchen Geist es sich handelt und für wen er gedacht ist. Beim Übertragen dieser Energie sollten Sie ein Prickeln in Ihrer Handfläche oder in Ihren Fingerspitzen spüren. Wenn Sie genug Energie weitergegeben haben, wird das Prickeln aufhören. Dann können Sie das Kunstwerk wieder absetzen bzw. Ihre Handfläche wieder zurückziehen. Drehen Sie Ihre Handfläche jetzt zu Ihrem Nabel hin. Dadurch wird noch vorhandene Energie zurück in Ihren eigenen Körper geleitet.

Das Kunstwerk, das Sie nun vor sich haben, ist energetisch inspiriert, mit spiritueller Hilfe entstanden, geweiht bzw. einem heiligen Zweck verschrieben und nun bereit, dem Menschen übergeben zu werden, für den es geschaffen wurde. Bevor Sie dieses Geschenk überreichen, sollten Sie noch zwei Dinge beachten: die Kraft, die durch das Erzählen der Geschichte des Werkes freigesetzt wird, und das tatsächliche Übergeben des Geschenks.

Die Bedeutung von Geschichten

Im Folgenden möchte ich Ihnen drei Geschichten erzählen. Achten Sie auf den Unterschied.

Geschichte 1. Sie gehen spazieren und denken über Ihre materiellen Bedürfnisse nach. Vielleicht wünschen Sie sich etwas mehr Reichtum in Ihrem Leben, oder vielleicht haben Sie ja auch ernsthafte finanzielle

Probleme. Plötzlich fällt Ihnen auf dem Gehweg ein funkelnder Pfennig aus blankem Kupfer ins Auge. Obwohl es nur ein Pfennig ist und nicht gerade die Antwort auf Ihre Gebete, bleiben Sie stehen und heben ihn auf.

Geschichte 2. Sie waren in letzter Zeit niedergeschlagen wegen Geldangelegenheiten und haben sich Sorgen gemacht, wie Sie über die Runden kommen sollen. Sie denken, es sei Ihnen gelungen, diese Tatsache für sich zu behalten, und sind deshalb überrascht, als eine kleine Hand – vielleicht die Ihres Kindes, Ihres Enkelkindes oder eines Kindes von Freunden – Ihnen wortlos einen nagelneuen, sauberen Pfennig zum Geschenk macht.

Geschichte 3. Sie sprechen mit einer Tante über Ihre Geldsorgen, die zwar inzwischen im Ruhestand ist, aber zuvor eine sehr erfolgreiche Geschäftsfrau war. Sie erzählt Ihnen, wie sie einmal als junge Frau in genau derselben Lage war und wirklich nur noch einen Pfennig in der Tasche hatte. Sie erzählt Ihnen daraufhin die Geschichte, wie sie entdeckt hat, was ihr letztendlich half, um ihre Finanzen wieder in den Griff zu bekommen. Diese Geschichte hat für Sie eine wichtige Bedeutung, und Sie spüren, dass etwas zwischen Ihnen beiden ausgetauscht worden ist. Als Sie gerade gehen wollen, holt Ihre Tante ein Schmuckkästchen aus ihrer Kommode und öffnet es. Sie gibt Ihnen einen alten Pfennig, der in ein verblasstes Stück Zeitungspapier eingewickelt ist. »Das ist der Pfennig«, sagt sie, »der letzte, den ich damals hatte«.

In jeder dieser Geschichten haben Sie am Ende einen Pfennig auf bedeutungsvolle Weise bekommen. Jedes Mal ist es ein symbolisches Geschenk. Was glauben Sie, welcher dieser drei Pfennige Ihnen wahrscheinlich am wertvollsten erscheint? Welchen würden Sie in Ehren halten und aufbewahren? Welcher würde Sie wohl am längsten begleiten? Wahrscheinlich würde es der dritte Pfennig sein. Nicht, weil er im materiellen Sinn mehr wert ist, und auch nicht, weil die anderen Pfennige weniger wertvolle Geschenke sind, sondern weil die Geschichte und der Zusammenhang des dritten Pfennigs Sie auf weitaus bedeutungsvollere Weise mit dem Pfennig verbunden hat.

Die heilende Wirkung von Bildern und Kunstwerken wird in hohem Maße verstärkt, wenn dem Geschenk durch eine Geschichte Bedeutung verliehen wird.

Das habe ich auf äußerst praktische Art und Weise anhand der Kunstwerke gelernt, die ich in der Übergangszeit zwischen der Kunstschule und der Arbeit, der ich heute nachgehe, geschaffen habe. Unter dem Etikett »Archäologische Funde aus der Sammlung der Irrationalen Geographischen Gesellschaft« stellten meine Frau und ich Kunstwerke aus, die von meinen Träumen und Reisen inspiriert waren, und verkauften sie. Bei der Ausstellung gab es zu jedem Kunstwerk einen erklärenden Text. Er vermittelte den anthropologischen Hintergrund, die »Geschichte« des Werkes, auf eine Art und Weise, wie es bei Ausstellungsstücken in Museen üblich ist. Ich merkte bald, dass der Käufer jedes Mal, wenn ich ein Stück verkaufte, immer auch den Text dazu haben wollte. Die Geschichten waren wichtig für die Käufer, egal ob sie den Gegenstand verschenken oder selbst behalten wollten.

DIE GESCHICHTE EINES BILDES
ODER KUNSTWERKES ERZÄHLEN

Bei dieser Übung können Sie lernen, einem Geschenk oder Gegenstand zusätzliche Kraft zu verleihen, indem Sie diese durch eine Geschichte in einen Zusammenhang stellen.

Nehmen wir für diese Übung einmal an, Sie hätten ein Bild oder Kunstwerk gesucht, angeordnet, verändert oder erschaffen. Vielleicht haben Sie das mit voller Absicht für eine bestimmte Person getan, oder Sie haben es einfach angefertigt und überlegen sich nun, ob Sie es jemandem schenken sollen. Dieser Prozess lässt sich auf jedes Bild oder Kunstwerk anwenden, ob Sie es verschenken wollen oder nicht; aber es wirkt motivierender, sich vorzustellen, dass es für jemanden Bestimmtes geschaffen wurde.

Der erste Schritt besteht darin, Informationen zu sammeln. Dazu können Sie alle drei Methoden verwenden, die Ihnen Zugang zu Ihrer inneren Führung verschaffen: Wechseln der Wahrnehmungsebene, Träumen und schamanisches Reisen. Zusätzlich zu einem Titel oder einem beschreibenden Satz für das Kunstwerk sollten Sie Ihrem Geschenk möglicherweise noch drei weitere Informationen hinzufügen:

- Inspiration: wie das Werk entstanden ist
- Zweck: warum Sie es verschenken
- Anweisungen: wie es benutzt werden soll

Schreiben Sie in Ihr Tagebuch, wodurch Ihr Kunstwerk inspiriert wurde. Wenn das Bild oder Kunstwerk auf einen Traum zurückgeht, versuchen Sie, den Traum in seinen wichtigsten Grundzügen zu beschreiben. Die Inspiration für ein handgemachtes Künstlerbuch könnte vielleicht so aussehen:

Ich träume, dass ich durch das Haus meiner Großmutter gehe. Der Raum, in dem das hohe Bett mit den vier Bettpfosten steht, zieht mich besonders an. In dem Zimmer schaut ein Kind im Schlafanzug schläfrig das Bett an. Ich erinnere mich noch daran, dass ich als kleines Kind nicht groß genug war, um ohne Hilfe in das Bett zu klettern. Ich hebe das Kind in das Bett. Das Kind reicht mir ein kleines Buch, das es dabei hatte, und ich nehme an, ich soll ihm daraus vorlesen. Aber als ich es aufschlage, merke ich, dass es lauter weiße Seiten enthält, und dass ich mir die Geschichte selbst ausdenken muss.

Wenn der Traum zu persönlich oder spezifisch ist, versuchen Sie, ihn als Märchen oder Legende darzustellen. Das schafft eine gewisse Distanz zu dem Material, während die magische Qualität des Traumes erhalten bleibt.

Vor langer Zeit wurde einmal in einem fernen Königreich eine junge Prinzessin mit einem Fluch belegt. Sie musste in ihrem großen Schloss von einem Zimmer zum anderen gehen und konnte doch nie ein bequemes Bett zum Schlafen finden. Ihre königliche Familie, alle Mitglieder des Hofes und sämtliche Dienstboten waren in einen Zauberschlaf gefallen, aus dem sie nicht erwachen konnten, während die Prinzessin schlaf-

los umherwanderte. Als ein junger Prinz ihr half, einen Platz zum Schlafen zu finden, gab sie ihm ein Zauberbuch. Alles, was er dort hineinschrieb, würde wahr werden.

Ein Kunstwerk könnte auch von einer schamanischen Reise inspiriert worden sein, auf der Ihnen ein Bild oder ein bestimmter Gegenstand gezeigt wurde. Vielleicht kam die Inspiration auch von etwas, das Sie im wachen Leben gesehen haben – vielleicht wurde während eines Augenblicks der veränderten Wahrnehmung Ihre Aufmerksamkeit auf ein Bild oder Artefakt gelenkt. Was immer es war, das Sie inspiriert hat, versuchen Sie es in einigen kurzen Sätzen festzuhalten. Das wird nicht nur die Verbindung zwischen Ihnen, dem Objekt und der Person, die es erhält, vertiefen, sondern es wird Ihnen als Traumkünstler auch helfen, Ihre eigenen Inspirationsquellen zurückzuverfolgen.

Die zweite Information, die Sie vielleicht weitergeben möchten, hat mit der Geschichte oder Inspiration hinter dem Bild oder Kunstgegenstand zu tun und ist der Zweck des Geschenks – warum geben Sie dieses Geschenk gerade diesem Menschen? An diesem Punkt verbinden Sie die Gabe mit dem Empfänger. Sie können das als Ergänzung zu dem, was Sie über die Inspiration für das Werk aufgeschrieben haben, noch hinzufügen. Zum Beispiel könnten Sie den oben erwähnten Traum folgendermaßen weiterführen:

Als ich aus diesem Traum erwachte, wusste ich, dass ich für dich ein Buch mit leeren Seiten für deine Geschichten anfertigen musste. Seit Jahren schon hast du mich mit deiner Gabe des Geschichtenerzählens unterhalten und berührt, und ich glaube, du solltest sie in einem besonderen Buch aufschreiben. Ich wollte ein schönes Zuhause für deine Geschichten schaffen.

Oder eine andere Variante könnte sein:

Das Buch, das die Prinzessin dem Prinzen gab, war ganz ähnlich wie das, welches ich dir jetzt schenke. Das Geschenk des Buches wurde aus der Erkenntnis geboren, dass der Prinz die Fähigkeit besaß, seine eigene Lebensgeschichte zu Ende zu schreiben. Und dieses Geschenk möchte ich auch dir machen – die Macht, deine eigene Geschichte zu erzählen.

Diese Information ist eigentlich das Herzstück des Geschenks. Es ist ein Ausdruck der Intention, der Energie oder des Geistes, die dem Bild oder Kunstwerk zugrunde liegen. Das ist es, was Sie einer anderen Person wünschen oder ihr mit dem Geschenk geben wollen. Mit Hilfe dieser Absicht senden Sie Heilkraft oder Heilungsmöglichkeiten. Sie legen fest, welche Qualitäten dieses Werk besitzt. Diese paar Sätze verbinden das Geschenk und die Geschichte dahinter mit der Person, der Sie es überreichen.

Sie können entscheiden, ob Sie noch eine letzte Information mitgeben wollen: wie der Gegenstand benutzt werden soll. Das wird nicht immer notwendig sein. Ein Bild braucht vielleicht keine Anleitung. Wie man ein bestimmtes Hilfsmittel benutzt, z.B. ein Tagebuch, kann so offensichtlich sein, dass keine Hinweise nötig sind. Aber eine Anleitung kann mehr sein als eine Aussage, wie man es benutzt. Darin liegt auch eine Chance, Rat oder Inspiration zu geben. Zum Beispiel könnte ein Bild zum Meditieren benutzt werden. Man könnte einfache Hinweise geben, wie man mit dem Bild meditieren kann. Als Gebrauchsanweisung für ein Künstlerbuch könnte man hingegen etwas schreiben, das den Empfänger des Geschenks auf spielerische Weise zum Schreiben anregt:

Gebrauchsanweisung

1. *Um die Zauberkraft des Buches zu erhalten, musst du jeden Tag etwas hineinschreiben, selbst wenn es nur ein Wort oder ein Satz ist.*

2. *Wenn du nicht schreiben kannst, kannst du etwas malen oder zeichnen. Auch das erhält die Zauberkraft des Buches. Und wenn du nicht zeichnen kannst, klebe ausgeschnittene Wörter und Bilder hinein.*

3. *Wenn du über ein Ereignis aus deinem Leben schreibst, als wäre es ein Mythos oder ein Märchen, und ihm ein glückliches Ende gibst, oder zumindest ein Ende, das auf inneres Wachstum oder Entwicklung des Helden schließen lässt, wird dieses Buch deine Einstellung zu diesem Ereignis und deine Wahrnehmung davon in positiver Weise beeinflussen.*

Bemühen Sie sich ein bisschen, positive Begleitsätze für Ihr Geschenk zu finden. Es hilft, wenn Sie sich die Heilungsmöglichkeiten vorstellen, die den von Ihnen geschaffenen Bildern und Kunstwerken innewohnen. Wenn Ihnen keine Ideen kommen, welche Hinweise Sie geben könnten, begeben Sie sich auf eine schamanische Reise zu Ihrem künstlerischen Mentor oder in die Oberwelt, um Rat zu suchen. So gelingt es mir oft, das Werk, das ich geschaffen habe, besser zu verstehen.

Der nächste Schritt besteht darin, dem Gegenstand einen Namen zu geben. Vielleicht wissen Sie ihn schon, aber wenn nicht, versuchen Sie einen Titel zu finden, der den Geist des Werks beschreibt oder veranschaulicht. Es macht Spaß, sich Bezeichnungen auszudenken, wie sie etwa in einem magischen Museum für Anthropologie oder Archäologie vorkommen könnten. Ein von Hand getöpferter Krug für Neuvermählte könnte beispielsweise zum »zeremoniellen Fruchtbarkeitsgefäß« werden. Eine sorgfältige Anordnung von Steinen auf einem alten handgewebten Tuch könnte als »Gedenkschrein aus Steinen« betitelt werden.

Als Letztes kann man diese Information auf eine Karte schreiben, die zusammen mit dem Geschenk überreicht wird. Es ist schön, wenn Sie beim Schenken erzählen, wie der Titel, die Inspiration, die Absicht und die begleitenden Worte zustande gekommen sind, aber vergessen Sie nicht, auch die Karte dazu zu legen. Erinnern Sie sich, wie es bei anderen Gelegenheiten war, als Sie ein Geschenk bekommen haben. Oft ist es ein so gefühlsbeladener Moment, dass es hinterher schwer ist, sich an besondere Einzelheiten zu erinnern. Es ist ein zusätzliches Geschenk, wenn man daran denkt, eine Karte mit der Geschichte beizufügen, die sich der Empfänger dann in einem ruhigeren Augenblick durchlesen kann. Geschichten geben uns einen Kontext, und der Kontext verbindet uns mit der Welt und miteinander.

Suchen Sie eine schöne Karte aus besonders wertvollem Papier aus oder entwerfen Sie selbst eine. Wenn Sie einen Computer haben, benutzen Sie eine besonders dekorative Schriftart. Gehen Sie in ein Spezialgeschäft für Zeichenbedarf und schauen Sie sich die Auswahl an handgeschöpften oder exotischen Papierarten an. Diese Bögen kann man zurechtschneiden und daraus wunderbare Geschenkkarten machen. Darüber hinaus können Sie Tinte in Gold oder Silber oder anderen Farben benutzen, Zierborten zeichnen oder vorgefertigte Buchstaben und Schablonen verwenden. Machen Sie aus der Karte ebenso etwas Besonderes wie aus dem eigentlichen Geschenk.

Ich empfehle zwar immer, dem Geschenk eine Karte mit seiner Geschichte beizufügen, aber meiner Meinung nach ist es nicht immer nötig, Ihre Gabe in Papier einzupacken. Geschenkpapier erhöht allerdings den zeremoniellen Wert des Geschenks. Wenn Sie es also einpacken wollen, suchen Sie sich ungewöhnliche Materialien dafür aus. Stoffstreifen (die man wiederverwenden kann), Blätter oder Blütenblätter für kleine Gegenstände, selbst gefertigtes Papier, Servietten, braunes, bunt bedrucktes Packpapier oder jede Art von anderem handbemaltem Einwickelpapier eignen sich alle bestens zum Verpacken.

Die Außenseite des Pakets können Sie mit gefundenen Dingen verzieren – wie Muscheln, Federn, Steinen, Samenkörnern, gepressten Blumen und Blättern, farbigem Draht oder Schnur. Noch besser ist es, wenn die Verpackung irgendwie mit dem Geschenk zu tun hat. Jetzt sind Sie bereit für den dritten und letzten Schritt im kreativen Heilungsprozess: die Zeremonie.

Kunst und heilende Zeremonien

Der Schamane ist der große »Spezialist« für die menschliche Seele; er allein »sieht« sie, denn er kennt ihre »Gestalt« und ihr Schicksal.

MIRCEA ELIADE

Schamanismus und archaische Ekstasetechnik

Während ich dieses Buch gerade fertig schrieb, fielen die tragischen Schüsse in der Schule in Littleton, Colorado. Die Schüler von der ArtQuest High School, mit denen ich zu jener Zeit gerade arbeitete, wollten darüber reden. Wir saßen im Kreis auf dem Boden im Kunstatelier und erzählten einer nach dem anderen, was wir empfanden. Obwohl sich dieses Ereignis fast auf der anderen Seite des Kontinents abgespielt hatte, waren meine Schüler sehr aufgewühlt. Das Gefühl, das am häufigsten geäußert wurde, war Hilflosigkeit. Die Schüler waren traurig über das, was geschehen war, und fühlten sich äußerst betroffen. Wahrscheinlich konnten sie sich leicht vorstellen, dass etwas Ähnliches auch in ihrer Schule geschehen könnte. Ich fragte, ob sie gerne eine Zeremonie durchführen wollten, um sich näher mit dem Ereignis auseinander zu setzen. Ich erklärte ihnen, wir könnten ja unsere beste Energie aussenden zur Unterstützung derjenigen, die ihr Leben lassen mussten, und derer, die überlebt hatten. Das wollten sie gerne ausprobieren.

> Was Zeremonien angeht, habe ich eine wichtige Erkenntnis gewonnen: Ihre Kraft erhöht sich proportional dazu, wie stark wir daran gefühlsmäßig beteiligt sind. Zeremonien, die für uns vorbereitet und durch die wir dann hindurchgeführt werden, können eine Wirkung auf uns haben, wenn ihr Ablauf für uns ergreifend ist. Aber die Zeremonien, an deren Entstehungsprozess wir selbst eng beteiligt sind, hinterlassen den tiefsten Eindruck bei uns.

Daran dachte ich, als ich die Schüler in zwei Gruppen, Sucher und Anordner, aufteilte. Die Sucher sollten besondere Dinge sammeln: Blumen, Steine und andere unbearbeitete Materialien. Die Anordner und Gestalter hatten die Aufgabe, in einem kleinen Wäldchen bei uns in der Nähe ein Gebiet freizuräumen und am Fuß eines Baumes einen Schrein zu errichten. Der Schrein wurde mit Gegenständen aus der Natur geschmückt, die unsere Intentionen symbolisieren sollten. Als das getan war, setzten wir uns alle in einiger Entfernung von dem Schrein in einem Kreis auf den Boden. Jeder Schüler hatte einen kurzen Stock und eine Trommel mit in den Kreis gebracht. Außerdem hatten sie einfache Opfergaben dabei, die sie selbst hergestellt oder geschrieben hatten.

Nachdem wir unseren Kreis für vollständig erklärt und ihn den Seelen derer geweiht hatten, die am meisten von der Gewalt an der Schule in Colorado betroffen waren, begannen wir zu trommeln. Nach und nach, wenn der richtige Zeitpunkt gekommen zu sein schien, stand jeweils ein Schüler auf und wurde von einem Helfer zum Schrein begleitet. Auf dem Weg dorthin kamen die beiden an einem anderen Schüler vorbei, der ein kleines Feuer am Brennen hielt. Jeder Schüler übergab seinen Stock, begleitet von einem Gebet oder Gedanken, dem

Feuer. Danach wurde er zum Schrein geleitet, wo er Gelegenheit hatte, ein paar Minuten in Stille zu verweilen, bevor er seine Opfergabe hinterließ und in den Kreis zurückgeführt wurde.

Als jeder an der Reihe gewesen war, lösten wir den Kreis auf und gingen ruhig zum Schrein hinüber, um zu sehen, wie er jetzt aussah, nachdem die Opfergaben darauf gelegt worden waren. Ein Schüler las ein Gedicht vor, das er als Gabe hinterlassen hatte. Andere gaben leise Kommentare ab. Mitten in diesem feierlichen Augenblick tauchte ein kleiner Maulwurf auf dem Schrein auf und tapste dort umher, bevor er unter den Blättern verschwand. Alle mussten lachen, und das war auch eine Art Erleichterung.

Am nächsten Tag unterhielten wir uns über die Zeremonie, und die allgemeine Meinung war, dass das Gefühl der Hilflosigkeit und Furcht sich gelegt hatte. Wir alle hatten das Gefühl, etwas getan zu haben, in gewisser Weise etwas zum Gleichgewicht in der Welt beigetragen zu haben.

❁

EINFACHE GESCHENKZEREMONIEN

Wenn Geschenke im Rahmen einer Zeremonie ausgetauscht werden, erhöht sich ihre Kraft und Wirkung beträchtlich, wie Sie in dieser Übung sehen werden.

Auch Sie haben schon einfache Zeremonien abgehalten, ob Ihnen das nun bewusst ist oder nicht. Sie waren sicherlich schon einmal bei feierlichen Geschenkübergaben dabei. Der Weihnachtsmorgen hatte in meiner Kindheit genau festgelegte zeremonielle Aspekte. Wir durften unsere Geschenke nicht einfach aufreißen. Mein Vater saß unter dem Weihnachtsbaum und übergab ganz feierlich jedem von uns einzeln seine Geschenke. Er passte genau auf, wie alles ablief, um sicher zu stellen, dass niemand sein Geschenk viel schneller als die anderen auspackte. Wir mussten mitteilen, was wir gerade aufgemacht hatten, und der Person danken, von der es kam. Vielleicht wissen Sie ja bereits, was für eine gute Geschenkzeremonie nötig ist. Ich könnte an dieser Stelle natürlich alle möglichen Zeremonien für Sie beschreiben, aber tatsächlich werden die besten Zeremonien diejenigen sein, die Sie für bestimmte Situationen, mit denen Sie konfrontiert werden, erfinden oder abändern. Die folgenden Ausführungen sind also nicht als eine Liste genauer Anweisungen zu verstehen, sondern eher als eine Reihe von Vorschlägen, damit Sie Ihre eigenen Zeremonien kreieren können. Wenn Sie ihnen geeignet erscheinen, verwenden Sie Elemente und Aspekte dieser drei Zeremonien.

Geschenkzeremonie für eine einzelne Person

Die hier beschriebene Art des Geschenküberreichens ist einer japanischen Teezeremonie nachempfunden und eignet sich am besten, wenn Sie einer Einzelperson ganz privat ein Geschenk machen wollen. Obwohl auch andere dabei anwesend sein können, handelt es sich um eine Zeremonie, die eigentlich nur für zwei gedacht ist.

Suchen Sie sich einen ruhigen, abgeschirmten Ort für die Zeremonie aus. Das kann draußen oder drinnen sein. Vertrauen Sie Ihrer Intuition. Wenn es sich wie der richtige Ort anfühlt, ist er es wahrscheinlich auch. Laden Sie den Menschen ein, dem Sie Ihr Geschenk überreichen möchten. Seien Sie früh genug da, um den Ort vorzubereiten. Verbrennen Sie etwas Salbei, um die Atmosphäre zu reinigen, und etwas Süßgras, Zeder oder Lavendel, um verfeinerte Energie anzuziehen. Bestimmen Sie, wo der Altar oder der vorübergehende Ort sein soll, den Sie mit Ihrem Gast teilen wollen. Dazu können Sie ein viereckiges Tuch vor sich auf dem Boden oder auf einem niedrigen Tischchen ausbreiten. Sie sollten darauf achten, dass die Elemente Erde, Wind, Feuer und Wasser geehrt werden. Zünden Sie eine Kerze an und stellen Sie frische Blumen dazu. Auch wenn Ihr Geschenk schon eingepackt ist, überlegen Sie, ob Sie es noch einmal in ein Tuch hüllen und mit einem Band umwickeln wollen. Legen Sie es in Reichweite, und breiten Sie bequeme Kissen aus, auf die Sie und Ihr Gast sich setzen können. Legen Sie ruhige meditative Musik auf, und entspannen Sie sich ein paar Minuten, bevor Ihr Gast eintrifft. Nutzen Sie diese Zeit, um einige tiefe Atemzüge zu nehmen und Ihr Bewusstsein auf eine andere Wahrnehmungsebene zu heben.

Wenn Ihr Gast eintrifft, begrüßen Sie ihn herzlich. Schauen Sie ihm in die Augen. Sprechen Sie leise. Sie müssen nicht übermäßig feierlich oder ganz ohne Humor sein, aber Sie sollten durch Ihre Stimme, innere und äußere Haltung sowie durch Ihr Benehmen zum Ausdruck bringen, dass dies ein wichtiger Augenblick ist. Setzen Sie sich Ihrem Gast gegenüber, und wenn es angebracht erscheint, trinken Sie eine Tasse Tee oder ein Glas Wein miteinander. Fragen Sie Ihren Gast, wie er den Tag verbracht und was er in letzter Zeit erlebt hat. Hören Sie wirklich zu, was der andere antwortet. Wenn Sie in der Vergangenheit bereits begonnen haben, die Aura oder Energiemuster zu sehen, die Menschen umgeben, beobachten Sie sie aufmerksam, während Sie mit Ihrem Gegenüber sprechen. Im richtigen Moment erklären Sie Ihrem Gast, warum Sie ihn eingeladen haben. Erzählen Sie ihm die Geschichte Ihres Geschenkes. Stellen Sie es in einen Zusammenhang.

Holen Sie schließlich das Geschenk hervor. Wickeln Sie es langsam aus der Stoffumhüllung aus, und übergeben Sie es feierlich Ihrem Gast. Bleiben Sie ruhig sitzen, während er es auspackt. Versuchen Sie, nicht zu beurteilen, ob Ihrem Gegenüber Ihr Geschenk »wirklich gefällt«. Sie wissen, dass Ihr Geschenk von Herzen kommt. Nehmen Sie Lob oder Dank bescheiden entgegen, und vermeiden Sie es, Ihre Bemühungen oder Ihr Geschenk als »nicht der Rede wert« darzustellen. Seien Sie stolz auf das, was Sie geschaffen haben. Beantworten Sie eventuelle Fragen, und seien Sie offen für ein Gespräch über alles, was sich im Zusammenhang mit dem Geschenk ergibt.

Geschenkzeremonie nach einer Geburt

Als meine Nichte sechs Monate alt war, veranstaltete ich eine Geschenkzeremonie zu Ehren ihrer Geburt für unsere ganze Familie. Wie oben beschrieben, bereitete ich zunächst den Ort vor und legte genügend Kissen für alle bereit. In der Mitte stellte ich einen Altar auf und bat jedes Familienmitglied, Fotografien unserer Vorfahren und der anderen Angehörigen mitzubringen, die nicht dabei sein konnten, sowie ein Geschenk, das die Verbindung jeder einzelnen Person zum Geist symbolisieren sollte.

Ich leitete die Zeremonie ein, indem ich jeden einlud, in den geweihten Raum einzutreten. Sie überschritten eine Schwelle der vier Elemente, die durch einen Stein für die Erde, eine Kerze für das Feuer, eine Schale Wasser für das Wasser und den Rauch von einem Räucherstäbchen für die Luft dargestellt wurden. Nachdem wir alle unsere Plätze eingenommen hatten, legten wir der Reihe nach unsere Fotos von den Vorfahren auf den Altar. Das taten wir, um meine Nichte spirituell mit den Mitgliedern der Familie zu verbinden, die sie nie kennen lernen würde. Dann legten wir die Fotos von den Angehörigen dazu, die an diesem Tag nicht anwesend sein konnten. Viele hatten Briefe geschrieben, die wir vorlesen sollten, und das taten wir dann auch. Danach hießen wir die vier Elemente willkommen, und alle Anwesenden wurden gebeten, ihre Vorstellung von Geist ebenfalls zur Zeremonie einzuladen.

Anschließend überreichten wir einer nach dem anderen unsere Geschenke. Der Zweck der Geschenke bestand darin, an meine Nichte die spirituelle Stärke weiterzugeben, die ihre Vorfahren und Angehörigen erlangt hatten. Manche hatten Gegenstände aus der Natur mitgebracht, die sie zusammengebunden hatten, andere Gegenstände, die für sie einen ganz persönlichen Wert besaßen. Meine Mutter hatte einen schönen Anstecker vom Roten Kreuz mitgebracht, dem sie in ihrer Jugend angehört hatte. Sie erklärte dazu, dass sie sich diesem Geist am meisten verbunden fühlte, wenn sie anderen diente. Der Bruder meines Schwagers hatte ein Bündel aus Naturgegenständen mitgebracht, die seine Verbindung zum Geist der Natur symbolisieren sollten. Meine Frau hatte als Symbol ihrer Liebe für alles Wachsende Baumschößlinge beigesteuert, die für meine Nichte gepflanzt wurden.

Wir erzählten uns gegenseitig Träume, die wir für meine Nichte geträumt hatten, und ich leitete eine gemeinsam geführte Visualisierung, um in ihre Zukunft zu schauen. Die Zeremonie dauerte nicht länger als eine Stunde, und wir bekamen eine Vorstellung von den Talenten meiner Nichte und von der Absicht, mit der sie auf die Welt gekommen war. Meine Schwester meinte später, auch ohne die Zeremonie hätte ihre Tochter immer noch die gleichen Eigenschaften und die gleiche Mission, aber dass wir diese Dinge auf feierliche Weise anerkannt hatten, gab uns allen Gelegenheit, ihr Wachstum und ihre Entwicklung zu unterstützen.

Eine Schenkungszeremonie

Die amerikanischen Indianer der Pazifikküste im Nordwesten haben die Tradition des »Potlatch«, eine Art Versammlung zum Zweck der Verteilung von Gütern, bei der die mächtigste Person oder Familie diejenige ist, die am meisten wegzugeben hat und das auch tut. Ich würde sicherlich nicht viele Anhänger dafür finden, wenn ich dazu aufrufen würde, alles wegzugeben, was wir besitzen, aber wir können den Geist dieser Zeremonie bewahren, wenn wir feierlich etwas weggeben, das einen ganz besonderen persönlichen Wert für uns hat.

Eine wundervolle Art, das Schenken innerhalb eines Freundeskreises zu fördern, besteht darin, eine Schenkungs-Zeremonie zu veranstalten. Hinter dieser Zeremonie steckt die Idee, ein Geschenk auszuwählen, das persönliche Relevanz für Sie hat – etwas, das für Sie spirituelle Bedeutung besaß oder eine Quelle von Stärke, Heilung, Kraft oder positiven Erinnerungen war. Jede Person packt ein Geschenk ein und bringt es zu einem Treffen von Freunden mit. Alle Päckchen werden auf einen Tisch gelegt. Die jüngste Person der Gruppe sucht sich ein Geschenk aus. Es wird ausgepackt, und der Geber erklärt die Bedeutung und die Geschichte des Geschenks. Dann darf sich derjenige, der das Geschenk mitgebracht hatte, als Nächstes eines aussuchen. So geht es weiter, bis alle Päckchen verteilt sind.

Das Erstaunlichste an dieser Zeremonie ist, dass ich jedes Mal, wenn ich daran teilnahm oder selbst eine abhielt, wunderbare und bedeutungsvolle Synchronizitäten erlebte. Es ist so, als ob fast immer das richtige Geschenk den Weg zur richtigen Person findet. Ich habe erlebt, wie eine antike Puderdose bei einem Liebhaber schöner Dinge gelandet ist. Ich war dabei, als ein Blatt sorgfältig handgeschriebener Verse aus einem Song von Bob Marley den Weg zu einem Studenten aus Jamaica fand, der Dichter werden wollte. Ich selbst habe einmal das letzte Geschenk auf dem Tisch genommen und ein Schweizer Taschenmesser bekommen, nachdem ich gerade am Tag zuvor mein altes verloren hatte, das ich jahrelang besessen hatte.

Ein zusätzlicher Effekt dieser Schenkungszeremonie besteht darin, dass die Teilnehmer dadurch als Gruppe enger zusammengeschweißt werden.

Bemerkungen über das Schenken

Wenn wir erst einmal unsere Fähigkeit entdeckt haben, heilende Kunstwerke für andere zu schaffen, neigen wir dazu, immerfort diese heilenden Geschenke machen zu wollen. Das ist ein ganz natürlicher Drang, der aus unserem ehrlichen Wunsch heraus geboren wird, anderen helfen und die Freude mit ihnen teilen zu wollen, die wir beim Herstellen dieser Gegenstände empfinden. Aber selbst wenn man die besten Absichten hat, kann diese Geste von anderen manchmal missverstanden werden. Hier ein paar Hinweise, auf welche Schwierigkeiten Sie dabei stoßen können:

- Vielleicht steht Ihr Geschenk im Widerspruch zu dem gegenwärtigen Glaubenssystem einer Person. Wenn der Empfänger absolut nicht an die heilende Kraft von Kunstwerken oder Bildern glaubt, bedeutet das noch lange nicht, dass er nicht davon beeinflusst wird. Es ist jedoch oft am besten, diesen Aspekt des Geschenkes herunterzuspielen, anstatt jemandem, der sich gerade in einer Krise befindet, eine neue Weltanschauung aufzwingen zu wollen.

- Schauen Sie sich sorgfältig Ihre eigenen Motive an. Auch wenn Sie das Gefühl haben, dass Sie mit dem Geschenk eigene Zwecke verfolgen, bedeutet das nicht, dass Sie es nicht jemandem schenken dürfen. Es bedeutet allerdings, dass Sie einige Zeit darüber meditieren und nachdenken sollten. Stellen Sie sicher, dass Sie Ihre Motive kennen und ihnen gegenüber nicht blind sind. Wenn Sie mit diesem Bewusstsein das Geschenk trotzdem überreichen wollen, werden Sie Wege finden, um die eigensüchtigen Aspekte zu umgehen.

- Manchen Leuten fällt es schwer, Geschenke anzunehmen. Das Überreichen und Entgegennehmen von Geschenken bindet Menschen in eine Gemeinschaft und Beziehungen ein. Manche Menschen wollen aber keine allzu engen Beziehungen haben und sind deshalb Geschenken gegenüber misstrauisch. Sie haben ein ungutes Gefühl, wenn sie in einer Beziehung sind. Wenn man so jemandem etwas schenken will, tut man es am besten indirekt. Packen Sie das

Geschenk ein, und lassen Sie es einfach da, ohne viel Aufhebens darum zu machen, oder bitten Sie eine andere Person darum, es zu überreichen.

Mit Ausnahme des letzten Beispiels denke ich, dass das Überreichen von Geschenken am besten im Rahmen einer Zeremonie funktioniert. Auf diese Weise hat ein Geschenk noch mehr Kraft. Diese Kraft kommt von dem vielfältigeren Zusammenhang und einer stärkeren gefühlsmäßigen Verbindung. Allerdings möchte ich auch zur Vorsicht raten. Sie müssen Ihre eigenen Motive sorgfältig abwägen, bevor Sie anderen eine Zeremonie zumuten. Manchmal ist eine öffentliche Zeremonie angebracht. Zu anderen Zeiten wäre ein ruhiger Austausch zwischen dem Traumkünstler und dem Empfänger am besten. Manchmal ist es zwar absolut nicht nötig, jemanden im Voraus darum zu bitten, ihm ein heilendes Kunstwerk oder Bild schenken zu dürfen, aber zuweilen kann es auch helfen, Missverständnisse zu vermeiden.

Manchen Menschen fällt es sehr schwer, Geschenke dankbar anzunehmen. Ab und zu haben wir eine Abneigung dagegen, uns anderen gegenüber verpflichtet zu fühlen oder überhaupt mit ihnen eine Beziehung aufrecht erhalten zu müssen. Wir können andere Menschen nicht ändern, aber wir können daran arbeiten, die Hilfe und Geschenke von anderen mit einer gutgläubigen und bejahenden Einstellung gegenüber der heilenden Kraft heiliger Beziehungen anzunehmen. Das ist keine leichte Aufgabe. Der Großteil unserer kulturellen Konditionierung steht in genauem Gegensatz zu einer solchen Lebenseinstellung. Aber es ist eine echte Herausforderung – für den Schamanen ebenso wie für den Traumkünstler – zu lernen, im Gleichgewicht und in heiligen Beziehungen zu leben.

Das Geschenk dieses Kapitels ist *Integration*. Wenn Sie anfangen, die in diesem Buch beschriebenen Übungen regelmäßig anzuwenden, wird der Traumkünstler in Ihnen – Ihre kreative Seele – zu einem Teil Ihres wachen Lebens werden.

Kapitel 10

Die Gestalt wechseln:
Leben und Arbeiten
als *Traumkünstler*

Die poetische oder imaginäre Figur des Schamanen steht nicht unbedingt im
Gegensatz zum tatsächlichen Schamanen, der in der Welt arbeitet. Wenn
aber der Schamane ausschließlich als eine Person dargestellt wird, die in
fremden, fernen und unerreichbaren Kulturen seine Arbeit verrichtet, wird
dies sicherlich bewirken, dass wir uns weiterhin schamanische Fähigkeiten als
fremd, fern und unerreichbar vorstellen. Den wirklichen Schamanen, der bei
den Eingeborenenkulturen tatsächlich existiert, können wir uns auch als
schamanischen »Daimon« vorstellen, der uns auffordert, unsere eigene Kultur
des persönlichen Ausdrucks wiederzufinden.

SHAUN MCNIFF

Art as Medicine:
Creating a Therapy of the Imagination

Warum braucht die Welt also mehr Traumkünstler? Ich habe
bereits meine Überzeugung dargelegt, dass wir es uns selbst
schuldig sind, unsere eigene Kreativität und unsere eigenen Wege in
die Traumwelt zu erforschen – unsere verlorene kreative Seele wiederzufinden –, aber ich denke, es gibt einen weiteren, ebenso wichtigen
Grund.

Jeder von uns hat ein Bedürfnis danach, den Geist, der unser Leben
beseelt, in kreativer Art und Weise auszudrücken, aber unser Bedürfnis
nach regelmäßigem Kontakt mit unseren Traumbewusstseinszustän-
den ist nicht weniger wichtig. Ohne diesen Kontakt können wir die
Muster, Beziehungen und unsere tiefe Verbundenheit mit der Welt
nicht erkennen. Wir werden taub für das Lied, das unsere Seele singt.

Wir leben nicht mehr im Gleichgewicht. Als unser Leben noch vom Dorf- und Stammesleben geprägt war, hatten wir regelmäßigen Kontakt zu einem Schamanen – einem Menschen, der die Sprache der Traumwelt fließend beherrscht und einen direkten Zugang zu ihr hat. Heutzutage erleichtert uns niemand unsere Traumarbeit, wenn wir nicht ganz bewusst einen Therapeuten oder Berater einer bestimmten geistigen Richtung aufsuchen. Niemand hilft uns, dass wir uns die Welt mit anderen Bildern neu vorstellen.

Die meisten von uns leben abgeschnitten von der Weisheit der Traumwelt und der Freude des kreativen Ausdrucks. Auch wenn wir uns dazu hingezogen fühlen, gibt es nur wenige Schamanen-Künstler, bei denen wir Information und Inspiration suchen könnten. Uns bleibt daher nichts anderes übrig, als Rat bei Künstlern zu holen, die uns Techniken über die Verwendung von unterschiedlichen Materialien beibringen, ohne den Geist miteinzubeziehen. Oder wir wenden uns an spirituelle Berater, die bisweilen selbst zu ihren schöpferischen Energien ein zwiespältiges Verhältnis haben oder, noch schlimmer, alles, was auf der materiellen Ebene existiert, für unwichtig halten.

Hier hilft der Weg des Traumkünstlers.

Ein Traumkünstler zu werden, ist eine Art Gestaltwechsel. Sie werden sich verändern. Es bleibt Ihnen gar nichts anderes übrig, als sich zu verändern. Sie werden merken, dass sich die alltägliche Welt, wie sie noch vor einem Jahr, einem Monat, einer Woche, einem Tag oder gar vor einem Moment war, in eine Welt verwandelt hat, die lebendig ist und in der eine enge Verbindung zwischen allen Dingen besteht.

> In der Weltsicht eines Traumkünstlers sind wir alle in eine Art Netz oder Gewebe eingebunden – durch unsichtbare Fäden verbunden mit den Steinen, Pflanzen, Tieren, Menschen und Geistern um uns herum. Es gibt keine Zufälle, nur Verbindungen, die wir noch nicht wahrnehmen können.

Wenn wir uns durch Träume und Trancereisen in die geistige Welt begeben, nehmen wir sowohl das Muster als auch die Verbindungsfäden in unserem Leben wahr. Vielleicht haben Kultur und Persönlichkeit einen Einfluss darauf, was wir wahrnehmen oder wie wir es ausdrücken, aber als Traumkünstler werden Sie sich auf eine höhere Ebene energetischer Wahrnehmung erfahren – ein Wissen, das über Zeit und Raum hinausgeht.

Manchmal geschieht dieser Gestaltwechsel plötzlich und auf dramatische Weise, dann wieder vollzieht er sich langsam und unmerklich. Das Geheimnis – wenn es eines gibt –, wie man die Gestalt wechseln und ein Traumkünstler werden kann, liegt in Ihrer Absicht und Ihrem Willen. Wenn Sie darauf warten, bis Sie ganz sicher sind, ein Traumkünstler zu sein, damit Sie dann als solcher leben können, werden Sie vielleicht nie auf diese andere Ebene gelangen. Aber wenn Sie zuerst damit beginnen, wie ein Traumkünstler zu leben, indem Sie Ihre Weltsicht ändern und mit anderen Erwartungen an die Welt herangehen, werden Sie eines Morgens mit der Erkenntnis aufwachen, dass Sie wieder völlig mit Ihrer kreativen Seele verbunden sind – dass Sie ein Traumkünstler geworden sind.

Als Traumkünstler leben

Einmal in der Woche treffe ich mich mit einer Gruppe von unerschrockenen, neugierigen Menschen, die sich gegenseitig ihre Träume erzählen und damit arbeiten. Ich hatte mir die Aufgabe gestellt, im Traum einen Weg zu finden, wie ich sie unterstützen konnte, den Traumkünstler in sich selbst zu entdecken. Danach hatte ich folgenden Traum:

Ich komme in das Obergeschoss eines Lagerhauses, wo ich mich normalerweise mit der Traumgruppe treffe. Der Raum ist derselbe, jedoch viel größer, und Teile davon sind mit durchsichtigen Vorhängen abgetrennt. Ich bin etwas unruhig, weil ich das Gefühl habe, ich hätte irgendetwas vorbereiten müssen – irgendeine Übung, wie ich meiner Gruppe helfen kann, den Traumkünstler in sich zu entdecken. Als Erstes begegne ich meinem Freund David, der mit Tarotkarten spielt. Zuerst habe ich den Eindruck, dass er der jungen Frau, die ihm gegenübersitzt, die Karten legt, aber als ich genauer hinschaue, merke ich, dass er Kartentricks vorführt. Er ist ganz berauscht von seiner eigenen Fähigkeit, im Voraus zu wissen, welche Karte die Frau aufdecken wird. Ich frage ihn, wie er das macht, und er antwortet, er wisse es nicht. Auch für mich führt er ein paar Kartentricks vor, und es klappt jedes Mal. Er lacht und spielt mit den Karten.

Ich schlendere mit der Frau weiter, die ihm gegenüber gesessen hatte. Sie fragt mich, ob ich das, was sie anhat, sexy finde. Sie trägt einen Sari, wie eine indische Prinzessin. Ich versichere ihr, dass ich es sehr sexy finde, und sie lächelt und entfernt sich.

Als Nächstes treffe ich eine Künstlerfreundin aus meiner Traumgruppe. Sie macht langsame Bewegungen, die ähnlich wie Tai Chi aussehen. Jedes Mal, wenn sie anmutig den Fuß hebt und wieder absetzt, hinterlässt sie regenbogenfarbige Fußspuren. Ich kann keine Farbe auf ihren Fußsohlen entdecken und will sie gerade fragen, wie sie das macht, aber sie hält den Finger an die Lippen und bedeutet mir zu schweigen.

Beim Weitergehen treffe ich wieder die Frau, die mich nach meinem Eindruck von ihrer Kleidung gefragt hat. Erneut fragt sie mich, ob ich das, was sie anhat, sexy finde. Dieses Mal ist sie wie eine Zigeunerin gekleidet. Ich bejahe, und sie kichert und geht weiter.

Ein drittes Mitglied unserer Traumgruppe, eine Frau, begegnet mir. Sie sitzt mit gekreuzten Beinen auf dem Boden, vor sich eine Schale mit brennendem Weihrauch. Mit ganz leichten Bewegungen bringt sie den Rauch dazu, verschiedene Tierformen anzunehmen. Als ich sie zu ihrer Fähigkeit beglückwünsche, winkt sie ab. »Es ist doch nur Rauch«, sagt sie. Und im Handumdrehen ist sie wieder ganz in das Formen von Rauchfiguren versunken.

Daraufhin gehe ich einen langen Flur hinunter, weil ich von der anderen Seite einen Riesenlärm höre. Wieder treffe ich die junge Frau, die jedes Mal etwas anderes anhat. Diesmal trägt sie zerrissene Jeans und ein T-Shirt, aber sie sieht immer noch sehr sexy aus, und das sage ich ihr auch. Sie scheint glücklich darüber zu sein und folgt mir den Flur hinunter.

Der Lärm, den ich gehört habe, wird von einem Mann erzeugt, der mit einem Vorschlaghammer auf einen riesigen Marmorklotz einschlägt. Er schwingt den Hammer hoch über den Kopf und schlägt mit einem lauten Schrei auf den Marmor ein. Mit jedem Brocken, der abfällt, enthüllt sich der Umriss einer Statue. Er trieft von Schweiß, aber er scheint befriedigt über seine körperlichen Anstrengungen zu sein. In einer anderen Ecke sitzt eine Frau, die mit Sorgfalt Masken anfer-

tigt. Sie arbeitet in Serien, jede Maske ist ein bisschen kunstvoller gearbeitet als die vorige. Die Frau mit den zerrissenen Jeans und dem T-Shirt steht neben mir, und ich bin überrascht, wie süß ihr Parfüm riecht. Ich denke darüber nach, wie froh ich bin, dass die Mitglieder meiner Traumgruppe bereits ihren inneren Künstler entdeckt haben. Es ist so, als sähe ich ihre ungefilterte kreative Seele.

Später erzählte ich diesen Traum meiner Gruppe. Wir sprachen darüber, was er wohl bedeuten könnte – sowohl als Botschaft für mich selbst wie auch als Botschaft für jeden Einzelnen von ihnen. Als ich erklärte, dass es meiner Meinung nach bedeute, dass jeder von ihnen bereits dabei sei, seinen inneren Traumkünstler zu entdecken, nickten sie zustimmend. Für mich selbst verstand ich nun besser, dass das Suchen und Wiederfinden der eigenen kreativen Seele ein höchst individueller Prozess ist. Üben und Ausprobieren kann dabei helfen, aber das Wichtigste für jeden von uns ist herauszufinden, wie er oder sie am besten eine Verbindung zum physischen Schaffensprozess herstellen kann. Für manche von uns, wie den Zauberkünstler, muss die Beschäftigung mit Kunst fröhlich und Ehrfurcht einflößend sein. Wir müssen einfach unsere Arbeit tun und uns gestatten, uns vom Ergebnis überraschen zu lassen. Für jene von uns, die einen Hang zum Extremen haben, wie die Künstlerin mit den regenbogenfarbigen Fußspuren, ist es hilfreich, langsamer zu werden, wieder ins Gleichgewicht zu kommen und unsere Energie zielgerichteter einzusetzen, um wieder eine Verbindung zu unserer kreativen Seele herzustellen. Die ständigen Kritisierer und Beurteiler unter uns müssen einen Weg finden, sich von dem Schöpfungsprozess verzaubern zu lassen – über den Raum und die Zeit hinauszugehen, in denen wir für gewöhnlich unsere Urteile abgeben. Wieder andere von uns werden sich auf Knall und Fall in die künstlerische Arbeit vertiefen – buchstäblich ihre ganze Energie hineinstecken. Dann gibt es wieder Menschen, für die der Schlüssel in Geduld und Aufmerksamkeit für Details liegt. Und schließlich gibt es noch die, die erst die Energie finden müssen, mit der sie ihre kreative Arbeit betreiben könnten. Für mich ist Sexualität eine Art rohe produktive Kraft. Deshalb suchte die junge Frau in meinem Traum, die ständig die Grenzen ihrer sexuellen Energie erforschte, wahrscheinlich nach der Kraft, die sie brauchte, um ihre Vision einer Traumkünstlerin zu leben.

Um die Bedeutung des Traums noch zu vertiefen, benutzte ich die Methode des Wechselns der Wahrnehmungsebene. Dazu setzte ich mich mit Papier und Bleistift vor meinen Altar, zündete eine Kerze und etwas Süßgras an und ehrte Erde, Wind, Feuer und Luft. Ich entspannte meinen Körper, konzentrierte mich auf meinen Atem und richtete dabei nach und nach meine Aufmerksamkeit immer weiter nach innen. Nun stellte ich die Frage: »Welche Worte kann ich benutzen, um die Bedeutung meines Traums für jeden meiner Freunde noch deutlicher zu machen?« Während ich mir innerlich die Mitglieder der Traumgruppe einzeln vorstellte, ließ ich meine Hand mit dem Schreiben beginnen. Meine Augen waren halb geschlossen, um meinen Blick weicher werden zu lassen, und nur ein minimaler Teil meiner Aufmerksamkeit war auf das Blatt Papier gerichtet. Die Sätze, die während dieser Übung entstanden, waren kurz und direkt.

Mehrere Stunden vor dem nächsten Treffen der Traumgruppe fand ich mich in einem Geschenkeladen wieder. Ich war nicht auf der Suche nach etwas Bestimmtem, sondern hatte Zeit und ließ mich von diesem Geschäft anziehen. Ich wusste nicht, weshalb ich dort war, also wechselte ich für einen Moment auf eine andere Wahrnehmungsebene über, um zu sehen, was meine Aufmerksamkeit auf sich ziehen würde. Ich drehte mich langsam im Kreis, ohne irgendetwas bewusst anzuschauen, und wurde zu einem Ständer mit Grußkarten hingezogen. Dort stellte ich verblüfft fest, dass ein anderer Künstler genau die Eindrücke, die ich für die einzelnen Mitglieder meiner Gruppe aufgeschrieben hatte, in Bilder umgesetzt hatte. Eine nach der anderen fand ich die Karten, die genau meine Beobachtungen ausdrückten.

Ich kaufte die Karten und benutzte sie, um der Gruppe meine Beobachtungen mitzuteilen. Anschließend bat ich jede Person, in einer Haltung für mich zu posieren, die widerspiegelte, wie ich sie in dem Traum wahrgenommen hatte. Ich fotografierte jeden und vergrößerte die Fotos mehrmals mit einem einfachen Schwarz-Weiß-Kopiergerät. Diese Bilder brachte ich beim nächsten Mal mit, und wir stellten Collagen her, indem wir Bilder aus Zeitschriften, Farben, Marker, Buntstifte und anderes Material benutzten, um unsere verschiedenen »Personae« des Traumkünstlers zu verschönern und darzustellen.

Das ist es, was ich darunter verstehe, als Traumkünstler zu leben. Ich lebe und arbeite in der gleichen Welt, die wir alle bewohnen, aber ich versuche, es als Traumkünstler zu tun. Manchmal habe ich Erfolg, dann wieder lasse ich mich vom alltäglichen Gang der Dinge ablenken. Zu meinen besten Zeiten verwandle ich die alltäglichen Momente in außergewöhnliche und verzauberte. Das Geheimnis dieser Art der Verwandlung liegt in der Übung – ständiges, regelmäßiges Üben. Arnold Mindell schreibt in seinem Buch *The Shaman's Body: A New Shamanism for Transforming Health, Relationships, and the Community* (Deutsch: *Der Körper des Schamanen: Ein neuer Schamanismus zur Verwandlung von Gesundheit, Beziehungen und Gemeinschaft*): »Bei meiner Arbeit habe ich beobachtet, wie viele schamanische Fähigkeiten plötzlich an die Oberfläche kommen, wenn wir aufhören, an der Wirklichkeit des Geistes zu zweifeln. In diesem Moment verwandelt sich etwas in uns, und wir entwickeln eine tiefe Aufmerksamkeit, einen klaren Blick für irrationale Ereignisse. Diese grundlegende schamanische Fähigkeit ist nichts anderes als Aufmerksamkeit für den Prozess des Träumens. Wenn unser inneres Leben ruft und wir zu zweifeln aufhören, beginnt die persönliche Transformation.«

TRAUM-VERWANDLUNG

*Wenn Sie in Ihrem Leben etwas verändern wollen – ob Sie nun
ein Traumkünstler werden wollen oder
irgendeine andere Veränderung anstreben –, müssen Sie die
Vision von dieser Veränderung mit Energie erfüllen.
Diese Übung wird Ihnen dabei helfen, ihren Wunsch,
sich in einen Traumkünstler zu verwandeln, in Ihrem wachen
Leben mit der nötigen Energie zu fördern.*

Für diese Übung brauchen Sie einen kleinen Stein, den Sie problemlos in der Tasche oder Geldbörse mit sich herumtragen können.

Suchen Sie ein Bild, das die Veränderung, die Sie anstreben, ausdrückt. Das könnte ein Bild von Ihnen selbst in bestimmten Kleidern oder einem Kostüm sein, ein besonders verziertes oder verändertes Bild, oder ein Bild, in das ein Loch geschnitten ist, durch das Ihr

Gesicht von hinten durchschaut. Stellen Sie das Bild auf Ihren Altar und schauen Sie es sich genau an. Öffnen Sie ein paar Mal die Augen, und schließen Sie sie wieder, bis Sie es auch in Ihrer Vorstellungskraft ohne Schwierigkeiten sehen können. Fragen Sie Ihren Körper, wie Sie sich mit dieser Vorstellung von Ihrer Zukunft fühlen. Wenn Sie sich voller Energie, aufgeregt, glücklich, friedvoll oder auch ein bisschen nervös fühlen, ist es in Ordnung weiterzumachen. Wenn Sie aber spüren, dass sich Ihr Magen verkrampft, wenn Ihnen schlecht ist, Sie Schwindelgefühle oder Atembeschwerden haben, wenn Sie einen Hustenanfall, akute Schmerzen, Kopfschmerzen, ein Gefühl böser Vorahnung oder Panik bekommen, dann stecken Sie keine weitere Energie in die beabsichtigte Veränderung. Versuchen Sie, erst einmal einen kleineren Schritt zu tun, etwas, das von Ihnen einen weniger radikalen Gestaltwechsel erfordert.

Wenn Ihr Körper das Signal zum Weitermachen gibt, nehmen Sie den Stein in die rechte Hand, aktivieren Sie Ihren Altar und entspannen Sie sich mit Hilfe Ihres Atems. Visualisieren Sie ein schwarzes Nichts. Lassen Sie es so samtig oder tintenschwarz erscheinen, wie es Ihnen Ihre Vorstellung nur erlaubt. Stellen Sie sich nun in der Ferne einen Stern vor. Visualisieren Sie jetzt Ihr Bild der Verwandlung. Umhüllen Sie es mit einem Ball aus Lichtenergie und blasen Sie es hinauf zum Stern. Schauen Sie ihm nach, wie es sich auf den Stern zubewegt.

Holen Sie dann den Stern selbst ganz nahe an sich heran. Lassen Sie zu, dass er in Ihr drittes Auge hineingezogen wird (die Stelle genau in der Mitte zwischen den Augenbrauen). Lassen Sie nun die Sternenenergie in Ihrem Kopf explodieren, und spüren Sie, wie sich die Lichtenergie Ihres Traums in Ihnen ausbreitet. Wiederholen Sie diesen Vorgang: Lassen Sie den Stern siebenmal hintereinander in Ihrem Kopf explodieren und sich wieder zu seiner ursprünglichen Sternform zusammenziehen. Sie können sich das so vorstellen, wie manche Kosmologen das Universum sehen: als eine durch den Urknall erzeugte Explosion, die sich in alle Richtungen ausdehnt und dann wieder zu einer einzigen Form zusammenzieht. Bei jeder Explosion spüren Sie, wie die Energie Sie bis in die kleinste Zelle hinein auflädt und Ihnen die Kraft gibt, sich zu verwandeln und ein neues Leben zu beginnen.

Lassen Sie den Stern nun in Ihr Herz sinken, und wiederholen Sie den Vorgang des Ausdehnens und Zusammenziehens noch fünfmal. Spüren Sie, wie Ihr ganzer Körper mit der Kraft Ihres Traums überschwemmt wird. Lassen Sie anschließend den Stern in die Nabelgegend hinuntersinken, und wiederholen Sie denselben Vorgang wie oben dreimal. Nach dem dritten Mal atmen Sie so langsam und tief ein, wie Sie nur können. Ziehen Sie beim Einatmen Energie herein, um Ihrer Transformation Kraft zu geben. Halten Sie den Atem dann so lange an, wie es noch auszuhalten ist. Spüren Sie, wie die Energie in Ihren Körper strömt und sich dort ausdehnt. Halten Sie die Luft an, bis es ungemütlich zu werden beginnt. Führen Sie den Stein jetzt zum Mund und atmen Sie aus – blasen Sie die Energie der Transformation in den Stein hinein.

Lassen Sie dann den Stern sachte in sich erneut nach oben steigen. Schicken Sie ihn durch Ihr drittes Auge wieder zurück ins leere All. Erinnern Sie sich, dass er das Hologramm Ihrer Transformation auf dieselbe Art und Weise enthält, wie eine Eichel die ganze Information in sich trägt, die nötig ist, um eine mächtige Eiche aus ihr wachsen zu lassen. Verbringen Sie täglich etwas Zeit damit, Ihren Traum-Verwandlungs-Stein in der Hand zu halten. Wenn die Dinge in Ihrem Leben beginnen, sich zu verändern, bedanken Sie sich bei Ihrem Stein.

Verzauberte Biographie

In dieser Übung erfinden Sie Ihre jüngere oder entferntere Vergangenheit neu. Das wird Ihre Wahrnehmung flexibler machen.

Als Traumkünstler zu leben, bedeutet, sich selbst als Traumkünstler zu sehen, aber das kann manchmal schwierig sein. Schließlich arbeiten Sie immer noch im selben Beruf, kämpfen immer noch täglich mit den gleichen Alltagsproblemen und haben immer noch mit denselben Leuten zu tun. Es kann schwierig sein, sich Veränderung vorzustellen, wenn so vieles gleich zu bleiben scheint.

In seinem Buch *The Strong Eye of Shamanism: A Journey into the Caves of Consciousness* (Deutsch: *Das mächtige Auge des Schamanismus: Eine Reise in die Höhlen des Bewusstseins*) erinnert uns Robert E. Ryan daran, dass »die Navajo ihre Kunst, die Kunst der Sandmalerei, dazu verwenden, den Menschen wieder mit der Fülle der kreativen Quelle zu verbinden. In diesen Sandmalereien werden die verschiedenen Abschnitte der Reise neu erschaffen und in den Kontext eines bedeutungsvollen mythischen Universums gestellt, das der Patient unter der rituellen Führung des Medizinmanns durchqueren muss. Innerhalb dieses Rahmens führt der Held seine Seele zu ihrer Quelle zurück und findet das menschliche Bewusstsein seinen Ursprung im Göttlichen.« Um unseren eigenen Ursprung im Göttlichen zu finden, brauchen wir Kunst und Geschichten. Eine Art und Weise, wie wir unsere Lebenseinstellung verändern und auf eine andere Ebene heben können, ist die Technik der »verzauberten Biographie«.

Gewöhnen Sie sich an, die Ereignisse jeden Tages in Ihrem Traumtagebuch zusammenzufassen. Die Einträge sollten kurz und knapp sein. Halten Sie sich an die Einzelheiten des Tages. Schreiben Sie nicht mehr als eine Seite. Wählen Sie am Ende der Woche einen Tag aus, und schreiben Sie den Eintrag in die dritte Person um, als ob Sie ein Märchen oder eine Heldengeschichte erzählen würden. Zum Beispiel könnte die Beschreibung eines meiner Tage folgendermaßen aussehen:

Ich wachte vor Sonnenaufgang auf. Meine Frau wachte zur gleichen Zeit auf und machte mir Frühstück. Außerdem beschrieb sie mir den Weg zu dem Ort, an dem ich heute einen Workshop abhalten musste. Ich fuhr los, als es noch dunkel war, und war zwei Stunden lang unterwegs. Es war eine lange und ermüdende Fahrt, wie so viele andere. Ich brachte 40 Lehrern bei, wie sie Kameras einsetzen können, um ihre Schüler besser zu unterrichten. Der Strom in der Schule fiel aus, und die Klimaanlage funktionierte nicht. Uns wurde allen sehr heiß, aber wir brachten den Workshop zu Ende, und alle drückten ihre Dankbarkeit aus. Sie gaben mir einen Scheck, und ich fuhr wieder nach Hause. Meine Frau freute sich, als ich wieder da war.

Wenn ich das zu einem Märchen umschreiben würde, könnte es sich folgendermaßen anhören:

Der Held erhob sich in der schweigenden Dunkelheit, um sich ungesehen zu entfernen, während die Stadt aus ihrem Schlaf erwachte. Seine Liebste bereitete ihm Essen zu, um ihn für die Reise zu stärken, und gab ihm eine Zauberlandkarte mit, damit er schneller vorankäme. Er machte sich auf zu seiner langen Reise durch den nebelverhangenen Morgen, wich Dämonen und Fallen aus und fand den Weg mit Hilfe der Zauberkarte. Seine größte Herausforderung bestand darin, den alten Tempel des Wissens zu betreten und dort seine Sehergabe, seine Gabe der Rede und seine Verbindung mit dem großen schöpferischen Geist unter Beweis zu stellen. Um seine Stärke und Entschlossenheit noch weiter zu prüfen, entzogen die Götter dem Tempel alles Licht und alle Luft; sie wollten sehen, ob er trotzdem noch seiner Zauberkräfte mächtig wäre. Als er auch diese Prüfung bestanden hatte, wurde ihm ein großer Schatz geschenkt. Er trug ihn nach Hause, um ihn mit seiner Frau und seiner Gemeinschaft zu teilen.

Bereits während ich diese Geschichte über meine eigene Erfahrung schreibe, verändert sich meine Wahrnehmung davon. Mein Tag bekommt eine neue Bedeutung, wie es auch an so vielen anderen Tagen geschehen ist. Kleine Dinge, die ich in meiner ursprünglichen Beschreibung vergessen oder ausgelassen hatte – der Nebel am frühen Morgen, das schwache Licht in dem Raum, in dem ich den Workshop abhielt –, bekommen eine neue Bedeutung. Was damals wie ärgerliche Zwischenfälle aussah, erscheint jetzt als Herausforderung oder Prüfung, die ich erfolgreich bestehe. Selbst wenn ich sie nicht erfolgreich bestanden hätte, würden sie jetzt wie Prüfungen aussehen, die ich zumindest hätte bestehen können. Wenn ich auf diese Weise schreibe, fühle ich mich weniger als Opfer und spüre mehr Kraft.

Vielleicht genügt es, Ihr Erlebnis einfach in einem Stil umzuschreiben, der die Möglichkeit magischer Einflüsse mit einschließt, aber vielleicht wollen Sie die Erfahrung auch in irgendeiner Form herausstellen, insbesondere wenn sie möglicherweise eine wichtige Lektion enthält. Als Traumkünstler könnten Sie Ihren Tag oder Ihre Erfahrung mit Hilfe einer der vier kreativen Ausdrucksweisen würdigen. Als Sucher könnten Sie vielleicht ein Bild in einer Zeitschrift finden, das Ihr Erlebnis ausdrückt. Vielleicht wollen Sie es ausschneiden und in Ihr Tagebuch kleben. Oder Sie finden einen Stein, eine Muschel, ein Stück

Holz, eine Blume oder irgendeinen anderen Gegenstand aus der Natur, der Ihre Beobachtung verkörpern könnte. Wenn Sie eher ein Anordner und Gestalter sind, könnten Sie einige Dinge benutzen, um einen kleinen Altar oder Schrein herzurichten. Das wäre vielleicht angebrachter bei Ereignissen, die offenbar in Ihrem Leben sehr bedeutsam sind. Als Veränderer könnten Sie einen Talisman als Symbol für Ihre Erfahrung aussuchen oder selbst herstellen. Als schaffender Künstler könnten Sie die Ereignisse skizzieren, malen, schnitzen oder bildhauern. Erinnern Sie sich daran, dass Sie jede dieser vier Ausdrucksformen in ihrer einfachsten oder ihrer großartigsten Form einsetzen können. Eine Zeichnung mit Buntstiften in Ihrem Tagebuch anzufertigen oder eine große Leinwand zu bemalen, sind nur zwei verschiedene Ausdrucksebenen. So etwas tun Sie natürlich nicht jeden Tag, aber es kann sehr nützlich sein, wenn Sie am Anfang Ihrer Verwandlung zum Traumkünstler stehen. Schließlich wird es Ihnen zur zweiten Natur werden, die Ereignisse in Ihrem Leben als Teil eines Mythos oder Märchens zu sehen. Bald wird es keine Zufälle mehr geben, sondern nur Botschaften, die Sie nur noch entschlüsseln müssen.

Dieser Vorgang des Nacherzählens Ihrer jüngsten Erlebnisse in Form von Mythen oder Märchen kann auch auf Ihr ganzes Leben ausgedehnt werden.

Nehmen Sie einmal an – wie es in den meisten Märchen der Fall ist –, dass das Schicksal in Ihrem Leben eine ganz besondere Rolle spielt. Erzählen Sie Ihre Lebensgeschichte, als ob es Ihre Bestimmung wäre, ein Schamane oder Traumkünstler zu werden. Sehen Sie in Ihren persönlichen Tragödien die Herausforderungen, die Sie auf die Rolle vorbereiteten, die für Sie vorgesehen ist. Jedes Mal, wenn ich Menschen durch diesen Prozess begleitet habe, waren sie höchst erstaunt darüber, dass Ereignisse in ihrem Leben, die sie in der Vergangenheit als zufällig und bedeutungslos empfanden, sich nun in ein großes Gesamtbild einzufügen schienen. Über Ihre alltägliche Wirklichkeit hinaus können Sie auch aus Ihren Träumen Märchen machen. Dieser Prozess beleuchtet oft grundlegende oder archetypische Energien, die in Ihrem Leben am Werk sind.

Egal wie Sie diese Methode auch anwenden, erinnern Sie sich immer daran, dass Sie dabei bewusst die Gestalt wechseln, indem Sie die Art, wie Sie über sich selbst denken, Ihre Beziehungen, Ihre Lebensgeschichte und Ihre Welt neu strukturieren. Sie sind auf dem Weg, ein Traumkünstler zu werden.

REISESTEINE

Wenn wir lernen, mehr im Augenblick zu leben, öffnen wir uns für die direkte, regelmäßige und anhaltende Kommunikation mit der unsichtbaren Welt.

Für das Wechseln der Gestalt oder die Verwandlung in einen Traumkünstler ist es nötig, dass Sie sich Zeit nehmen, um sich »dem Kunstschaffen zu widmen«, z.B. für die Übungen in diesem Buch. Der Prozess kann in hohem Maße dadurch erleichtert werden, dass man mit Künstlern und schamanischen Lehrern längere, intensive Zeiten verbringt: ganze Tage, ein Wochenende oder längere Retreats und Workshops. Wie oben beschrieben kann auch das Neugestalten und Nacherzählen Ihrer eigenen Geschichten das Gestaltwechseln erleichtern.

Um Ihren Gestaltwechsel zu vollenden, wird es jedoch schließlich nötig sein, dass Sie aufhören, ein Traumkünstler zu werden, und damit beginnen, einer zu sein. Das ist ein Wahrnehmungssprung, der Sie in die Gegenwart versetzt – in den Augenblick.

Anstatt sich Ereignisse als magisch vorzustellen, nachdem Sie stattgefunden haben, können Sie da jetzt – genau in diesem Moment, während Sie diese Worte lesen –, Ihr Leben als magisch ansehen? Können Sie, anstatt sich für Ihren Traumkünstler extra Zeit zu nehmen, einfach jetzt, in diesem Augenblick ein Traumkünstler sein?

Diese Übung ähnelt anderen in diesem Buch, die Sie gelesen und hoffentlich auch ausprobiert haben. Sie ist aber ebenfalls ein Beispiel dafür, wie Ihr tägliches Leben sich gestaltet, wenn Sie erst einmal ein Traumkünstler sind. Und sie ist eigentlich weniger eine Übung als eine Aufgabe, wie etwa diejenige, vor die ein Lehrling von seinem Meister gestellt wird oder die ein Held oder eine Heldin als Herausforderung annimmt.

Zu Anfang suchen Sie sich ein kleines Täschchen oder einen Beutel, den Sie während des Tages bei sich tragen können. Er oder es sollte groß genug sein, dass mehrere kleine Steine hineinpassen. Von der Größe des Beutels, den Sie wählen, wird die Größe der Steine abhängen, nach denen Sie Ausschau halten. Der Beutel kann aus Leder oder Stoff sein, aber es ist wichtig, dass Sie ihn immer dabeihaben können. Sie können ihn sich um den Hals hängen oder am Gürtel befestigen. Sie können ihn auch in der Tasche, in der Geldbörse, einer Brieftasche oder einem Rucksack tragen. In den Beutel kommen einige Salbeiblätter, ein bisschen Tabak oder Maismehl (nicht alle drei Dinge gleichzeitig), die Sie als Gegengabe für etwas, das Sie bekommen, verwenden können.

Wonach Sie jetzt Ausschau halten, sind vier Steine, die die vier Tugenden oder positiven Eigenschaften symbolisieren, welche Ihnen am wichtigsten sind. Es ist wichtig, dass Sie sich Zeit nehmen, um diese vier Eigenschaften herauszufinden. Ich kann Ihnen sagen, welche meine sind, aber nur als Beispiel, nicht als Vorschrift: Ich möchte in meinem Leben Weisheit, Mut, Mitgefühl und Vorstellungskraft zum Ausdruck bringen. Für mich gleichen sich diese vier Eigenschaften gut aus. Ohne Weisheit ist Wissen ein banales Unterfangen. Ohne den Mut, das zu vertreten und zu praktizieren, woran ich glaube, hat die Weisheit keine Kraft. Ohne Mitgefühl kann mein Mut überwältigend und manipulativ werden. Und ohne Vorstellungskraft kann ich mich oder meine Welt nicht verändern. Machen Sie sich Ihre eigenen Gedanken darüber. Wenn Sie sich beispielsweise auf eine heroische Seelenreise machen müssten, bei der alle Ihre Kräfte und Fähigkeiten auf die Probe gestellt würden, welche Eigenschaften hätten Sie dann gerne? Wenn ein Kind, ein Schüler oder ein Freund von Ihnen eine solche Reise antreten würde, welche Eigenschaften würden Sie ihm dann gerne in den Ruckack packen?

Wenn Sie sich mit den vier Eigenschaften wohl fühlen, für die Sie sich entschieden haben, nehmen Sie sich bewusst vor, vier Steine zu finden, die die Energien Ihrer vier Tugenden enthalten. Während Sie sich durch den Tag bewegen, werden die Steine Sie rufen. Wenn Sie lauschen, wenn Sie Ihre Augen offen halten, werden Sie genau die Steine finden, die Sie brauchen. An diesem Punkt wird Ihre Fähigkeit, sich auf eine andere Wahrnehmungsebene zu begeben, wichtig. Können Sie sich um die Alltagsgeschäfte kümmern und gleichzeitig innerlich für die Möglichkeit magischer Einflüsse offen bleiben, beispielsweise von Steinen gerufen zu werden?

Widmen Sie Ihren Sinnen erhöhte Aufmerksamkeit. Horchen Sie auf Tierlaute oder heilige Klanginstrumente, wie Windspiele, Trommeln, Rasseln oder Flöten. Weisen sie Sie auf etwas Bestimmtes hin? Achten Sie auf Bewegungen, Lichtfunken oder Farbblitze am Rande Ihrer Wahrnehmung. Lassen Sie Ihren Blick weicher werden, oder kneifen Sie die Augen zusammen. Üben Sie, durch die Dinge hindurchzuschauen. Seien Sie offen für tierische Botschafter, die Ihren Weg in physischer oder symbolischer Form kreuzen. Vielleicht teilen Ihnen ungewöhnliche Gerüche etwas Wichtiges mit? Wie steht es mit körperlichen Empfindungen, wie Gänsehaut, Erschauern, Schwindel oder das Stolpern über etwas? Ziehen Sie die Möglichkeit in Betracht, dass Sie gerufen werden.

Sie müssen sich nicht nur bewusst werden, dass Sie gerufen werden, sondern Sie müssen sich selbst auch erlauben zu antworten. Halten Sie beim Autofahren an, um etwas zu untersuchen, was Ihre Aufmerksamkeit erregt hat. Weichen Sie von dem üblichen Weg oder der Straße ab, die Sie immer nehmen, wenn ein inneres Gefühl oder äußeres Zeichen Ihre Intuition aktiviert hat. Schenken Sie sich selbst Zeit. Unterbrechen Sie Ihre Routine. Nehmen Sie die Uhr ab. Räumen Sie der Begegnung mit dem Geist, mit der Licht-Seite der Welt, eine ebenso hohe Priorität ein wie den anderen Dingen in Ihrem Leben.

Immer wenn Sie einen der vier Steine finden, nehmen Sie ihn in die linke Hand und »hören Sie zu«, was er Ihnen erzählen will. Wenn Sie sicher sind, dass es der richtige Stein ist, legen Sie ihn in Ihren Beutel. Lassen Sie eine Opfergabe von heiligen Speisen (Salbei, Tabak oder Maismehl) für die Erde zurück. Wenn Sie Gelegenheit dazu haben, reinigen Sie Ihre Steine. Wenn Sie sich aufgerufen fühlen, sie irgendwie zu kennzeichnen, können Sie das tun. Lassen Sie sie ansonsten einfach für längere Zeit beisammen, und tragen Sie sie an Ihrem

Körper. Lassen Sie die Energiefelder der Steine sich mit Ihrem eigenen vermischen.

Wenn Sie Ihre vier Reisesteine gefunden haben, wollen Sie vielleicht darüber hinaus noch nach anderen Steinen Ausschau halten – für Sie selbst oder als Geschenk für andere. Suchen Sie Steine mit der Energie von Geschenken oder von positiven Eigenschaften, die Sie jemandem gerne geben würden. Ihre Intuition wird Ihnen sagen, welche Gabe die betreffende Person am besten gebrauchen könnte, und Ihre Intuition wird Ihnen auch mitteilen, welcher Stein eine entsprechende Energie besitzt. Solche Gaben könnten innerer Friede, Mut, Führung, Ausrichtung, Frieden, Glück, Liebe, Mitgefühl usw. sein. Probieren Sie aus, jeden Stein über Nacht unter oder neben Ihr Kopfkissen zu legen und durch Trauminkubation um einen Traum zu der Eigenschaft oder Energie des Steines zu bitten.

Wenn Sie möchten, können Sie auf jedem Stein ein kleines Symbol oder Bild anbringen, um seine Gabe darzustellen (wie in der Übung mit den Geschenksteinen in Kapitel 8), aber das ist nicht unbedingt nötig. Tragen Sie in den nächsten Tagen jeweils abwechselnd einen Stein mit sich herum. Schenken Sie den Stein jemandem, der ihn zu brauchen scheint. Sie brauchen keine große Affäre daraus zu machen, sondern versuchen Sie, das Geschenk in einem ruhigen Moment der Verbundenheit zu überreichen. Wenn es angebracht erscheint, können Sie den Traum erzählen, den Sie zu dem Stein hatten. Sie sollten keine Erwartungen bezüglich der Wirkung hegen, die der Stein haben könnte, ihm jedoch eine klare Absicht mitgeben.

Seien Sie offen dafür, sich die Geschichten derjenigen anzuhören, denen Sie einen Stein geschenkt haben, aber beurteilen Sie die Wirkung des Steins nicht danach, ob er geschätzt wird oder nicht.

Meine Erfahrung hat mir gezeigt, dass die Geschichten, die mir die Leute nach einfachen Gesten wie dieser erzählen, einfach wunderbar sind. Manchmal sind Menschen gerade für diese kleinen Geschenke sehr dankbar. Ich bin allerdings auch sicher, dass manche Leute einen kleinen Kieselstein, den ich ihnen schenke, zuweilen anstarren und denken: »Das ist doch bloß ein Stein«, aber ich weiß, dass trotzdem eine bestimmte Energie in ihr Leben kommt, ob sie es akzeptieren oder nicht.

Durch diesen relativ einfachen Vorgang des Suchens, kombiniert mit der Kraft des Träumens und einem Akt der Intention, erfahren Sie, was es heißt, als Traumkünstler zu leben.

Schamanen sind keine Einsiedler und leben auch nicht abgesondert von anderen. Auch als Traumkünstler werden Sie nicht in Isolation leben. Sie werden Teil einer Gemeinschaft sein.

Vielleicht leben Sie im physischen, emotionalen oder spirituellen Sinne in gewisser Weise am Rande der Gemeinschaft, aber Sie sind dennoch ein Teil davon. Sie werden auf dieselbe Weise jagen und sammeln, um Nahrung und Medizin zu finden, wie die anderen Stammes- und Gemeinschaftsmitglieder auch. Wie Ihre schamanischen Vorfahren aus der Vorgeschichte werden Sie Ihre Sinne verfeinern, damit Sie mit dem Reich des Geistes und der Energie in Einklang leben, sich darin bewegen und transformieren können. Jedoch wird Ihnen auffallen, dass das Entwickeln von Aufmerksamkeit, Intuition und Intention Auswirkungen auf das wache Leben haben kann, das Sie mit Ihrer Gemeinschaft teilen.

Beim Entwickeln Ihrer Fähigkeit, mit Material auf heilige Weise umzugehen, werden Sie gleichzeitig Ihre Fähigkeit entwickeln, aufmerksam auf andere Elemente in Ihrem Leben zu achten. Vielleicht bemerken Sie plötzlich, dass die unbelebten Objekte um Sie herum einen neuen Glanz, eine neue Aura bekommen. Wenn Sie sich dieser Qualität erst einmal bewusst sind, wollen Sie sicherlich die Dinge loswerden, die keine solch angenehme Ausstrahlung haben, und sich lieber mit besonderen Gegenständen umgeben (das bedeutet nicht, dass es teure Dinge sein müssen, sondern eher Gegenstände, die energetisch lebendig sind). Unter Umständen wollen Sie nun weniger Sachen um sich haben – sich auf die Dinge beschränken, um die Sie sich auch regelmäßig kümmern können. Wenn Sie Ihr Zuhause mit anderen teilen, müssen Sie in diesem Fall vielleicht etwas langsamer vorgehen. Wahrscheinlich sollten Sie dieses Prinzip zunächst einmal nur auf Ihren ganz persönlichen Privatbereich anwenden.

Sie werden darüber hinaus entdecken, dass sich Ihre Fähigkeit, mit Dingen auf heilige Weise umzugehen, auch auf Menschen erstreckt. Aufmerksamkeit ist das Geschenk des Liebenden. Wenn Sie sich jemandem wirklich von ganzem Herzen widmen, verbessert das die Kommunikation, und es entstehen Bande, die nur schwer zu zerreißen sind. Es ist unmöglich, mehr als einer Sache gleichzeitig seine volle Aufmerksamkeit zu widmen. Wenn es so aussieht, als könnte das jemand, so wechselt der Betreffende in Wirklichkeit mit rascher Geschwindigkeit von einer Sache, der er seine Aufmerksamkeit zuwendet, zur anderen. Wir sind alle ganz geschickt in dieser Art der beständigen Aufmerksamkeitsverlagerung. So schauen wir fern, so führen wir unsere Geschäfte. So sind auch unsere Beziehungen mit unserer Familie und mit Freunden. Die Art von Aufmerksamkeit, die man durch schamanische oder meditative Praxis entwickelt, ist ein ungeheures Geschenk, wenn Sie sie auf andere richten. Wann haben Sie zum letzten Mal gespürt, dass Ihnen jemand seine uneingeschränkte Aufmerksamkeit geschenkt hat? Wie hat sich das angefühlt?

> Das Entwickeln Ihrer Intuition – Ihrer außersinnlichen Fähigkeit zu wissen – kann sich ebenfalls vorteilhaft in Ihrem täglichen Leben auswirken. Intuition ist die Gabe, die uns hilft, den richtigen Kurs im Leben beizubehalten.

Sicherlich gibt es manche Situationen, in denen unsere Entscheidungsfähigkeit durch ungenügende Information beeinträchtigt ist, aber bei den meisten Entscheidungen, die wir täglich treffen, besteht unser Problem eher darin, dass wir zu viel Information zur Verfügung haben. Die Manager großer Firmen haben massenhaft Informationen, Marktuntersuchungen und Expertenwissen zur Verfügung, wenn sie eine Entscheidung treffen müssen, aber das macht es trotzdem nicht leichter, einen von mehreren möglichen Wegen zu wählen. Selbst der Durchschnittsmensch hat Zugang zu großen Mengen an Information. Was wir brauchen, ist nicht mehr Information, sondern andere Wege, um Wissen zu erlangen.

Die Intuition zu benutzen, bedeutet mehr, als nur zu raten. Zu den Informationen, die wir mit unseren körperlichen Sinnen sammeln, kommt durch Intuition zusätzlich innere oder spirituelle Führung hinzu. Wenn Ihre Entscheidungen in hohem Maße von Erfolg gekrönt sind, dann ist bei Ihnen wahrscheinlich die Intuition bereits am Werk.

Sie benutzen Informationen, die allen anderen auch zugänglich sind, und dann erlauben Sie Ihrer Intuition, Ihnen das mitzuteilen, was Sie angeblich nicht wissen können. Selbst wenn Sie im Durchschnitt nur wenige erfolgsgekrönte Entscheidungen treffen, könnte es sein, dass Sie bereits Zugang zu Ihren intuitiven Kräften haben, sie aber ignorieren. Erfolgreiche Menschen vertrauen immer auf ihre Intuition, ob sie es zugeben oder nicht.

Während es bei Aufmerksamkeit und Intuition darum geht, empfänglich und offen für neue Möglichkeiten zu sein, geht es bei der Intention um das Aktivsein – das energetische Aktivsein. Intention ist die Gabe des Zauberers. So wie Intuition mehr ist als bloßes Raten, ist Intention mehr als Wunschdenken (obwohl das ein schönes Wort ist, sollte nicht alles Denken voller Wünsche sein?). Durch Intention schickt man eine Gedankenform in die Zukunft. Eine Rakete wird gestartet, die ein mögliches Ergebnis enthält, das sie an einen bestimmten Punkt in Ihrer Zukunft befördert. Wenn Sie sie ausgestattet mit genügend Energie und Führung losschicken, wird Sie auch dort ankommen, wo und wann Sie es sich wünschen. Intention bindet den Wunsch an die Vorstellungskraft. Sie müssen sich sowohl ein Ergebnis wünschen, als auch in der Lage sein, es mit Hilfe Ihrer Vorstellungskraft klar vor sich zu sehen. Die wirkungsvollere dieser beiden Kräfte ist in jedem Fall die Vorstellungskraft. Das müssen Sie sich unbedingt merken. Viele Menschen, die ständig über negative Ergebnisse, Sorgen und Ängste nachdenken, scheinen eine solche Wirklichkeit geradezu anzuziehen. Es ist so, als wären die Gedankenformen, die sie in die Zukunft schicken, alle negativ.

Wenn man Intention entwickeln will, muss man sich über die Kraft von Ritual und Wiederholung im Klaren sein. Das sind die Methoden, die unseren Gedankenformen Macht verleihen. Wunschdenken und Vorstellungskraft halten unsere Gedankenformen auf Kurs, während Rituale und Wiederholung ihnen die Energie oder Flügel verleihen, die sie brauchen, um ihren Bestimmungsort zu erreichen.

Jede dieser Fähigkeiten – Aufmerksamkeit, Intuition und Intention – haben für sich allein genommen ihren Nutzen, aber wenn sie durch regelmäßiges Üben zusammenkommen, entwickeln sie noch eine viel größere Kraft.

Durch Aufmerksamkeit eröffnet sich Ihnen eine Welt von Informationen, aber ohne Intuition haben Sie viel weniger Möglichkeiten, die richtigen Entscheidungen zu treffen. Wenn Sie sich hingegen auf die Intuition verlassen, ohne Ihre Fähigkeit zu entwickeln, auf heilige Weise aufmerksam zu sein, werden Sie Ihren Entscheidungen nicht trauen. Sie werden sich dann immer wieder aufs Neue fragen, Zweifel haben und manchmal nicht in der Lage sein, zwischen positiver Intuition und selbstzerstörerischem Verhalten zu unterscheiden. Intention alleine kann zu einem Instrument der Manipulation werden. Sie können sie einsetzen, um zu bekommen, was Sie wollen. Doch ohne Aufmerksamkeit und Intuition könnte das, was Sie zu wollen meinen, zum Schlimmsten werden, das Ihnen zustoßen kann.

Die schamanischen Fähigkeiten Aufmerksamkeit, Intuition und Intention sind alle drei gleichermaßen wichtig. Vielleicht sind Sie in der einen oder anderen Fähigkeit schon recht geübt. Manches fällt einem leichter als anderes. Vergessen Sie jedoch das Wichtigste nicht: Wenn Sie einmal diesen Weg eingeschlagen haben, wird alles, was Sie mit Hilfe von Aufmerksamkeit, Intuition und Intention entdecken, jeden Aspekt Ihres Lebens beeinflussen.

Als Traumkünstler können die Bilder und Kunstwerke, die Sie suchen, anordnen, verändern oder erschaffen, wirkliche Kraft besitzen. Ich hatte einmal einen Freund, der ein erfülltes Leben geführt hatte. In all den Jahren, in denen ich ihn kannte, konnte er mich immer zum Lachen bringen. Als ich dann eines Tages die ganze Nacht an seinem Bett im Krankenhaus saß, wo man ihm mit den Mitteln der modernen Medizin helfen wollte, seinen Krebs zu bekämpfen, war ich mit ganzem Herzen bei ihm. An einem bestimmten Punkt fiel ich in einen traumähnlichen Zustand. Während er mühsam atmete, unter Schmerzen vor sich hin murmelte und stöhnte, sah ich Folgendes:

Ich stehe auf einem Hügel. Der Boden unter meinen Füßen bebt und bewegt sich, als ob ständig ein Erdbeben tief in der Erde ausbräche. Der Himmel ist bewölkt, und es fühlt sich nach Regen an. Aus irgendeinem Grund weiß ich nicht, wo ich hingehen und was ich tun soll. Ich erinnere mich, dass ich hier bin, um meinem Freund zu helfen, aber ich weiß nicht, was das genau bedeutet. Plötzlich steht ein alter Mann neben mir. Er ist kleiner als ich, hat eine Glatze und trägt die Kleidung eines Farmers. Ich frage diesen Mann, wie ich meinem Freund helfen kann, und er zeigt auf die Spitze des Hügels. Dort steht ein alter knorriger Baum. Er sieht abgestorben aus, aber als wir auf ihn zugehen, kann ich sehen, dass er ein paar neue Triebe hat. Der alte Mann sagt: »Er wird es noch ein Jahr machen. Zeit genug.« Mir fällt auf, dass Schmuck, Fotografien und verschiedene Werkzeuge am Baum hängen. Ich lege meine Hand an den Baum. Obwohl er alt ist, tut es mir gut, die Verbindung zu ihm zu spüren. Ich spüre durch den Baum hindurch, wie sich die Erde bewegt.

Von dieser Reise kehrte ich dorthin zurück, wo sie begonnen hatte, ans Bett meines Freundes, mit der Hand auf seiner Brust. Wie der Traum vorausgesagt hatte, überstand er die Behandlung und lebte danach noch etwas mehr als ein Jahr. Ich fertigte für ihn einen kleinen Altar für sein Krankenzimmer an, der die Form des Geistbaumes aus meinem Traum hatte. Ich kann und will nicht behaupten, dass dadurch sein physischer Körper beeinflusst wurde, aber sein Geistkörper wurde berührt, und das Werk bewies dadurch echte Kraft.

Auch wenn Sie ein Traumkünstler werden, bedeutet das natürlich nicht, dass Sie nun alles, was mit Wissenschaft und rationalem Denken zu tun hat, ablehnen müssen. Erinnern Sie sich daran, dass der Schamane oder Traumkünstler in zwei Welten wandelt – in der materiellen Welt und in der Traumwelt. Wenn man es genauer betrachtet, erscheint das grenzüberschreitende Denken auf den Gebieten der Physik, Biologie und Psychologie immer schamanischer zu werden.

Der Physiker Fred Alan Wolf hat die Welt des Schamanen und die Traumwelt im Lichte der Beschreibung des Universums untersucht, wie sie von der Quantenphysik geliefert wird. Er findet keinen Widerspruch zwischen dem, was Schamanen über die Natur der Wirklichkeit behaupten, und dem, was Wissenschaftler heute nicht nur als möglich, sondern als wahrscheinlich ansehen. Dean Radin, der Autor des Buches *The Conscious Universe: The Scientific Truth of Psychic Phenomena* (Deutsch: *Das bewusste Universum: Die wissenschaftliche Wahrheit paranormaler Phänomene*), hat die wissenschaftlichen Möglichkeiten statistischer Untersuchungen auf Forschungsergebnisse angewandt, denen ein Jahrhundertschatz an Experimenten mit übersinnlichen Phänomenen zugrunde liegt. Er hat überzeugende Beweise für Hellsichtigkeit, Telepathie, Telekinese und andere Erfahrungen geliefert – alles Phänomene, die normalerweise von Menschen, die sich als rational und wissenschaftlich denkend bezeichnen, geleugnet werden. Die Chaostheorie, die Superstringtheorie und holographische Abbilder beschreiben das Universum in ziemlich ähnlicher Weise, wie die Schamanen es schon immer getan haben. Diese neuen Modelle beschreiben einen Ort, an dem Energie, Materie, Zeit und Raum identisch und austauschbar sind; einen Ort, an dem Ursache und Wirkung nicht so geordnet und voraussagbar sind; einen Ort, an dem der bloße Akt des Beobachtens das Ergebnis verändert; und einen Ort, wo Raum/Zeit beginnt und endet, und das, was dazwischen liegt, weder Raum noch Zeit ist.

Das ist die schamanische Welt, die Welt der nichtalltäglichen Wirklichkeit, der Ort der Träume. Die Wissenschaft der Quantenphysik scheint dies zu bestätigen. Traumkünstler machen nun den nächsten Schritt – diesen Ort zwischen Zeit und Raum, diese Traumwelt, zu untersuchen und zu nutzen.

Ich träume, dass ich einer schönen Frau gegenüberstehe. Zwischen uns befindet sich ein Brettspiel mit vielen kunstvollen und komplizierten Mustern und Spielfiguren. Ich verstehe nicht, wie das Spiel gehen soll; schlimmer noch, ich glaube nicht, dass ich in der Lage bin, es zu verstehen. Es scheint zu schwierig. Es macht mich verlegen, dass ich das Spiel nicht verstehe, denn ich weiß, dass ich es mit der Frau im Traum spielen soll.

Als ich zu ihr aufschaue, knöpft sie bedächtig ihr Kleid auf und enthüllt langsam und erotisch ihren Busen. Zwischen ihren Brüsten ist eine Öffnung – ein Schlitz, in den sie hineingreift und ihr Herz herausholt. Das ist kein blutiger oder grausamer Akt, es ist eher sanft und sinnlich. Sie legt das Herz auf das Spielfeld, und plötzlich fängt es zu leuchten an. Das Brett glitzert golden und silbern und in kristallinen Formen. Ganz plötzlich verstehe ich, wie man das Spiel spielt. Ich kenne jede Einzelheit des Spiels, als ob ich es schon seit Jahren gespielt hätte.

Aus diesem Traum erwachte ich mit der einfachen, aber tiefen Einsicht, dass offenherziges Handeln – mein Herzblut hinzugeben für die Arbeit, die ich mir ausgesucht habe – der wahre Schlüssel ist, um das Spiel des Lebens richtig zu spielen. Auch wenn ich Ihnen nur diesen einen Gedanken – diese Einsicht – mit auf den Weg geben könnte, gibt mir dies das Gefühl, dass sich die Reise, auf die ich mich mit dem Schreiben dieses Buches eingelassen habe, gelohnt hat.

Nun, da wir am Ende dieses Buches angelangt sind, scheint es noch wichtig zu ergänzen, dass das Traumkünstlerdasein natürlich eine Reise ist und kein Ziel. Ich habe mich aus einem ganz bestimmten Grund dazu entschieden, meine Beschreibung dessen, was ich mache, lehre und in anderen sehe, als das Werk des Traumkünstlers und nicht als schamanische Kunst darzustellen. Wenn man den Ausdruck »schamanische Kunst« benutzt, lässt einen das an Bilder denken, die das ganze Spektrum von wunderbar bis schmerzlich umfassen. Am positiven Ende des Spektrums denkt man an schamanische Werke wie handgeschnitzte elfenbeinerne Seelenfänger aus Walrosszähnen, die Sandmalereien der Navajos, die in leuchtenden Farben gemalten Traumzeitbilder der Aborigines, die mit Perlen bestickten Medizinbeutel der Lakota und die Fadenbilder der Huichol. Das sind wunderschöne und authentische Ausdrucksmittel von Stammeskulturen, die außerdem zufällig schamanisch sind. Manchmal läuft mir ein Schauer über den Rücken, wenn ich durch ein Museum mit Sammlungen schamanischer Kunstwerke aus Stammeskulturen gehe. Ich kann die Kraft spüren, die diesen Objekten und Bildern immer noch innewohnt. Wir können aus solchen Kunstwerken viel lernen, aber manchmal tut es mir weh, wenn ich sehe, wie Künstler und schamanisch tätige Menschen diese Formen, Muster und Symbole kopieren, als ob die Kraft in deren oberflächlichem Aussehen läge.

Als Traumkünstler sind wir moderne, schamanisch tätige Menschen. Wir schaffen etwas Bestimmtes und Einzigartiges und bauen dabei auf dem Wissen und der Tradition der Schamanen aus den Stammeskulturen auf. Wir müssen verstehen, welche Idee hinter heiligen Werkzeugen wie Medizinbeuteln, Seelenfängern und Fetischen steckt, aber dann müssen wir für diese Formen unseren eigenen Ausdruck finden.

Dieser kann sich aus dem näheren Befassen mit unserem persönlichen überlieferten Erbe oder mit Hilfe von Hinweisen und Ratschlägen direkt aus der Traumwelt entwickeln, aber wir müssen auf jeden Fall zu ihm finden, wenn wir authentisch sein wollen.

Der bleibende Beitrag des Anthropologen Michael Harner zur modernen schamanischen Praxis liegt darin, dass er sie von den kulturspezifischen Ausdrucksformen – die für die meisten schamanischen Kulturen die Wahrheit darstellen – befreit hat, um zu dem so genannten »Core-Schamanismus« zu gelangen, den zentralen Methoden des Schamanismus, die praktisch auf der ganzen Welt dieselben sind. Ich glaube, dass die Traumkünstler genauso vorgehen müssen. Wir müssen aus den historischen Stammeskulturen lernen, aber dann unseren eigenen Weg gehen. Wir alle haben in unseren Sammlungen und unter unseren Werkzeugen sicherlich irgendwelche wichtigen Gegenstände, die unterschiedlichen kulturellen Traditionen entstammen. Ich habe z.B. zwei Rasseln aus Elchgeweih, die ein schamanischer Inuit-Künstler hergestellt hat. Ich besitze einen kleinen handbemalten Topf aus der australischen Aborigine-Kultur. Außerdem habe ich aber auch noch zwei Rasseln aus Keramik, die eine moderne Künstlerin angefertigt hat. Eines meiner Lieblingsbeispiele für tätige Traumkünstler ist die inzwischen verstorbene Susan Seddon Boulet. Ihre Bilder von Schamanen und Geistern zieren viele Kalender und Bucheinbände. Hinter diesen Bildern scheint eine kulturelle Tradition zu stehen, doch was sie so lebendig erscheinen lässt, ist die Vision der Künstlerin, die über eine spezifische Kultur weit hinausgeht. Ihre Bilder stellen nicht Schamanen oder Schamanismus dar, sie sind selbst Schamanen – Geister in einer zweidimensionalen Welt, die Zeit in einer unendlich viel langsameren Gangart darstellen.

Manche Traumkünstler haben gerade erst damit begonnen, die Welt ihrer eigenen Träume zu erforschen. Sie zitieren mit ihren Arbeiten sozusagen nur aus der schamanischen Erfahrung. Sie wurden von ihren künstlerischen Seelen gerufen, haben aber noch keine Antwort gegeben. Andere Traumkünstler haben hingegen bereits Reisen in die Traumwelt unternommen und sind zurückgekehrt, um uns von ihrer Erfahrung zu erzählen. Ihr Werk besteht aus Reportage und Illustration. Vielleicht erfassen sie den Geist hinter ihren Arbeiten noch nicht ganz, aber sie sind auf dem Weg. Wieder andere leben bereits das Leben eines Traumkünstlers. Manche stellen nur ihre nächtlichen Träume dar, andere nur ihre Wachträume. Wenn Sie den Weg des Traumkünstlers einschlagen wollen, werden auch Sie, ebenso wie Ihre Vorgänger, die beste Arbeitsweise für sich selbst herausfinden.

Es ist wichtig, dass Sie den Weg des Traumkünstlers entweder verfolgen oder auch nicht, je nachdem, wozu Sie berufen sind. Wenn Sie es tun, werden Sie anfangen, sich um ihre eigene Seele zu kümmern. Aber auf dieser Reise gibt es sowohl eine Spirale nach innen – eine Reise in Ihre eigene Traumwelt – als auch eine Spirale nach außen. Auf der Spirale nach innen lernen Sie Ihre eigenen Kräfte kennen und hören die Stimme Ihrer eigenen kreativen Seele. Auf der Spirale nach außen werden Sie beginnen, sich um die Seelen und Träume von anderen zu kümmern. Im selben Maße, wie Sie Ihr eigenes Leben für Magie und Verzauberung öffnen, werden Sie diese Dinge auch in das Leben der Menschen um Sie herum bringen. Ich hoffe, Sie werden es auf sich nehmen, andere zu ermutigen und ihnen die nötige Kraft zu geben, ihre Kreativität als Traumkünstler zu leben. Als Traumkünstler können Sie sowohl Heiler als auch Lehrer sein. Sie können Menschen helfen, ihre Kraft zu finden, und Sie können zaubern.

Das ist die Herausforderung.
Das ist die Reise.
Ich wünsche Ihnen gutes Träumen.

Danksagung

Dieses Buch stellt eine wichtige Etappe auf meiner eigenen Forschungsreise dar. Wenn ich meinen Weg zurückverfolge, fällt es mir leicht, mich an Menschen zu erinnern, die großen Einfluss auf mich hatten. Meine Großeltern halfen mir, indem sie mir die Art von Selbstvertauen gaben, die mich glauben ließ, ich könnte alles erreichen, was ich mir vornahm. Mein Vater und mein Großvater vermittelten mir ihre Liebe zur Natur. Alle sozialen Fähigkeiten, die ich besitze, gehen mit Sicherheit auf meine Mutter und meine Großmütter zurück. Meine Familie hat mich trotz all meiner exzentrischen Seiten unterstützt und immer dazu ermutigt, meinen Träumen zu folgen. Besonders meine Schwester ist zu einer Freundin, Vertrauten und hochgeschätzten Korrekturleserin für mich geworden.

Heute weiß ich, dass ich in meiner Jugend das Glück hatte, wahren Mentoren zu begegnen. Mir wurde Anerkennung und Bewunderung von älteren Männern zuteil, zu denen auch meine Lehrer zählten. Dies waren: Don Cox, David Johnson, Wally Dreyer und Cass Johnson. Nachdem ich nun in die Phase meines Lebens eingetreten bin, die ich gerne die »Ausbildungsphase zum Ältesten« nenne, wird mir bewusst, was für ein großes Geschenk es für ältere Männer ist, jüngere Männer zu würdigen, ihnen zu helfen, erwachsen zu werden, und als Vorbild für das Leben eines reifen Mannes zu dienen. Ich hoffe nur, bei meiner Arbeit und in meiner neuen Rolle als Ältester ein ebenso guter Mentor sein zu können, wie es diese Männer für mich waren.

Doch wenn ich noch einmal zurückgehe und mir überlege, was mich wirklich zu der Arbeit veranlasst hat, auf der dieses Buch beruht, und was mich dazu gebracht hat, es zu schreiben, so fallen mir fünf Leute ein, die mich entscheidend beeinflusst haben. Da ist zunächst Barbara

Savage, eine echte zeitgenössische Nomadin, die für mich die Funktion eines Katalysators hatte. Die Zusammenarbeit mit ihr hat in mir nicht nur die Sehnsucht geweckt, mein Leben als Traumkünstler zu leben, sondern mich auch mit Doug Zaruba zusammengeführt. Doug ist ein Traumkünstler, Freund und hochbegabter Goldschmied. Die Zusammenarbeit und die Diskussionen mit ihm haben mir geholfen, meine Vorstellung davon, was es heißt, ein Traumkünstler zu sein, zu verfeinern. Als ich David Gordon zum ersten Mal traf, wusste ich sofort, dass er mein Seelenbruder ist. Er brachte mir die formelle Traumarbeit bei und ist der beste Traumarbeiter, den ich je getroffen habe. Er ist mein bester Freund und mein wertvollster Kollege. Jede Idee, die in dieses Buch Eingang fand, habe ich mit David durchgesprochen, der mir sozusagen als »Resonanzboden« diente. Darüber hinaus möchte ich die Bedeutung meiner Freundschaft mit Joe Maiorano hervorheben. Joe ist ein Rätsel für mich. Ich muss erst noch herausfinden, wie ein Mensch, der die Welt so anders sieht als ich und Information so anders verarbeitet als ich, ein so wertvoller Spiegel und Vertrauter für mich sein kann. Er ist es einfach. Der peruanische Schamane und Zeremonienexperte Oscar Miro-Quesada ist sowohl ein Freund als auch ein Lehrer für mich gewesen. Wir haben viele Leben zusammen verlebt und verfolgen beide denselben wundervollen Heilungstraum für unseren Planeten.

Natürlich würden Bücher ohne die harte Arbeit von Agenten und Herausgebern nicht zustande kommen. Marcella Hague hat ein Manuskript von mir aus einem Papierberg gerettet und meinen Agenten Kevin Lang darauf aufmerksam gemacht. Kevin hat sich humorvoll und begeistert in meine Welt von Zeichen und Symbolen entführen lassen. Er war geduldig, hartnäckig und glaubte genug an dieses Buch, um das Interesse von Suzanne Oaks vom Verlag Broadway Books dafür zu wecken. Ihre Vorschläge haben mir geholfen, das Buch zu verbessern und ihm eine neue Form und Aufmachung zu geben, die weitaus besser ist als mein ursprünglicher Vorschlag.

Es ist schwer für mich, eine Danksagung zu schreiben, da ich mich so vielen Menschen gegenüber zu Dank verpflichtet fühle und nicht weiß, wo ich aufhören soll. Die Mitglieder meiner »Traumfamilie«, die aus Rita Dwyer, Victoria Rabinowe, Aku, Dona Matera, Bob van de Castle und Carol Warner besteht, haben mich durch ihr Leben und ihre

Freundschaft inspiriert. Robert Moss und Tom Cowan haben mich durch ihre Lehren beeinflusst. Sharon Hill hat zusammen mit ihrer fähigen Assistentin Janet Kehlenbeck mir und meinen High-School-Studenten drei Jahre lang im Rahmen des ArtQuest-Programms die wunderbare Gelegenheit geboten zu erforschen, was es heißt, ein Traumkünstler zu sein. Ich habe darüber hinaus immer viel von meinen Schülern gelernt; dieses Buch würde ohne sie gar nicht existieren. Und zu guter Letzt möchte ich mich noch bei den Teilnehmern an meiner Traumgruppe – David, Arleen, Mark, Kelly, Linda und Karen – für ihren Mut und ihre Bereitwilligkeit bedanken, mir als Versuchskaninchen für viele der in diesem Buch angeführten Übungen und Ideen zu dienen.

Musikempfehlungen

Musik und Klänge sind für mich sehr wichtig. Es wäre zwar nicht besonders praktisch, hier meine gesamte Sammlung anzuführen, doch ich möchte zumindest ein paar Aufnahmen empfehlen, die ich bei meinen Workshops verwende und besonders nützlich finde. Manche davon sind im Handel etwas schwer zu finden, deshalb habe ich ein paar Kontaktadressen angegeben.

Die amerikanischen Bezugsquellen werden ergänzt durch deutsche Titel, die überall im Fachhandel erhältlich sind.

Schamanische Reisen

Die besten Aufnahmen für schamanische Reisen gehören der Serie von Michael Harner an, die von der *Foundation for Shamanic Studies* produziert wurden. Meines Wissens bestand die Serie aus sieben Aufnahmen:

- *Solo and Double Drumming* (Dt.: *Trommelmusik mit Solotrommel und zwei Trommeln*)
- *Didgeridoo*
- *Singing Chorus* (Dt.: *Chorgesang*)
- *Tibetan Bowl* (Dt.: *Tibetanische Klangschale*)
- *Double Drumming* (Dt.: *Trommelmusik mit zwei Trommeln*)
- *Rattle* (Dt.: *Rassel*)
- *Multiple Drumming* (Dt.: *Trommelmusik mit mehreren Trommeln*)

Meine Lieblingsaufnahmen sind Multiple Drumming, Didgeridoo und *Rattle*, aber das ist natürlich eine ganz persönliche Sache. Sie müssen für sich selbst herausfinden, was bei Ihnen am besten funktioniert. Sie können sich die Aufnahmen per Post zuschicken lassen. Bestelladresse: Foundation for Shamanic Studies, P.O. Box 1939, Mill Valley, CA 94942. Tel. 0 01-(0) 4 15-3 80 82 82.

Weiterhin empfehlenswert: Bruce Werber / Claudia Fried: *Mantras der Welt aus verschiedenen Kulturen*. MC und CD, Freiburg: Verlag Hermann Bauer. ISBN 3–7626-8761–7 (für CD) und 3–7626-8760–9 (für MC).

Büdi Siebert: *Der Pfad der Kraft. Ein Medizinrad*. CD, Freiburg: Verlag Hermann Bauer, ISBN 3–7626-8798–6.

Schamanische Bewegungen

Wenn Sie leichter in einen Trancezustand geraten, wenn Sie sich dabei bewegen, möchte ich Ihnen die Arbeit von Gabrielle Roth empfehlen. Zusammen mit ihrer Gruppe *The Mirrors* hat sie verschiedene Musikstücke geschaffen, die dazu gedacht sind, den Tänzer in einen veränderten Bewusstseinszustand zu versetzen. Eine Auswahl ihrer Aufnahmen sind:

- *Totem*
- *Luna*
- *Trance*
- *Waves* (Dt.: *Wellen*)
- *Ritual*
- *Bones* (Dt.: *Knochen*)
- *Initiation*

Meine Lieblingsaufnahmen sind *Totem*, *Luna* und *Trance*. Sie können sie am besten per Post bei folgender Adresse bestellen: Raven Recording, P.O. Box 2034, Red Bank, NJ 07701. Tel. 0 01-(0) 2 01-6 42-19 79.

Höchst empfehlenswert sind auch die leidenschaftlichen Trommel- und Percussionrhythmen von David und Steve Gordons Aufnahme *Sacred Spirit Drums*, erhältlich bei Sequoia Records, P.O. Box 280,

Topanga, CA 90290. Tel. (8 00) 5 24-55 13. Darüber hinaus möchte ich die Aufnahmen des Trommlers Michael Hart und seiner Gruppe *Planet Drum* empfehlen. Seine Kassetten und CDs finden sich normalerweise in den meisten Plattenläden.

Weiterhin zu empfehlen sind von Rupesh: *Living Drums.* CD, Freiburg: Verlag Hermann Bauer, ISBN 3–7626-8755–2, und Rupesh: *Laughing Drums.* CD, Freiburg: Verlag Hermann Bauer, ISBN 3–7626-8708–0.

Trance-Musik

Bei den folgenden Stücken handelt es sich um meine ganz persönliche Lieblingsmusik. Diese Aufnahmen versetzen mich unweigerlich immer in einen Trancezustand.

Craig Kohland und Chuck Jonkey nehmen ihre Stücke unter dem Namen *Shaman's Dream Music* auf. Die beiden Stücke, die ich am häufigsten benutze, sind *Breathing (Atmen)* und *Bindu.* Ihre Musik ist eine äußerst entspannende Mischung aus Synthesizer, Gitarre und Naturgeräuschen. Sie können die Musik bei folgender Adresse bestellen: Shaman's Dream Music, 25604 Wildwood Drive, Calabasas, CA 91302.

Tanya Gerard und Rob Thomas nehmen ihre Musik unter dem Namen *Inlakesh* auf. Ihre Aufnahme *The Dreaming Gate* stellt eine Klangreise in das Zauberreich von Didgeridoos, tibetanischen Hörnern, Gamelan-Gongs und einer Reihe anderer Rhythmusinstrumente dar. Kontaktadresse: P.O. Box 8237, Santa Fe, NM 87504. Tel. 0 01-(0) 5 05-9 89-66 42.

CHÖ ist eine wundervolle Mischung aus Steve Tibbets Gitarre und dem Gesang tibetischer Nonnen aus dem Nagi-Gompa-Kloster in Nepal. Es handelt sich dabei um eine ungeheuer reichhaltige, hypnotische Klangmischung, der man wunderbar zuhören kann, wenn man arbeitet oder meditiert.

Die Aufnahmen des Cellisten David Darling mit dem Titel *Eight String Religion* (Deutsch: *Achtsaitige Religion*) und *Dark Wood* (Deutsch: *Dunkles Holz*) sind beide überaus bewegende und sinnträchtige Stücke, zu denen ich wieder und wieder zurückkehre.

Empfehlenswert ist außerdem von Joachim-Ernst Behrendt: *Urtöne 1*, *Urtöne 2* und *Urtöne 3* mit den Tönen der Himmelskörper unseres Sonnensystems. Jeweils 2 CDs, Freiburg: Verlag Hermann Bauer, ISBN 3–7626–8661–0.

Heilungsmusik

Die beste Quelle für eine Sammlung von Musikstücken für Trance, Heilung, Entspannung oder Meditation ist folgende: *The Relaxation Company's Acoustic Research Series*. Vier Sets von CDs oder Kassetten sind in dieser Reihe erschienen, die vier komplette Werke von Pionieren der Heilwirkung des Klanges umfassen. Es ist schwer für mich, nur ein Set davon zu empfehlen, weil jedes davon bestimmte Stücke enthält, die mir besonders gut gefallen. Aber wenn ich eins für den Anfang nennen sollte, so wäre es *The Art and Science of Healing Music* (Deutsch: *Die Kunst und Wissenschaft der Heilmusik*), und zwar wegen Will Seachnasaighs Aufnahme *Dreaming* und Tom Kenyons *Soma*.

Empfehlenswert ist außerdem von Jennifer Louden: *Tu dir gut! Wohlfühlmusik für Frauen*. CD und MC, Freiburg: Verlag Hermann Bauer. ISBN 3–7626–8743–9 (für CD) und 3–7626–8742–0 (für MC).

Literaturverzeichnis

Abram, David: *The Spell of the Sensuous: Perception and Language in a More-than-Human World*. New York: Pantheon 1996.

Allen, Pat B.: *Art is a Way of Knowing: A Guide to Self-Knowledge and Spiritual Fulfillment through Creativity*. Boston: Shambala 1995.

Baring, Ann und Cashford, Jules: *The Myth of the Goddess: Evolution of an Image*. New York: Arkana 1993.

Baum, Frank L.: *Der Zauberer von Oos*. Hamburg: Dressler 1987.

Belle, Maureen L.: *Gaiamantie. Die Drei Räder der Harmonie*. Saarbrücken: Neue Erde/Lentz 2000.

Coburn, Chuck: *Reality Is Just an Illusion: The World of Shamans, Ghosts, and Spirit Guides*. Saint Paul: Lewellyn Publications 1999.

Cowan, Tom: *Schamanismus. Eine Einführung in die tägliche Praxis*. Reinbek: Rowohlt 2000.

Cruden, Loren: *Jeder Ort ist heilig*. München: W. Ludwig 1997.

Diaz, Adriana: *Freeing the Creative Spirit: Drawing on the Power of Art to Tap the Magic and Wisdom Within*. New York: HarperSan Francisco 1992.

Edwards, Betty: *Garantiert zeichnen lernen*. Reinbek: Rowohlt 2000.

Edwards, Betty: *Das neue Garantiert zeichnen lernen. Die Befreiung unserer schöpferischen Gestaltungskräfte*. Reinbek: Rowohlt 2000.

Eliade, Mircea: *Schamanismus und archaische Ekstasetechnik*. Frankfurt: Suhrkamp 1991.

Gold, Aviva, und Oumano, Elena: *Painting form the Source: Awakening the Artist's Soul in Everyone*. New York: HarperPerennial 1998.

Gore, Belinda: *Ekstatische Körperhaltungen. Ein natürlicher Wegweiser zur erweiterten Wirklichkeit*. Essen: Synthesis 1996.

Guiley, Rosemary Ellen: *Dreamwork for the Soul. A Spriritual Guide to Dream Interpretation*. New York: Berkley Books 1998.

Harner, Michael: *Der Weg des Schamanen. Ein praktischer Führer zu innerer Heilkraft.* Reinbek: Rowohlt 1988.

Heinze, Ruth-Inge: *Shamans of the Twentieth Century.* New York: Irvington Publishers 1991.

Hoffman, Kay: *Das Arbeitsbuch zur Trance.* München: Hugendubel 1996.

Ingerman, Sandra: *Auf der Suche nach der verlorenen Seele. Der schamanische Weg zur inneren Ganzheit.* München: Econ 2000.

Ingerman, Sandra: *Welcome Home. Die Heimkehr der Seele. Schamanische Selbsthilfe.* München: Ariston 1999.

Jamal, Michele: *Deerdancer: The Shapeshifter Archetype in Story and Trance.* New York: Penguin Books 1995.

Lake-Thom, Bobby: *Spirits of the Earth. A Guide to Native American Nature Symbols, Stories, and Ceremonies.* New York: Plume 1997.

Lawlor, Robert: *Am Anfang war der Traum. Die Kulturgeschichte der Aborigines.* München: Droemer 1993.

Levy, Mark: *Technicians of Ecstacy: Shamanism and the Modern Artist.* Norfolk: Bramble Books 1993.

McNiff, Shaun: *Art as Medicine: Creating a Therapy of the Imagination.* Boston: Shambala 1995.

Mellick, Jill: *The Natural Artistry of Dreams: Creative Ways to Bring the Wisdom of Dreams to Waking Life.* Berkeley: Conari Press 1996.

Mindell, Arnold: *The Shaman's Body: A New Shamanism for Transforming Health, Relationships, and the Community.* New York: HarperSan Francisco 1993.

Moss, Robert: *Conscious Dreaming: A Spiritual Path for Everyday Life.* New York: Three Rivers Press 1996.

Moss, Robert: *Dreamgates: An Explorer's Guide to the Worlds of Soul, Imagination, and Life Beyond Death.* New York: Three Rivers Press 1998.

Perkins, John: *Shapeshifting: Shamanic Techniques for Global and Personal Transformation.* Rochester: Destiny Books 1997.

Prechtel, Martín: *Das Geheimnis des Jaguars. Eine Entdeckungsreise in die Welt der Maya.* München: Econ 2000.

Radin, Dean: *The Conscious Universe: The Scientific Truth of Psychic Phenomena.* New York: HarperEdge 1997.

Rael, Joseph: *Ceremonies of the Living Spirit.* Tulsa: Council Oak Books 1998.

Ryan, Robert: *The Strong Eye of Shamanism: A Journey Into the Caves of Consciousness.* Rochester: Inner Traditions 1999.

Samuels, Michael und Rockwood Lane, Mary: *Creative Healing: How to Heal Yourself by Tapping Your Hidden Creativity.* New York: HarperSan Francisco 1998.

Somé, Malidoma Patrice: *The Healing Wisdom of Africa: Finding Life Purpose Through Nature, Ritual, and Community.* New York: Jeremy P. Tarcher/Putnam 1998.

Somé, Malidoma Patrice: *Die Kraft des Rituals. Afrikanische Traditionen für die westliche Welt.* München: Diederichs 2000.

Somé, Malidoma Patrice: *Vom Geist Afrikas. Das Leben eines afrikanischen Schamanen.* München: Diederichs 2000.

Tonay, Veronica: *The Art of Dreaming: Unlock Your Dreams to Unlock Your Creativity.* Berkeley: Celestial Arts 1995.

Wilcox, Joan Paris: *Keepers of the Ancient Knowledge: The Mystical World of the Q'ero Indians of Peru.* Boston: Element 1999.

Winsor, Janice: *Opening the Dream Door: Using Your Dreams for Spiritual and Psychic Development.* Carmel: Merrill-West Publishing 1998.

Wolf, Fred Alan: *Die Physik der Träume.* München: Deutscher Taschenbuchverlag 1997.

Wolf, Fred Alan: *Parallele Universen. Die Suche nach anderen Welten.* Frankfurt: Insel 1998.

Wolf, Fred Alan: *The Dreaming Universe: A Mind-Expanding Journey Into the Realm Where Psyche and Physics Meet.* New York: Simon & Schuster 1994.

Wolf, Fred Alan: *The Eagle's Quest: A Physicist Finds Scientific Truth at the Heart of the Shamanic World.* New York: Simon & Schuster 1991.

Über den Autor

Tom Crockett ist Autor, Künstler, Lehrer und ein schamanisch tätiger Mensch. Er absolvierte einen Universitätsabschluss als Magister der Schönen Künste an der Kunstakademie des *Art Institute* von Chicago und beschäftigte sich danach mehr als 15 Jahre lang mit seinen Studien über Träume, Kunst und schamanische Traditionen in Eingeborenenkulturen. Neben den Ausstellungen seiner Kunstwerke in landesweit bekannten Museen und Kunstgalerien hat er an amerikanischen High Schools und an der Universität unterrichtet. Zum gegenwärtigen Zeitpunkt arbeitet er als Ausbildungsberater bei der Firma Polaroid und ist dabei, Lehrplanmaterial für kreativen Unterricht und visuelles Lernen zu entwickeln. Darüber hinaus leitet er eine Abendschule sowie ein auf Kunst basierendes Mentorenprogramm namens ArtQuest in Norfolk, Virginia.

Nähere Informationen über das Abonnement des Newsletters *Dream Artist Tribe: A Newsletter for Shamans* und über seine Workshops mit dem Titel *Tom's Dream Artist Path* können Sie über folgende Adresse erhalten:

Dream Artist Tribe
1220 Manchester Avenue
Norfolk, VA 23508
USA

oder über E-Mail unter folgender Adresse:

sayer@pilot.infi.net.